本书配套资源

 读者资源

◎ **中外文学故事、文史知识54篇（阅读文本＋音频）**

　　本部分资源为本书作者团队精心编写的 54 篇课外拓展短文，内容大多为古今中外文学家们一些鲜为人知的逸闻轶事，其他或为与所选作品相关的文化知识，或为中外经典作品的赏析介绍。这些短文有的故事生动，形象鲜明；有的富含哲理，发人深思；有的补充知识，开拓视野。这些短文配合朗诵专家声情并茂的演绎，希望给读者和听众带来文学上的熏陶和听觉上的享受，从而获得耳目一新的大学语文学习体验！

◎ **文学爱好者阅读书单**

　　刘洪仁教授根据 30 多年的教学经验，精心挑选出一份帮助非中文专业的同学及语文爱好者提高语文素养和写作能力的阅读书单。

◎ **自学篇目**

读者扫描右侧二维码，即可获取上述资源。
一书一码，相关资源仅供一人使用。

大学语文精编（第三版）
请刮开后扫描获取本书资源

本码2030年12月31日前有效

 教师教学资源

　　任课老师可加入"北大出版社教学资源共享群"（QQ 群号：279806670），申请本书的教学课件、教学大纲。

21世纪高等院校规划教材 | 普通高等教育
公共课系列 | "十四五"规划教材

大学语文精编

（第三版）

主　编　杨　昱　孟成华　吕建军

副主编　高　睿　杜婕欣　苏　静

参　编　（按姓氏音序排列）

陈　远　崔凤玲　柯欣杭　郭　宇

李　舫　刘洪仁　唐彦琪　卫宇珂

袁　丽　曾沙沙　张　雪　郑世奎

周星君　周　怡

北京大学出版社
PEKING UNIVERSITY PRESS

图书在版编目（CIP）数据

大学语文精编/杨昱，孟成华，吕建军主编. -- 3 版. --北京：北京大学出版社，2025.8. --(21 世纪高等院校规划教材). -- ISBN 978-7-301-36308-9

Ⅰ. H193.9

中国国家版本馆 CIP 数据核字第 2025LM2052 号

书　　　名	大学语文精编（第三版）
	DAXUE YUWEN JINGBIAN（DI-SAN BAN）
著作责任者	杨　昱　孟成华　吕建军　主编
策 划 编 辑	李　玥
责 任 编 辑	李　玥
标 准 书 号	ISBN 978 -7-301-36308-9
出 版 发 行	北京大学出版社
地　　　址	北京市海淀区成府路 205 号　100871
网　　　址	http://www.pup.cn　　新浪微博：@北京大学出版社
电 子 邮 箱	编辑部 zyjy@pup.cn　　总编室 zpup@pup.cn
电　　　话	邮购部 010-62752015　发行部 010-62750672　编辑部 010-62704142
印 刷 者	天津中印联印务有限公司
经 销 者	新华书店
	787 毫米 ×1092 毫米　16 开本　18.75 印张　525 千字
	2015 年 7 月第 1 版　2020 年 6 月第 2 版
	2025 年 8 月第 3 版　2025 年 8 月第 1 次印刷（总第 22 次印刷）
定　　　价	59.00 元

第三版前言

习近平总书记在党的二十大报告中指出："坚持和发展马克思主义，必须同中华优秀传统文化相结合。只有植根本国、本民族历史文化沃土，马克思主义真理之树才能根深叶茂。中华优秀传统文化源远流长、博大精深，是中华文明的智慧结晶，其中蕴含的天下为公、民为邦本、为政以德、革故鼎新、任人唯贤、天人合一、自强不息、厚德载物、讲信修睦、亲仁善邻等，是中国人民在长期生产生活中积累的宇宙观、天下观、社会观、道德观的重要体现，同科学社会主义价值观主张具有高度契合性。""大学语文"课程就承担着弘扬中国传统文化、让进入专业学习阶段的大学生同时也"学史""学诗""学伦理"，成为有较高综合人文素质的合格人才的任务。

为了更进一步体现和弘扬中华优秀传统文化的精神，厚植中华优秀文化根基，培育当代大学生的家国情怀，提升当代大学生的文化素养，结合本书第二版出版 4 年多以来全国多所高校师生使用后的反馈意见，我们对本书进行了第二次修订。本次修订的原则是进一步优化各单元的篇目，争取做到体现传统文化、革命文化、先进文化的文章比例恰当、篇幅适中，让本书更好地为新时代创新人才培养服务。

本书由上、下两编组成。上编"经典阅读"，下分"儒学精义""诗歌精品""散文精华""小说精粹" 4 个单元，精选儒学经典著作《论语》《孟子》《礼记》中的核心章节或片断 5 篇（节），中外诗歌、散文、小说的传世名篇近 50 篇；第一、二、三、四单元后分别附"儒学简介""诗歌的特点与鉴赏""散文的特点与鉴赏""小说的特点与鉴赏"共 4 个单元知识，便于学生在阅读选文后，对相关的知识有一个较为粗略、宏观的了解，并对文学作品从感性认识上升为理性认识，以期达到提高学生人文综合素养的目的。下编"应用写作"，下分"应用写作概述""党政机关公文写作""事务文书写作""毕业论文写作"和"申论写作" 5 章，简要介绍几种常用应用文书的写作知识并附适量例文。

本书编者团队认为，"大学语文"不是"高四"语文，并不是简单地在高中语文的基础上增选一些中学阶段学生没学习过的课文，让学生多学几篇课文了事。"大学语文"固然也需要巩固和提高学生听、说、读、写的能力，但更重要的任务应该是通过加深对文学作品的阅读，拓宽视野，丰富知识，从而提高大学生（尤其是理工科学生）的文化素养和综合素质。因此，本书上编在四个单元之后，分别附了相关的单元知识，让学生了解和熟悉中学阶段没有接触过的知识。同时，考虑到学生参加各种入职考试和适应社会实际工作的需要，"大学语文"还承担了应用写作的任务，本书的下编即为此而设。

虽然同类教材已有不少，但本书作为后来者仍有以下特色。

一、内容高度精要

上编部分所选诗文作品，既考虑了避免与中学语文教材重复，又要求是文学史上传世的名篇或某作家的代表作；既要求作品的思想内容积极健康，能传递正能量，又要求具有较高的艺术性，能给人以阅读的美感和快感。几经衡量斟酌，并广泛征求了各方同人的意见，最后确定入选的作品，均为最具代表性的经典作品。下编"应用写作"部分，考虑到教材的篇幅及教学课时有限的实际，着重介绍了党政机关公文、简报、计划、总结、述职报告、调查报告、专用书信、自荐书、毕业论文等几种最常用文体的写作，也可谓是应用写作的精中之精。

二、体例精简而知识丰富

无论是作者介绍、课文注释、内容分析、艺术鉴赏，还是文体知识的介绍，都要求文字精简，简明扼要，言简意赅，词约意丰。

三、儒学内容和儒学知识的专章设定

为了弘扬传统文化，激发学生学习国学的兴趣和热情，本书上编专辟了"儒学精义"单元，选入了最能体现儒家学说核心思想的篇章或片断，并简要介绍了儒学思想的主要内容、历代儒学发展简史以及历代儒学大家等基本知识。这一部分是以往所有同类教材所没有的，最能体现本书与时俱进的时代特点。

四、课内知识的适当拓展

为了扩大学生的阅读量，本书在每篇课文之后增设了"拓展阅读"栏目，推荐 1～3本与课文内容相关的作品或作者的其他代表作品，供学生课后阅读，以拓宽他们的阅读面，加深对教材内容的理解，增加教材的信息含量。

五、习题设计精当

为了提高学生的思辨、鉴赏能力，巩固所学知识，每篇课文后都精心设计了 2～6 道思考与练习题。这些习题围绕课文或课内知识点，着重提高学生的理解能力、写作能力、文学审美能力以及口语交际的能力，充分体现听说读写能力的训练。

本书的编写人员都是长期从事大学语文教学的一线教师，有着丰富的教学实践经验。书中参考、借鉴了一些同行、专家的成果，引用了相关文献，谨在此一并致谢。尽管我们坚持严谨求精的原则，但由于教材涉及面比较广，加之我们的水平和能力有限，疏漏和错误在所难免。我们诚恳地期望专家、同人以及使用这本教材的老师和同学多提宝贵意见，我们将不断探索，不断改进。

编　者

2025 年 5 月

目　录

上编　经典阅读

下编　应用写作

上编　经典阅读

第一单元　儒学精义

《论语》二十章

1. 子曰："君子食无求饱，居无求安，敏于事而慎于言①，就有道而正焉②，可谓好学也已。"（《学而》）

2. 子贡曰："贫而无谄③，富而无骄，何如？"子曰："可也；未若贫而乐，富而好礼者也。"（《学而》）

3. 子曰："为政以德，譬如北辰④，居其所而众星共⑤之。"（《为政》）

4. 子曰："道之以政⑥，齐之以刑⑦，民免而无耻⑧；道之以德，齐之以礼，有耻且格⑨。"（《为政》）

5. 子曰："人而无信，不知其可也。大车无輗，小车无軏，⑩ 其何以行之哉？"（《为政》）

6. 子曰："富与贵，是人之所欲也，不以其道⑪得之，不处也。贫与贱，是人之所恶也，不以其道得之⑫，不去也。君子去仁，恶⑬乎成名？君子无终食之间违⑭仁，造次⑮必于是，颠沛必于是。"（《里仁》）

7. 子曰："朝闻道⑯，夕死可矣。"（《里仁》）

8. 子曰："士志于道，而耻恶衣恶食⑰者，未足与议也。"（《里仁》）

---

①敏于事：行事机敏。慎于言：言语谨慎。

②就有道而正焉：请教有道行的人来判断是非曲直。

③无谄：不谄媚于人。

④北辰：即北极星。

⑤共：同"拱"，拱卫，环绕。古人认为天上的星辰都围绕北极星旋转。

⑥道之以政：用行政命令来引导。道，同"导"。

⑦齐之以刑：用刑罚来整治规范。

⑧民免而无耻：民众能避免刑罚，但没有羞耻心。

⑨格：亲近，顺从。

⑩"大车"二句：大车，指牛车。小车，指马车。輗（ní）、軏（yuè），都是固定车前横木与车辕的关键（活销）。车子没有輗、軏便无法套牢牲口，自然无法行驶。

⑪道：指符合法律和道德规范的途径、方法。

⑫得之：对这句的理解历来多有歧义。朱熹释为"不当得而得之"。杨伯峻《论语译注》说："'富与贵'可以说'得之'，'贫与贱'却不是人人想'得之'的。这里也讲'不以其道得之'，'得之'应该改为'去之'。……这里为什么也讲'得之'，可能是古人的不经意处。"

⑬恶（wū）：如何，怎样。

⑭违：离开。

⑮造次：匆忙之间，仓促之间。

⑯朝：早晨。道：指儒家崇尚的人生观、世界观和政治理想，引申可指真理。

⑰恶（è）衣恶（è）食：穿破衣服吃粗粮。

9. 子曰："放①于利而行，多怨。"（《里仁》）

10. 子贡问曰："孔文子②何以谓之'文'也?"子曰："敏而好学，不耻下问，是以谓之'文'也。"（《公冶长》）

11. 子贡曰："如有博施于民而能济众，何如？可谓仁乎?"子曰："何事③于仁！必也圣乎！尧舜其犹病诸④！夫仁者，己欲立而立人，己欲达而达人。能近取譬⑤，可谓仁之方也已。"（《雍也》）

12. 子曰："默而识⑥之，学而不厌，诲人不倦，何有于我⑦哉?"（《述而》）

13. 子曰："不愤不启，不悱不发。⑧ 举一隅不以三隅反，则不复也。⑨"（《述而》）

14. 子曰："饭疏食饮水⑩，曲肱⑪而枕之，乐亦在其中矣。不义而富且贵，于我如浮云。"（《述而》）

15. 子曰："岁寒，然后知松柏之后彫⑫也。"（《子罕》）

16. 子曰："君子和而不同⑬，小人同而不和。"（《子路》）

17. 子曰："躬自厚⑭而薄责于人，则远怨矣。"（《卫灵公》）

18. 子贡问曰："有一言而可以终身行之者乎?"子曰："其'恕'⑮乎——己所不欲，勿施于人。"（《卫灵公》）

19. 子曰："君子谋道不谋食。耕也，馁在其中矣；学也，禄在其中矣。君子忧道不忧贫。"（《卫灵公》）

20. 孔子曰："益者三友，损者三友。⑯ 友直，友谅⑰，友多闻，益矣。友便辟⑱，友善柔⑲，友便佞⑳，损矣。"（《季氏》）

---

①放：通"仿"，依据，按照。

②孔文子：春秋时卫国大夫孔圉（yǔ），死后谥"文"。

③何事：何止。

④病：有所不足，感觉为难。诸："之乎"的合音字。

⑤能近取譬：能够就近从自身取例并进而推己及人。

⑥识（zhì）：记住。

⑦何有于我：即于我何有，意谓"我做到了哪些"。

⑧"不愤"二句：这是孔子自述其教学方法的经验之谈，必须让受教育者自己先感觉到困难，有求知的欲望，然后再去启发开导他。愤，心中想了解却有困难的心理状态。启，开启。悱（fěi），想说又说不出的样子。

⑨"举一"二句：这是个比喻句，意谓举出某一个方面的例子，他却不能由此推知其他方面，便不再教他了。隅，角落。反，同"返"，响应，回应。

⑩饭：用作动词，吃。疏食：指粗糙的食物。水：与"汤"（热水）对言，指冷水。

⑪肱（gōng）：胳膊。

⑫彫：同"凋"，凋落。

⑬和：调和，和谐。同：盲从附和。

⑭躬自厚：是"躬自厚责"的省略，"责"字因下文"薄责"而省。躬自厚责，即严格要求自己。

⑮恕：宽容，推己及人。

⑯"益者"二句：有益的朋友有三种，有害的朋友也有三种。

⑰友谅：与守信的人交朋友。友，动词，与……交友。谅，诚实，守信。

⑱便（pián）辟：逢迎谄媚的人。

⑲善柔：善于奉承的人。

⑳便（pián）佞：夸夸其谈、花言巧语的人。

【文献档案】

《论语》是一部记述孔子及其弟子言论与行事的语录体著作，今传本共 20 篇。其作者是孔子的弟子及再传弟子。《论语》中的"论"字读作 lún，意为论纂、编撰。其成书年代，当在春秋末、战国初。《论语》在东汉时逐渐受到重视，成为儒家的重要经典之一。南宋时，理学家朱熹把《论语》与《孟子》《大学》《中庸》合为"四书"，并作《四书章句集注》，成为士人和参加科举考试的学子必读的教科书。

孔子（前 551—前 479），名丘，字仲尼，春秋末期鲁国陬邑（今山东曲阜）人，我国古代杰出的思想家、教育家，儒家学派的创始人，被后人誉为"圣人""至圣先师"。孔子幼年丧父，生活贫困，但他勤奋好学，曾做过"委吏"（掌管粮仓）、"乘田"（管理牛羊畜牧）等小官。50 岁左右做过鲁国的司空（掌管工程）、司寇（主管司法），但不久去职。他长期从事教育活动，晚年率领弟子周游卫、陈、宋、蔡、楚等国，宣传他的政治主张，但都未被采纳。68 岁时又回到鲁国，继续办学，整理并传授《诗》《书》《易》《礼》《春秋》等儒家经典。73 岁病卒。

《论语》集中体现了孔子的政治思想、哲学思想、伦理思想、教育思想与文艺美学思想，是研究孔子思想、生平最主要的材料。孔子思想的核心是"仁"。"仁"被他解释为一种含义极广的道德范畴，包括忠、恕、孝、悌、智、勇、恭、信等。而"仁"的本质内容则是"克己复礼"（《论语·颜渊》）。"礼"泛指贵族等级制度下的社会规范或道德规范。"克己复礼"就是用"礼"这个规范来约束自己，做到"君君，臣臣，父父，子子"（《论语·颜渊》）。《论语》中也体现了孔子的教育思想。孔子首先提出"有教无类"（《卫灵公》）的教育理念，打破了"学在官府"的传统教育格局，开创了私人办学的先河。此外，《论语》还记录了孔子很多关于如何读书治学、立身行事、修身养性等方面的言论，这些言论至今仍然是教导我们读书成才、修养人格的格言警句，值得我们铭记在心。

从散文的角度看，《论语》的文学价值，首先表现在它高超的语言艺术上。它以当时通俗平易、明白晓畅的口头语言为基础，又吸收了古代书面语言精粹洗练、典雅严谨的长处，形成了言简意赅、深入浅出、朴素无华、隽永有味的独特风格。其次，《论语》还往往能用简短的语言描绘出性格鲜明的人物形象。如孔子的思想深沉和举止从容，子路的直率、刚正和勇敢果决，颜渊的沉静好学和安贫乐道，其他如子贡、曾参、冉有、子夏等，也都写得各具特征。

【含英咀华】

《论语》不仅是一部哲学和教育学著作，同时也是一部人生教科书。这里所选的二十章，比较集中地体现了孔子关于如何治国施政的政治思想、如何教书育人的教育思想，以及如何读书治学、立身处世的人生哲学和人格理想。在政治思想方面，孔子首先要求统治者"为政以德"。他不主张用行政命令来治理人民，也反对用刑罚法规来约束人的行为，而要求国君实行"德治"。"德治"的一个方面是统治者自身的品行正直合乎君德，用自身正直的品行来教化人、引导人，所谓"其身正，不令而行；其身不正，虽令不从"；另一方面是用礼仪制度来规范人的行为，所谓"道之以德，齐之以礼"，这样，百姓既有羞耻心而且能亲近顺从，国君也就能像群星围绕北极星一样得到人民的拥戴。孔子的这种"德治"思想，对之后封建社会的政治制度产生了深远的影响。在哲学思想方面，这里主要体现了孔子的"仁"的思想。对于"仁"，孔子做过多次解释。这里所选的章节，主要阐述了"仁"的一个方面，即仁者的最高道德境界："己欲立而立人，己欲达而达人。""己所不欲，勿施于人。"这两条原则，既是仁者的理想境界，也是实现人与人之间和谐关系必不可少的处世原则。在教育思想方面，孔子重视因材施教，注意启发学生学习的自觉性，循循善诱，引导学生积极思考；还要求学生学习要虚心踏实，持之以恒，等等。这些做法和经验，符合人的认识规律，直到今天仍有其借鉴意义。至于如何读书治学，如何为人处世，如何提高个人的人格修养等，孔子的经验之谈就更丰富、更深刻、更有价值了，这里就不赘述了。

《论语》还是一部优美的散文作品。孔子的语录，能用精练的语言将丰富的人生哲理概括出来，这表明孔子既是思想家，也是文学家和语言学家。更难能可贵的是，孔子还善于把深邃的哲理凝聚于具体的形象之中，使抽象的说理文字同时具有盎然的诗意。例如，"岁寒，然后知松柏之后彫也。"（《论语·子罕》）通过赞扬耐寒的松柏，来歌颂坚贞不屈的人格，形象鲜明，意境高远，启迪了后世无数文人的诗情画意；"子在川上曰：'逝者如斯夫！不舍昼夜。'"（《论语·子罕》）借流水而感慨时光流逝，勉励自强不息。又如，"饭疏食饮水，曲肱而枕之，乐亦在其中矣。不义而富且贵，于我如浮云。"（《论语·述而》）用朴素的笔调，勾画出安贫乐道者的心境，平凡而又高雅；"为政以德，譬如北辰，居其所而众星共之"（《论语·为政》），"人而无信，不知其可也。大车无輗，小车无軏，其何以行之哉？"（《论语·为政》）分别运用生动的比喻来阐明"为政以德"的重要性和"人而无信"的危害性，化抽象为具体，化深奥为浅显，既增强了说理的力度，又增加了语言的形象性。

【思考与练习】

一、结合课文所选章节，谈谈孔子哲学中"仁"的具体内涵。

二、简要阐述孔子的政治思想。

三、结合课文所选章节并阅读《论语》中的其他相关章节，谈谈孔子关于读书学习的方法和经验。

四、结合课文所选章节并阅读《论语》中的其他相关章节，谈谈孔子的人格理想以及关于如何提高人格修养的论述。

五、试以所选章节为例，说说《论语》的语言特点。

六、背诵课文所选《论语》章节。

【拓展阅读】

杨伯峻译注《论语译注》，中华书局

朱熹撰《四书章句集注》，中华书局

（刘洪仁）

《孟子》八章

1. 梁惠王①曰："寡人愿安②承教。"孟子对曰："杀人以梃③与刃，有以异乎?"曰："无以异也。""以刃与政，有以异乎?"曰："无以异也。"曰："庖有肥肉，厩有肥马，民有饥色，野有饿莩④，此率⑤兽而食人也。兽相食，且人恶之；为民父母，行政，不免于率兽而食人，恶在其为民父母也⑥? 仲尼曰：'始作俑者，其无后乎!'⑦ 为其象⑧人而用之也。如之何其使斯民饥而死也?"（《梁惠王上》）

2. 孟子谓齐宣王⑨曰："王之臣有托其妻子于其友而之楚游者⑩，比其反⑪也，则冻馁其妻子，则如之何?"王曰："弃之。"曰："士师⑫不能治士，则如之何?"王曰："已之⑬。"曰："四境之内⑭不治，则如之何?"王顾左右而言他。（《梁惠王下》）

3. 齐宣王问曰："汤放桀、武王伐纣⑮，有诸?"孟子对曰："于传⑯有之。"曰："臣弑其君，可乎?"曰："贼仁者谓之贼⑰，贼义者谓之残，残贼之人，谓之一夫⑱。闻诛⑲一夫纣矣，未闻弑君也。"（《梁惠王下》）

---

①梁惠王：即魏惠王，名罃，"惠"是他死后的谥号。魏国因畏惧秦国，于公元前362年将都城从安邑（今山西夏县西北）迁到大梁（今河南开封），故魏国亦称梁国。

②安：乐意。

③梃（tǐng）：木棍，棍棒。

④饿莩（piǎo）：饿死的人。

⑤率：放任。一说作"率领"讲，亦通。

⑥"恶在"句：为民父母的意义何在呢? 恶（wū），何。

⑦"始作"二句：这是孔子骂人的话，等于说断子绝孙。孔子认为，第一个发明用偶人殉葬的人是不仁的，他开了后来用活人殉葬的坏先例，故有此愤恨谴责之语。其实上古时代是先有活人殉葬，后来才渐渐以俑来代替。看来孔子是把这一情况弄颠倒了。俑（yǒng），古代用于殉葬的土偶或木偶。后，后裔。

⑧象：同"像"，效法，模仿。

⑨齐宣王：齐威王之子，名辟疆，公元前319—公元前301年在位。

⑩"王之臣"句：这是一个定语后置的倒装句，中心词是"臣"，"托其妻子于其友而之楚游者"为修饰它的定语。之，动词，去，往。

⑪比（bì）：及，至，等到。反：同"返"。

⑫士师：古代的司法官，其下有乡士、遂士等属官。士，指士师的属官。

⑬已之：罢免他。

⑭四境之内：指全国各地。

⑮汤：成汤，商朝的开国国君。放：流放。桀：夏桀，夏朝的末代之君。传说成汤灭夏后，把桀流放到南巢（今安徽巢县附近）。武王：即周武王。纣：即商纣王，商朝的末代之君，跟夏桀都是历史上著名的暴君。

⑯传（zhuàn）：解释经义的书。这里泛指古书。

⑰"贼仁"句：损害仁的人叫作贼人。前一个"贼"为动词，指破坏、损害；后一个"贼"为名词。

⑱一夫：犹独夫，指不得人心的独裁者。

⑲诛：杀死有罪的人。

4. 景春①曰："公孙衍、张仪岂不诚大丈夫哉②？一怒而诸侯惧，安居而天下熄。"孟子曰："是焉得为大丈夫乎？子未学礼乎？丈夫之冠③也，父命之；女子之嫁也，母命之，往送之门，戒之曰：'往之女④家，必敬必戒，无违夫子⑤。'以顺为正⑥者，妾妇之道也。居天下之广居，立天下之正位，行天下之大道；⑦ 得志，与民由⑧之；不得志，独行其道。富贵不能淫⑨，贫贱不能移，威武不能屈，此之谓大丈夫。"（《滕文公下》）

5. 戴盈之曰："什一⑩，去关市之征⑪，今兹⑫未能，请轻之，以待来年，然后已⑬，何如？"孟子曰："今有人日攘⑭其邻之鸡者，或告之曰：'是非君子之道。'曰：'请损⑮之，月攘一鸡，以待来年，然后已。'——如知其非义，斯速已矣，何待来年？"（《滕文公下》）

6. 孟子曰："不仁者可与言哉？安其危而利其灾，乐其所以亡者⑯。不仁而可与言，则何亡国败家之有？有孺子⑰歌曰：'沧浪⑱之水清兮，可以濯我缨⑲；沧浪之水浊兮，可以濯我足。'孔子曰：'小子听之！清斯濯缨，浊斯濯足矣。自取之也。'夫人必自侮，然后人侮之；家必自毁，而后人毁之；国必自伐，而后人伐之。《太甲》⑳曰：'天作孽㉑，犹可违㉒；自作孽，不可活。'此之谓也。"（《离娄上》）

7. 孟子曰："鱼，我所欲也；熊掌，亦我所欲也。二者不可得兼，舍鱼而取熊掌者也。生，亦我所欲也；义，亦我所欲也。二者不可得兼，舍生而取义者也。生亦我所欲，

---

①景春：孟子同时代人，纵横家。

②公孙衍：战国时纵横家，魏国人。主张连横的张仪为秦相时，他力主合纵，联合五国攻秦。张仪死后，他到秦国，做过秦国宰相。张仪：战国时纵横家，魏国人，秦惠文王十年（前328）任秦相。他主张连横，曾游说东方六国，瓦解其合纵，使之服从秦国。

③丈夫：男子。冠：举行冠礼。古代男子到了二十岁要行冠礼，表示已经成年。

④女：同"汝"，你。

⑤夫子：指丈夫。

⑥以顺为正：以顺从为正道。这是古代对出嫁女子的基本道德规范。

⑦"居天下"三句：朱熹《四书章句集注》云："广居，仁也。正位，礼也。大道，义也。"这三句即居于仁、立于礼、行于义之意。

⑧由：循此行走。

⑨淫：乱，指乱其心志。

⑩什一：十分取一的税率（指农业税）。什，十分。

⑪去关市之征：取消官府在交通要道或集市上所征的商业税。

⑫今兹：今年。《吕氏春秋》："今兹美禾，来兹美麦。"高诱注："兹，年也。"

⑬已：停止，废除。

⑭攘（rǎng）：顺手牵羊，窃为已有。赵岐注："攘，取也，取自来之物也。"

⑮损：减少。

⑯所以亡者：指导致亡国败家的行为。

⑰孺子：小孩子。

⑱沧浪（láng）：青苍色。一说水名。

⑲缨：系帽的丝带。

⑳《太甲》：《尚书》篇名，原文已佚。古文《尚书》中的《太甲》篇是后人伪托的，不可信。

㉑孽：灾祸。

㉒违：避开。

所欲有甚于①生者，故不为苟得②也；死亦我所恶，所恶有甚于死者，故患有所不辟③也。如使人之所欲莫甚于生，则凡可以得生者，何不用也④？使人之所恶莫甚于死者，则凡可以辟患者，何不为也？由是则生，而有不用也；由是则可以辟患，而有不为也。是故所欲有甚于生者，所恶有甚于死者。非独贤者有是心也，人皆有之，贤者能勿丧⑤耳。一箪⑥食，一豆⑦羹，得之则生，弗得则死；嘑尔⑧而与之，行道之人弗受；蹴⑨尔而与之，乞人不屑也；万钟则⑩不辩礼义而受之，万钟于我何加⑪焉？为宫室之美、妻妾之奉、所识穷乏者得我⑫与？乡⑬为身死而不受，今为宫室之美为之；乡为身死而不受，今为妻妾之奉为之；乡为身死而不受，今为所识穷乏者得我而为之，是亦不可以已⑭乎？此之谓失其本心⑮。"（《告子上》）

8. 孟子曰："民为贵，社稷⑯次之，君为轻。是故得乎丘民⑰而为天子，得乎天子为诸侯，得乎诸侯为大夫⑱。诸侯危社稷，则变置。牺牲⑲既成，粢盛既絜⑳，祭祀以时，然而旱干水溢，则变置社稷。"（《尽心下》）

【作者档案】

孟子（前372—前289），名轲，字子舆，战国中期邹国（今山东邹县）人。我国古代思想家、教育家和文学家，孔子之后儒家学派的代表人物，被后世尊称为"亚圣"，与孔子并称"孔孟"。孟子曾受业于孔子的孙子子思的门下。孟子继承了孔子的仁爱学说，主张效法先王，实行"仁政"，宣扬性善，反对功利，反对战争，要求统治者从自身品德做起，施德行善，使民心归附，从而实现统一天下的大业。怀抱着这种复兴儒学、法先王之礼和"平治天下"的理想，他先后到过鲁、齐、宋、邹、滕、魏等国游说。尽管梁惠王、

①甚于：超出于，重于。

②苟得：苟且获得，即苟且偷生。

③患：祸患。辟：同"避"。

④何不用也：什么（手段）不可用呢？

⑤丧：丧失。此指丧失人的本性，即孟子所谓"失其本心"。

⑥箪（dān）：盛食物的竹篓。

⑦豆：盛羹或肉的木制器具。

⑧嘑（hū）尔：呵斥声。嘑，同"呼"。尔，语气助词。

⑨蹴（cù）：踢，践踏。

⑩万钟：指优厚的俸禄。钟，古量器名，六斛四斗为一钟。则：如果。

⑪加：有益，益处。

⑫得我：感激我。得，通"德"。一说"得"即用作本字，即得到我的好处。

⑬乡：通"向"，过去，以前。

⑭已：止，停止。

⑮本心：最基本的羞恶之心。孟子认为人的本性是善良的，人皆有羞恶之心。这里的"本心"是指人善良的本性。

⑯社稷：指祭祀土地神和五谷神的神坛。社，土地神。稷，五谷神。社稷坛是古代非常神圣的地方，平时不可轻易移动，国家破灭，方可变置改立，因此，人们往往以社稷坛作为国家和政权的象征。

⑰丘民：民众，广大百姓。丘，众。

⑱大夫：古代官名。西周以后的诸侯国中，国君下有卿、大夫等十三级，大夫可以世袭，且有封地。

⑲牺牲：供祭祀用的猪、牛、羊。

⑳粢盛（zīchéng）：古代盛在祭器内以供祭祀的谷物。絜：同"洁"，洁净。

齐宣王和滕文公等国君都很尊重他，对他十分优待，但因其学说、理想与战国时"力征争权，胜者为右"的社会现实格格不入，故梁惠王、齐宣王等人都没有采纳他的主张。孟子的理想终究不能推行，更不能实现。因此，孟子晚年也与孔子一样，回到故乡著书立说，"退而与万章之徒，序《诗》《书》，述仲尼之意，作《孟子》七篇"（《史记·孟子荀卿列传》）。

《孟子》是孟子与其弟子共同完成的著作，它既是儒家学派的经典著作之一，也是先秦诸子散文中文学性较强的一部。其特色有：一是说理透彻，长于论辩。他在与论敌论辩时，"善设机巧"，经常采用"引人入彀"的论辩方法。二是高屋建瓴，富于气势。三是善于运用比喻和寓言故事帮助说理。

【含英咀华】

孟子思想的精华，首先是他最为宝贵的"民贵君轻"思想。孟子是我国古代一位真正认识到在政治中人民的重要性的思想家，他继承自《尚书》《左传》《国语》以来的民本思想，并把这一思想发展到一个新的高度。他把"民"的地位置于"社稷（国）"和"君"之上，认为君可变置，社稷也可变置。这是一种前人不曾说、后人也不大敢说的新的提法。孟子还认为，像商纣王那种损害仁义、残暴无道的国君不配称之为君，只能叫作"一夫"（独裁者），对这种独夫民贼，人民自然可以将其推翻。他甚至把杀掉桀纣之类暴君说成是"救民于水火之中""为匹夫匹妇复仇"（《孟子·滕文公下》）的正义之举。这样的言论，不但与坚持"君君臣臣"的孔子不同，也与主张绝对君权的法家不同。无论他站在什么样的立场上，他的这种民本思想都是值得肯定的。孟子的民本思想表现在政治主张上，就是所谓"保民而王"的"仁政"。他说："行仁政而王，莫之能御也。"（《孟子·公孙丑下》）所谓"仁政"，就是仁民爱物的政治，其具体内容就是要统治者从人民的生活出发来考虑政治问题，认识到人民是国家的基础，只有人民丰衣足食、不饥不寒，政治才能安定，百姓才能归附，天下才能统一。仁政的具体措施就是要"省刑罚，薄税敛"，减轻对人民的压迫、剥削，并且规定、保证老百姓有一定的产业。只有这样，才会得到老百姓的衷心拥护；否则，老百姓就会铤而走险，作出有违礼法的事情来。在人格修养方面，孟子最看重的是人的气节操守，他所说的"吾善养吾浩然之气"，就是培养人的一身正气和刚直不阿的品格。只有这样，才能做到"富贵不能淫，贫贱不能移，威武不能屈"，在面临"义"与"利"的冲突时，宁可杀身以成仁、舍生以取义，而不能苟且偷生、苟合取容。孟子的这些言论对后世产生了深远影响，历史上无数面临利益诱惑或死亡威胁而威武不屈、大义凛然的仁人志士，都是孟子思想的践行者。

孟子不仅是思想家，也是文学家。他的文章最突出的特点就是善于论辩，富于气势。孟子的善辩主要表现为成功地运用了"善设机巧""引人入彀"的论辩方法。他在与论敌交锋时，开始时往往不动声色地从对方感兴趣的一些问题或一些显而易见的道理入手，与对方进行拉家常似的谈话、交流，接着便暗暗地按自己预定的思路进行引导，等对方不知不觉地暴露出逻辑上的破绽或漏洞而坠入自己预设的陷阱时，孟子便抓住其破绽进行攻击，使对方无从应对，处于被动挨打的尴尬境地。"王之臣"章，就颇能体现孟子的这一论辩技巧。孟子采用层层递进、步步逼近主题的类比推理方式，先让齐宣王承认两个貌似平和又显而易见的道理，然后出其不意地抛出"四境之内不治，则如之何"的反问，使对方猝不及防，没有任何回旋的余地，不得不"顾左右而言他"。其次，孟子的文章还富于形象性。孟子擅长用比喻，也善于用形象化的故事或寓言来说理。如"什一，去关市之征"章，就是一篇绝妙的讽刺小品。孟子一眼看出宋国大夫戴盈之没有革除弊政的诚意，而是虚与委蛇、敷衍应付。于是孟子虚构了一个"盗鸡者"的故事，用这个"盗鸡者"荒唐可笑的言论，来对戴盈之进行辛辣而尖刻的嘲讽，既具有讽刺性，又富于幽默感，令人忍俊不禁。

【思考与练习】

一、孟子"仁政"思想的主要内容是什么？实现"仁政"的具体措施有哪些？

二、孟子的"民本"思想达到了怎样的高度？应该如何评价？

三、在人格修养方面，孟子有哪些著名言论？试谈谈你对这些名言的看法。

四、孟子说："夫人必自侮，然后人侮之；家必自毁，而后人毁之；国必自伐，而后人伐之。"试结合自己的体会，写一篇学习心得。

五、结合中学时学过的"齐桓晋文之事"章及本教材所选相关章节，体会孟子文章善于论辩、富于形象的特点。

【拓展阅读】

杨伯峻译注《孟子译注》，中华书局

朱熹撰《四书章句集注》，中华书局

（刘洪仁）

大学之道

《大学》

大学之道①，在明明德②，在亲民③，在止于至善④。知止而后有定⑤，定而后能静⑥，静而后能安，安而后能虑，虑而后能得⑦。物有本末，事有终始，知所先后，则近道矣。

古之欲明明德于天下者，先治其国；欲治其国者，先齐⑧其家；欲齐其家者，先修其身⑨；欲修其身者，先正其心；欲正其心者，先诚其意；欲诚其意者，先致其知⑩。致知在格物⑪。物格而后知至，知至而后意诚，意诚而后心正，心正而后身修，身修而后家齐，家齐而后国治，国治而后天下平。自天子以至于庶人，壹是⑫皆以修身为本。其本乱而末治⑬者，否矣。其所厚者⑭薄，而其所薄者⑮厚，未之有也。

【文献档案】

《大学》原是《礼记》中的一篇。南宋时，著名思想家和教育家朱熹将《大学》和《礼记》中的另一篇《中庸》从原书中抽出来，并与《论语》《孟子》并列，合称"四书"，并为这四部书做了注释，即《四书章句集注》，简称《四书集注》。"四书"在当时就被立为官学，此后元、明、清三代，都被当作科举考试的教科书，也是读书人的必读书，对中国封建社会的思想文化影响深远。

朱熹在《大学章句》开篇说："子程子曰：'大学，孔氏之遗书，而初学入德之门也。'于今可见古人为学次第者，独赖此篇之存，而论、孟次之。学者必由是而学焉，则庶乎其不差矣。"这就是说，《大学》在"四书"中是首先必读的一部入门书。《大学》中提出了

---

①大学：朱熹《四书集注》："大学者，大人之学也。"即成人之学，与"小学"相对而言。道：方法，这里作目的的讲。

②明明德：彰显先天固有的德性。第一个"明"是形容词用作动词，使动用法，使……明亮。明德指人与生俱来的美好德性，亦即所谓"人之初，性本善"的善性。儒家认为，人的德性本来是良善的，但由于受后天的欲望及环境的影响，这种良善的德性昏而不明，所以要通过学习来加以明辨和修养。

③亲民：使人自新。亲，当作"新"，使人改过自新。

④止于至善：以至善作为最终目标。

⑤止：这里指上文所言"至善"的境界。定：立定志向。

⑥静：沉静，心不妄动。

⑦得：指有所收获。

⑧齐：整治、整顿。

⑨修其身：提高个人的德行。

⑩致其知：所谓"致知"，即找回良知之意。也有人解作获得知识。

⑪格物：穷究事物的原理。格，推究、穷究。物，事物的原理、规律。一说："格，去也。格去物欲之蔽。"（杨宣骅《古本大学辑解》）

⑫壹是：一切，一概。

⑬末治：指修身之外的齐家、治国、平天下。

⑭所厚者：指应该重视的事情。厚，重视，注重。

⑮所薄者：指应该忽略的事情。薄，轻视，忽略。

"三纲领"（明明德、亲民、止于至善）和"八条目"（格物、致知、诚意、正心、修身、齐家、治国、平天下）的主张，强调修己是治人的前提，修己的目的是治国平天下，说明治国平天下的基础是个人的道德修养。这些思想，对于生活在物欲横流的当今社会的读者，尤其是青少年读者来说，具有宝贵的认识价值和借鉴意义。近代民主政治的先驱者梁启超说："《礼记》为青年不可不读之书，而又为万不能全读之书。"（《要籍解题及其读法》）《礼记》中的《大学》《中庸》，正是梁氏所谓"不可不读之书"。

【含英咀华】

本文是《大学》的第一章。朱熹认为，本章为"经"，"盖孔子之言，而曾子述之"，后面的十章则为"传"（解释"经"的文字），"盖曾子之意而门人记之也"。本章主要阐述了儒家学派为学的宗旨以及为学途径。宗旨即明明德、亲民、止于至善；途径则是格物、致知、诚意、正心、修身、齐家、治国、平天下。

首段开宗明义，指出成人学习的目的就是追求完善的道德境界。这是全篇的总纲，《大学》以下各节都是围绕这个总纲来阐述和发挥的。朱熹认为"大学"是"为学纲目"，是"大人之学"，即成为圣贤之人的大道，故曰"大学之道"。"至善"是儒家在道德修养方面的最高境界。在朱熹看来，时代变迁，教化不再，完善道德也不可一蹴而就，需要经过"明明德—新民—止于至善"的过程，方可达到读书学习的终极目的。而实现这个目的，依次要经过"格物、致知、诚意、正心、修身、齐家、治国、平天下"八种途径。这是儒家理想人生的进修阶梯，不可本末倒置、秩序颠倒。其中前四级为内修，后三级为外治，中间环节是"修身"。"修身"是连接"内修"和"外治"的枢纽。孔子在这里提出的"修身、齐家、治国、平天下"的理念，后来一直被儒家奉为安身立命的人生准则。这段至理名言告诉我们：一个人要做治国、平天下的大事，必须首先从修身、齐家这样基本的小事做起，一步一个脚印，才能逐渐实现自己的远大目标；否则，终将一事无成。

"三纲领"和"八条目"是儒家教育观中教育目标和教育途径的纲领，其中最核心的是"修身"。《大学》阐释了教育的宗旨与途径，以及各条目之间的关系，推理严密，逻辑清楚，是研习儒学的经典。

【思考与练习】

一、分析儒家"三纲""八目"的具体内容。

二、结合个人的学习体会，谈谈"三纲"与"八目"之间的关系。

三、熟读并背诵这段话。

四、阅读《大学》全文，结合现实，谈谈儒家教育观中关于道德修养的观念对后世有什么影响。

【拓展阅读】

朱熹撰《四书章句集注》，中华书局

王文锦译注《大学中庸译注》，中华书局

（杜婕欣　刘洪仁）

《中庸》五章

1. 天命之谓性①，率性之谓道②，修道之谓教③。道也者，不可须臾离也，可离非道也。是故君子戒慎乎其所不睹④，恐惧乎其所不闻，莫见乎隐⑤，莫显乎微⑥，故君子慎其独⑦也。喜怒哀乐之未发谓之中⑧，发而皆中节谓之和⑨。中也者，天下之大本⑩也；和也者，天下之达道⑪也。致⑫中和，天地位⑬焉，万物育⑭焉。（第一章）

2. 仲尼曰："君子中庸⑮，小人反中庸。君子之中庸也，君子而时中⑯。小人之中庸也，小人而无忌惮也。"（第二章）

3. 子曰："中庸其至矣乎！民鲜⑰能久矣！"（第三章）

4. 子曰："道之不行也，我知之矣：知⑱者过之，愚者不及也。道之不明也，我知之矣：贤者过之，不肖⑲者不及也。人莫不饮食也，鲜能知味也。"（第四章）

5. 哀公⑳问政。子曰："文武㉑之政，布在方策㉒，其人存则其政举㉓，其人亡则其政息㉔。

---

①天命之谓性：天赋予人的禀赋叫作性。天命，天赋予的禀赋。性，天生的本性，如仁义、向善等。

②率性之谓道：一切顺应本性叫作道。率，顺应，遵循。道，规范、人道，即"性"的外在表现。

③修道之谓教：修明道的方法叫作教。教，教化，教育。

④"是故"句：品德高尚的君子在没有人看见的地方也很谨慎。戒慎，警惕、谨慎。睹，看见。

⑤莫见乎隐：越是隐蔽的越容易显露。莫，没有什么更……。见（xiàn），同"现"，显露。隐，隐蔽。

⑥莫显乎微：越是细微的越容易显现。

⑦慎其独：在一人独处时也小心谨慎。独，指独处。

⑧发：表现出来。中：不偏不倚，恰到好处，心情平和。

⑨中（zhòng）节：符合节度，不违背法度。和：调和，和谐。

⑩大本：根本，基础。

⑪达道：四通八达之大道，引申为天下人共同遵守的准则。

⑫致：达到。

⑬位：占据其应有的位置，即各得其所。

⑭育：生长，生育。

⑮中庸：不偏不倚，既不过分也无不足。庸，常也。

⑯而：通"能"，能够。时中：应时而处中，即言行处处符合道的规范。

⑰鲜：少，不多。

⑱知：同"智"，与下句"愚"相对。

⑲不肖：不贤，指道德品行低下。

⑳哀公：鲁哀公，春秋时鲁国国君，姬姓，名将。

㉑文武：指周文王和周武王。

㉒布：陈列，记载。方策：指典籍。方，书写用的木板。策，书写用的竹简。

㉓举：推行。

㉔息：消失。

人道敏政^①，地道敏树^②。夫政也者，蒲卢^③也。故为政在人，取人以身，修身以道，修道以仁。仁者，人也，亲亲为大；义者，宜也，尊贤为大。亲亲之杀^④，尊贤之等，礼所生也。（在下位，不获乎上，民不可得而治矣^⑤）故君子不可以不修身，思修身不可以不事亲，思事亲不可以不知人，思知人不可以不知天。天下之达道^⑥五，所以行之者三。曰君臣也，父子也，夫妇也，昆弟^⑦也，朋友之交也，五者天下之达道也。知、仁、勇三者，天下之达德也。所以行之者一也。或生而知之，或学而知之，或困而知之。及其知之，一^⑧也。或安而行之，或利而行之，或勉强^⑨而行之，及其成功，一也。"

子曰："好学近乎知，力行近乎仁，知耻近乎勇。知斯三者，则知所以修身；知所以修身，则知所以治人；知所以治人，则知所以治天下国家矣。"

凡为天下国家有九经^⑩：曰修身也，尊贤也，亲亲也，敬大臣也，体群臣也，子庶民^⑪也，来百工^⑪也，柔^⑫远人也，怀^⑬诸侯也。修身则道立，尊贤则不惑，亲亲则诸父^⑭昆弟不怨，敬大臣则不眩^⑮，体群臣则士之报礼^⑯重，子庶民则百姓劝^⑰，来百工则财用足，柔远人则四方归之，怀诸侯则天下畏之。齐明盛服^⑱，非礼不动，所以修身也。去谗远色，贱货而贵德，所以劝贤也。尊其位，重其禄，同其好恶，所以劝亲亲也。官盛任使^⑲，所以劝大臣也。忠信重禄，所以劝士也。时使薄敛^⑳，所以劝百姓也。日省月试^㉑，既禀称事^㉒，所以劝百工也。送往迎来，嘉善而矜^㉓不能，所以柔远人也。继绝

---

①人道敏政：治理人的道理就是努力行政。敏，努力，勤勉。

②地道敏树：治理土地的道理就是辛勤耕种。树，种植。

③蒲卢：沈括以为是蒲苇（即芦苇）。芦苇容易生长，比喻国家政事得到君子治理，则容易做好。郑玄以为是蜾蠃（即土蜂）。古人认为土蜂自己不能生子，必取桑虫之子变化后成为己子。比喻执政在于如何用人。二说皆可通。

④亲亲：亲近亲人。杀（shà）：等级、差别。这里指因亲属的远近亲疏不同，礼制也有所差异。

⑤"在下位"三句：此十四字后章亦见，郑玄云："误重在此。"

⑥达道：通行的道路。

⑦昆弟：兄弟。昆，兄，哥哥。

⑧一：一样，相同。

⑨勉强：尽力而为。

⑩为：治理。九经：九条准则。经，原来指织布机上的纵线，引申指常道、准则、原则。

⑪来：招致，使……来归。百工：各类工匠。

⑫柔：怀柔，安抚。

⑬怀：安抚。

⑭诸父：父亲的兄弟，指伯父、叔父。

⑮眩：迷乱，紊乱。

⑯报：回报。礼：礼数。

⑰劝：劝勉，努力。

⑱齐：通"斋"，斋戒。明：洁净。盛服：整洁的礼服。

⑲官盛：官属众多。任使：任用，使用。

⑳时使：按照季节使用。薄敛：减少赋税。

㉑省：检查，察看。试：考核。

㉒既禀称事：授予的俸禄与所得的粮食相符合。既，通"饩"（xì），赠送别人粮食或饲料，这里指俸禄。禀，粮食。称，相符合。事，工作，劳动。

㉓嘉：嘉奖。矜：怜惜，同情。

世①，举废国②，治乱持危③，朝聘以时④，厚往而薄来⑤，所以怀诸侯也。

凡为天下国家有九经，所以行之者一也。凡事豫则立⑥，不豫则废。言前定则不跲⑦，事前定则不困，行前定则不疚⑧，道前定则不穷⑨。

在下位不获⑩乎上，民不可得而治矣。获乎上有道，不信乎朋友，不获乎上矣。信乎朋友有道，不顺乎亲⑪，不信乎朋友矣。顺乎亲有道，反诸身不诚⑫，不顺乎亲矣。诚身⑬有道，不明乎善，不诚乎身矣。

诚者，天之道也。诚之者⑭，人之道也。诚者，不勉而中⑮，不思而得，从容中道⑯，圣人也。诚之者，择善而固执⑰之者也。博学之，审⑱问之，慎思之，明辨之，笃⑲行之。有弗学⑳，学之弗能，弗措㉑也；有弗问，问之弗知，弗措也；有弗思，思之弗得，弗措也；有弗辨，辨之弗明，弗措也；有弗行，行之弗笃，弗措也。人一能之，己百之；人十能之，己千之。果能此道矣，虽愚必明，虽柔必强。（第二十章）

【文献档案】

《中庸》也是《礼记》中的一篇，位于原书第三十一篇。旧说《中庸》是子思所作，现多认为是秦汉时的儒家作品。《中庸》主要论述儒家为人处世不偏不倚、持之以恒的基本方法，它既是处理外界纷争的原则，又是保持内心平和的秘诀。朱熹在《中庸章句》卷首说："子程子曰：'不偏之谓中，不易之谓庸。中者，天下之正道；庸者，天下之定理。'此篇乃孔门传授心法，子思恐其久而差也，故笔之于书，以授孟子。其书始言一理，中散为万事，末复合为一理，'放之则弥六合，卷之则退藏于密'，其味无穷，皆实学也。善读者玩索而有得焉，则终身用之，有不能尽者矣。"这段话指明了《中庸》所阐明的理论具

---

①继：继续，延续。绝世：失去世袭权位的贵族世家。
②举：恢复。废国：已经灭亡的国家。
③治乱持危：平治内乱，扶持危弱。
④朝聘以时：诸侯按照一定的时间来朝拜聘问（天子）。
⑤厚往：厚礼相送。薄来：薄收贡品。
⑥豫：预先准备。立：成功。
⑦跲（jiá）：绊倒。这里指言辞不当，失言。
⑧疚：出错。
⑨穷：困厄，走投无路。
⑩获：获得信任。
⑪顺：孝顺，顺从。亲：指父母。
⑫反：通"返"。身：自身。诚：真诚。
⑬诚身：使自身真诚。
⑭诚之者：使自己达到诚的境界。
⑮不勉而中（zhòng）：不需费劲就能做到。中，符合。
⑯从容中道：悠闲从容都能符合善道。从容，不费力气，自然而然。
⑰固执：牢固把握，坚守不渝。
⑱审：详细。
⑲笃：踏实。
⑳有弗学：不学则已（依朱熹说）。
㉑措：放置，放弃。

有普遍性，思想深刻，分析透彻。我们仔细体会其中有关慎独、致中和、道不远人、好学、力行、知耻、至诚立本等道理，确实会受到启发，大有收获。

【含英咀华】

《中庸》是儒家的教育理论著作，其中蕴含着儒家政治哲学思想。"中"是恪守中道，不偏不倚；"庸"是恒常不变。"中庸"就是常守中道。第一章是全篇的总纲，强调了中庸之道是重要而普遍的，是人们片刻也不能离开的，因而要自觉、慎独、真诚地尊重天赋本性，按照道的原则来提高修养。作者提出，情感的表露要不偏不倚、有所节制，即"中""和"的境界，那么天下万物就可秩序井然，和谐共生。第二、第三、第四章进一步阐释中庸之道的实现途径。中庸之道的实现要恰到好处，过分和不及都不符合中庸的要求。此过程中最关键的是个体自觉性的修养。

第二十章是《中庸》全篇的核心。本章从哀公问政引入，提出了为政与个体修养的关系，提出五种人伦关系（君臣、父子、夫妇、兄弟、朋友）和三种德行（智、仁、勇）。文中记叙了孔子论述修身的方法，指出了人生修养的方法和途径，即从好学、力行、知耻入手。人都具有善良之性，但须经过后天学习，因此"好学近乎知"；通过学习彰显出善良本性，但并非都能成为仁者，还必须付诸行动，因此"力行近乎仁"；一个人有了羞耻之心，才能辨明是非，知所为知所不为，谦和退让，取舍有度，因此，"知耻近乎勇"。能做到"好学""力行""知耻"，也只是接近于智、仁、勇。再进入到智、仁、勇这一通行的道德准则（即"达德"），由"修身"扩展到"治人"，直至"治理天下国家"。全篇语言凝练，说理严密。很多名言警句至今仍可作为我们为人处世、读书学习的座右铭，耐人寻味，影响深远。

【思考与练习】

一、简述"中庸"的内涵。

二、简述儒家主张实现"中庸之道"的途径。

三、熟读《中庸》第一、第二、第三章与第二十章，将其中的名言警句摘抄下来作为自己的座右铭，默诵熟读，铭记终生。

四、阅读《中庸》其余章节，领会其中关于修身、做人、读书的深刻道理。

【拓展阅读】

朱熹撰《四书章句集注》，中华书局

王文锦译注《大学中庸译注》，中华书局

（杜婕欣　刘洪仁）

大　同

《礼记》

　　昔者仲尼与于蜡宾①，事毕，出游于观②之上，喟然而叹。仲尼之叹，盖叹鲁③也。言偃④在侧，曰："君子何叹？"孔子曰："大道⑤之行也，与三代之英⑥，丘未之逮⑦也，而有志焉⑧。大道之行也，天下为公。选贤与能⑨，讲信修睦⑩。故人不独亲其亲⑪，不独子其子，使老有所终，壮有所用，幼有所长，矜寡孤独废疾者⑫皆有所养。男有分⑬，女有归⑭。货恶其弃于地也⑮，不必藏于己；力恶其不出于身也，不必为己。是故谋闭而不兴⑯，盗窃乱贼而不作⑰，故外户而不闭⑱，是谓大同。"

　　"今大道既隐⑲，天下为家，各亲其亲，各子其子，货力为己，大人世及⑳以为礼，城郭沟池以为固㉑，礼义以为纪㉒，以㉓正君臣，以笃㉔父子，以睦兄弟，以和夫妇，以设制

　　①与（yù）：参与。蜡（zhà）宾：古代年终合祭百神，称蜡祭。蜡宾就是蜡祭的助祭者。

　　②观（guàn）：又叫阙，宗庙或宫廷大门外两旁相对的高大建筑物。

　　③叹鲁：叹息鲁国礼乐的衰败。鲁国是姬姓宗邦，比其他诸侯国的礼制完善。西周东迁之后，周礼尽在鲁国。而以鲁国为代表的周礼的崩溃，引发孔子对上古理想社会的向往。

　　④言偃：字子游，孔子弟子。

　　⑤大道：太平盛世的治国之道。

　　⑥三代之英：夏、商、周三代的开创者，即禹、汤、文王和武王。英，英杰。

　　⑦丘未之逮：我都没有赶上。逮，及，赶上。

　　⑧有志焉：有志于此，即内心向往之。一说，志，识也，指文献记载，亦通。

　　⑨与能：推举能干的人。与，繁体作"與"，同"舉"，推荐。

　　⑩讲信修睦：讲求诚信，协调和睦。

　　⑪不独亲其亲：不仅仅是把自己的亲人当作亲人。

　　⑫矜：通"鳏"，老而无妻。寡：老而无夫。孤：幼而无父。独：老而无子。废疾者：身体残疾和有疾病的人。

　　⑬分：职分，职业。

　　⑭归：本义是指女子出嫁。这里指归属、夫家。

　　⑮货恶其弃于地：憎恶财物被糟蹋浪费。货，指财物。

　　⑯谋闭而不兴：奸谋被扼制而不得施展。谋，阴谋诡计。

　　⑰乱贼：乱臣贼子。作：产生，发生。

　　⑱外户而不闭：外出不用关门。户，单扇的门，这里泛指门。

　　⑲隐：消失不见。

　　⑳大人：国君诸侯等。世及：世袭。父传于子为"世"，兄传于弟为"及"。

　　㉑城郭：泛指城池、城邑。城，内城墙。郭，外城墙。沟池，护城河。

　　㉒纪：纲纪，法则。

　　㉓以：以后面省略了宾语"之"，即"礼"，后面用法相同。下文"正""笃""睦""和"都是形容词作动词。

　　㉔笃：忠诚，厚道。

度，以立田里①，以贤勇知②，以功为己③。故谋用是作④，而兵⑤由此起。禹、汤、文、武、成王、周公，由此其选也⑥。此六君子者，未有不谨于礼者也。以著其义⑦，以考其信⑧，著有过⑨，刑仁讲让⑩，示民有常⑪。如有不由此者，在执者去⑫，众以为殃，是谓小康⑬。"

【文献档案】

《礼记》是一部关于儒家各种礼仪的论著、杂说的汇编。相传西汉经学家戴德和其侄儿戴圣各自辑录了《礼记》，戴德所辑称《大戴礼记》，原有 85 篇，今存 39 篇；戴圣所辑称《小戴礼记》，共 49 篇。今通行的是《小戴礼记》。《礼记》是"十三经"中的一种，跟《仪礼》《周礼》合称为"三礼"。《礼记》的作者不止一人，也非一时所作。其内容主要是以儒家的思想观点来记载、解释先秦和秦汉时期的各种礼仪制度和规范，记录孔子及其后学的言论，论述道德修养准则等，涉及哲学、历史、政治制度、伦理道德、人际礼仪与礼乐器物等。全书保存了大量先秦时期的社会史料，对于研究先秦以至秦汉时代的婚丧嫁娶制度、家族制度、家庭结构、社会风俗等具有重要的史料价值。《礼记》中有些篇章讲修身、做人的道理、准则，如《大学》《中庸》《儒行》等，是研究儒家人生哲学的重要资料；此外，还有专讲教育理论的《学记》，专讲音乐理论的《乐记》，其中的精辟言论，至今仍有可资借鉴之处。《礼记》全书多为散文，内容多样，其中一些篇章颇有文学价值，一些经典语句如"苛政猛于虎""天下为公"等，是历久不衰的传世名言。

【含英咀华】

本文选自《礼记》的第九篇《礼运》，标题为编者所加。《礼运》是论述礼制的文章，这里节选的是其中第一段。

文章开篇记录孔子与弟子言偃关于鲁国祭礼的讨论，从而引出孔子关于社会政治形态的论述。"大同"社会是儒家倡导的一种完美的、太平和睦的社会形态的构想，与"小康"社会相对。在"大同"社会中，政治民主，选贤举能，讲诚信，重和谐，社会富足安稳，人民安居乐业。"天下为公"的"大同"社会是儒家在社会政治上所倡导的最高理想。而"小康"社会则是社会私有，权位世袭，以礼法治国，赏罚分明，物质相对富足的社会形态。

---

① 立田里：指设立田地住宅制度。田里，田地与住宅。

② 以贤勇知：按照礼义把有勇有谋的人视为贤者。知，同"智"。

③ 以功为己：把为自己谋私利的人当作有功之人。

④ 故谋用是作：阴谋诡计因此兴起。谋，阴谋。用是，因此。

⑤ 兵：指战争。

⑥ 由此其选：就是用礼义治国的英杰人物。由，用。选，杰出。

⑦ 著：表彰。其：指臣子和百姓。义：指合理的事情。

⑧ 以考其信：用礼来成就合乎信义的事情。考，成也。

⑨ 著有过：用礼来揭露过错。

⑩ 刑仁讲让：把仁义当作规范，提倡礼让。刑，通"型"，规范，楷模。

⑪ 常：常规，长久不变的制度法令。

⑫ 在执者去：有权势者将被罢黜。执（shì）：同"势"，指权位。

⑬ 小康：小安。康，安定。

"小康"相对于"大同"是较为低级的社会发展形态。"大同"社会是在物质水平和道德水平极高的条件下形成的自觉有序的社会形态,"小康"社会是在利益分配和礼法制约条件下形成的有序的社会形态。在儒家的"大同"思想中,贯穿着一种道德递衰的历史观,即三代以前为"大同",三代以后为"小康"。在孔子看来,三代以前的尧舜时代,道德自觉运行,不需要礼义的制约,而三代以后的"小康"则是时时处处都要靠礼义来制约、维护的社会。

"大同""小康"的概念,贯穿中国古代社会始终,对中国古代政治理想以及近现代的民主共和思想产生了深远影响。19世纪末20世纪初,近现代民主革命的先行者正是借用了"大同"的概念来唤醒民众,如康有为撰写《大同书》,孙中山提倡"天下为公"。

【思考与练习】

一、孔子所论述的"大同""小康"两种社会形态的本质区别是什么?

二、孔子所论述的"大同"和"小康"社会有什么现实意义?在当今全球化的时代,"大同"思想还有没有价值?

三、试结合有关科学社会主义原理,谈谈你理想中的社会形态。

四、背诵本文。

【拓展阅读】

杨天宇译注《礼记译注》,上海古籍出版社

（杜婕欣　刘洪仁）

单元知识：儒学简介

儒学是儒家学说的简称，在特定历史阶段被统治者赋予宗教化特征。儒家是春秋时期孔子创立的一个重要学派，与墨家同为当时的"显学"，被列为先秦至汉初"九流十家"之首，其思想在后世成为主宰中国封建社会上层统治者及其意识形态的正统思想和主流意识。儒家学派对中国乃至全世界都产生过深远的影响，在海外，"儒学"几乎成为中国传统文化的代名词。

一、形成与发展

"儒"在古代指读书人，同时也指那些设馆传授知识的学者，所谓"师教人以道者"（《周礼·地官司徒》注）。孔子是中国历史上第一位举办私学授徒讲学的伟大教育家，他把古代为贵族所专有的礼仪和其他各种知识传播到民间。在他的学生中，又有一部分人相继设馆讲学，逐渐形成一个学派，后人即称之为"儒学"。为了教学的需要，孔子整理了《诗》《书》《易》《礼》《乐》《春秋》等六部古代文化典籍，后人称之为"六经"，成为后世学者必读的经典。

春秋时期，面对"礼崩乐坏"的社会动乱局面，孔子提出了一整套政治思想和道德伦理思想。孔子的政治思想，就是希望恢复到唐虞三代那种等级分明、礼制完善的清明社会。在孔子看来，西周是历史上礼乐制度最完善的一个时期，他的理想，就是让社会恢复到西周那种状态。他的政治主张，就是"克己复礼"，即克服自己不正当的感情欲念，使思想和行为符合礼的要求。他说："克己复礼为仁。一日克己复礼，天下归仁焉。"（《论语·颜渊》）他希望当今的统治者能从自身品行修养做起，完善人格，以德治国，以仁治国，以礼治国。

孔子之后，儒学得到了进一步完善和发展。战国时期，儒学分为八家，其中最重要的是孟子和荀子两家。"孟子道性善，言必称尧舜"（《孟子·滕文公上》），孟子主张"法先王（指尧舜禹汤等古代圣君）"，提倡"王道""仁政"，要求统治者从关心民生问题出发，爱民重民，使破产的农民重新获得土地，让他们有安定的生产环境和基本的生存产业，以此来赢得民心，进而成就王业。荀子虽出于儒家，但他对孔子的某些观点做了修正，集中表现在他已认识到不能完全抛弃法治手段。与孟子主张"人性善"相反，荀子主张"人性恶"，认为"人之性恶，其善者伪也"（《荀子·性恶》）。荀子在政治上提倡"法后王"，主张礼法兼治，王霸并用。这种思想，与孔子视法治为"苛政"的观念已有根本不同。

秦始皇统一中国后，接受了丞相李斯的建议，禁止儒家学派的传播，儒家学派遭到了严重打击。

西汉初期，统治者采取与民休息、恢复生产的政策，推崇黄老之术，儒家学说仍未被重视。到汉武帝时代，封建经济高度发展，形成了空前强大的中央集权的封建帝国。在这种情况下，以维系尊卑贵贱的宗法等级制为宗旨、长于制礼作乐的儒家学派的地位便显著上升了。经学大师董仲舒将周代以来的宗教天道观和阴阳、五行学说融入儒学，通过注解儒家经典来阐述他的"三纲五常"理论，宣扬"君权神授"，并劝汉武帝"罢黜百家，独尊儒术"。董仲舒的这一套理论，客观上有利于封建中央集权的加强，也有利于社会的稳定，自然受到汉武帝的欢迎。从此，儒家学说被捧上独尊的地位，成为中国封建社会占统治地位的正统思想，董仲舒也成为中国历史上对历代封建统治者影响最大的一代儒宗。

魏晋时期，儒学思想在与玄学的对话中呈现了新的维度。王弼、何晏以老庄思想解释儒家经典，尊《周易》《老子》《庄子》为"三玄"，主张"名教"出于"自然"，企图调和儒、道两家的思想以适应当时封建统治者的需要。

唐代是中国封建社会思想相对解放的时期，统治者虽然基本上仍以儒家思想为主导，但也渗透了道教和佛教，尤其是道教，据称是李唐王朝的祖先所开创，所以特别受到重视。到中唐时，韩愈力排佛教而倡导儒家"道统"说，把儒家的"道统"上溯到尧舜，认为从尧舜禹汤文武以至孔子、孟子，儒家的思想是一脉相承的，而把荀子至唐以前的儒家代表人物均排除在儒家"道统"之外，并以上接孟子自居。

宋代，儒学发展为理学。理学是以儒家思想为基础，吸收佛教和道教思想形成的新儒学，是宋代主要的哲学思想，后发展为官方的统治思想。朱熹是理学的集大成者。朱熹继承了北宋哲学家程颢、程颐的思想，进一步完善和发展了客观唯心主义的理学体系，后人称之为程朱理学。程朱理学把人的自我完善放在最重要的位置，强调"存天理，灭人欲"，对人与人之间的相互关系做了深入的研究，并提出了一系列重要的道德规范和修养方法。

与朱熹同一时期，又有象山先生陆九渊始创"心学"，认为"心"是构成宇宙万物的本源，断言"宇宙便是吾心，吾心即是宇宙"，提出"心即理"的命题，将客观规律（理）主观化。陆九渊的这套思想，到明中叶时得到王守仁（阳明）继承并发扬光大，形成哲学史上与"程朱理学"相抗衡的"陆王心学"。陆王心学反对朱熹把"心"与"理"视为对立的两种事物的观点，倡导"致良知"和"知行合一"说，提出"心外无物""心外无理"的命题。

理学和心学的出现，确立了儒学发展的最终形态。后代儒者虽然仍对儒学各有增补，但并未改变它的基本趋向。近代，"新文化运动"的倡导者提出"打倒孔家店"的口号，传统儒学体系遭遇了根本性质疑，同时催生了现代新儒学思潮。

二、核心思想

由孔子创立的儒家学派，其基本特征，是以"崇仁厉义"（《史记·太史公自序》）为核心思想，重视道德伦理教育和自我修养，认为"德之不修，学之不讲，闻义不能徙，不善不能改，是吾忧也"（《论语·述而》），主张培养"仁且智"的理想人格。儒学的基本概念是"仁"与"礼"。这既是道德概念，也是政治概念。孔子对"仁"的基本解释是"仁者爱人"（《孟子·离娄下》），"己欲立而立人，己欲达而达人"（《论语·雍也》），"己所不欲，勿施于人"（《论语·颜渊》）。可见，儒家的基本追求，就是塑造具有忠恕之德的高尚人格与和谐的理想社会。而"仁"和"礼"这些伦理范畴的实质，正是调节社会关系、协调人际关系，以达到社会稳定。因此，儒家在道德伦理思想上提倡"礼乐""仁义""忠恕"及不偏不倚、无过无不及的中庸之道，认为"中庸之为德也，其至矣乎"（《论语·雍也》）。儒家在政治上倡导"亲亲""尊尊"的立法原则，维护"礼治"，主张"德治""仁政""王道"。这套以维护封建宗法制度为内核的思想体系，因符合封建统治者的需求而被长期尊为正统。

三、历史贡献与当代意义

儒家学说在中国源远流长，内容极其丰富，是中国传统思想文化的主干，对中华民族的文化发展和民族精神的陶冶产生了深刻的影响，起到过积极的作用。儒家的"五经""七经""九经""十三经"，不仅是思想的宝库，也是文学、史学和人生哲学的宝库，具有极高的价值。儒家的政治主张、伦理道德思想以及人生哲学，既能被封建社会的统治者接受，也能被其利用。儒家的纲常名教思想，成为历代封建社会统治阶级维护自己统治的工具，而它的民本思想，对人民疾苦的关心，也有一定的积极作用。儒家提倡的"仁政"，不但被历代封建社会统治者奉为施政的目标，而且成为广大人民群众摆脱贫穷苦难的幻想与精神寄托。儒家把道德培养看作人生价值的追求，对理想人格的塑造与提倡，成为几千年来中华儿女勇于进取、追求真理的精神力量。儒学的这些思想，对于中华民族的团结和融合提供了非常重要的向心力与凝聚力。

儒学也给现代人提供了丰富的思想资源。儒学虽然有其弊端，有其糟粕，但其中的精华仍然值得我们继承并发扬光大。

（刘洪仁）

第二单元　诗歌精品

《诗经》二首

国风·邶风·静女

静女其姝①，俟我于城隅②。爱而不见③，搔首踟蹰④。
静女其娈⑤，贻我彤管⑥。彤管有炜⑦，说怿女⑧美。
自牧归荑⑨，洵美且异⑩。匪女⑪之为美，美人之贻。

国风·鄘风·柏舟

泛⑫彼柏舟，在彼中河⑬。髧彼两髦⑭，实维我仪⑮。
之死矢靡它⑯。母也天只⑰！不谅⑱人只！

泛彼柏舟，在彼河侧。髧彼两髦，实维我特⑲。
之死矢靡慝⑳。母也天只！不谅人只！

---

①静女：贞静娴雅之女。静，贞静，文静。姝：美好。

②城隅：城墙的角落。朱熹《诗集传》："城隅，幽僻之处。"

③爱而不见：女孩故意躲起来不肯见我。爱，隐藏，躲藏。

④踟蹰（chíchú）：走来走去，徘徊不进。

⑤娈（luán）：美丽，美好。

⑥贻：赠送。彤管：一说是赤管的笔，一说是一种像笛的乐器，一说是红茎的草，均可通。从下节"自牧归荑"句看，作红茎的草解似更合理。欧阳修《诗本义》："古者针笔皆有管，乐器亦有管，不知此彤管是何物也。但彤是色之美者，盖男女相悦，用此美色之管相遗，以通情结好耳。"彤，红色。

⑦有炜（wěi）：红亮光鲜的样子。《说文解字》："炜，盛明貌也。"

⑧说（yuè）怿：喜爱，喜欢。说，通"悦"。女：通"汝"。

⑨牧：郊外。归（kuì）：通"馈"，赠送。荑（tí）：白茅的嫩牙。《毛传》："荑，茅之始生也。"

⑩洵：诚然，确实。异：可爱。王先谦《诗三家义集疏》："'洵美且异'者，言信美且可悦爱也。"

⑪匪：通"非"。女：指荑草。

⑫泛（fàn）：漂浮、漂流的样子。

⑬中河：即河中。

⑭髧（dàn）：头发下垂的样子。髦：古代未成年男子垂在前额的齐眉发。

⑮实维我仪：就是我追求的好配偶。实，同"寔"，是。维，为。仪，《毛传》："仪，匹也。"

⑯之：至，到。矢：发誓。靡它：无二心，即不嫁他人的意思。靡，无。它，借作"佗"，同"他"。

⑰天：指父亲。也、只：都是语气词。

⑱谅：体谅，理解。

⑲特：配偶。闻一多《风诗类钞》："仪、特，皆配偶也。"

⑳慝（tè）：通"忒"，更改，改变。闻一多《风诗类钞》："靡它、靡慝，都是不变的意思。"

【文献档案】

《诗经》是我国第一部诗歌总集，收录从西周初年至春秋中叶的诗歌 311 篇（其中 6 篇为只有标题、没有内容的笙诗）。汉代以前称其为《诗》或《诗三百》，到西汉时，朝廷在太学设立《诗》《书》《易》《礼》《春秋》五经博士，《诗》与《尚书》《周易》等均被奉为儒家经典，始称《诗经》。

《诗经》中的诗歌，分编为《风》《雅》《颂》三部分。其分类的标准，现在一般认为是按音乐性质的不同。《风》，即土风歌谣，是不同地区的地方乐歌。《诗经》中共有十五国风，存诗 160 篇。《风》诗大多是民歌，感情真挚，风格朴素，文学成就最高，是《诗经》中思想价值和艺术价值最高的精华部分。《雅》是"正"的意思，雅乐就是周朝王畿地区的音乐。《雅》又分《大雅》《小雅》，共存诗 105 首，其作者多为公卿、士大夫，《小雅》中也有部分民歌。《颂》是周天子在举行宗庙祭祀时的乐歌舞曲，分《周颂》《鲁颂》《商颂》三部分，共存诗 40 篇。

《诗经》的表现手法有"赋""比""兴"三种。朱熹说："赋者，敷陈其事而直言之者也。""比者，以彼物比此物也。""兴者，先言他物以引起所咏之词也。"（《诗集传》卷一）所谓"赋"，就是直接铺陈叙述，比就是比喻，兴就是起兴，即借景物或其他事物起头，以引起联想或烘托渲染气氛。《诗经》的句式以四言为主，兼用杂言（三、五、六、七言），语言上多用重言叠字、双声叠韵，章法回环复沓，词汇丰富多彩，韵律和谐自然。

【含英咀华】

爱情是文学艺术永恒的主题。《诗经》中描写爱情、婚姻问题的作品，是《诗经》中最生动活泼、艺术成就最高的。我们中学学过的《关雎》《蒹葭》，都是歌唱爱情的经典作品。《国风·邶风·静女》一诗，描写了一对情侣幽会的情景，充满欢快而幽默的情趣。诗以男子的口吻来叙述，第一章写他的恋人约他到城墙的角落相会，他兴冲冲前去赴约，却见不到人。原来恋人和他开了个玩笑，故意躲藏起来不肯露面，急得他"搔首踟蹰"，抓耳挠腮，走来走去地东张西望。"爱而不见"一句，把女孩子活泼顽皮的情态惟妙惟肖地描绘出来；男子的"搔首踟蹰"，也把赴约者期待而不见的焦灼不安神情活灵活现地再现于纸上。第二章写恋人不仅来了，而且情意深长地赠给他一根"彤管"。"彤管"尽管可能只是一棵小草，但因为是恋人所赠，便觉得分外美丽可爱，于是他语带双关地赞美道："彤管多么鲜艳呀，真喜欢你的美丽啊！"这样把对赠礼者的一片喜爱之情，通过对所赠之物的歌咏表现出来，曲折含蓄，隽永有味。第三章写得更加跌宕多姿。先是以双关的方式称赞"彤管"的美丽可爱，接下来便直抒胸臆，由赞美黄草的"洵美且异"进而赞美送黄草给他的人，这样便充分满足了姑娘对爱情的期待心理。这首小诗把一对热恋中的青年男女幽会时那种天真顽皮、互相逗趣的情景描写得活灵活现、形象逼真。姑娘虽然没有露面，但我们从"爱而不见"的描写中，不难看出她性格的开朗活泼、天真顽皮。她故意"爱而不见"的举动，既是为逗趣好玩，想看看她的恋人焦急不安的情态，同时也可能含有考验情郎对爱情是否真诚的意味。而男主角也十分知趣凑趣，他"搔首踟蹰"的样子，一定让女孩偷偷地抿嘴而笑，而他对女孩所赠礼物的赞美，既有双关暗示，又有直言表白，也让女孩的心理得到了充分的满足。一首仅 50 字的小诗，不仅生动地再现了青年男女约会的开心场景，而且写活了两个人物形象，写出了人物的心理和感情。

《诗经》时代，青年男女的恋爱和婚姻已经受到礼教的束缚和干预了。《齐风·南山》

诗中说："取妻如之何？必告父母。""取妻如之何？匪媒不得。"但礼教的束缚和干预，阻碍不了青年男女对自由爱情的向往和追求，于是就产生了冲突。《国风·鄘风·柏舟》就是一首反抗家长干预、争取婚姻自主的诗篇。这是一名少女所唱的歌。她钟情于一个青年，但她的父母却横加干涉，从而激起了她的不满和反抗。全诗两章，先以行驶在河中的船只起兴，便有东流滚滚、势不可返的象征意味。然后直言表白，说那个垂着鬃发的青年才是自己看中的好对象，至死也决不改变。"之死矢靡它"五个字，所表现的感情是那么坚定执着，令人动容。她的爱情受到父母的阻挠，但她并不屈服，她呼母叫父，对他们的不体谅表示强烈不满，表现出大胆的反抗精神。诗中连用三个"彼"字，紧接一个"维"字，语气急促，表现出一种急于表白的感情和坦率果敢的性格。全诗采用直抒胸臆的抒情方式，将郁积于胸中的感情毫无隐瞒地倾泻出来，语言一泻无余，有如大河奔流，滔滔滚滚，动人心魄。

【思考与练习】

一、《国风·邶风·静女》一诗中描写男女主人公情态最为逼真传神的句子是哪两句？试作简要分析。

二、"彤管有炜，说怿女美"与"匪女之为美，美人之贻"在抒情方式上有何不同？各有什么表达效果？

三、《国风·鄘风·柏舟》主要表现了主人公怎样的思想和情感？有什么深刻的思想价值？

四、查找资料，试举出与《国风·鄘风·柏舟》同一主题思想的文学作品三至五篇（部），并简述其要旨。

五、背诵《静女》和《柏舟》二诗。

【拓展阅读】

余冠英选注《诗经选》，中华书局

程俊英、蒋见元著《诗经注析》，中华书局

（刘洪仁）

湘夫人①

屈　原

帝子降兮北渚②，目眇眇兮愁予③。
嫋嫋④兮秋风，洞庭波兮木叶⑤下。

登白薠兮骋望⑥，与佳期兮夕张⑦。
鸟何萃兮薠中，罾何为兮木上⑧？
沅有芷兮澧⑨有兰，思公子⑩兮未敢言。
荒忽⑪兮远望，观流水兮潺湲⑫。
麋何食兮庭中，蛟何为兮水裔⑬？
朝驰余马兮江皋⑭，夕济兮西澨⑮。
闻佳人兮召予，将腾驾兮偕逝⑯。

筑室兮水中，葺之兮荷盖⑰。
荪壁兮紫坛⑱，播芳椒兮成堂⑲。

----

①本诗选自《楚辞·九歌》。《九歌》是屈原根据战国时期楚地民间流传的祭神乐曲改写加工而成的一组诗歌，共有 11 首。"九"为虚数，意为"多"，并非实际篇数。湘夫人：据顾炎武《日知录》，在楚地传说中，湘夫人与湘君是一对湘水配偶神。又据王逸《楚辞章句》及《礼记·檀弓》郑玄注，湘君指舜，湘夫人指尧的两个女儿，即舜的二位妃子娥皇、女英。

②帝子：指湘夫人，即舜之妃。娥皇、女英皆为尧之女，故称帝子。降：降临。渚（zhǔ）：水中的小块陆地，小洲。

③眇眇（miǎo）：远望而不见之貌。愁予：使我感到愁苦。

④嫋嫋（niǎo）：微风吹拂的样子。

⑤洞庭：指洞庭湖。波：兴起水波。木叶：落叶。

⑥白薠（fán）：水草名。此指长满白薠的草地。骋望：极目远望。

⑦佳：佳人。期：约会。夕张：为晚间的约会准备、张罗。夕，傍晚，夕阳西下。

⑧"鸟何"二句：意谓鸟儿本来该栖息在树上，却聚集在水中；罾原本应该放在水中，却放到了树上。意指事与愿违。萃，集中，聚集。薠（pín），一种水草。罾（zēng），渔网。

⑨沅：沅水，在今湖南境内。芷（zhǐ）：白芷，一种香草。一本作"茝"，音义同"芷"。澧（lǐ）：澧水，也在湖南境内。

⑩公子：犹公主，即前文所说的"帝子"，指湘夫人。

⑪荒忽：通"恍惚"，迷茫、不分明的样子。一说指心情恍惚、迷茫。

⑫潺湲（chányuán）：水流缓慢流淌的样子。

⑬"麋何"二句：意谓麋鹿不在山林而到庭院中吃食，蛟龙不在海底而在水边出现。亦指情况反常，不如所愿。麋，麋鹿。食，吃。庭，庭院。蛟，蛟龙。水裔，水边。

⑭江皋（gāo）：江边。

⑮济：渡过。澨（shì）：水边，水岸。

⑯腾驾：驾着马车飞驰。偕逝：同去。

⑰葺（qì）：用草盖房顶。荷盖：用荷叶盖的屋顶。

⑱荪壁：用荪草为屋壁。荪，一种香草。紫坛：以紫贝修饰庭院。坛，庭院。

⑲"播芳椒"句：用芳椒涂壁，香气满堂。播，散发，散布。芳椒，花椒，一种香料。成，一说作"整"讲，一说借作"盛"。

桂栋兮兰橑①，辛夷楣兮药房②。

罔薜荔兮为帷③，擗蕙櫋④兮既张。

白玉兮为镇⑤，疏石兰⑥兮为芳。

芷葺兮荷屋⑦，缭之兮杜衡⑧。

合百草兮实⑨庭，建芳馨兮庑⑩门。

九嶷缤⑪兮并迎，灵之来兮如云⑫。

捐余袂⑬兮江中，遗余褋兮醴浦⑭。

搴汀⑮洲兮杜若，将以遗兮远者⑯。

时不可兮骤⑰得，聊逍遥兮容与⑱。

【作者档案】

屈原（约前340—前278），名平，字原，战国后期楚国人。出身楚国贵族，与楚王同姓，祖上封于屈，于是以屈为氏。一生经历了楚威王、楚怀王、楚顷襄王三个时期，主要活动于楚怀王时期。屈原博学多才，见多识广，擅长文章辞令，深得楚怀王信任，曾任左徒。屈原在政治上对内主张任贤举能，立法治国，对外主张联齐抗秦。因触及朝中保守派利益，屡被诋毁、排挤，楚顷襄王时又被流放到沅、湘。秦将白起攻陷郢都后，屈原在悲愤忧郁中自投汨罗江，以身殉国。

屈原在楚地民歌的基础上，创造、发展了"楚辞"这种诗歌体裁。楚辞的总体特点是"书楚语，作楚声，纪楚地，名楚物"（黄伯思《校定楚辞序》），即以楚地方言描写、记叙楚国的山川人物、历史风情，具有浓厚的楚国地域文化特色。屈原是我国诗歌史上第一个伟大的爱国诗人，他的诗歌揭露了楚国统治集团的腐朽和罪恶，表现了作者热爱祖国的真

---

①桂栋：以桂树为房梁。兰橑（lǎo）：以木兰为屋椽。

②辛夷楣：以辛夷木为门楣。辛夷，香木名。药房：以白芷装饰房子。药，指白芷。

③罔：通"网"，编织。薜荔（bì lì）：一种香草。帷：帷帐。

④擗（pǐ）：分开，剖开。蕙櫋（mián）：以蕙草装饰的隔扇。櫋，檐间木，这里指隔扇。

⑤镇：镇席之物。

⑥疏：分散陈列。石兰：一种香草。

⑦"芷葺"句：意谓用芷草加盖在荷叶屋顶上。

⑧缭：缠绕，围绕。杜衡：即杜若，一种香草。

⑨合：汇集。百草：各种香草。实：充满。

⑩建：设置，放置。芳馨：花的芬芳香气。庑（wǔ）：走廊。

⑪九嶷（yí）：山名，因九峰相连相似而得名，又名苍梧，相传是舜的葬地。这里指九嶷山众神。缤：众多纷杂的样子。

⑫灵：神灵。如云：形容众多。

⑬捐：抛弃。袂（mèi）：衣袖。

⑭遗（wèi）：赠送。一说读yí，与上句"捐"同义，作"弃"讲。褋（dié）：单衣。一说是女子贴身内衣，古代女子将自己内衣送给情人是一种古老习俗。浦：岸边。

⑮搴（qiān）：采摘。汀（tīng）：水中或水边的小洲。

⑯远者：指湘夫人，因久未相见而所以称之。一说指陌生人。

⑰时：指相见的时机。骤：屡次，多次。

⑱聊：姑且。逍遥：优游自得的样子。容与：安逸闲暇的样子。

挚感情，革新政治的进步理想和为理想英勇献身的精神，不与统治者同流合污的高尚情操，充满强烈的爱国激情。在艺术表现上，屈原的诗歌大量采用神话传说，构思奇特，想象丰富，文采华丽，富有浪漫主义精神，成为我国文学史上第一位伟大的浪漫主义诗人。屈原的诗歌，对后世产生了深远影响，司马迁谓其"虽与日月争光可也"，刘勰称"其衣被词人，非一代也"。屈原的作品主要有《离骚》《九歌》《天问》《九章》等。

【含英咀华】

本篇名为"湘夫人"，实际上是写湘君对湘夫人的思念期盼与赴约不遇的惆怅之情。《湘夫人》是《九歌》的第四篇，第三篇是《湘君》，写的是湘夫人对湘君的思念和期待之苦。两篇是表现古老爱情传说故事的姊妹篇。

全诗大致可以分为四节。第一节写湘君来到湘水北面的小洲，赴约不遇，心情万分惆怅而感伤。首句"帝子降兮北渚"，结合《湘君》中湘夫人久等之后离开北渚，以及本诗湘君最后未遇湘夫人的情节来看，这句应是湘君在惆怅迷惘中产生了幻觉，仿佛看见湘夫人降临一般。也有人把此句理解为湘君对湘夫人的邀请语（如詹安泰的《屈原》）。"嫋嫋兮秋风"二句是写景的千古名句。二句写景如画，秋风本不可形容描摹，但作者以洞庭湖的嫋嫋秋波和湖边树木的萧萧落叶来侧面描写秋风瑟瑟之情状，明是写景，实是对环境气氛的烘托、渲染，"是写景之妙"（林云铭《楚辞灯》）。第二节写湘君对湘夫人的焦急期待和反复追寻。他极目远望、苦苦追寻，因错过了期约，内心沮丧懊恼，以致神思恍惚。作者依情设景，虚设了几组违背逻辑的幻象，来渲染湘君的极度悔恨与绝望。"沅有芷兮"二句，"是写情之妙"，与第一节"嫋嫋兮秋风"二句"皆有情景相生，意中会得口中说不得之妙"（林云铭《楚辞灯》）。第三节写湘君水中筑室以迎接湘夫人的情景。作者极写宫室之豪华富丽，寝饰之芳香奢华，既表现了湘君对湘夫人的无比宠爱，也象征他们爱情的高洁美好。第四节写湘君与湘夫人会合无缘，无奈离开时的一系列心理活动。弃袂、遗褋等行为，表面看似决绝，而实际是湘君对湘夫人深情厚谊的寄托与表达；而赠以芳草杜若的行为，则进一步表明湘君内心对湘夫人无法抑制的思念和依恋。尤其可贵的是，最后这种真挚情感升华成为一种对于爱情生活的殷切希望和不懈追求，从而表现出一种源于男女爱情又高于儿女情长的旷达、自解的境界。

诗人运用了多种抒情手法，细致入微地表现了主人公的情感世界和内心活动。有时借举止神态描写来抒情，如"登白蘋兮骋望""捐余袂兮江中"等；有时融情入景，亦景亦情，如"嫋嫋兮秋风，洞庭波兮木叶下"二句，那萧瑟的秋风、凋零的落叶，与湘君此时此刻期待佳人而一再失望的忧伤之情水乳交融，既是景语，更是情语。有时因情造景，通过描写事理颠倒的假想景象来表现人物内心的焦灼不安，如"鸟何萃兮蘋中，罾何为兮木上""麋何食兮庭中，蛟何为兮水裔"；有时则直抒胸臆，如"目眇眇兮愁予""思公子兮未敢言"等。

【思考与练习】

一、诗中写湘君对湘夫人的思念之情大致有几个层次？

二、试举例分析本诗的多种抒情手法。

三、"嫋嫋兮秋风，洞庭波兮木叶下"是写秋景的名句，试分析此句为何成为千古名句。

四、作为祭神歌曲，《湘君》和《湘夫人》是前后相连的一个整体，或者说是同一乐章的两个部分，其中不少情节和语义都十分相似。阅读《湘君》，并与《湘夫人》内容情节对比赏析。

湘 君

君不行兮夷犹，蹇谁留兮中洲？美要眇兮宜修，沛吾乘兮桂舟。令沅湘兮无波，使江水兮安流。望夫君兮未来，吹参差兮谁思？

驾飞龙兮北征，邅吾道兮洞庭。薜荔柏兮蕙绸，荪桡兮兰旌。望涔阳兮极浦，横大江兮扬灵。扬灵兮未极，女婵媛兮为余太息。横流涕兮潺湲，隐思君兮陫侧。

桂棹兮兰枻，斫冰兮积雪。采薜荔兮水中，搴芙蓉兮木末。心不同兮媒劳，恩不甚兮轻绝。石濑兮浅浅，飞龙兮翩翩。交不忠兮怨长，期不信兮告余以不闲。

鼂骋骛兮江皋，夕弭节兮北渚。鸟次兮屋上，水周兮堂下。

捐余玦兮江中，遗余佩兮澧浦。采芳洲兮杜若，将以遗兮下女。时不可兮再得，聊逍遥兮容与。

【拓展阅读】

洪兴祖撰《楚辞补注》，中华书局
马茂元选注《楚辞选》，人民文学出版社

（杜婕欣 刘洪仁）

陇西行①

天上何所有，历历种白榆②。
桂树夹道③生，青龙对道隅。
凤凰鸣啾啾，一母将九雏④。
顾视世间人，为乐甚独殊。
好妇出迎客，颜色正敷愉⑤。
伸腰再拜跪，问客平安不。
请客北堂上，坐客毡氍毹⑥。
清白⑦各异樽，酒上正华疏⑧。
酌酒持与客，客言主人持。
却略⑨再拜跪，然后持一杯。
谈笑未及竟⑩，左顾敕中厨⑪。
促令办粗饭，慎莫使稽留⑫。
废礼⑬送客出，盈盈⑭府中趋。
送客亦不远，足不过门枢⑮。
取妇得如此，齐姜亦不如⑯。
健妇⑰持门户，亦胜一丈夫。

---

①陇西：汉代郡名，今甘肃省临洮西南。汉代的陇西地区是通往西域的要道，沿途住户多兼营客舍和酒店生意。诗中的"健妇"可能就属于这种住户。

②历历：形容清晰可见的样子，常用来比喻星辰排列整齐。白榆：旧说为星名。据《汉魏乐府风笺》阐释："白榆，星名。《春秋运斗枢》曰：'椒、桂，合刚阳。椒、桂，阳星之精所生也。'《左传》'龙见而零。'服虔注：'龙，角亢也。'《春秋元命苞》曰：'火离为凤凰。'案：白榆、桂树、青龙、凤凰，皆指星言。"按此说，下文的桂树、青龙、凤凰皆指星辰的名称。另外一种观点认为，以上提到的动物和植物也可以按照其本义来理解。至于星辰名称这层含义，可以看作是双关的修辞手法。

③道：黄道，古人想象中的太阳周年运行之轨道。

④将：率领。九雏：附近的若干小星。

⑤敷愉：指容颜如花，和悦的样子。

⑥氍毹（qú shū）：毛织粗布或地毯，这里指用于铺坐的毛毡。

⑦清白：清酒、白酒。

⑧华疏：斟酒时杯中产生了泡沫又消散，形容酒宴的热闹景象。

⑨却略：退身，表谦恭。

⑩竟：结束。

⑪敕：嘱咐，吩咐。中厨：内厨。

⑫稽留：停留，迁延，耽误。

⑬废礼：礼毕，指送客的礼节完成。

⑭盈盈：仪态美好的样子。

⑮门枢：门槛。

⑯齐姜：旧说为齐桓公的宗女、晋文公的夫人。借指有德行、有才干的女性。

⑰健妇：刚健能自立的妇人。

【文献档案】

"乐府"原是西汉掌管音乐的官署，负责收集编纂各地民间和文人的音乐，主要用于演奏和演唱，后指汉代流传下来的民间歌诗。汉乐府语言通俗，形式自由，有二言、三言、四言、五言、六言及杂言种种，总体由杂言趋向五言。汉代乐府诗的内容贴近生活，常用叙事手法，具有"感于哀乐，缘事而发"的特点。但是，有的汉乐府诗歌也有不同程度的浪漫与超现实的色彩。

一般认为，两汉乐府诗在表现世间爱恨、人生苦乐之时，受《诗经》影响较深，有国风、小雅余韵；而表达人生无常、乐生恶死之时，多受楚辞影响，是《庄》《骚》遗响。

汉乐府分为郊庙歌辞、鼓吹曲辞、相和歌辞、杂曲歌辞几类，代表作有《上邪》《陌上桑》《孔雀东南飞》《羽林郎》《木兰诗》《十五从军征》等。

【含英咀华】

从乐府诗的分类来看，《陇西行》属于相和歌辞，是汉代民间歌谣的一种。《陇西行》是以地名为题的乐府诗，它应该是产生于陇西一带的民间歌谣，《汉书》曰："山西天水、陇西、安定、北地处势迫近羌胡，民俗修习战备，高上勇力鞍马骑射。故秦诗曰：'王于兴师，修我甲兵，与子皆行。'其风声气俗自古而然，今之歌谣慷慨，风流犹存耳。"说明汉代已有陇西地区的歌诗传世。

从这首诗的结构来看，《陇西行》的前八句与《步出夏门行》（见"思考与练习"）的诗句存在拼凑分割之处。这种情况可能是传写脱佚，更可能是入乐时所删。（余冠英《乐府歌辞的拼凑与分割》）可见此文本的错位可能是出于乐工有意之拼合，同时也说明乐府歌辞的音乐性特征，即乐府诗是文学与音乐的有机结合。将该诗的前八句单列而论："白榆""桂树""青龙""凤凰"本是星宿之名，诗人以此描绘植物、动物在大道（"黄道"）两侧井然排列的景象，营造出一种世俗化的仙境，充满了浪漫与活泼的情趣。

从"好妇出迎客"至结尾为写实性叙写，描写了一位"健妇"待客的整个过程：先迎客，再安排酒宴款待客人，最后送客，表现了女主人独立持家、招待宾客、从容大方、迎送有礼的独特女性风貌。此处写女性独立待客，同时又并未超越礼法，在古代男本位的社会文化中，这样的女性描写实属难得。全诗用"好妇""健妇"称呼这位女性，情感基调充满了对此女子的由衷赞誉。相较于前八句，该诗此部分叙事详备、描述真切，体现了汉乐府的叙事特点。

【思考与练习】

一、汉乐府的主要特点是什么？

二、分析"天上何所有"至"一母将九雏"的特点及其在这首诗中的作用。

三、结合作品，分析此诗是如何描写这位"健妇"的。

四、背诵汉乐府《陇西行》。

五、试比较《陇西行》与《步出夏门行》两首汉乐府。

步出夏门行

邪径过空庐，好人常独居。

卒得神仙道，上与天相扶。

过谒王父母，乃在太山隅。

离天四五里，道逢赤松俱。

揽辔为我御，将吾上天游。

天上何所有，历历种白榆。

桂树夹道生，青龙对伏趺。

【拓展阅读】

郭茂倩编《乐府诗集》，中华书局

吴相洲著《乐府学概论》，人民文学出版社

（杜婕欣）

杂诗（其五）

陶渊明

忆我少壮时，无乐自欣豫①。
猛志逸②四海，骞翮思远翥③。
荏苒岁月颓④，此心⑤稍已去。
值欢无复⑥娱，每每多忧虑。
气力渐衰损，转觉日不如⑦。
壑舟无须臾⑧，引我不得住。
前涂⑨当几许，未知止泊处⑩。
古人惜寸阴，念此使人惧。

【作者档案】

陶渊明（365—427），名潜，字渊明，或名渊明，字元亮，世称靖节先生，别号五柳先生。浔阳柴桑（今江西九江）人。东晋名将陶侃的后代，祖父、父亲做过太守、县令一类的官，但他幼年便失去父亲，家道中落。陶渊明自幼受儒学思想浸染，年轻时胸怀建功用世之心，从29岁到41岁这13年间，断断续续做过江州祭酒、建威参军、镇军参军、彭泽县令等官。陶渊明身处晋宋易代之际，官场黑暗腐败，政治环境险恶，而他志趣高洁，崇尚自然，不愿阿谀迎合，因而在其41岁时辞去彭泽县令，并作《归去来兮辞》以明志，从此归隐田园，"躬耕自资"，直至生命结束。

陶渊明是东晋时期重要的诗人、辞赋家，留存下来的作品大多创作于归隐田园之后，作品的题材主要是描写田园山水风光，记录隐逸生活意趣，钟嵘称之为"隐逸诗人之宗"。其代表作有《归园田居》《移居》《饮酒》等。但陶诗也不乏豪迈侠义、"金刚怒目"之作，如《咏荆轲》《杂诗》《读山海经》等。陶渊明的诗歌语言质朴，意境飘逸，格调高淳。

【含英咀华】

陶渊明今存诗歌多为五言诗，内容上大致分为饮酒诗、咏怀诗、田园诗三类。《杂诗》

---

①"无乐"句：意思是没有令人高兴的事情，心情也是快乐的。欣豫，欣喜，快乐。
②猛志：雄心壮志。逸：超越，飞越。
③骞翮（qiānhé）：展翅高飞。骞，飞举。翮，指鸟的翅膀。翥（zhù）：（鸟）向上飞。
④荏苒：时光渐渐流逝。颓：逝去。
⑤此心：指"无乐自欣豫"和"猛志逸四海"之心。
⑥值欢：遇到欢乐的事情。复：再次。
⑦日不如：一日不如一日。
⑧壑舟：语出《庄子·大宗师》："夫藏舟于壑，藏山于泽，谓之固矣。然而夜半有力者负之而走，昧者不知也。"这里用来比喻不断流逝的时间和生命的变化无常。壑，山沟，山谷。须臾：片刻。
⑨涂：通"途"。
⑩止泊处：借指人生的归宿。

共 12 首，是一组咏怀言志的五言组诗，此为第五首，作于陶渊明 50 岁左右，这时离他解官归隐已有 10 年。

这首诗充满着强烈的生命忧患意识。诗歌由追忆无忧无虑、快乐常伴的少壮时期开头。"猛志逸四海"一句，抒写了青年时期的作者充满积极入世的雄心壮志，其意气风发之貌，犹如飞鸟展翅。"猛志"二字在陶渊明的诗歌中屡次出现，如"刑天舞干戚，猛志固常在"，这既是他少年时代济世怀抱的体现，又是欲抑先扬的表达手法，为后面抒发感慨叹息做了铺垫。随着岁月荏苒、青春不再，近忧远虑常常萦绕心头，欢娱亦变得十分有限。尤其是在诗人年岁渐老、气力渐衰、身形渐弱之时，面对时光流逝，内心便平添了一种时不我待的隐忧。但诗人也并非一味消沉抑郁，他以古人对时光的珍惜来警示、勉诫自己要更加珍惜光阴。情感的上扬，也使诗歌的境界得到了升华，同时也是作者生命忧患意识的升华。

陶渊明的很多诗文给人以冲淡平和、自由宁静之感。虽然他素有"田园诗人"的美誉，但他并非"浑身静穆"（鲁迅《且介亭杂文二集》），一些作品风格豪放，不乏悲愤和反抗精神，诚如沈德潜所评："晋人多尚放达，独渊明有忧勤语、有自任语、有知足语、有悲愤语、有乐天安命语、有物我同得语。"《杂诗》在平淡的语句中见出警策，也恰好印证了这一点。

【思考与练习】

一、试分析这首诗情感的曲折变化。

二、这首诗的语言有什么特点？

三、陶渊明的诗歌既有"少无适俗韵，性本爱丘山"的冲淡，也有"猛志逸四海"的豪迈。阅读陶渊明的《咏荆轲》，并联系陶渊明的《归园田居》等诗，比较、分析这两类诗歌的不同特点。

咏荆轲

燕丹善养士，志在报强嬴。招集百夫良，岁暮得荆卿。
君子死知己，提剑出燕京。素骥鸣广陌，慷慨送我行。
雄发指危冠，猛气冲长缨。饮饯易水上，四座列群英。
渐离击悲筑，宋意唱高声。萧萧哀风逝，淡淡寒波生。
商音更流涕，羽奏壮士惊。心知去不归，且有后世名。
登车何时顾？飞盖入秦庭。凌厉越万里，逶迤过千城。
图穷事自至，豪主正怔营。惜哉剑术疏，奇功遂不成！
其人虽已没，千载有余情。

【拓展阅读】

逯钦立校注《陶渊明集》，中华书局
袁行霈撰《陶渊明集笺注》，中华书局

（杜婕欣　刘洪仁）

使至塞上①

王　维

单车欲问边②，属国过居延③。
征蓬④出汉塞，归雁入胡天⑤。
大漠孤烟直⑥，长河⑦落日圆。
萧关逢候骑⑧，都护在燕然⑨。

【作者档案】

王维（701？—761），字摩诘，先世为太原祁县（今属山西）人，其父迁居于蒲州（治所在今山西永济西南蒲州镇），遂为河东人。唐诗人、画家。开元进士。累官至给事中。安禄山军陷长安时曾受伪职，乱平后，降为太子中允。官至尚书右丞，世称王右丞。笃信佛教，中年后居蓝田辋川，亦官亦隐，生活优游。前期写过以边塞为题材的诗篇。以山水诗最为后世所称，通过田园山水的描绘，叙写隐逸情趣和佛教禅理，体物精细，状写传神，具有独特成就。诗与孟浩然齐名，并称"王孟"。兼通音乐，精绘画。善写破墨山水及松石，笔迹雄壮，似吴道子，始用皴法和渲晕，布置重深，尤工平远之景。曾绘《辋川图》，山谷郁郁盘盘，云水飞动。北宋苏轼称他诗中有画，画中有诗。明董其昌推为"南宗"之祖，并说"文人之画，自王右丞始"。存世的《雪溪图》《伏生授经图》，相传是他的画迹。有《王右丞集》。

---

①使至塞上：奉命出使边塞。使，出使。

②"单车"句：意谓乘单车想去慰问边关。单车，形容轻车简从。问边，到边塞去察看，指慰问守卫边疆的官兵。

③属国：一指少数民族附属于汉族朝廷而存其国号者。汉、唐两朝均有一些属国。二指官名。秦汉时有一种官职名为典属国，苏武归汉后即被授典属国官职。唐人有时以"属国"代称出使边陲的使臣。居延：地名，汉代称居延泽，唐代称居延海，在今内蒙古额济纳旗北境。然而王维此次出使，实际上无须经过居延。因而林庚、冯沅君主编的《中国历代诗歌选》认为，此句是写唐王朝边塞的辽阔，附属国直到居延以外。

④征蓬：随风飘飞的蓬草，古诗中常用以比喻漂泊在外的游子，此处为诗人自喻。

⑤"归雁"句：意谓北归大雁正翱翔云天。归雁，雁是候鸟，春天北飞，秋天南行，此处象征诗人北上的行程。胡天，胡人的天空。这里是指唐军占领的北方地区。

⑥"大漠"句：意谓浩瀚沙漠中孤烟直上。孤烟，古代边防报警时燃狼粪，其烟直而聚，风吹之不散，或指塞外旋风卷起的沙尘。

⑦长河：指流经凉州（今甘肃武威）以北沙漠的一条内陆河，唐代称马成河，疑即今石羊河。

⑧萧关：古关名，又名陇山关，故址在今宁夏固原东南。候骑：负责侦察、通信的骑兵。王维出使河西并不经过萧关，此处大概是用何逊诗"候骑出萧关，追兵赴马邑"之意，非实写。

⑨都护：唐朝在西北边疆置安西、安北等六大都护府，其长官称大都护，每府派大都护一人，副都护二人，负责辖区一切事务。这里指前敌统帅。燕然：燕然山，即今蒙古国的杭爱山。东汉窦宪北破匈奴，曾于此刻石记功。这里代指前线。

【含英咀华】

《使至塞上》载于《全唐诗》卷一百二十六。此诗描绘了诗人出使边塞的所见所感，抒发了其漂泊天涯的悲壮情怀和孤寂之情。

"单车欲问边"，轻车前往，所往之处为"属国过居延"。居延在今甘肃省张掖市西北，远在西北边塞。"征蓬出汉塞，归雁入胡天。"诗人以"蓬""雁"自比，说自己像随风而去的蓬草一样离开汉地，像北飞的大雁一样进入大漠。古诗中多用飞蓬比喻漂泊在外的游子，这里却是比喻一个负有朝廷使命的大臣，正是暗写诗人内心的激愤和抑郁。与首句的"单车"相呼应。万里行程只用了十个字轻轻带过。然后抓住沙漠中的典型景物进行刻画："大漠孤烟直，长河落日圆。"最后两句写诗人到达边塞："萧关逢候骑，都护在燕然。"到了边塞，却没有遇到将官，侦察兵告诉使臣：首将正在燕然前线。

诗人把笔墨的重点用在了他最擅长的写景上。诗人出使边塞，恰在春天。途中见数行归雁北翔，诗人即景设喻，用归雁自比，既叙事又写景，一笔两到，贴切自然。尤其是"大漠孤烟直，长河落日圆"一联，写诗人进入边塞后所看到的塞外奇特壮丽的风光，画面开阔，意境雄浑，近人王国维称之为"千古壮观"的名句。边疆沙漠，浩瀚无边，所以用了"大漠"的"大"字。边塞荒凉，没有什么奇观异景，烽火台燃起的那一股浓烟就显得格外醒目，因此称作"孤烟"。一个"孤"字勾勒出景物的单调与寥落，而紧随其后的"直"字，则赋予了它劲拔、坚毅的美感。沙漠之上，既无山峦起伏，也无林木葱郁，唯有横贯其中的黄河，而一个"长"字则精准地传达出诗人内心的感受。落日，本来容易给人以感伤的印象，这里却用一个"圆"字给人以亲切温暖而又苍茫的感觉。一个"直"字，一个"圆"字，不仅准确地描绘了沙漠的景象，而且表现了诗人深切的感受。诗人把自己的孤寂情绪巧妙地融入广阔的自然景象的描绘中。

【思考与练习】

一、诗人奉命出使边塞慰问，为什么却以"蓬""雁"自比？

二、"大漠孤烟直，长河落日圆"被王国维称为"千古奇观"。请自选角度，进行赏析。

三、这首诗运用了怎样的表达技巧？表达了作者怎样的思想情感？请简要赏析。

四、背诵本诗。

【拓展阅读】

陈铁民选注《王维诗选》，人民文学出版社

王达津选注《王维孟浩然选集》，上海古籍出版社

（孟成华　曾沙沙）

关山月

李 白

明月出天山，苍茫云海间。
长风几万里，吹度玉门关。
汉下白登道，胡窥青海湾。
由来征战地，不见有人还。
戍客望边邑，思归多苦颜。
高楼当此夜，叹息未应闲。

【作者档案】

李白（701—762），字太白，号青莲居士，祖籍陇西成纪（今甘肃秦安），诞生于中亚的碎叶城（今吉尔吉斯斯坦北部托克马克附近）。5岁时随父迁居绵州昌隆县（今四川江油）青莲乡。有"诗仙"之称，唐代伟大的浪漫主义诗人。李白"五岁诵六甲，十岁观百家""十五观奇书，作赋凌相如"。少年时代博览群书，并"好剑术"。为实现"奋其智能，愿为辅弼，使寰区大定，海县清一"的政治理想，26岁出蜀漫游十余年。他不屑于参加科举考试取得官位，希望通过隐居山林和广泛交游来树立声誉，获得帝王赏识。唐天宝初年被唐玄宗召入长安，供奉翰林。想有所作为，但因政治腐败，加之自己秉性耿直，遭受谗言诋毁，在长安前后不到两年，即被迫辞官离京。此后又继续他的漫游生活。天宝三年（744），在洛阳与杜甫相识，成为挚友。天宝十四年（755），"安史之乱"爆发，李白隐居宣城、庐山一带，后参加永王李璘的幕府。后李璘被唐肃宗所杀，李白受牵连被关浔阳（今江西九江）狱，不久流放夜郎，中途遇赦。晚年漂泊东南一带，不久即病逝。

李白性格狂傲不羁、飘逸洒脱，蔑视权贵，追求自由，儒家、道家、游侠思想兼而有之。他的诗歌想象丰富，夸张奇特，色调瑰丽，语言清新，风格豪迈飘逸，在中国文学史上具有崇高的地位，对后世影响深远。有《李太白集》。

【含英咀华】

"关山月"作为乐府旧题，其传统主题多聚焦于离别之伤。李白的这首诗虽承袭了古乐府的核心主题，但在艺术表现上实现了显著的创新与突破。诗的开篇四句，借助关、山、月三大意象，勾勒出一幅宏大的边塞画卷，为征人怀乡之情奠定了深沉的情感基调。中间四句，巧妙地将历史与现实交织，生动展现了战争的残酷与征人的悲壮牺牲。末尾四句则聚焦于征人望月思乡，进而推想妻子在月夜高楼上的叹息，巧妙地将个人情感与家国命运紧密相连，深化了诗歌的情感层次。

诗中对边塞风光、戍卒遭遇的描绘，以及戍卒与思妇两地相思之苦的细腻刻画，皆以望月引发的情思为核心，层层递进，情感愈发深沉。开篇四句，诗人以独特的视角和意象组合，描绘出一幅包含"关""山""月"的辽阔边塞图景。诗人从征人的视角出发，写"明月出天山"，而非常见的"月出东海"或"月出东山"，巧妙地将通常与大海相关的云月苍茫景象与雄浑的天山相融合，营造出雄浑壮丽的意境，彰显了李白诗歌的创新性与艺术魅力。紧随其后的"长风几万里，吹度玉门关"，进一步拓展了诗歌的视野，从征戍者的角度描绘出长风浩荡、跨越万里中原、横度玉门关的壮阔景象，与《子夜四时歌·秋歌》中"秋风吹不尽，总是玉关情"相呼应，共同构成了一幅万里边塞图，使读者在自然景象中深切地感受到征人对故乡的无限眷恋。

"汉下白登道，胡窥青海湾。由来征战地，不见有人还。"这四句诗在前文辽阔的边塞图景基础上，叠印出战争的残酷景象。诗人提及汉高祖刘邦被困白登山、唐军与吐蕃在青海湾的连年征战等历史事件，揭示了历代战争的无休止与战士们的悲惨命运，起到了承上启下的作用，使诗歌的描写对象从边塞自然过渡到战争，再从战争过渡到征戍者。

"戍客望边邑，思归多苦颜。高楼当此夜，叹息未应闲。"战士们望着边地的景象，思念家乡，脸上露出愁苦之色。他们想象自家高楼上的妻子，在这苍茫月夜中，叹息声不会停歇。李白以"望边邑"三字，将万里边塞图和战争景象与"戍客"紧密相连，使战士们的思乡之情与对妻子的牵挂，在广阔背景的衬托下更显深沉。

李白在这首诗中，关注边塞自古以来无休止的冲突，揭示了战争带来的巨大牺牲和无数征人及其家属所承受的痛苦。诗人仿佛在沉思一代代人为战争付出的沉重代价，这种复杂的情感引发了读者对和平的渴望。与一般诗人笔下纤弱、愁苦的离人思妇之情不同，李白借助"明月出天山，苍茫云海间。长风几万里，吹度玉门关"的万里边塞图景来引发这种感情，展现出其胸襟的浩渺。明代胡应麟评价此诗"浑雄之中，多少闲雅"，若将"闲雅"理解为一种超越一时一事的广远、沉静的思索，则此评价十分恰当。李白以广阔的空间和时间背景，将思乡离别之情融入其中，拓展出更深远的意境，这是其他诗人难以企及的。

【思考与练习】

一、本诗通过哪些意象和手法表现边塞征人的思乡之情？请结合诗句简要分析。

二、试分析本诗中"戍卒"与"思妇"的形象特征，并探讨二者情感的交织与呼应。

三、背诵本诗

【拓展阅读】

王琦注《李太白全集》，中华书局

（孟成华　周星君）

赠卫八处士①

杜 甫

人生不相见，动如参与商②。

今夕复何夕，共此灯烛光。

少壮能几时，鬓发各已苍③。

访旧半为鬼，惊呼热中肠④。

焉知二十载，重上君子堂。

昔别君未婚，儿女忽成行⑤。

怡然敬父执⑥，问我来何方。

问答乃未已⑦，儿女罗⑧酒浆。

夜雨剪春韭，新炊间黄粱⑨。

主称⑩会面难，一举累⑪十觞。

十觞亦不醉，感子故意长⑫。

明日隔山岳⑬，世事两茫茫⑭。

【作者档案】

杜甫（712—770），字子美，自称少陵野老，祖籍襄阳（今属湖北），自其曾祖时迁居巩县（今河南巩义西南）。唐诗人。自幼好学，知识渊博，有政治抱负。开元后期，举进士不第，漫游各地。后寓居长安（今陕西西安）将近十年，生活艰困，对社会状况有较深的认识。安禄山叛军陷长安，曾被困城中半年，后逃至凤翔，谒见肃宗，官左拾遗。长安收复后，随肃宗还京，寻出为华州司功参军。不久弃官往秦州、同谷。又移家成都，筑草

①处士：隐居不仕的人，八是处士的排行。

②动如：意为常常如同。参（shēn）、商：二星名。商星居于东方卯位（上午五点到七点），参星居于西方酉位（下午五点到七点），一出一没，永不相见，故以此为比。

③苍：灰白色。

④"访旧"二句：彼此打听故旧亲友，竟已死去了一半。见到故友的惊呼，使人内心感到热乎乎的。

⑤行（háng）：成行，儿女众多。

⑥父执：出自《礼记·曲礼》："见父之执。"意为父亲的执友。"执"是"接"的借字，接友，即常相接近之友。

⑦未已：尚未结束。

⑧儿女：一作"驱儿"。罗：罗列酒菜。

⑨新炊：刚煮的新鲜饭。间：读去声，掺和的意思。黄粱：黄米。

⑩主：主人，即卫八处士。称：就是说。曹植《箜篌引》中有："主称千金寿。"

⑪累：接连。

⑫故意长：老朋友的情深谊长。

⑬山岳：指西岳华山。这句是说明天便要分别。

⑭世事两茫茫：意思是明天分手后，命运如何，便彼此都不相知了。极言会面之难，正见今夕相会之乐。这时大乱还未定，故杜甫有此感觉。

堂于浣花溪上，世称"浣花草堂"。一度在剑南节度使严武幕中任参谋，武表为检校工部员外郎，故世称杜工部。晚年携家出蜀，病死湘江途中。一说死于耒阳。

杜甫是我国古代最伟大的现实主义诗人。他生活在唐王朝由盛转衰的历史转折时期，身经丧乱，蒿目时艰，有着丰富的社会阅历和人生体验，故其诗多关注国家命运，涉笔社会动荡、政治黑暗和人民疾苦。这些有着丰富社会政治内容和浓郁时代气息的优秀诗篇，被誉为"诗史"。杜诗以其内容的博大精深，表现手法的蕴藉沉着，尤其是忧国忧民的情怀和"沉郁顿挫"的独特风格，垂范后世。杜甫一生创作诗歌 1400 余首，其中很多名篇传诵千古。有《杜少陵集》传世。

【含英咀华】

本诗作于诗人被贬为华州司功参军之后，记述了与少年知交难得的重逢情景，表现了乱离年代特有的世事变化、别易会难的感慨。诗的开头四句，写久别重逢，从离别说到聚首，亦悲亦喜，悲喜交集。第五至八句，从生离说到死别，透露出干戈乱离、人命危浅的现实。从"焉知"到"感子"十四句，写与卫八处士的重逢聚首以及主人及其家人的热情款待，表达了诗人对生活美和人情美的珍视。最后两句写重会又别的伤悲，是全篇感情的高潮，笔力如钩，激荡人心，而又低回宛转，耐人寻味。

全诗以白描写实的手法，记述了与少年知交难得的重逢情景，表现了乱离年代特有的世事变化、别易会难的感慨。其描写曲尽人情，宛然如在眼前。它通过具体细腻的叙述，抒发真挚深厚的感情，情感随着宾主相见、主人款待的过程起落转换，悲喜更迭，情景逼真，生动如画。这在杜诗中别具一格。清代浦起龙《读杜心解》认为这首诗"古趣盎然，少陵别调。一路皆属叙事，情真、景真，莫乙其处"。全诗情胜乎词，平易真切。其特点是：尽管句句转折，而层次井然。

【思考与练习】

一、本诗通过哪些意象和手法表现人生聚散无常的主题？请结合诗句简要分析。

二、试分析本诗的结构层次，并探讨各层次之间的情感转换与呼应。

【拓展阅读】

萧涤非选注《杜甫诗选注（增补本）》，人民文学出版社

邓魁英、聂石樵选注《杜甫选集》，上海古籍出版社

（孟成华　崔凤玲）

长恨歌①

白居易

汉皇重色思倾国②，御宇③多年求不得。杨家有女④初长成，养在深闺人未识⑤。
天生丽质难自弃⑥，一朝选在君王侧。回眸一笑百媚生⑦，六宫粉黛无颜色⑧。
春寒赐浴华清池⑨，温泉水滑洗凝脂⑩。侍儿扶起娇无力，始是新承恩泽时。
云鬓花颜金步摇⑪，芙蓉帐⑫暖度春宵。春宵苦短日高起，从此君王不早朝。
承欢侍宴无闲暇，春从春游夜专夜⑬。后宫佳丽三千人，三千宠爱在一身。
金屋⑭妆成娇侍夜，玉楼宴罢醉和春。姊妹弟兄皆列土⑮，可怜⑯光彩生门户。
遂令天下父母心，不重生男重生女⑰。骊宫⑱高处入青云，仙乐风飘处处闻。

---

①唐元和元年，白居易任周至县尉，一日，与友人陈鸿、王质夫同游马嵬驿附近的游仙寺，谈及唐玄宗与杨贵妃的事。王质夫认为，像这样突出的事情，如无大手笔加工润色，就会随着时间的流逝而消没。他鼓励白居易道："乐天深于诗，多于情者也，试为歌之，如何？"于是，白居易写下了此诗。陈鸿同时写了一篇传奇《长恨歌传》。

②汉皇：此指唐玄宗李隆基。倾国：绝色女子。《汉书·外戚传》记载，汉武帝的乐工李延年在武帝前起舞唱歌："北方有佳人，绝世而独立，一顾倾人城，再顾倾人国。宁不知倾城与倾国，佳人难再得！"后世就以"倾城""倾国"来形容绝色女子。

③御宇：驾御宇内，即统治天下。

④杨家有女：指杨贵妃，乳名玉环，唐开元二十三年（735）册封为寿王（唐玄宗之子李瑁）妃。开元二十八年，唐玄宗将她度为女道士，道号太真。天宝四年（745），册封为贵妃。

⑤"养在"句：此为替唐玄宗掩盖事实真相的曲笔。

⑥丽质：美丽的姿质。难自弃：意思是难于被埋没在民间。弃，舍弃。

⑦回眸：取回首顾盼的意思。眸，眼珠。百媚生：种种媚态。

⑧"六宫"句：意为与杨贵妃的美貌相比，宫里所有其他妃嫔都黯然失色。六宫，后妃居住的地方。粉黛，粉以抹脸，黛以描眉，这里代指宫妃。

⑨华清池：唐玄宗所建的华清宫的温泉浴池，在今陕西西安临潼区。

⑩凝脂：古代形容女性皮肤白嫩滑润。《诗经·卫风·硕人》："手如柔荑，肤如凝脂。"

⑪云鬓：如云的鬓发，形容头发浓密。花颜：如花的容貌。金步摇：古代妇女的一种金首饰，上有金花，下有垂珠，走动时会自然摆动，所以叫作"步摇"。

⑫芙蓉帐：绣有并蒂莲花图案的帐幔。

⑬夜专夜：意思是每夜都得到宠爱。

⑭金屋：《汉武故事》载，汉武帝刘彻年幼时，他的姑母长公主问他长大后要不要娶她的女儿阿娇为妻。汉武帝回答说："若得娇，当以金屋贮之。"后世就以"金屋"指男人宠爱的女子居住的地方。

⑮姊妹弟兄：指杨氏一家。杨玉环被册封为贵妃后，她的大姐封为韩国夫人，三姐封为虢国夫人，八姐封为秦国夫人。堂兄弟杨铦官鸿胪卿，杨锜官侍御史，杨钊赐名国忠，官右丞相，所以说"皆列土"（分封土地）。列：通"裂"。

⑯可怜：可羡。

⑰"不重"句：据《长恨歌传》记载，当时民谣有"生女勿悲酸，生男勿喜欢""男不封侯女作妃，看女却为门上楣"之说。

⑱骊宫：骊山上的华清宫。

缓歌慢舞凝丝竹①，尽日君王看不足。渔阳鼙鼓②动地来，惊破霓裳羽衣曲③。
九重城阙烟尘生④，千乘万骑西南行⑤。翠华⑥摇摇行复止，西出都门百余里⑦。
六军不发⑧无奈何，宛转蛾眉马前死⑨。花钿委地⑩无人收，翠翘金雀玉搔头⑪。
君王掩面救不得，回看血泪相和流。黄埃散漫风萧索，云栈萦纡登剑阁⑫。
峨嵋山⑬下少人行，旌旗无光日色薄。蜀江水碧蜀山青，圣主朝朝暮暮情。
行宫见月伤心色，夜雨闻铃⑭肠断声。天旋日转回龙驭⑮，至此踌躇不能去。
马嵬坡下泥土中，不见玉颜空死处⑯。君臣相顾尽沾衣，东望都门信马⑰归。
归来池苑皆依旧，太液芙蓉未央⑱柳。芙蓉如面柳如眉，对此如何不泪垂。
春风桃李花开日，秋雨梧桐叶落时。西宫南内⑲多秋草，落叶满阶红不扫。

---

①缓歌：悠扬的歌声。慢舞：曼舞，轻盈美妙的舞姿。凝丝竹：管弦乐器奏出徐缓的音乐。丝，指弦乐器。竹，指管乐器。

②渔阳鼙（pí）鼓：指天宝十四年（755）十一月，安禄山从范阳起兵叛唐。渔阳，郡名，治所在今天津市蓟州区，唐时为范阳节度使所辖八郡之一，此指安禄山起兵之地。诗中暗用东汉彭宠渔阳起兵反汉的典故（事见《后汉书·彭宠传》）。鼙鼓，古代军队所用的小鼓和大鼓。

③霓裳羽衣曲：唐代大型舞曲名，相传是唐玄宗梦游月宫时暗暗记住了这个曲子，醒来后谱出来的。其实这支舞曲是当时西凉节度使杨敬述所献，本名《婆罗门曲》，系由印度传入。

④九重城阙：指皇帝居住的地方。《楚辞·九辩》中有："君之门以九重。"这里指京城长安。烟尘生：指发生战事。烟尘，弥漫的战云。

⑤西南行：天宝十五年六月，安禄山攻陷潼关，唐玄宗带着杨氏兄妹向西南方的蜀中逃亡。

⑥翠华：指皇帝仪仗中用翠鸟羽毛装饰的旗子。此指皇帝的车辇。

⑦百余里：指马嵬坡，在今陕西兴平西二十里，离长安百余里。

⑧六军：周代制度，天子有六军，这里指皇帝的护卫军。不发：不再前进。此指龙武大将军陈玄礼带领的军队发生哗变，不肯前进。

⑨"宛转"句：指陈玄礼的部下要求杀死杨国忠和杨玉环，唐玄宗无奈只得先杀死杨国忠，然后命杨玉环自尽。宛转，缠绵悱恻的样子。蛾眉，美女的代称，此指杨贵妃。

⑩花钿（diàn）：古代贵族妇女戴的镶嵌珠宝的金花状首饰。委地：丢弃在地上。

⑪翠翘：一种形状像翠鸟尾羽的首饰。金雀：雀形的金钗。玉搔头：玉簪。

⑫云栈：高入云霄的栈道。在悬崖陡壁上凿石架木修筑的通道为栈道。萦纡（yū）：蜿蜒曲折。剑阁：剑门关，在今四川省剑阁县北。

⑬峨嵋山：今作峨眉山，在四川西南部。唐玄宗入蜀只到成都，没有经过峨眉山，这里泛指蜀中高山。

⑭夜雨闻铃：传说唐玄宗去四川时，经过斜谷，遇到十多天的阴雨，在栈道马上听到雨中铃声隔山相应，十分凄凉，便更想念杨贵妃，因而谱成《雨霖铃》曲以寄恨。

⑮天旋日转：指局势有所好转，不久收复了长安。回龙驭：皇帝的车驾从蜀中返回长安。

⑯"不见"句：唐肃宗至德二年（757）十二月，唐玄宗由蜀郡回长安，经马嵬坡派人以礼改葬杨贵妃。空死处：只见她死的地方。空，徒然。

⑰东望都门：向东望着京城长安。信马：听任马随意前进，意即完全沉浸在悲伤之中。

⑱太液：汉代宫池名。未央：汉代的未央宫。在这里均代指唐代的池苑、宫殿。

⑲西宫南内：指太极宫和兴庆宫。唐玄宗李隆基从四川回长安时已让位给肃宗李亨。李亨不让李隆基再过问国事，把他从兴庆宫迁至西边的太极宫。皇宫称大内，兴庆宫在南，称南内。太极宫在西，称西内。

梨园弟子①白发新，椒房阿监青娥②老。夕殿萤飞思悄然③，孤灯挑尽未成眠④。
迟迟钟鼓初长夜⑤，耿耿星河欲曙天。鸳鸯瓦冷霜华重⑥，翡翠衾⑦寒谁与共。
悠悠生死别经年，魂魄不曾来入梦。临邛道士鸿都⑧客，能以精诚致魂魄⑨。
为感君王辗转思，遂教方士⑩殷勤觅。排空驭气⑪奔如电，升天入地求之遍。
上穷碧落下黄泉⑫，两处茫茫皆不见。忽闻海上有仙山，山在虚无缥缈间。
楼阁玲珑五云⑬起，其中绰约⑭多仙子。中有一人字太真，雪肤花貌参差⑮是。
金阙西厢叩玉扃⑯，转教小玉报双成⑰。闻道汉家天子使，九华帐⑱里梦魂惊。
揽衣推枕起徘徊，珠箔银屏迤逦开。云鬓半偏新睡觉⑲，花冠不整下堂来。
风吹仙袂⑳飘飘举，犹似霓裳羽衣舞。玉容寂寞泪阑干㉑，梨花一枝春带雨。
含情凝睇谢君王，一别音容两渺茫。昭阳殿㉒里恩爱绝，蓬莱宫㉓中日月长。
回头下望人寰处，不见长安见尘雾。惟将旧物表深情，钿合金钗寄将去㉔。

---

①梨园弟子：唐玄宗亲自调教的乐工声伎。《雍录》载："开元二年，置教坊于蓬莱宫，上（指唐玄宗）自教法曲，谓之'梨园弟子'。至天宝中，即东宫置宜春北苑，命宫女数百人为梨园弟子，即是。'梨园'者，按乐之地；而预教者，名为'弟子'耳。"

②椒房：古代后妃居住的宫殿。因用花椒和泥涂壁以取其香暖，而且象征多子，故名椒房。阿监：唐代宫中女官。青娥：年轻美貌的女子。

③悄（qiǎo）然：忧伤愁闷的样子。

④"孤灯"句：古时用油灯照明，为使灯火明亮，过一会儿就要把灯芯挑一挑。"挑尽"是说夜已深了，灯草即将挑尽，形容夜不能眠的境况。唐时宫廷夜间燃蜡烛而不点油灯，此处意在形容唐玄宗晚年生活环境的凄苦。

⑤钟鼓：指宫中报时的钟鼓声。初长夜：指秋夜。秋天的夜开始变长。

⑥鸳鸯瓦：屋上一俯一仰合在一起的瓦片。霜华重：指积在瓦上的霜花很重。

⑦翡翠衾（qīn）：绣有翡翠鸟图案的被子。翡翠，鸟名，雌雄双栖，形影不离。

⑧临邛（qióng）：县名，唐时属剑南道，今四川邛崃。鸿都：东汉时京城洛阳有鸿都门，此处借指长安。

⑨致魂魄：把杨贵妃的亡魂招来。

⑩教：使，令。方士：有法术的人，即道士。

⑪排空驭气：腾云驾雾。

⑫穷：穷极，找遍。碧落、黄泉：古人以为，天有九重，最上一层叫碧落；地有九层，最下一层叫黄泉。因而也称"九天""九泉"。

⑬五云：五彩云霞。

⑭绰约：风姿轻盈美好。

⑮参差：这里是差不多、仿佛的意思。

⑯金阙：指仙山上金碧辉煌的宫殿。玉扃（jiōng）：玉做的门户。

⑰小玉：传说是吴王夫差的女儿，死后成仙。双成：传说中西王母的侍女，姓董。这里借指杨贵妃在仙山上的侍女。

⑱九华帐：图案花纹极其华丽的帐幔。

⑲新睡觉（jué）：刚睡醒。

⑳袂（mèi）：衣袖。

㉑阑干：指泪水纵横流淌的样子。

㉒昭阳殿：汉代宫殿名，在未央宫里，汉成帝皇后赵飞燕在这里住过。此处指杨贵妃生前住的寝宫。

㉓蓬莱宫：传说中海上仙山上的宫殿。此指杨贵妃在仙境中居住的宫殿。

㉔钿合：镶嵌有金花的盒子。合，通"盒"。寄将去：托道士捎去。

钗留一股合一扇①，钗擘②黄金合分钿。但教心似金钿坚，天上人间会相见。

临别殷勤重寄词，词中有誓两心知。七月七日长生殿③，夜半无人私语时。

在天愿作比翼鸟④，在地愿为连理枝⑤。天长地久有时尽，此恨⑥绵绵无绝期。

【作者档案】

白居易（772—846），字乐天，号香山居士，祖籍山西太原，出生于新郑（今属河南）。唐贞元年间进士，为秘书省校书郎。宪宗朝为翰林学士，授左拾遗。因直言极谏，贬为江州司马，晚年定居香山寺。白居易是继杜甫后我国古代另一位杰出的现实主义诗人，其诗歌艺术总的特色是通俗晓畅，自然流丽。"安史之乱"后唐朝走向衰微，错综复杂的社会现实在白居易的诗中得到了较全面的反映。今存白居易诗近 3000 首，数量之多在唐代诗人中首屈一指。长篇叙事诗《长恨歌》《琵琶行》则代表了他艺术上的最高成就。著有《白氏长庆集》。

【含英咀华】

《长恨歌》是一首著名的长篇叙事诗。诗歌前半部分着重对唐玄宗的荒淫腐朽进行批判、讽刺，想通过描写他骄奢淫逸而招来祸患的事实，垂戒将来，作为历史鉴戒。诗歌前半部分，以"汉皇重色思倾国"一句总领，然后详细描写了唐玄宗"重色"误国、招来祸患的过程。但在马嵬兵变之后，即诗歌的后半部分，作者又以同情的笔调描写了李、杨爱情悲剧，并着力歌颂他们坚贞专一、生死不渝的爱情。这样，作品前后的思想感情就出现了矛盾，因而也导致了关于本诗主题思想的分歧：有的说是为讽喻玄宗，有的说是为歌颂爱情，也有人持双重主题说。我们认为，此诗对李、杨爱情悲剧的描述，虽然依据了史实与传说，但已融进了作者许多艺术想象和加工创造，因而呈现于读者面前的，是一出被美化了的宫廷爱情悲剧，作者的旨意，显然是对悲剧的同情与对真爱的歌颂。

《长恨歌》在艺术上取得了很高的成就，堪称古代爱情诗的经典。其成就主要表现在四个方面：第一，叙事情节生动曲折，引人入胜。它以李、杨爱情的离合悲欢为线索，完整地描写了他们从相见、欢爱到死别、招魂的过程。变生不测，乐极悲来，整个故事大起大落，有曲折，有波澜，扣人心弦。第二，叙事、抒情、写景紧密结合。本篇虽属叙事诗，但它是一首抒情色彩很浓的叙事诗，作者注意叙事与抒情相结合，在叙事中带有强烈的感情。同时，诗中写景，或触景生情，情景分写；或寓情于景，亦景亦情；再加上直接抒情，这就使本诗的抒情色彩更浓。第三，塑造了两个性格鲜明的人物形象。作者将笔触深入到人物内心深处，充分发挥艺术想象，细腻地刻画出人物的心理活动，从而使笔下的人物形象显得真实、丰满且生动感人。第四，语言优美，音节和谐，朗朗上口，具有流畅婉转的特点。

①"钗留"句：钗由两股结成，捎去一股，留下一股；盒由底盖合成，捎去一半，留下一半。

②擘（bò）：分开或折断。

③长生殿：唐代宫殿名，天宝元年建，在骊山华清宫内。据陈鸿《长恨歌传》中说，唐玄宗和杨贵妃于天宝十年七月七日曾在长生殿"密相誓心，愿世世为夫妇"。

④比翼鸟：传说中的鸟，只有一目一翼，其名鹣鹣，雌雄并列，紧靠而飞。

⑤连理枝：两棵树枝干连生在一起。

⑥恨：遗憾。

【思考与练习】

一、本诗前后两部分各抒发了怎样的思想感情？你认为本诗的主题思想是什么？

二、试举例分析本诗熔叙事、写景、抒情于一炉的写作特点。

三、试分析"夕殿萤飞思悄然"至"翡翠衾寒谁与共"描写唐玄宗和"闻道汉家天子使"至"花冠不整下堂来"描写杨玉环的心理和情感活动诗句的特点。

四、阅读清代袁枚《马嵬》一诗，简析其思想内容和艺术特色。

马　嵬

莫唱当年长恨歌，人间亦自有银河。

石壕村里夫妻别，泪比长生殿上多。

【拓展阅读】

顾学颉、周汝昌选注《白居易诗选》，人民文学出版社

王汝弼选注《白居易选集》，上海古籍出版社

（刘洪仁）

赤 壁

杜 牧

折戟沉沙铁未销①，
自将磨洗认前朝②。
东风不与周郎③便，
铜雀春深锁二乔④。

【作者档案】

杜牧（803—约853），字牧之，号樊川居士，京兆万年（今陕西西安）人，宰相杜佑之孙，杜从郁之子。杜牧在家族中排行十三，因此被称为"杜十三"。杜牧政治才华出众，十几岁时正值唐宪宗讨伐藩镇，振兴国势。他在读书之余，关心军事，曾研究《孙子》，写过13篇注解，并著有多篇策论咨文。26岁中进士，曾为江西、宣歙观察使沈传师和淮南节度使牛僧孺的幕僚，历任监察御史，黄、池、睦诸州刺史，后入为司勋员外郎，官终中书舍人。岁暮卒于长安，终年50岁。

杜牧是晚唐杰出诗人，与李商隐齐名，并称"小李杜"。因晚年居长安南樊川别墅，故后世称"杜樊川"，著有《樊川文集》。杜牧的诗歌以七言绝句著称，内容以咏史抒怀为主。其文学创作主张"文以意为主，以气为辅，以辞采章句为之兵卫"，强调内容与形式的统一。杜牧的古体诗受杜甫、韩愈的影响，善于将叙事、议论、抒情三者融为一体，题材广阔，笔力峭健。他在律体中故作拗句，或出以古意，表现出一种气势雄浑的风格，以力矫诗坛平弱圆熟之风。杜牧的七绝成就最高，意境幽美、议论警拔、韵味隽永，咏史绝句立意出奇，史识高绝，其写景抒情绝句意境幽美，韵味隽永，于盛唐七绝之外，别开妙境。代表作有《泊秦淮》《过华清宫》《山行》《江南春》《赤壁》《题乌江亭》等。

【含英咀华】

《赤壁》是杜牧经过赤壁（在今湖北武汉西南赤矶山）这个著名的古战场，有感于三国时代的英雄成败而写下的。诗人即物感兴，托物咏史，在诗中点明赤壁之战关系到国家存亡、社稷安危，同时暗指自己胸怀大志不被重用，以微见著。

此诗由叙事引发议论，前两句叙事，后两句议论。诗篇的开头两句借一件不起眼的折戟兴起对前朝人、事、物的慨叹，这两句描写看似平淡，实为不凡。沙里沉埋着断戟，点出了此地曾有过历史风云。战戟折断沉沙却未被销蚀，暗含着岁月流逝而物是人非之感。

---

① 折戟：折断的戟。戟，古代兵器。销：销蚀。

② 将：拿起。磨洗：磨光洗净。认前朝：认出戟是东吴破曹时的遗物。

③ 东风：指三国时期的赤壁之战。周郎：指周瑜，年轻时即有才名，人称周郎，后任吴军大都督，曾参与赤壁之战并为此战役中的主要人物。

④ 铜雀：即铜雀台，曹操在今河北省临漳县建造的一座楼台，楼顶里有大铜雀，台上住姬妾歌妓，是曹操暮年行乐处。二乔：指东吴乔公的两个女儿，大乔嫁前国主孙策（孙权兄），小乔嫁军事统帅周瑜。

正是由于发现了这一件沉埋江底 600 多年、锈迹斑斑的"折戟"，诗人才思绪万千，因此他要磨洗并辨认一番，发现原来这是"前朝"三国时期赤壁之战的遗物。这一场决定了三国鼎立局面的重大战斗，英雄云集，何等壮观。

该诗的后两句是人们久为传诵的佳句，这里涉及历史上著名的赤壁之战。诗人评论这次战争成败的原因，只选择当时的胜利者周郎和他倚以制胜的因素"东风"来写，而且因为这次胜利的关键，最后不能不归到东风，所以又将东风放在更主要的地位上。但他并不从正面来描写东风如何帮助周郎取得了胜利，却从反面落笔：假使这次东风不给周郎以方便，那么胜败双方就要易位，历史形势将完全改变。这两句诗妙在不直接写赤壁之战的过程及其在政治上的后果，而是间接地通过写"二乔"的命运来反映赤壁之战对东吴政治军事形势的重大影响，而"二乔"的命运在这里形象地代表了东吴的命运。诗人借史倾吐胸中抑郁之气，他认为历史上英雄的成功都有某种机遇，只要有机遇，相信自己也定会有所作为，反映出作者抑郁不平的心境。

从艺术手法上看，诗人在前两句用了以假作真的虚托手法，这是唐代诗人的常用手法，这就好比写当朝的人或事而假借于前朝的人或事来写；诗中还运用了借代的修辞手法，诗的后两句写战争的胜负时，作者并未点破，而是通过大乔、小乔这两位具有特殊身份的女子的命运来表达设想中东吴败亡的结局，以微见著，别出心裁，这使得全诗更加生动形象。

【思考与练习】

一、诗篇开头为何从"折戟"这一意象写起？这一意象在全诗中起到什么作用？

二、诗人对赤壁之战的评价体现了什么样的历史观？请结合诗句作简要分析。

三、本诗四句在表达方式上前后有什么不同？有什么内在联系？

四、全诗抒发了作者怎样的思想感情？

五、背诵本诗。

【拓展阅读】

胡可先选注《杜牧诗选》，中华书局

（孟成华　张　雪）

踏莎行·候馆梅残①

欧阳修

候馆②梅残，溪桥柳细，草薰风暖摇征辔③。离愁渐远渐无穷，迢迢不断如春水。

寸寸柔肠④，盈盈粉泪⑤。楼高莫近危栏⑥倚。平芜⑦尽处是春山，行人更在春山外。

【作者档案】

欧阳修（1007—1072），字永叔，号醉翁，晚年又号六一居士，吉州吉水（今属江西）人。宋仁宗天圣八年（1030）进士。任谏官时，敢犯颜直言，与韩琦、范仲淹等人主张政治革新，受到保守派政敌打击，屡遭贬谪。后累官至翰林学士、枢密副使、参知政事（副宰相）。卒谥文忠。

欧阳修是宋代诗文革新运动的领袖，无论理论建树还是创作实践都取得了巨大成就，诗、词、散文各体咸备，且数量丰富，佳作迭出，是宋代文学的一代宗师，对宋代文学的发展有杰出贡献。苏轼在《六一居士集叙》中称他"论大道似韩愈，论事似陆贽，记事似司马迁，诗赋似李白"。著有《欧阳文忠公全集》《六一词》等。欧阳修还是史学家，与宋祁合作编撰了《新唐书》，又独自编撰了《新五代史》。

欧阳修的词，还没有突破"诗庄词媚"的传统观念束缚，他用诗文来写现实政治等比较严肃的题材，而词则大多写男欢女爱、离愁别绪或其他闲情逸致。词风受南唐词特别是冯延巳的影响较深，婉曲情深，蕴藉风流，与晏殊同为宋初词坛的代表。

【含英咀华】

这首词写一对夫妻或情侣分别时的痛苦之情。上片写离家远行者在早春时节离家远去及旅途中的所见所感。客馆短墙旁的梅花已经凋残，溪桥边的柳叶刚刚绽出新芽，但和风已暖，芳草散香，在这样的时候远行人骑马而去了，愈行愈远；因与心上人别离，故觉"春水"亦带"离愁"，而且"迢迢不断"，无穷无尽。下片递进一层，写游子想象中情人对自己的思念，采用了透过一层、从对面写来的手法。行人远行之日，正是闺中人愁苦之时。"柔肠"而说"寸寸"，"粉泪"而说"盈盈"，可见女子思念之情的缠绵深切。结尾两句，深入到女子的心灵深处，真实细腻地刻画出她一往情深、望穿秋水而又怅然若失的神态。

在写作上，本词有三个特点：一是比喻贴切自然。词中以春水比愁，用春山况远，都

---

①踏莎（suō）行：词牌名。杨慎《词品》："韩翃诗：'踏莎行草过春溪。'辞名《踏莎行》本此。"

②候馆：迎候宾客的馆舍，即旅馆。

③草薰风暖：语出江淹《别赋》："闺中风暖，陌上草薰。"薰，香草，引申指香气。征辔（pèi）：远行的马的缰绳，也指远行的马。征，远行。辔，驾驭牲口用的缰绳。

④寸寸柔肠：意谓伤心至极，有如肝肠寸断。

⑤盈盈：充溢的样子。粉泪：指女子的眼泪。

⑥危栏：高楼上的栏杆。

⑦平芜：平旷的原野草地。

贴近人物的具体心境，而且妙在都是即景设喻、触物生情，是眼前所见与心中所感的悠然神会，使人感到词中所展示的画面虽然有限，而情景却是无限的，具有蕴藉深婉、余味无穷的艺术效果。二是采用了以乐景写哀情、先扬后抑的手法。《诗经·小雅·采薇》中"昔我往矣，杨柳依依；今我来思，雨雪霏霏"四句，被晋代谢玄视为《诗经》中最佳之句，原因就在于它以乐景写哀，以哀景写乐，以情景的失去平衡震撼人的心灵。本词也采用了这一手法，先写春色之美，然后通过"摇征辔"一转，由春色之美转出离愁无穷，先扬后抑，再以"迢迢不断如春水"作重笔渲染，增强了表达效果。三是以递进层深之笔，加深感情的表达。结句"平芜尽处是春山，行人更在春山外"是典型例句。与之相近的，有范仲淹《苏幕遮》："山映斜阳天接水，芳草无情，更在斜阳外。"它们的共同特征，是将情景融为一体，在想象中让景与情都更进一层，从而增强表达效果。

【思考与练习】

一、这首词的上、下片的抒情主人公各是什么人？试作简要分析。

二、这首词在艺术表现上有哪些特点？

三、你认为本词写得最好的是哪两句？为什么？

四、背诵本词。

五、欧阳修的《生查子·元夕》和《蝶恋花·庭院深深深几许》（一说南唐词人冯延巳所作）都是脍炙人口的名作，请欣赏并背诵。

生查子·元夕

去年元夜时，花市灯如昼。月上柳梢头，人约黄昏后。

今年元夜时，月与灯依旧。不见去年人，泪湿春衫袖。

蝶恋花·庭院深深深几许

庭院深深深几许？杨柳堆烟，帘幕无重数。玉勒雕鞍游冶处，楼高不见章台路。

雨横风狂三月暮，门掩黄昏，无计留春住。泪眼问花花不语，乱红飞过秋千去。

【拓展阅读】

陈新、杜维沫选注《欧阳修选集》，上海古籍出版社

（刘洪仁）

渔家傲·秋思①

范仲淹

塞下②秋来风景异，衡阳雁去③无留意。四面边声④连角起，千嶂⑤里，长烟落日孤城闭。

浊酒⑥一杯家万里，燕然未勒⑦归无计。羌管悠悠⑧霜满地，人不寐⑨，将军白发征夫⑩泪。

【作者档案】

范仲淹（989—1052），字希文，苏州吴县（今江苏苏州）人。北宋政治家、文学家。大中祥符进士。少时贫困力学，出仕后有敢言之名。天圣中任西溪盐官，参与重修捍海堰。景祐二年（1035），以天章阁待制权知开封府。次年，上《百官图》议朝政，被指为朋党，贬知饶州。康定元年（1040）西夏攻延州，他与韩琦同任陕西经略副使，改革军制，巩固边防。庆历三年（1043）任参知政事，建议十事，主张建立严密的任官制度，注意农桑，整顿武备，推行法制，减轻徭役。因为保守派反对，不能实现。他亦罢去执政，出任陕西四路宣抚使。后在赴颍州途中病逝。工于诗词散文，所作文章富于政治内容，词传世仅五首，风格较为明健。《岳阳楼记》中的名句"先天下之忧而忧，后天下之乐而乐"传诵千古。著有《范文正公集》。

【含英咀华】

范仲淹于宋仁宗康定元年任陕西经略副使兼知延州，抵御西夏发动的叛乱性战争。他在西北边塞生活达四年之久，对边地生活与士兵的疾苦有较深的理解，治军也颇有成效。这首词正是作于此时。

词的上片描绘了边地的荒凉景象。首句指出"塞下"这一地域性的特点，并以"异"字领起全篇，突出了边塞秋景与中原的不同，并为下片的怀乡思归之情埋下伏笔。"衡阳雁去无留意"不仅是"塞下秋来"的客观现实，更是戍边将士内心的真实写照，衬托出雁

---

①渔家傲：词牌名，又名《吴门柳》《忍辱仙人》《荆溪咏》《游仙关》。《词谱》卷十四："此调始自晏殊，因词有'神仙一曲渔家傲'句，取以为名。"

②塞下：边界要塞之地。这里指当时的西北边疆。

③衡阳雁去：即"雁去衡阳"，为符合格律而倒置。衡阳在今天湖南省的南部，著名的南岳衡山就在这里。衡阳有一个别号叫"雁城"，传说秋天北雁南飞，到湖南衡阳回雁峰而止，不再南飞。王勃《滕王阁序》中有："雁阵惊寒，声断衡阳之浦。"

④边声：边塞特有的声音，如大风、号角、羌笛、马嘶的声音。

⑤千嶂（zhàng）：绵延而峻峭的山峰；崇山峻岭，层峦叠嶂。

⑥浊酒：指的是用糯米、黄米等酿制的酒，比较浑浊。"竹林七贤"中的嵇康曾经说过："浊酒一杯，弹琴一曲，志愿毕矣。"（《与山巨源绝交书》）

⑦燕然未勒（lè）：指战事未平，功名未立。燕然：即燕然山，今名杭爱山，在今蒙古国境内。据《后汉书·窦宪传》记载，东汉大将军窦宪曾经打败匈奴，登上燕然山，在石头上刻下文字，记录将士的赫赫战功。

⑧羌（qiāng）管：即羌笛，出自古代西部羌族的一种乐器。悠悠：形容声音飘忽不定。

⑨寐：睡，不寐就是睡不着。

⑩征夫：出征的士兵。

去而人却不得去的无奈与悲凉。随后的十七字通过"边声""角起""千嶂""孤城闭"等具有特征性的事物，将边地的荒凉景象描绘得有声有色，征人见之闻之，怎能不百感交集？"异"字也通过这些具体的描写得到了充分的体现。

下片描写了戍边战士厌战思归的心情。"浊酒一杯家万里，燕然未勒归无计"，一杯浊酒难以浇灭思乡之情，长期戍边却功业未成，归乡无望。这种矛盾的心理正是戍边将士的内心写照。"燕然未勒"化用《后汉书·窦宪传》典故，表达了将士们渴望建功立业却又无法实现的无奈。接下去，"羌管悠悠霜满地"一句，再次用声色加以点染并略加顿挫，此时的心情较黄昏落日之时，更加令人难堪。"人不寐"三字绾上结下，其中既有白发"将军"，又有泪落"征夫"。"不寐"又紧密地把上片的景与下片的情联系在一起。"羌管悠悠"是"不寐"时之所闻，"霜满地"是"不寐"时之所见，内情外景达到了水乳交融的艺术境界。

这首词反映了边塞生活的艰苦。一方面，表现出词人平息叛乱、反对侵略和巩固边防的决心和意愿；另一方面，也描写了外患未除、功业未建以及久戍边地、士兵思乡等复杂而矛盾的心情。这种情绪主要是通过对景物的描写和气氛的渲染，婉曲地传达出来。综观全词，意境开阔苍凉，形象生动鲜明，反映出词人耳闻目睹、亲身经历的场景，表达了词人和戍边将士们的内心感情，读起来真切感人。

在范仲淹以前，很少有人用词这一形式来真实地反映边塞生活。这首词突破了词限于男女与风月的界限，它标志着北宋初期柔靡词风的转变，为词的世界开辟了崭新的审美境界，也开启了宋词贴近生活和现实人生的创作方向。同时也表明范仲淹实际上是以苏轼、辛弃疾为代表的豪放词派的先驱，在词史上具有很重要的地位。

【思考与练习】

一、"塞下秋来风景异"一句中的"异"表现在哪里？有什么作用？

二、"燕然未勒归无计"用了什么典故？有什么作用？

三、"将军白发征夫泪"用的是什么修辞手法？表达了词人怎样的情感？

四、背诵本词。

五、前面所学的王维的《使至塞上》也是写边塞内容的。试结合具体语句品析（可从修辞、炼字、表现手法等任意一个角度）两首作品在思想情感上的不同。

【拓展阅读】

唐圭璋编《全宋词》，中华书局

（孟成华　柯欣杭）

八声甘州·对潇潇暮雨洒江天①

柳 永

对潇潇②暮雨洒江天，一番洗清秋。渐霜风凄紧，关河冷落，残照当楼。是处红衰翠减③，苒苒物华休④。惟有长江水，无语东流。

不忍登高临远，望故乡渺邈⑤，归思难收。叹年来踪迹，何事苦淹留⑥！想佳人、妆楼颙望⑦，误几回、天际识归舟⑧。争知我、倚阑干处⑨，正恁凝愁⑩。

【作者档案】

柳永（约984—约1053），原名三变，字耆卿，因排行第七，世称柳七，福建崇安人。早年热心功名事业，但仕途坎坷。曾以词作拜谒宰相晏殊，因内容、风格俚俗，不为晏殊所喜。失意无聊，乃混迹于市井，出入青楼酒肆，冶游放荡。乐工歌妓每得新腔，必求柳永填词，其词始行于世。景祐元年（1034）中进士，历任余杭令、盐场大使，终于屯田员外郎，世称柳屯田。

柳永毕生从事词的创作，是北宋第一个专业词人。柳永也是对宋词发展作出重要贡献的词人，他的词标志着北宋词发展的一个转折，在词史上占有重要地位。他创制了以篇幅较长、句子错综不齐为特色的长调慢词，为扩大词的内容提供了相应的表现形式，为宋词的繁荣奠定了基础。内容上，柳永的词多写都市生活及自己的羁旅行役之苦，扩大了词的题材。艺术上，柳永的词以铺叙见长，善于用通俗的语言传情状物，雅俗共赏，风格婉约，在当时流传广泛，连西夏人都说："凡有井水饮处，即能歌柳词。"著有词集《乐章集》。

【含英咀华】

这是柳永写羁旅行役之苦的名作。词人倾吐了萍踪漂泊的苦况，表现了因事业无成而产生的内心苦闷，从一个侧面反映了封建时代中下层知识分子典型的生活遭遇和思想感情。

全词以"登高临远"为线索，通篇贯穿一个"望"字。上片以层层铺叙的手法，描绘

---

①八声甘州：词牌名，又名《甘州》。本为唐玄宗时教坊大曲名，后用为词调。

②潇潇：雨势急骤的样子。

③是处：到处。红衰翠减：指花叶凋零。红，指花。翠，指叶。

④苒苒：义同"荏苒"，形容时光（渐渐）消逝。物华：美好的景物。休：衰残。

⑤渺邈（miǎo）：渺茫遥远。

⑥淹留：滞留，久留。

⑦颙（yóng）望：凝望，抬头呆望。

⑧误几回、天际识归舟：语意出谢朓《之宣城郡出新林浦向板桥》诗："天际识归舟，云中辨江树。"温庭筠《望江南》词："过尽千帆皆不是，斜晖脉脉水悠悠，肠断白蘋洲。"

⑨争：怎。阑干：栏杆。处：这里表示时间。

⑩恁：如此。凝愁：凝伫忧愁。

登高所见之景，并以景寓情，情景交融。先总写清秋江天之寂寥，继以霜风、关河、残照和"是处红衰翠减"之景作气氛渲染，终以"江水无语"烘托词人的孤独和伤感。下片写登高临远所生的思归之情。起句"不忍登高临远"与上片首句"对潇潇暮雨"相呼应，承上启下，一连五句直抒乡愁，用正面直陈的手法，写出游子思归而不得的愁闷。"想"字领起两句，转换角度，驰骋想象，由己之思彼转写彼之思己，设想出"佳人妆楼颙望"的相思苦况，从侧面突出游子思乡怀人的心情，比正面陈述更深一层。"误几回、天际识归舟"，从谢朓《之宣城郡出新林浦向板桥》诗化出，但情感更见曲折蕴藉。结尾三句由"佳人颙望"进一步设想，仿佛她近在眼前，故向她诉说欲归不能的"凝愁"。

词的上、下片虽有写景、抒情之别，但内容却不可分割。开头一个"对"字总领上片；结尾的"倚阑干"三字，回应全篇，首尾照应，使全词浑然成为一个整体。本词写景，由暮雨而至残照，由江天而至关河，由物候而至长江，处处从大处落笔，于肃杀的秋景中，别显出一种空阔之美。本词抒情，或直写自己的乡思，或设想佳人的盼归，虚实相生，委婉曲折，真实地表现了主人公旅途漂泊、失意苦闷的心情。全词语言浅显，但并不俚俗，能采撷、熔铸前人诗句的语言、意境，格调高雅。苏轼说："人皆言柳耆卿词俗，如'霜风凄紧，关河冷落，残照当楼'，唐人佳处，不过如此。"

【思考与练习】

一、本词主要表现了词人怎样的思想感情？有什么典型意义？

二、分析本词上片寓情于景的特点。

三、试分析"惟有长江水，无语东流"的情感内涵。

四、贯穿本词的线索是什么？

五、背诵本词。

六、阅读温庭筠的《望江南·梳洗罢》，并与柳永此词比较，写一篇赏析文。

望江南·梳洗罢

梳洗罢，独倚望江楼。过尽千帆皆不是，斜晖脉脉水悠悠。肠断白蘋洲。

【拓展阅读】

张惠民、张进选注《柳永词选注》，人民文学出版社

刘乃昌、朱德才选注《宋词选》，人民文学出版社

（刘洪仁）

行香子·述怀^①

苏　轼

清夜无尘^②。月色如银。酒斟时、须满十分^③。浮名浮利，虚苦^④劳神。叹隙中驹^⑤，石中火，梦中身^⑥。

虽抱文章，开口谁亲^⑦。且陶陶^⑧、乐尽天真。几时归去，作个闲人。对一张琴，一壶酒，一溪云。

【作者档案】

苏轼（1037—1101），字子瞻，号东坡居士，眉州眉山（今属四川）人。北宋文学家、书画家。宋神宗时曾任职史馆，因反对王安石新法而求外职，任杭州通判，知密州、徐州、湖州。后以作诗"谤讪朝廷"罪贬谪黄州，史称"乌台诗案"。宋哲宗时任翰林学士，曾出知杭州、颖州等，官至礼部尚书。后又贬谪惠州、儋州。北还后第二年病死常州。与父亲苏洵、弟弟苏辙合称"三苏"，俱被列入"唐宋八大家"。在政治上属于旧党，但也有改革弊政的要求。诗清新豪健，善用夸张比喻，在艺术表现方面独具风格。与黄庭坚并称"苏黄"。词开豪放一派，对后代很有影响。《念奴娇·赤壁怀古》《水调歌头·丙辰中秋》传诵甚广。与辛弃疾并称"苏辛"。擅长行书、楷书，用笔丰腴跌宕，有天真烂漫之趣。与蔡襄、黄庭坚、米芾并称"宋四家"。诗文有《东坡七集》等。词集有《东坡乐府》。

【含英咀华】

《行香子·述怀》是苏轼的经典词作之一，词牌名"行香子"因佛教徒行道烧香而得名，调式流美，韵律和谐。苏轼的这首词以六十六字的正格形式，展现了其旷达与深沉交织的情感。

词的上片描绘了一幅清幽的月夜图景：夜气清新，尘滓皆无，月光皎洁如银。此种夜

---

①行香子：词牌名。"行香"即佛教徒行道烧香。

②尘：尘滓，细小的尘灰渣滓。

③十分：指酒斟满，古代以"十分"形容酒斟至极满的状态。张舜民《卖花声·题岳阳楼》："十分斟酒敛芳颜。"

④虚苦：徒劳，无意义的劳苦。

⑤叹隙中驹：感叹人生短促，如快马驰过隙缝。《庄子·知北游》云："人生天地之间，若白驹之过郤，忽然而已。"

⑥"石中火"二句：比喻生命短促，像击石迸出的一闪即灭的火花，像在梦境中短暂的经历。"石中火"语出《新论·惜时》："人之短生，犹如石火，烔然以过，唯立德贻爱，为不朽也。""梦中身"语出《关尹子·四符》："知夫此身，如梦中身，随情所见者，可以飞神作我而游太清。"

⑦"虽抱"二句：是古代士人"宏才乏近用"，不被知遇的感慨。文章，文学。开口谁亲，有话对谁说，谁是知音呢？

⑧陶陶：无忧无虑、单纯快乐的样子。《诗经·王风·君子阳阳》："君子陶陶，左执翿，右招我由敖，其乐只且！"

的恬美，只有月明人静之后才能感到，与日间尘世的喧嚣判若两个世界。词人把酒对月，却陷入对人生虚无的沉思。他以"隙中驹""石中火""梦中身"三个经典的比喻，集中表达了对人生短暂的感慨，展现了苏轼对人生哲理的深刻思考。这种对人生虚无的表达，虽有消极之感，但整体基调开朗明快，语言与情感完美融合。

下片开篇，苏轼以感叹的语气进一步深化了对人生虚无的感悟。"虽抱文章，开口谁亲"，这句词道出了古代士人"宏才乏近用"、不被知遇的无奈。苏轼在元祐年间虽受朝廷重用，但实际处境却难有作为，加之小人的屡次攻击，更让他心生感慨。在苦闷之际，苏轼探寻着自我解脱的途径。这种善于从困扰、纷争与痛苦中抽身而出，保持豪放达观的态度，正是苏轼独特的人生态度。他的解脱之道，在于追求现实中的片刻欢愉，期待有朝一日能远离尘世喧嚣，归隐田园。"且陶陶、乐尽天真"便是他对现实享乐的追求。在"陶陶"的忘我之境中，他似乎回归了人的本性，忘却了人生的诸多烦恼。尽管苏轼尚未决定何时归隐，"几时归去"难以预料，但他对田园生活的向往已溢于言表。弹琴、饮酒、赏玩山水、吟风弄月，这种闲情逸致的生活方式，是中国文人理想中的精神寄托。"一张琴，一壶酒，一溪云"，足矣。这种生活态度，既清高又充满诗意。

全词在抒情中插入议论。人生很短暂，能做的不多，回首一看，一切都是虚无，就像偶尔掠过墙缝的阳光，又像燧石取火时闪过的火花，或者是黄粱一梦中的一段不切实际的经历，都是稍纵即逝、无法真正拥有的。与其浪费生命去追求名利浮云，不如放下一切做个闲人，对一张琴，倒一壶酒，听溪水潺潺，看白云飘飘，享受当下的美好自在。这是作者从生活中悟出的人生哲理，很有意义。

【思考与练习】

一、"虽抱文章，开口谁亲"是什么意思？从这两句来看，词人真的想归隐吗？请结合全词简要分析。

二、赏析"对一张琴，一壶酒，一溪云"的思想内涵。

三、这首词抒发的情感与《江城子·密州出猎》有何异同？请简要分析。

四、从修辞、意境等角度，谈谈对这首词的理解。

【拓展阅读】

傅幹注、刘尚荣校证《苏轼词集（国学典藏）》，上海古籍出版社

薛瑞生注评《苏东坡词全集注评》，人民文学出版社

（孟成华 周 怡）

踏莎行·郴州旅舍^①

秦　观

雾失楼台，月迷津渡^②，桃源^③望断无寻处。可堪孤馆^④闭春寒，杜鹃声里^⑤斜阳暮。

驿寄梅花^⑥，鱼传尺素^⑦，砌成此恨无重数。郴江幸自^⑧绕郴山，为谁流下潇湘^⑨去？

【作者档案】

秦观（1049—1100），字太虚，后改字少游，号淮海居士，高邮（今属江苏）人。宋神宗元丰八年（1085）进士。哲宗时历任太学博士、秘书省正字、国史院编修官。绍圣元年（1094），因党争之祸被贬郴州（今湖南郴州）、横州（今广西横县）和雷州（今广东雷州）。他以文学受知于苏轼，与黄庭坚、晁补之、张耒并称"苏门四学士"。

秦观善诗词，尤以词的成就最高。其词多写别恨离愁，并将身世之感融注其中，妙在辞情兼胜，意境深婉，语言淡雅却饶有余味，是北宋后期婉约词的代表作家。清人陈廷焯说："秦少游自是作手，近开美成（周邦彦），导其先路。"（《白雨斋词话》卷一）足见其在词史上的地位和影响。

【含英咀华】

北宋中期，朝廷新旧党争不断。宋绍圣元年，革新派再起，作为旧党的苏轼兄弟遭到贬谪，秦观也未能幸免，先后由京师贬往杭州、处州（今浙江丽水），继而又再贬郴州。此词即作于绍圣四年秦观被贬郴州时。词人以凄婉的笔调，描述了贬居之地的荒凉凄清和贬居生活的孤寂落寞，流露出淡淡的哀怨之情。

秦观曾被后人称为"古之伤心人"（冯煦《蒿庵论词》）。他的词泪水盈盈，浸透着人生的坎坷。同样被贬谪居，较之苏轼，秦观的内心少了几分豁达而多了几分脆弱。远离江南故乡，孤居贬所，作者多愁善感之心尤难承受，他将彼时彼地的情感诉诸笔墨。上片起以"雾失""月迷"，作者向往的理想之境，缥缈难寻，起调低沉。而春寒料峭，独处一室，此情何堪？一个"闭"字形象贴切地道出了作者境遇的孤寂、寥落。"杜鹃声里斜阳暮"一句，以杜鹃啼声、斜阳余晖的意象进一步渲染凄苦之情。下片申足上文，言远方书

---

①此词一题"郴州旅舍"。

②津渡：渡口。

③桃源：陶渊明《桃花源记》中虚构的世外乐土，假称其在武陵（今湖南桃源）。

④可堪：哪堪，何堪。孤馆：指词人自己所住的客馆。

⑤杜鹃声里：杜鹃鸟啼声凄切，易引起离人愁思。

⑥驿寄梅花：指朋友的寄赠之物。陆凯《赠范晔》诗："折花逢驿使，寄与陇头人。江南无所有，聊赠一枝春。"

⑦鱼传尺素：指亲友的书信。古人书写用素绢，通常为一尺，称尺素。《饮马长城窟行》："客从远方来，遗我双鲤鱼。呼儿烹鲤鱼，中有尺素书。"

⑧郴江：水名，源出郴州东面的黄岑山，北流至郴口，入湘江的支流耒水。幸自：本是。

⑨为谁：为什么。潇湘：湖南二水名，合流后称湘江。

信不断，虽有慰藉，却徒增伤感。一"砌"字，将难以言传的愁绪具体化，用语精警。末两句宕开一笔，以反诘句式抒写心中怨意。江水本为无情之物，而作者却以问句出之，以表明人的离别是被逼无奈而非出于自愿。常情常意，一经妙手点染，便极具神韵，与戴叔伦"沅湘日夜东流去，不为愁人住少时"（《湘南即事》）有异曲同工之妙，堪称痴语。相传此句曾为苏轼所激赏，曾自书于扇云："少游已矣，虽万人何赎!"（惠洪《冷斋夜话》）

该词以比兴手法贯穿全篇，情景互融，词情凄婉哀艳，格调苍凉低沉，读之令人动容。

【思考与练习】

一、简析此词比兴手法的运用。

二、"可堪孤馆闭春寒，杜鹃声里斜阳暮"二句在表现手法上有什么特点？

三、末二句"郴江幸自绕郴山，为谁流下潇湘去"为什么会得到苏轼的赞赏？

四、背诵本词。

五、阅读秦观的《浣溪沙·漠漠轻寒上小楼》，简要分析其思想内容和艺术特色，写一篇 500 字左右的赏析文。

浣溪沙·漠漠轻寒上小楼

漠漠轻寒上小楼，晓阴无赖似穷秋，淡烟流水画屏幽。

自在飞花轻似梦，无边丝雨细如愁。宝帘闲挂小银钩。

【拓展阅读】

周义敢、程自信、周雷编注《秦观集编年校注》，人民文学出版社

（苏 静）

鹧鸪天·重过阊门万事非

贺　铸

重过阊门①万事非，同来何事不同归？梧桐半死清霜后②，头白鸳鸯失伴飞。

原上草，露初晞③，旧栖新垅④两依依。空床卧听南窗雨，谁复挑灯夜补衣？

【作者档案】

贺铸（1052—1125），字方回，号庆湖遗老，祖籍山阴（今浙江绍兴），生于卫州（今河南汲县）。北宋著名词人。贺铸是宋太祖贺皇后五世族孙，出身名门，为人豪侠尚气，渴望建功立业。青年时辗转各地任低级武职，抑郁不得志。48岁后改任文职，曾任泗州通判等职，晚年定居苏州。贺铸才兼文武，但秉性刚直，不肯逢迎权贵，因而一生沉沦下僚，才不获展。贺铸的词内容较丰富，风格兼有豪放、婉约二派之长，长于锤炼语言并善融化前人成句。贺词用韵特严，富有节奏感和音乐美，部分描绘春花秋月之作，意境高旷；其爱国忧时之作，悲壮激昂，又近苏轼。黄庭坚推崇贺铸曰："解作江南断肠句，只今唯有贺方回"；张耒称赞贺铸的词说："《东山乐府》妙绝一世，盛丽如游金张之堂，妖冶如揽嫱施之祛，幽索如屈宋，悲壮如苏李。"南宋爱国词人辛弃疾等对其词均有续作，足见其影响。贺铸的代表作有《青玉案·凌波不过横塘路》《鹧鸪天·重过阊门万事非》《陌上郎·西津海鹘舟》等。其《青玉案》词："试问闲愁都几许？一川烟草，满城风絮，梅子黄时雨。"因连用三个比喻形容"闲愁"而备受人称道，词人因此而赢得"贺梅子"的雅号。有《东山词》（别本一名《东山乐府》），存词280余首，数量仅次于苏轼。

【含英咀华】

这是一首悼亡词，是词人从北方回到苏州时悼念亡妻之作。贺铸之妻赵氏是宋宗室济国公赵克彰之女。贺铸年近五十时闲居苏州三年，其间，与他长期相濡以沫、甘苦共尝的妻子亡故。今他重游故地，想起死去的妻子，痛定思痛，写下这首情真意切、哀伤动人的悼亡词。词人踽踽独行于繁华金阊的街衢窄巷，眼前景物依稀，人事变迁，感怀往事，不禁哀思难抑。曾经双栖双飞，如今阴阳悬隔；卧听窗外雨声渐沥，床头却再无挑灯补衣人。全词气氛深婉凄切，用语朴挚情深，感情沉痛，感人至深，是文学史上与潘岳《悼亡》、元稹《遣悲怀》、苏轼《江城子·乙卯正月二十日夜记梦》等同题材作品并传不朽的名篇。

---

①阊门：苏州城西门，词人旧居，此借指苏州。

②梧桐半死：指丧偶之痛。枚乘《七发》中说："龙门之桐，高百尺而无枝，……其根半死半生。……于是背秋涉冬，使琴挚斫斩以为琴。"清霜后：秋天，喻指年老。

③"原上草"二句：以草上露水易干为喻，感叹人生短促。《薤露歌》："薤（xiè）上露，何以晞！露晞明朝还复落，人死一去何时归？"晞（xī），干。

④旧栖：旧居，指过去同居的寓所。新垅：指亡妻的新坟。

这首词在艺术构思上的突出特点，是将生者与死者合写，词笔始终关合自己与妻子双方。首二句说自己故地重游，即想到妻子已经长眠于此，因而发出"同来何事不同归"的反问，将物是人非的伤痛表现得淋漓尽致。次二句说到妻子新亡，又想到自己晚景的孤寂。"旧栖新垅两依依"，更表现出夫妻感情已超越时空、超越生死，两颗心已融成了难以分割的整体。自己在淫雨连绵之夜孤寂地听雨打梧桐，长夜难眠，脑际又浮现出从前妻子挑灯补衣的情景，痛定思痛，让人情何以堪！在表现手法上，此词综合运用赋、比、兴的表现手法。所谓赋，在这里就是指直抒胸臆、尽情倾吐，如开头"重过阊门"二句，问虽无理，心却有情，一叙事，一反问，将故地重游、物是人非的丧偶之痛尽情抒发出来；结尾二句，将往昔爱妻挑灯补衣的细节，与如今自己空床辗转的情景相映照，这是借举止、细节抒情，倾吐了深切的哀思。词中用"清霜""头白"喻年老，以"梧桐半死""鸳鸯失伴"喻丧偶，既形象，又贴切。"原上草"二句，亦比亦兴，既是以草上露干比喻妻子新亡，又是以青草离离的荒郊景象引发下面的"旧栖""新垅"，渲染思念亡妻的凄凉气氛。赋比兴手法的运用，丰富了情感表现的手段，增强了词的艺术感染力。此外，词中两次运用反诘句："同来何事不同归？""谁复挑灯夜补衣？"如奇峰突起，把情感推向高潮，是全篇最痛彻心扉之处。

【思考与练习】

一、这首词抒发了词人怎样的情感？请对全词各句作简要分析。

二、这首词是如何关合生者与死者双方来抒情的？

三、你认为这首词中最感动人的句子是哪两句？为什么？

四、这首词综合运用了哪些抒情手法？有什么效果？

五、背诵本词。

六、吴文英的《风入松·听风听雨过清明》也是一首悼亡词，试与贺铸此词比较阅读，对比二词所抒发情感和表现手法的异同，写一篇赏析文。

风入松·听风听雨过清明

听风听雨过清明，愁草瘗花铭。楼前绿暗分携路，一丝柳、一寸柔情。料峭春寒中酒，交加晓梦啼莺。

西园日日扫林亭，依旧赏新晴。黄蜂频扑秋千索，有当时、纤手香凝。惆怅双鸳不到，幽阶一夜苔生。

【拓展阅读】

胡云翼选注《宋词选》，上海古籍出版社

（陈 远 刘洪仁）

渔家傲·天接云涛连晓雾

李清照

天接云涛连晓雾，星河欲转①千帆舞。仿佛梦魂归帝所②，闻天语，殷勤问我归何处？

我报路长嗟日暮③，学诗谩有惊人句④。九万里风鹏正举⑤。风休住，蓬舟吹取三山⑥去。

【作者档案】

李清照（1084—1155），号易安居士，济南章丘（今山东济南）人。她出身于书香门第，工诗能文，通晓金石，而以词的成就为最高。父亲李格非是当时著名的学者。丈夫赵明诚，为宰相赵挺之子。他们结婚后生活优裕，家庭幸福。但好景不长，南渡不久，金兵南下之际，丈夫病死，她辗转逃难，生活颠沛流离，在孤寂中度过晚年。李清照是宋代杰出的女词人，她的词风格婉约，情调低沉，感情真挚，称"易安体"。早期作品曲调优美，主要写闺情相思，如《如梦令》《醉花阴》等；南渡后，词的内容和风格突变，多抒发其凄苦的身世之感和家国之恨，格调低沉，催人泪下，如《声声慢》等。有《漱玉词》辑本。

【含英咀华】

这首词是李清照唯一的一首豪放词，也是她的词中较少见的具有浪漫主义情调的作品。作者以浪漫主义的构思，以现实寓梦境，以梦境托现实，与天帝对话，倾诉心中寂寥，寄托无限情思，抒发对现实社会和自身处境的不满、失望，以及对自己理想的追求和向往。

词一开头便展现出一幅辽阔壮美的海天一色画卷：夜色将尽、晓雾渐起之时，满天云雾中，微露曙光，天河渐转，意想中如千帆飞舞。星河的翻转和风帆的舞动是词人在船上受大风影响舟船颠簸前行所看到的实景，但同时也是词人南渡后生活颠沛流离、飘零孤寂的写照。"星"和"船"天地相遥，融为一体，翻转舞动，是梦境？是现实？虚实结合，梦由此生，为全篇的浪漫主义和豪放风格定下了基调。接下来，在梦境中，词人看到了天帝，与天帝对话。天帝的温情、关心，与词人漂泊江南的苦况形成鲜明对照。"我报"一句檃栝了屈原《离骚》中"路曼曼其修远兮""日忽忽其将暮"之意，写词人在天帝面前倾诉自己空有才华而遭遇不幸，奋力挣扎的苦闷，慨叹身世：日暮穷途，孤独无依，出路

---

①星河：银河。转：一本作"曙"。

②帝所：天帝居住的地方，指天宫。下句"天"字亦作天帝讲。

③"我报"句：檃栝屈原《楚辞·离骚》"路曼曼其修远兮""日忽忽其将暮"之意。嗟，慨叹。

④"学诗"句：檃栝杜甫"语不惊人死不休"句意。谩有，空有。

⑤九万里：《庄子·逍遥游》中说大鹏乘风飞上九万里高空。鹏：古代神话传说中的大鸟。举：鸟飞翔。

⑥蓬舟：像蓬草似的轻舟。吹取：吹得。三山：《史记·封禅书》记载，渤海中有蓬莱、方丈、瀛洲三座仙山，相传为神仙所居住，可以望见，但乘船前往，临近时就被风吹开，终无人能到。

难觅。一个"谩"字更流露出对现实的强烈不满，同时也体现了中国传统文人怀才不遇的命运。但尽管如此，词人似乎并不安于这种庸俗的生活现状，她幻想自己正像大鹏一样高飞远行，借"九天"的风力将自己的"蓬舟"吹到"三山"，去实现自己的理想。胆气之豪，境界之高，实属罕见。

这首词在艺术上的成就很高，主要表现为想象奇特、构思大胆，具有浓郁的浪漫主义色彩和豪放风格，在易安词中实属别调。词的开篇写景，意境宏大，气势磅礴，为接下来写梦游天界、抒发豪情做了很好的铺垫。接下来写梦境，虚实结合，并巧用前人诗句文句、神话传说入词，既表现了词人豪情万丈的气概，也体现出豪放刚健的风格。正如黄苏在《蓼园词选》中所评："浑成大雅，无一毫钗粉气。"

【思考与练习】

一、这首词主要描写了什么情景？词人借此表现了怎样的思想感情？

二、"天接云涛连晓雾，星河欲转千帆舞"写景，作者用了哪几个动词展现出一幅辽阔、壮美的画卷？

三、虚实结合是本词的典型特点，试分析由实转虚体现在哪些地方。

四、这首词的浪漫主义手法和豪放风格主要体现在什么地方？

五、背诵本词。

六、阅读李清照的《醉花阴·薄雾浓云愁永昼》，体会其与本词的不同风格和特点。

醉花阴·薄雾浓云愁永昼

薄雾浓云愁永昼，瑞脑销金兽。佳节又重阳，玉枕纱厨，半夜凉初透。

东篱把酒黄昏后，有暗香盈袖。莫道不销魂，帘卷西风，人比黄花瘦。

【拓展阅读】

刘忆萱选注《李清照诗词选注》，上海古籍出版社

徐培均笺注《李清照集笺注》，上海古籍出版社

（郭　宇　刘洪仁）

钗头凤·红酥手

陆 游

红酥①手，黄縢酒②，满城春色宫墙柳③。东风④恶，欢情薄。一怀愁绪，几年离索⑤。错，错，错！

春如旧，人空瘦。泪痕红浥鲛绡⑥透。桃花落，闲池阁。山盟虽在，锦书⑦难托。莫，莫，莫⑧！

【作者档案】

陆游（1125—1210），字务观，号放翁，越州山阴（今浙江绍兴）人。曾历官镇江、隆兴、夔州通判。宋孝宗乾道八年（1172），陆游应四川宣抚使王炎邀请，到抗金前线南郑襄理军务，后又到四川、江西、福建、浙江等地为官。光宗时被劾去职，晚年归隐故乡山阴。陆游是南宋爱国士大夫的典型，也是中国诗歌史上最著名的爱国诗人。著有《渭南文集》《剑南诗稿》，存诗9300余首。又有《放翁词》，存词140余首。在文学史上，陆游主要以诗闻名，但其词作的成就也并不逊色，宋末刘克庄说："其激昂感慨者，稼轩不能过；飘逸高妙者，与陈简斋（与义）、朱希真（淑真）相颉颃；流丽绵密者，欲出晏叔原（几道）、贺方回（铸）之上，而世歌之者绝少。"陆游的词或写恢复之志，或抒压抑之感，风格以沉郁雄放为主，但也不失柔婉清逸之美。

【含英咀华】

这首词相传是陆游31岁时，为怀念他被迫离婚的前妻唐琬（一作婉）而作。它反映了一出封建礼教压迫下的爱情悲剧，表现了作者因爱情遭到破坏而产生的痛苦、怨愤和无可奈何的心情，是一首传诵不衰的爱情名作。

据说，陆游原娶同郡的一位大家闺秀唐琬，夫妻恩爱，相敬如宾。但陆游的母亲却极不喜欢唐琬，遂被迫离婚，唐琬改嫁同郡赵士程。在一次春游中，二人偶遇于禹迹寺之沈氏园（今浙江绍兴）。唐琬遣人送酒肴致意，陆游"怅然久之"，伤感不已，就题了这首词在园壁上，落款为绍兴乙亥（1155），一说辛未（1151）三月。

词的上片通过追忆往昔美满的爱情生活，感叹被迫离异的痛苦。"红酥手"四句，追

---

①红酥：红润、白嫩。

②黄縢（téng）酒：即黄封酒。当时官酿的酒均以黄纸封口，故名。

③宫墙柳：喻指唐琬。唐琬此时已改嫁他人，有如宫禁中的杨柳，可望而不可即。

④东风：喻指陆游之母。

⑤离索：离散，孤单。

⑥红：指泪痕染胭脂而红。浥（yì）：沾湿。鲛绡：古代神话中人鱼（鲛人）所织的纱绢，这里指手绢。

⑦锦书：情书。前秦窦滔妻苏氏曾织锦为回文诗寄赠其出征在外的丈夫，后人遂以锦书指夫妻间表达爱情的书信。

⑧莫，莫，莫：罢，罢，罢。

忆昔日夫妻间和谐美满生活的一个场面：妻子以红润美丽的纤手端着酒杯劝酒，夫妻共赏春色。"东风恶"四句，写词人被迫与唐琬离异后的痛苦。下片由感慨往事回到现实，进一步抒写夫妻被迫离异的深哀剧痛。"春如旧"三句，写沈园重逢时唐琬给自己留下的深刻印象：在与往常一样的春光中，前妻却面容消瘦，粉泪湿透了绢帕。"桃花落"二句，写重逢时所看到的景色，并反衬词人凄凉冷清的心情。"山盟"二句，写有情人不能相爱、音讯难通的痛苦。上、下片的结句"错，错，错""莫，莫，莫"，一为悔恨的呼喊，一为绝望的叹息，均为遗憾终身却无法补救的深悲剧痛而发，沉痛真挚，凄恻动人。

这是一首著名的爱情词，其抒情有两个特点，一是多用对比手法。如上片"红酥手，黄縢酒，满城春色宫墙柳"所描写的昔日夫妻和谐美满的生活情景，与下片"桃花落，闲池阁"的眼下凄凉景象构成对比；昔日唐琬的"红酥手"与如今唐琬的"人空瘦"构成对比，从而充分展示出"几年离索"给唐氏带来的巨大的精神折磨和痛苦。二是以景衬情，情景交融。如上片所写的夫妻恩爱、幸福美满的生活场景，是"满城春色宫墙柳"，一派生机盎然的景象，充满生命的活力。下片写眼前夫妻分离、备尝离索之苦，景物也变得衰残、凄冷：桃花凋落，池阁空旷。景物的色彩与人物的心情恰相融合。

【思考与练习】

一、指出上、下片的叠词"错，错，错""莫，莫，莫"所表达的情感内涵。

二、试分析本词运用对比手法抒情的特点。

三、背诵本词。

四、陆游75岁时又作《沈园》诗二首怀念唐琬，可看作诗人自己对《钗头凤》一词所作的注解。试比较阅读，并写一篇赏析文章。

沈园（其一）

城上斜阳画角哀，沈园非复旧池台。
伤心桥下春波绿，曾是惊鸿照影来。

沈园（其二）

梦断香消四十年，沈园柳老不吹绵。
此身行作稽山土，犹吊遗踪一泫然。

【拓展阅读】

游国恩、李易选注《陆游诗选》，人民文学出版社
朱东润选注《陆游选集》，上海古籍出版社

（刘洪仁）

青玉案·元夕①

辛弃疾

东风夜放花千树②，更吹落，星如雨③。宝马雕车④香满路。凤箫⑤声动，玉壶⑥光转，一夜鱼龙舞⑦。

蛾儿雪柳黄金缕⑧，笑语盈盈暗香⑨去。众里寻他千百度，蓦然⑩回首，那人却在，灯火阑珊⑪处。

【作者档案】

辛弃疾（1140—1207），字幼安，号稼轩居士，历城（今山东济南）人。出生前山东已经被金兵占领，他从小就受到抗金复宋、收复中原的爱国思想教育。22岁时，他率两千民众参加北方抗金义军，次年为实现收复中原的壮志，率余部归附南宋。他曾任建康、滁州、江西、湖北、湖南等地方官。在任期间，他重视生产，训练军队，为伐金积极准备，凸显出其政治和军事才能。他曾进奏《美芹十论》，分析敌我形势，规划强兵复国之策；又上奏《九议》，进一步阐发收复大计。但他始终不被以投降派为主的南宋朝廷重用，一生郁郁不得志。淳熙八年（1181）被劾落职，退居江西上饶、铅山等地20余年，终因报国无路，忧愤而卒。著有《稼轩长短句》（一本称《稼轩词》），存词600余首。

辛弃疾文武兼擅，他的一生是坚持抗金、反对投降的一生。虽然屡遭投降派排挤打击，但他收复中原、统一祖国的信念从来没有动摇过。他把爱国热情和满腔悲愤都倾注进他的词里，成为宋代最杰出的爱国词人。他的作品题材广阔，内容丰富，以抗金救国、收复中原的爱国思想为中心主题。词或抒发统一中原的雄心壮志，或表现壮志难酬、英雄失路的悲慨，或抨击南宋王朝的投降妥协政策等，都洋溢着抗金御敌的爱国激情和战斗精神。此外，辛弃疾还有一部分作品描写了农村生活和田园风光，反映了自己的村居生活。吴衡照《莲子居词话》："辛稼轩别开天地，横绝古今，《论》、《孟》、《诗·小序》、《左氏春秋》、《南华》、《离骚》、《史》、《汉》、《世说》、《选》学，李、杜诗，拉杂运用，弥见其笔力之峭。"辛词风格多样，既有豪放悲壮之作，也有细腻妩媚之篇，但以慷慨悲壮、豪

---

①青玉案：词牌名，取义于张衡《四愁诗》"何以报之青玉案"句。元夕：农历正月十五夜晚，又称上元或元宵节。

②花千树：这里用满树开花比喻元宵节的灯火之多。

③星如雨：形容焰火缤纷，乱落如雨。星，指焰火。

④雕车：装饰华丽的马车。

⑤凤箫：又叫排箫，一种乐器，类似竹笙，有长短不等的木管或竹管连接。

⑥玉壶：喻指月亮。

⑦鱼龙舞：指舞鱼灯、龙灯之类的民间元宵节的表演节目。

⑧蛾儿、雪柳、黄金缕：都是古代女子头上戴的装饰品。

⑨盈盈：举止仪态美好的样子。暗香：清幽的香气。此借指观灯的妇女。

⑩蓦（mò）然：突然，陡然。

⑪阑珊：零落稀少。

放沉雄的风格为主。《四库全书总目提要》说："其词慷慨纵横，有不可一世之概，于倚声家为变调。而异军特起，能于剪红刻翠之外，屹然别立一宗，迄今不废。"辛弃疾和苏轼同属豪放派词人，文学史上并称"苏辛"。辛词以豪放为主，但又不拘一格，沉郁、明快、激昂、妩媚，兼而有之。辛词继承了苏轼豪放词风和南宋初期爱国词人的战斗传统，进一步开拓了词的境界，扩大了词的题材，几乎达到无事不可入词的境界，又创造性地融汇了诗歌、散文、辞赋等各种文学形式的优点，丰富了词的表现手法，形成了辛词的独特风格。

【含英咀华】

这是豪放派词人辛弃疾的一首婉约词，也是众多写元宵节的诗词中的一篇绝世妙作。

词的上片主要写元宵节的灯景。作者运用东风吹拂巧妙比喻，东风不仅吹来新春气息、新年气象，还带来了元宵节的绚烂彩灯和漫天烟火；用宝马、雕车、凤箫、鱼龙舞等渲染出节日的狂欢气氛，为后文埋下伏笔。下片写观灯之人。通过描写盛装打扮、精心装饰的妇女，把元宵节的热闹烘托到了极致。然而任它"蛾儿雪柳黄金缕"，不论"盈盈"与"暗香"，心中期待之人始终没有出现。这节日的欢娱气氛和千回百转的苦苦寻觅形成鲜明对比，让读者的情感也不禁随之焦急和失落。可是寻找了千万遍，期待了日日夜夜的那个"他（她）"，忽然在不经意地回首之间映入眼帘。这个"他（她）"原来一直静静等待在灯火零落之处，没有丝毫张扬与迂回曲折的情节，而正当读者为之惊喜、欣慰之时，作者却戛然而止，言有尽而意无穷。

本篇巧用对比反衬。大众的狂欢与个体的失落形成对比，众女悉心装扮高调出场与"他（她）"在灯火阑珊处低调静待形成对比。以此反衬"他（她）"的超然脱俗与幽洁孤高，也表现了词人自己的高远理想追求和不随流俗的高洁情操。梁启超评论说："自怜幽独，伤心人别有怀抱。"最后一句成为千古名句，被广泛运用。王国维在《人间词话》中就将"众里寻他千百度，蓦然回首，那人却在，灯火阑珊处"视为人生的最高境界。

【思考与练习】

一、这首词表现了词人怎样的情怀？词末那位在"灯火阑珊处"的佳人有何象征意义？

二、这首词在艺术表现上的主要特点是什么？

三、试以学过的作品为例，比较苏轼和辛弃疾的豪放词的风格差异。

四、阅读辛弃疾《丑奴儿·书博山道中壁》词，写一篇赏析文。

丑奴儿·书博山道中壁

少年不识愁滋味，爱上层楼。爱上层楼，为赋新词强说愁。

而今识尽愁滋味，欲说还休。欲说还休，却道天凉好个秋。

【拓展阅读】

朱德才选注《辛弃疾词选》，人民文学出版社

吴则虞选注《辛弃疾选集》，上海古籍出版社

（孟成华　刘洪仁）

【双调·夜行船】秋思

马致远

【夜行船】百岁光阴一梦蝶①，重回首往事堪嗟。今日春来，明朝花谢，急罚盏夜阑灯灭。

【乔木查】想秦宫汉阙，都做了衰草牛羊野，不恁么渔樵没话说。纵荒坟，横断碑，不辨龙蛇②。

【庆宣和】投至③狐踪与兔穴，多少豪杰！鼎足④虽坚半腰里折，魏耶，晋耶？

【落梅风】天教你富，莫太奢，没多时好天良夜。富家儿更做道你心似铁，争辜负了锦堂风月⑤？

【风入松】眼前红日又西斜，疾似下坡车。不争镜里添白雪，上床与鞋履相别。休笑巢鸠计拙⑥，葫芦提⑦一向装呆。

【拨不断】利名竭，是非绝，红尘不向门前惹，绿树偏宜屋角遮，青山正补墙头缺。更那堪竹篱茅舍。

【离亭宴煞】蛩吟罢一觉才宁贴⑧，鸡鸣时万事无休歇，争名利何年是彻！看密匝匝蚁排兵，乱纷纷蜂酿蜜，急攘攘蝇争血。裴公绿野堂⑨，陶令白莲社⑩。爱秋来时那些：和露摘黄花，带霜烹紫蟹，煮酒烧红叶。想人生有限杯，浑⑪几个重阳节？嘱咐你个顽童记者⑫：便北海⑬探吾来，道东篱醉了也。

【作者档案】

马致远（约1250—约1321），号东篱，大都（今北京市）人。元代著名散曲家。早年

---

①"百岁"句：意谓光阴易逝，人生如梦。典出《庄子·齐物论》："昔者庄周梦为胡蝶，栩栩然胡蝶也，自喻适志与！不知周也。俄然觉，则蘧蘧然周也。不知周之梦为胡蝶与？胡蝶之梦为周与？周与胡蝶，则必有分矣。此之谓物化。"

②"纵荒坟"三句：意谓帝王的坟墓如今久已荒芜，虽然残碑还在，可碑上的文字早已辨认不清了。龙蛇，秦汉时的篆书、隶书盘旋曲折，故比为龙蛇。

③投至：等到，到得，到头来。

④鼎足：指三国鼎立。

⑤争：怎。锦堂风月：指富贵的人家的生活享受。

⑥巢鸠计拙：相传斑鸠是拙鸟，不会筑巢，常借喜鹊窝栖息产卵。这里指生性笨拙，不会营生。

⑦葫芦提：糊里糊涂。

⑧蛩（qióng）：蟋蟀。宁贴：舒服，安适。

⑨裴公绿野堂：裴度是唐代中期著名的宰相。后因宦官专权，于洛阳筑绿野草堂，退出官场，不问世事。

⑩陶令：即陶渊明，他曾做过彭泽令，故称。白莲社：晋庐山东林寺慧远法师发起的宗教组织，曾邀陶渊明参与。

⑪浑：还。

⑫记者：记着。

⑬北海：指东汉末年北海太守孔融。他乐于结交宾客，曾说："坐上客恒满，尊中酒不空，吾无忧矣。"（《后汉书·孔融传》）

曾参加过大都的"元贞书会"，从事杂剧创作；成宗大德年间曾任江浙行省务官，住在杭州；晚年隐居江南，过着"红尘不向门前惹"的闲适生活。马致远在当时有"曲状元"之称，与关汉卿、白朴、郑光祖并称"元曲四大家"。著有杂剧15种，今存《破幽梦孤雁汉宫秋》《江州司马青衫泪》《半夜雷轰荐福碑》等7种。散曲尤负盛名，其《天净沙·秋思》被誉为"秋思之祖"，受到后人高度评价。他的散曲曲词"典雅清丽"（朱权《太和正音谱》），是元前期散曲创作文采派的代表。有辑本《东篱乐府》1卷。

【含英咀华】

本曲是马致远散曲的代表作，最能代表马致远散曲的思想和艺术风格。全曲前半部分重在叹世。首曲【夜行船】先抒发人生如梦、往事不堪回首的感叹，点明及时行乐之意，总领全篇。继之，【乔木查】【庆宣和】二曲，一说帝王，一说辅助帝王的豪杰，两曲都在否定一个"贵"字。【落梅风】则重在否定一个"富"字。后半部分重在说己。【风入松】【拨不断】二曲，主要表达了作者的处世态度。【离亭宴煞】比较了两种不同的处世态度，表达了作者对于恬适生活的向往之情和饮酒遣兴的生活态度。从表面看，本曲主要表现了作者超然绝世的生活情趣，以及与世无争、及时行乐的处世哲学。在作者看来，像秦皇、汉武那样建有显赫功业的历史人物，留下的也不过是"荒坟""断碑"；曹操、孙权、刘备、诸葛亮等三国风云人物，一生征战，疲于奔命，可都没有成就千古功业；司马氏父子篡权，建立了西晋王朝，最后也免不了覆灭的命运。历史的经验教训启示他不要"辜负了锦堂风月"，而要及时饮酒行乐，"花中消遣，酒内忘忧"。这种思想的确有消极因素。但作品否定了帝王将相和功名利禄，否定了"蚁排兵""蝇争血"那种争名夺利的丑恶人生。这在元代那个特定历史条件下，明显地反映了作者对黑暗现实的强烈不满，抒发了作者内心愤世嫉俗的情绪；作品流露出的消极厌世思想，也反映了在元代特定历史条件下受压抑的知识分子的精神创伤和内心痛苦，因而是有代表性的。

这个套数在艺术上取得了很高成就，元代人称之为"万中无一""绝调"，对它的评价非常高。具体来看，其艺术成就主要表现在：第一，以景寓情，用形象来表达思想。它宣扬及时行乐，讴歌退隐生活，抨击现实人生，都是通过一幅幅鲜明的图景显示出来的。第二，曲词生动形象，色彩鲜明，加上一系列比喻、对偶、排比手法的运用，直言快语，一气呵成，畅快淋漓，节奏鲜明，音韵和谐，显出质朴率直、豪迈奔放的风格，具有很强的艺术感染力。

【思考与练习】

一、本曲主要表现了怎样的思想情趣和处世态度？我们应该怎样评价？

二、划分本曲的结构层次，并归纳各层层意。

三、试举例说明本曲以景寓情、语言形象生动的特点。

四、马致远的《天净沙·秋思》为我们中学熟读并背诵过的名篇，试写一篇赏析文章，从思想意义和艺术表现方面分析其经典价值。

【拓展阅读】

王起主编，洪柏昭、谢伯阳选注《元明清散曲选》，人民文学出版社

（刘洪仁）

【中吕·卖花声①】怀古

张可久

美人自刎乌江岸②，战火曾烧赤壁山③，将军空老玉门关④。
伤心秦汉，生民涂炭⑤，读书人一声长叹。

【作者档案】

张可久（约1280—约1352），字小山，庆元（今浙江宁波鄞州区）人。一生仕途不甚得意，只做过路吏、典史、监税等小官。生平好游，足迹遍及江南各地，暮年寓居杭州。张可久是元代后期把全部精力都放在散曲创作上并保存作品最多的散曲家，今存小令850余首，套数9篇，有《苏堤渔唱》《小山乐府》等散曲集。他的散曲取材广泛，多写山水风景、男女恋情、酬唱赠答等，艺术上讲求辞藻、格律、韵味，善于熔铸诗词的意境、句法入曲，风格典雅蕴藉，体现了散曲典雅化的特点。张可久是元代后期最有代表性的散曲家。

【含英咀华】

这是一首怀古伤今之作。作品以三个不同的历史画面切入，将战争的残酷性及其给百姓带来的灾难充分展现出来，饱含着作者的感时伤民之情。

起首三句鼎足对，将三组历史典故平行排列。首句不直说项羽，却以"美人"开篇，四面楚歌、霸王别姬的一幕，仿佛就在眼前，分外悲壮。接下叙曹操被吴蜀联军大败于赤壁，班超空老玉门关，战争之惨烈，扑面而来。同时，这三句还暗示出作者思想的轨迹："自刎"暗含战争胜败的不可料，"曾烧"意味战争成果的不足恃，"空老"说明战争功业的不足道。下半部分三句抒感，点明了上述历史事件与"长叹"之间的内在关联。秦汉四百余年的历史，战乱不断，演绎着帝王将相的成败得失，然而在时间的长河里他们渐被湮没，而老百姓却成为最终的牺牲品。"伤心"二字承上启下，沟通了现象与本质，使战争悲剧的主角，从"美人""将军"转向了真正的受害者——千千万万的普通百姓。最后以"读书人一声长叹"作结，含蕴深厚，发人深思。"读书人"是包含作者在内的古今文人士子，面对战争风云、朝代更迭、百姓遭难，他们却无可选择。"一声长叹"里有匹夫之责、国事之悲，更多的则是伤民之难。

---

①中吕：散曲的宫调。卖花声：曲牌名，又名《升平乐》《秋云冷》。

②"美人"句：指项羽兵败垓下后逃至乌江时，因愧见江东父老而不肯渡江，最终自刎，见《史记·项羽本纪》。美人，品德美好的人，此指项羽。古诗词中多有以"美人"指英雄人物或理想人物或诗人自己，并非实指美女。《诗经·邶风·简兮》："云谁之思？西方美人。"郑玄笺："思周室之贤者。"

③"战火"句：指汉末曹操与孙权、刘备联军鏖战于赤壁。赤壁山，在长江中游南岸。

④将军：指东汉大将班超。玉门关：在今甘肃敦煌西北，汉时既是中土与西域的交通要道，也是与匈奴交战的要隘。《后汉书·班超传》载，班超曾通西域（今新疆一带），封定远侯，驻守西域31年，晚年向皇帝上疏请还，有"臣不敢望到酒泉郡，但愿生入玉门关"之语。

⑤涂炭：烂泥和炭火，比喻极度困苦的境遇。

作者善于撷取历史长廊中的几个画面，依次铺陈，情感跌宕起伏。全曲言约意丰，给读者以想象驰骋的空间，作者之悲悯情怀亦感染着后世。

【思考与练习】

一、如何理解"读书人一声长叹"的内涵？

二、本曲在艺术表现上有什么特点？

三、试对照张养浩《山坡羊·潼关怀古》，分析二者在主旨及风格上的异同。

四、背诵本曲。

五、"读书人一声长叹"与清代黄景仁的"百无一用是书生"都是表现知识分子面对现实无可奈何的名句。试阅读、吟诵黄景仁《杂感》诗，领会其思想情感。

杂　感

仙佛茫茫两未成，只知独夜不平鸣。

风蓬飘尽悲歌气，泥絮沾来薄幸名。

十有九人堪白眼，百无一用是书生。

莫因诗卷愁成谶，春鸟秋虫自作声。

【拓展阅读】

羊春秋选注《元人散曲选》，湖南人民出版社

（苏　静　刘洪仁）

蝶恋花·辛苦最怜天上月

纳兰性德

辛苦最怜天上月，一昔①如环，昔昔都成玦②。若似月轮终皎洁，不辞冰雪为卿热③。

无那尘缘④容易绝，燕子依然，软踏帘钩说⑤。唱罢秋坟愁未歇⑥，春丛认取双栖蝶⑦。

【作者档案】

　　纳兰性德（1655—1685），字容若，号楞伽山人，原名成德，因避太子保成名讳，改名性德。满洲正黄旗人，大学士明珠长子。善骑射，好读书。清康熙十五年（1676）进士，康熙十七年授三等侍卫，后迁一等侍卫，多次随御驾出巡，深得康熙皇帝信任。但随驾扈从的仕途并不合纳兰性德的性格和情志，官场的污浊也令他心倦思退，诗人的秉性与现实处境的矛盾使他的作品颇多哀婉凄恻的情调。

　　纳兰性德工诗词，尤以词的成就为高。作词主情致，风格清新婉丽，自然天成，近于李煜，有"南唐李重光后身"之称。况周颐《蕙风词话》尊他为"国初第一词手"，王国维《人间词话》赞其"以自然之眼观物，以自然之舌言情""北宋以来，一人而已"。著有《通志堂集》18卷，词集有《侧帽集》，后增补为《饮水词》。

【含英咀华】

　　清康熙十三年，纳兰性德与两广总督卢兴祖之女卢氏成婚，婚后夫妻二人相亲相爱，相敬如宾。但彼此的相守仅仅3年，康熙十六年，卢氏因产后患病去世。纳兰性德伤痛不已，先后为其填词30余首，可谓"悼亡之吟不少，知己之恨尤多"（叶舒崇《皇清纳腊室卢氏墓志铭》）。

　　纳兰性德在《沁园春》（瞬息浮生）序中说："丁巳重阳前三日，梦亡妇淡妆素服，执手哽咽。语多不复能记，但临别有云：'衔恨愿为天上月，年年犹得向郎圆。'"本词开篇即由此发端，亡妻愿为天上圆月，长伴君旁，然世事难圆，"环"与"玦"的对照中写尽二人的尘缘之短、情意之笃。"若似月轮终皎洁，不辞冰雪为卿热"进一步申足上句，意谓月亮若能始终如此皎洁长圆，自己与妻子若能够长相厮守，"我"当与荀奉倩爱他的妻

---

　　①昔：通"夕"，夜。《庄子·天运》："蚊虻噆肤，则通昔不寐矣。"《释文·庄子音义》："昔，夜也。"

　　②都成：一本作"长如"。玦（jué）：玉佩，环形而有缺口，此喻缺月。

　　③"不辞"句：典出《世说新语·惑溺》："荀奉倩与妇至笃。冬月妇病热，乃出中庭，自取冷还，以身熨之。"

　　④无那尘缘：一本作"无奈钟情"。无那（nuò）：无奈。尘缘：指生前的缘分。

　　⑤"软踏"句：语出李贺《贾公闾贵婿曲》："燕语踏帘钩，日虹屏中碧。"

　　⑥"唱罢"句：语出李贺《秋来》："秋坟鬼唱鲍家诗，恨血千年土中碧。"

　　⑦"春丛"句：《山堂肆考》载："俗传大蝶必成双，乃梁山伯、祝英台之魂，又韩凭夫妇之魂。"李商隐《偶题二首》之一："春丛定见饶栖鸟，饮罢莫持红烛行。"此句谓希望死后能与妻子一同化为蝴蝶，在花丛中双栖双飞。

子一样，脱光衣服去冰雪中冻冷自己的身体，来为发烧的妻子降温。此语此情，感人至深。下片由梦境转回现实。现实残酷无情，情深不敌缘悭。梁间的燕子依然轻踏帘钩，细语绵绵，而人去室空，独留"我"孤寂遥望。"唱罢秋坟愁未歇"化用李贺诗"秋坟鬼唱鲍家诗，恨血千年土中碧"，秋坟之鬼，悲歌吟唱，恨血化碧，此愁难消。唯愿死后，与妻化蝶，双栖双飞，结缘来世。言已至此，意犹未尽，我们恍惚听到词人的幽咽之声，声声凄恻。

全词以沉挚凄恻之语，写至死不渝之情，情辞哀美，不忍卒读。

【思考与练习】

一、这首词的上、下片各写了什么内容？

二、这首词用了哪些典故？这些典故各表现了词人怎样的思想感情？

三、词的上片紧紧围绕"月"来写，这对抒发词人对亡妻的思念之情起到了什么作用？

四、"燕子依然，软踏帘钩说"二句对抒情起到了什么作用？这是一种什么表现手法？

五、背诵本词。

六、纳兰性德的《长相思》是抒写思乡之情的名篇，大约为作者随康熙帝至关外途中所作。试反复吟诵之，并体会其意境与情感。

长相思

山一程，水一程，身向榆关那畔行，夜深千帐灯。

风一更，雪一更，聒碎乡心梦不成，故园无此声。

【拓展阅读】

张草纫笺注《纳兰词笺注》，上海古籍出版社

黄天骥著《纳兰性德和他的词》，广东人民出版社

（苏　静　刘洪仁）

我不知道风是在哪一个方向吹

徐志摩

我不知道风
是在哪一个方向吹——
我是在梦中，
在梦的轻波里依洄①。

我不知道风
是在哪一个方向吹——
我是在梦中，
她的温存，我的迷醉。

我不知道风
是在哪一个方向吹——
我是在梦中，
甜美是梦里的光辉。

我不知道风
是在哪一个方向吹——
我是在梦中，
她的负心，我的伤悲。

我不知道风
是在哪一个方向吹——
我是在梦中，
在梦的悲哀里心碎！

我不知道风
是在哪一个方向吹——
我是在梦中，
黯淡是梦里的光辉。

【作者档案】

徐志摩（1897—1931），原名徐章垿，浙江海宁人。现代诗人、散文家。1918 年赴美留学，1920 年在英国剑桥大学留学。在剑桥大学的两年深受西方教育的熏陶及欧美浪漫主义和唯美派诗人的影响。1921 年开始创作新诗。1922 年回国，1923 年组建新月社。1926 年主编《晨报》副刊《诗镌》，与闻一多、朱湘等诗人开展新格律体诗运动，影响新诗艺术的发展。1928 年主编《新月》杂志，为"新月派"代表诗人。曾先后任北京大学、

---

①"在梦"句：意为依靠梦的轻波回旋，没有固定的方向，无法自己控制。洄，水流回旋。

光华大学、大夏大学教授。1931 年 11 月 19 日因飞机失事遇难。徐志摩是一位复杂、矛盾和具有世界性文化性格的杰出诗人。

徐志摩是贯穿新月派前后期的中坚。他热烈追求"爱""自由"与"美"，追求"人"与"自然"的"和谐"，与他那活泼好动、潇洒空灵的个性以及不受羁绊的才华和谐统一，形成了徐志摩诗歌特有的飞动飘逸的风格。徐志摩的诗歌在内容上大致分为三类：一是对理想的追求，二是对现实的不满，三是对爱情的歌唱。这三者在他的诗歌创作中是相互关联的，对理想的热烈追求是徐志摩诗歌的主要内容，也是他的诗魂；对现实的不满是因为理想得不到实现；而对爱情的歌唱，又多半是借情诗表达自己的理想。著有诗集《志摩的诗》《翡冷翠的一夜》《猛虎集》《云游》，散文集《落叶》《巴黎的鳞爪》《爱眉小札》等。

【含英咀华】

这首诗写于 1928 年年初，发表于 1928 年 3 月 10 日《新月》创刊号，后收入徐志摩的《猛虎集》。

关于这首诗的主旨，说法不一，有说是写爱情的，有说是写理想的。"爱、自由、美"贯穿了徐志摩的生命。他梦想这三个理想能够会合在一个人的人生里。但在当时的现实社会里，他的梦想不仅难以实现，还常常遭到人世烦扰的摧残和扼制而几近毁灭。理想的碰壁，使他对黑暗的现实社会产生了不满与反抗，却偏又无力承担，致使他一直处于心灵虚弱的状态，并苦苦执着于寻找"药方"。这就是他的许多诗篇夸饰自己痛苦的原因。本诗恰恰是契合诗人内心伤感情绪的作品。诗人将感情精心提炼，采用委婉曲折的表达方式，借写爱情失落的悲哀，表达理想破灭的凄迷、彷徨。整首诗围绕"在梦的轻波里依洄"，写了由"温存甜美"到"心碎黯然"的五个爱情演变的梦幻历程，抒写出诗人在追求理想过程中经历的情感波澜。

这首诗被称为徐志摩的"标签"之作，表现出诗人一贯追求的艺术风格。第一，构思精妙。全诗共六节，每节前三句相同，"我不知道风，是在哪一个方向吹——"主旋律反复出现，余音袅袅，倾诉找不到方向但又渴望找到方向的徘徊与茫然，渲染了"梦"的氛围，引起读者共鸣，荡气回肠。重叠的采用，不仅是形式上的反复，更是感情的反复，使得诗人的情感溢满诗行，抒情波澜层层叠起。诗歌大部分相同中的微小变异，制造出既反复又单纯的综合美感，酣畅淋漓地表现了诗人内心的迷惑——"风来四面"的慌乱，难以选择的复杂局面，并最终完成了悲哀的美。第二，意境新颖。全诗以"我是在梦中"作为意象，营造出朦胧的梦幻意境，在朦胧的意境中呈现出诗的内涵的丰富性和深刻性，逼真地写出了当诗人追求诗化理想无法实现时，只能从梦幻般的理想意境中寻求迷醉和甜美。这种转瞬即逝的诗化理想留给诗人更多的是在描写如梦般心境的情绪，诗人用这种非现实的意象来暗示自己同现实的游离，他的梦境就是他的现实，他始终生活在梦的世界里。第三，展示了新月派提出的"三美"理论。整首诗既有梦幻般的意境和典雅色彩的绘画美，又回旋着"我不知道风是在哪一个方向吹"的主旋律，韵律和谐，节奏鲜明，富有极强的音乐美感。全诗六节，每节四句，在整齐中又参差有致，形成回环反复的建筑美。

【思考与练习】

一、关于这首诗的主旨，人们说法不同，有人说是写爱情的，有人说是写理想的，也有人认为二者都对，你是怎样理解的？

二、这首诗在语言形式上有什么特点？这样写有什么作用？

三、诗人在诗中表达了一种怎样的情绪？

四、结合徐志摩的《雪花的快乐》，谈谈他的诗在语言、感情上的艺术特点。

雪花的快乐

假如我是一朵雪花，
翩翩的在半空里潇洒，
　　我一定认清我的方向——
　　　　飞飏，飞飏，飞飏，——
这地面上有我的方向。

不去那冷寞的幽谷，
不去那凄清的山麓，
　　也不上荒街去惆怅——
　　　　飞飏，飞飏，飞飏，——
你看，我有我的方向！

在半空里娟娟的飞舞，
认明了那清幽的住处，
　　等着她来花园里探望——
　　　　飞飏，飞飏，飞飏，——
啊，她身上有朱砂梅的清香！

那时我凭借我的身轻，
盈盈的，沾住了她的衣襟，
　　贴近她柔波似的心胸——
　　　　消溶，消溶，消溶——
溶入了她柔波似的心胸！

【拓展阅读】

徐志摩著《徐志摩选集》，人民文学出版社

徐志摩著，桑楚编《志摩的诗》，北京联合出版公司

（吕建军）

死 水

闻一多

这是一沟绝望的死水，
清风吹不起半点漪沦。
不如多扔些破铜烂铁，
爽性泼你的剩菜残羹。

也许铜的要绿成翡翠，
铁罐上锈出几瓣桃花；
再让油腻织一层罗绮，
霉菌给他蒸出些云霞。

让死水酵成一沟绿酒，
飘满了珍珠似的白沫；
小珠笑一声变成大珠，
又被偷酒的花蚊咬破。

那么一沟绝望的死水，
也就夸得上几分鲜明。
如果青蛙耐不住寂寞，
又算死水叫出了歌声。

这是一沟绝望的死水，
这里断不是美的所在，
不如让给丑恶来开垦，
看他造出个什么世界。

【作者档案】

闻一多（1899—1946），原名闻家骅，湖北浠水人。现代著名诗人、学者。早年就读于武昌两湖师范学校附属高等小学、北京清华学校（清华大学前身）。1922 年赴美国留学，1923 年出版第一部诗集《红烛》。1925 年回国，任北京艺术专科学校教务长。曾参与创办《大江》杂志，同时与徐志摩等主编《晨报》副刊《诗镌》，致力于新诗格律化的理论研究。1926 年发表论文《诗的格律》，提出新格律诗的主张，认为新诗在形式上要有音乐的美、绘画的美和建筑的美。1928 年参加新月社，与徐志摩等创办《新月》杂志，同年出版代表作《死水》，成为新月派的代表诗人。抗日战争爆发后，积极投身于爱国民主运动，成为著名的反法西斯战士。1944 年加入中国民主同盟，曾任民盟中央执行委员、民盟云南省支部宣传委员等。抗日战争胜利后，坚决反对国民党发动内战和压迫人民。1946 年 7 月 15 日，在昆明李公朴先生遇难经过报告会上发表演讲，强烈谴责国民党当局的反动行径，当晚即被国民党特务暗杀。

闻一多既是才华横溢的诗人，又是卓越的古典文学研究家。著有诗集《红烛》《死水》等。他的诗歌风格沉郁凝重，语言瑰丽精练，形式上整齐中有错落，具有新月派诗歌共有的绘画美、建筑美和音乐美，为新诗的格律化作出了有益的贡献。在中国古典文学研究方面，他的代表作有《唐诗杂论》《神话与诗》《楚辞校补》等，考证精细，多有创见。

【含英咀华】

《死水》最初发表于 1926 年 4 月 15 日《晨报》副刊《诗镌》第 3 号。据诗人的朋友饶孟侃说，这首诗是闻一多见到一条臭水沟后有感而作的。刚刚留学归来不久的诗人，看到在北洋军阀统治下的中国仍是满目疮痍、黑暗沉沉，与自己的理想形成巨大的反差。于是诗人见一沟死水而触发灵感。这一沟"清风吹不起半点漪沦"的"死水"，与黑暗腐败的旧中国、丑恶肮脏的现实社会何其相似！诗人在诗中极力表现"死水"的凝滞、"死水"的肮脏、"死水"的腐臭、"死水"的沉寂。最后，诗人抑制不住自己感情的激流，直抒胸臆地表达对"死水"的诅咒。"不如让给丑恶来开垦，看他造出个什么世界"是愤激的反语，"这不是'恶之花'的赞颂，而是索性让'丑恶'早些'恶贯满盈'，'绝望'里才有希望。"（朱自清《闻一多全集·序》）在绝望中饱含着希望，在冷峻里灌注着一腔热爱祖国的激情之火，是这首诗的思想特色所在。

《死水》不仅是中国新诗史上的杰出作品，也是新格律体诗的代表作。沈从文指出：它"在文字和组织上所达到的纯粹处，那摆脱《草莽集》为词所支配的气息，而另外为中国建立一种新诗完整风格的成就处，实较之国内任何诗人皆多"（《论闻一多的〈死水〉》）。具体来看，本诗在艺术表现上有两个显著的特点。首先，句式整齐，格律谨严。《死水》是闻一多实验他的新格律体诗"三美"主张的代表作品，作者自己也认为"这首诗是我第一次在音节上最满意的试验"（《诗的格律》）。全诗共五节，每节四行，每行九字，由三个"二字（音）尺"和一个"三字（音）尺"组成，节奏相同，字数也相同，各节大体都押二四韵脚，从内在节奏到外在形式都十分严整，彰显出音乐美；另外，这首诗也体现出绘画美（形象鲜明）和建筑美（章节匀称、句式整齐）。其次，诗人学习和借鉴了西方现代诗歌的反讽方法和"以丑为美"的艺术原则。诗的中间三节，诗人把死水沟内丑恶肮脏的东西涂饰以美丽的外形，以鲜明的色彩和响亮的声音，反讽死水的肮脏、霉烂、黯淡、沉寂。如用"翡翠"形容绿铜，用"桃花"形容铁锈，用"绮罗"形容油腻，用"云霞"形容霉菌，等等。美与丑的交织反差，造成了一种令人耳目一新的艺术效果。

【思考与练习】

一、"死水"的形象有什么象征意义？

二、这首诗从哪些方面表现出了音乐美、绘画美、建筑美？

三、如何理解"不如让给丑恶来开垦，看他造出个什么世界"？

四、阅读闻一多的《一句话》等诗歌，体会其诗歌内容、形式上的特点。

一句话

有一句话说出就是祸，
有一句话能点得着火。
别看五千年没有说破，
你猜得透火山的缄默？
说不定是突然着了魔，
突然青天里一个霹雳
　　　爆一声：
　　　　"咱们的中国！"

这话教我今天怎么说？
你不信铁树开花也可，
那么有一句话你听着：
等火山忍不住了缄默，
不要发抖，伸舌头，顿脚，
等到青天里一个霹雳
　　　爆一声：
　　　　"咱们的中国！"

【拓展阅读】

闻一多著，朱永新、聂震宁主编《闻一多诗选》，江苏凤凰文艺出版社

（刘洪仁）

狱中题壁

戴望舒

如果我死在这里，
朋友啊，不要悲伤，
我会永远地生存在
你们的心上。

你们之中的一个死了，
在日本占领地的牢里，
他怀着的深深仇恨，
你们应该永远地记忆。

当你们回来，从泥土
掘起他伤损的肢体，
用你们胜利的欢呼
把他的灵魂高高扬起。

然后把他的白骨放在山峰，
曝着太阳，沐着飘风：
在那暗黑潮湿的土牢，
这曾是他唯一的美梦。

【作者档案】

戴望舒（1905—1950），原名戴梦鸥，浙江杭州人。中国现代著名诗人。1925年入上海震旦大学学习法文，开始受到法国象征派的影响。1926年参加中国共产主义青年团。1928年后成为水沫社和其后的《现代》杂志的作者之一，创作现代派诗歌。1932年留学法国、西班牙。1938年赴香港，任《星岛日报》《珠江日报》《大众日报》副刊主编。1941年年底，香港沦陷后被捕入狱，次年春被营救出狱。抗战胜利后回上海执教，1949年春北上至解放区，1950年因病逝世。

戴望舒是20世纪30年代"现代派"的代表诗人之一。早期诗歌多写个人的孤寂心境，感伤气息较重，受西方象征派的影响，意象朦胧、含蓄。后期诗歌表现了热爱祖国、憎恨侵略者的强烈感情和对美好未来的热烈向往，诗风显得明朗、沉挚。诗集有《我底记忆》《望舒草》《望舒诗稿》和《灾难的岁月》。戴望舒因《雨巷》一诗而获得"雨巷诗人"美名。

【含英咀华】

1942年春，戴望舒在香港被捕入狱。在受尽酷刑并随时可能被处死之际，诗人怀着对祖国的热爱和对战友的眷恋，写下了《狱中题壁》这首感人至深的诗篇。诗歌描绘了一幅悲壮的画面，表达了诗人对胜利的期盼和决不屈服的铮铮铁骨。

诗的第一节，诗人假设自己会死于监狱之中，却劝告朋友们"不要悲伤"，伤感的情绪中仍然有盼望"我会永远地生存在你们的心上"。到了第二节，诗人的情绪转为激愤——对日本侵略者的深深仇恨。在第三节中，当"你们回来"，高唱着凯歌，在庆祝胜利的欢呼声中，牺牲者的灵魂将会高高扬起。第四节继续着第三节感人至深的盼望，表达了一个躯体被囚禁却热爱阳光与自由的灵魂的梦想："把他的白骨放在山峰，曝着太阳，沐着飘风。"诗人超越漫漫长夜，直接对光明的未来倾诉。诗的幻想世界是以两个假设作为支撑的：一是设想自己已经死亡，二是设想抗日战争终于胜利。诗人就是在这两个支点上展开对友人深情的倾诉的。这样构思有两个妙处：第一，突出了个人和祖国血肉相连的命运，有利于把诗人视死如归的精神和对祖国胜利的信念融合在一起；第二，诗人将自己一分为二，以活着的自己诉说死后的自己，用死之从容来反衬生之坚强，更加有力地表现了诗人热爱祖国的激情和对祖国必胜的坚定信念。诗歌把感情化的形象、必胜的信念、视死如归的豪情都融入了他在狱中编织的美梦中，诗情慷慨激昂，画面平实而又飞扬着浪漫的激情。

【思考与练习】

一、本诗表现了作者什么样的思想感情？

二、本诗中出现了四种人称——"我""朋友""你们""他"，应怎样理解这四种人称所指？

三、本诗的构思有什么特点？这种构思有什么好处？

四、近代谭嗣同也曾写过一首《狱中题壁》的诗，戴望舒此诗可能受其影响。阅读谭嗣同的《狱中题壁》，体会两者所表现的不同思想感情。

狱中题壁

望门投止思张俭，
忍死须臾待杜根。
我自横刀向天笑，
去留肝胆两昆仑！

【拓展阅读】

戴望舒著《戴望舒诗选》，人民文学出版社

（李　舫　刘洪仁）

采桑子①·重阳②

毛泽东

人生易老天难老③，岁岁④重阳。今又重阳⑤，战地黄花⑥分外香。

一年一度秋风劲⑦，不似春光。胜似春光，寥廓江天⑧万里霜。

【作者档案】

毛泽东（1893年12月26日—1976年9月9日），字润之（原作咏芝，后改润芝），笔名子任，湖南湘潭人。伟大的马克思主义者，伟大的无产阶级革命家、战略家、理论家，中国共产党、中国人民解放军和中华人民共和国的主要缔造者和领导人。五四运动前后，毛泽东接触并接受马克思主义。1921年，出席中共一大。1923年，出席中共三大，任中央执行委员，参加中央领导工作。1924年，国共合作，当选国民党候补中央执行委员。1927年，国共合作破裂，领导秋收起义，率起义部队上井冈山。1928年，同朱德井冈山会师，成立工农革命军第四军。1931年，任中华苏维埃共和国临时中央政府主席。1933年，补选为中共中央政治局委员。1934年，参加长征。1935年，遵义会议确立以毛泽东为代表的新的中央领导。1936年，任中央革命军事委员会主席。抗日战争期间，带领中国共产党开展敌后游击战争。1943年，任中共中央政治局主席。1949年至1976年，任中华人民共和国最高领导人。

毛泽东是马克思主义中国化的伟大开拓者、中国社会主义现代化建设事业的伟大奠基者，是近代以来中国伟大的爱国者和民族英雄，是党的第一代中央领导集体的核心，是领导中国人民彻底改变自己命运和国家面貌的一代伟人，是为世界被压迫民族的解放和人类进步事业作出重大贡献的伟大国际主义者，被视为现代世界历史中最重要的人物之一。

【含英咀华】

1929年6月中共红四军第七次代表大会后，毛泽东离开红四军的主要领导岗位，赴闽西指导地方工作，其间罹患疟疾仍坚持调查研究。10月11日，毛泽东在闽西征途中，欣逢重阳佳节，触景生情，写就此词。

此词以极富哲理的警句"人生易老天难老"开篇。大病初愈的毛泽东心情复杂、百感

---

①采桑子：词牌名，由唐代教坊大曲《采桑》中截取一部分而成，又名《丑奴儿令》《罗敷媚》等。

②重阳：农历九月九日为重阳节。毛泽东的手稿中对换了上下片顺序以突出"人生易老"的哲理，故现行版本均为调整后的文本。

③"人生"句：人生有尽，天道无穷。李贺《金铜仙人辞汉歌》："天若有情天亦老。"此反用其意。

④岁岁：年年。

⑤今又重阳：指1929年10月11日重阳节这一天，诗人在战地遇上节日。

⑥战地：指闽西农村根据地。黄花：指菊花。依五行之律，秋属金，金之色黄，而菊花秋日开放，故曰黄花。古人重阳有饮酒赏菊之风俗。

⑦劲：强劲。

⑧寥廓：空旷深远。江天：汀江流域的天空。

交集。他感叹人生短暂，而自然界的发展变化则比较缓慢，好像不容易衰老。"岁岁重阳"承首句而来，既是"天难老"的进一步引申，又言及时令，点题明旨，引起下文"今又重阳，战地黄花分外香"。古有重阳登高望远、赏菊吟秋的风习。在历代诗文中，重阳节与菊花结下了不解之缘。而身逢乱世的诗人，往往借写菊花表达厌战、反战之情。但毛泽东笔下的"黄花"却和革命战争的胜利联系在一起。黄花经过硝烟炮火的洗礼，依然在秋风寒霜中绽放吐芳，平凡质朴却生机蓬勃。词人怀着欣悦之情来品味重阳佳景。"分外香"三字写出词人此时此地的感受。人逢喜事精神爽，胜利可喜，黄花也显得异常美丽，连芳香也远胜于往常。这一句既歌颂了革命战争，又展现了词人豪迈旷放的情怀。尽管"人生易老"，但词人并不叹老怀悲，蹉跎岁月，虚掷光阴，而是以"只争朝夕"的精神为革命而战，一息尚存，奋斗不止。

下片写凭高远眺，将诗的意境向更深更阔处开拓。"一年一度秋风劲"，这个"劲"字，力度极强，写出秋风摧枯拉朽、驱陈除腐的凌厉威猛之势，笔力雄悍，极有刚健劲道之美。劲厉的西风、肃杀的秋气在词人心中引起的不是哀伤，而是振奋。词人的感情、革命者的气质决定了他的审美选择——"胜似春光，寥廓江天万里霜"。"寥廓江天万里霜"，秋高气爽，水天相接，这是对"胜似春光"的具体诠释。虽是绘景写实，却又胸襟宽广。如果说"战地黄花分外香"是芬芳秀丽的近景，表达了词人对战斗胜利的乐观心境，那么"寥廓江天万里霜"则是辽阔壮丽的远景，寄托了词人对革命前途的美好遐思，余韵悠长。"万里霜"之"霜"不是霜雪之霜，而是秋色的代字，是"霜叶红于二月花"的"霜"，色彩斑斓，绚丽迷人。

这首词营造了恢宏开阔的艺术境界。它描写了汀秋的战地风光，写得那么鲜明爽朗。词人从大处着眼，从人生感悟落笔，摆脱了个人的荣辱得失，站在历史的高度抒发了革命者的壮志豪情。读过以后，读者会受到无限鼓舞。

【思考与练习】

一、"人生易老天难老"蕴含了什么样的人生哲理？抒发了词人什么样的情感？

二、为什么词人说"战地黄花分外香"？

三、如何理解"寥廓江天万里霜"？

四、背诵本词。

五、阅读黄巢的诗《不第后赋菊》，与毛词比较，体会其意境和情感。

不第后赋菊

待到秋来九月八，我花开后百花杀。

冲天香阵透长安，满城尽带黄金甲。

【拓展阅读】

中共中央文献研究室编《毛泽东诗词集》，中央文献出版社

吴正裕主编《毛泽东诗词全编鉴赏（增订本）》，人民文学出版社

（孟成华 黄 琳）

十四行诗 36

〔英〕威廉·莎士比亚　朱生豪　译

让我承认我们俩一定要分离，
尽管我们那分不开的爱是一体：
这样，许多留在我身上的瑕疵，
将不用你分担，由我独自承起。

你我的相爱全出于一片至诚，
尽管不同的生活把我们隔开，
这纵然改变不了爱情的真纯，
却偷掉许多密约佳期的欢快。

我再也不会高声认你做知己，
生怕我可哀的罪过使你含垢，
你也不能再当众把我来赞美，
除非你甘心使你的名字蒙羞。

可别这样做；我既然这样爱你，
你是我的，我的荣光也属于你。

【作者档案】

　　莎士比亚（1564—1616），英国剧作家、诗人。生于商人家庭。当过剧场杂差、演员、编剧等。为文艺复兴时期最有代表性的作家之一。现存剧本 38 部、长诗 2 首、十四行诗 154 首。主要剧作有喜剧《仲夏夜之梦》《威尼斯商人》，历史剧《理查三世》《亨利四世》，悲剧《罗密欧与朱丽叶》《哈姆雷特》《奥赛罗》《李尔王》《麦克白》《雅典的泰门》等。以人文主义观点，反映了英国封建制度解体、资本主义兴起时期的社会矛盾；刻画了以新兴资产阶级为主的多种人物形象，表达了人文主义者的政治要求和生活理想；在揭露封建贵族的腐朽没落、谴责封建暴政的同时，也批判了资产阶级追求财富与权力的不择手段和贪得无厌。作品提倡个性解放、婚姻自主等，反对封建束缚和神权桎梏，把解决矛盾的希望寄托于"开明君主"自上而下的改革和道德的改善。剧作人物性格鲜明，情节生动丰富，语言精练而富于表现力，对欧洲文学和戏剧的发展有重大影响。他的十四行诗表现了对爱和友谊的憧憬和希望，对时间、死亡等主题的思索，情感真挚，意境深远。

【含英咀华】

　　十四行诗是欧洲流行的一种格律严谨的抒情诗体，最初流行于意大利，意大利诗人彼特拉克创作了大量的十四行诗，后传到欧洲各国。十四行诗每首分成两部分：前一部分由两段四行诗组成，后一部分由两段三行诗组成，即按"四、四、三、三"的顺序编排。而"莎士比亚式"十四行诗由三个四行的小节加一个偶句构成。

　　莎士比亚的《十四行诗 36》以深沉而矛盾的情感，展现了友谊在世俗压力下的复杂性。诗人与友人因社会地位差异被迫分离——莎士比亚是当时备受歧视的演员，友人则是显赫的贵族。诗中坦承"我们俩一定要分离"的无奈，将世俗偏见化作需要独自承受的"瑕疵"，甚至不得不回避对友谊的公开表达，这种隐忍包含着对友人的深切保护。但分离并未消减情感的真挚，"不可分割的爱"始终贯穿全诗，结尾"我的荣光也属于你"的宣言，将个人尊严与友人荣耀融为一体，在克制中迸发出超越世俗的精神力量。全诗由三个四行诗节层层递进铺陈困境，最终以凝练的偶句完成情感升华，既延续了传统十四行诗的典雅结构，又通过矛盾修辞和隐喻手法（如"隔开的生活""蒙羞的名字"），呈现出文艺复兴时期个人情感与社会规范碰撞的永恒困境，具有跨越时代的情感共鸣。

【思考与练习】

一、诗中出现"我们俩一定要分离"与"分不开的爱是一体"这样的矛盾表达，这种看似冲突的情感在你熟悉的中外文学或影视作品中有无类似体现？结合具体例子，谈谈面对社会压力时应如何守护真挚情感。

二、作者选择以"不公开赞美"的方式保护对方，这种"克制的爱"在当代社会有何现实意义？

【拓展阅读】

十四行诗 18

我怎么能够把你来比作夏天？
你不独比它可爱也比它温婉，
狂风把五月宠爱的嫩蕊作践，
夏天出赁的期限又未免太短：
天上的眼睛有时照得太酷烈，
它那炳耀的金颜又常遭掩蔽：
被机缘或无常的天道所摧折，
没有芳艳不终于雕残或销毁。
但是你的长夏永远不会雕落，
也不会损失你这皎洁的红芳，
或死神夸口你在他影里漂泊，
当你在不朽的诗里与时同长。
只要一天有人类，或人有眼睛，
这诗将长存，并且赐给你生命。

（杨　昱　唐彦琪）

单元知识：诗歌的特点与鉴赏

一、诗歌的文体特征

诗歌是世界上形式最古老、语言最凝练、抒情性最强的文学体裁，具有近乎音乐的美感。诗歌原是诗与歌的合称，早期的诗歌多与音乐、舞蹈相结合，具有强烈的节奏感和音乐性。《毛诗序》说："诗者，志之所之也。在心为志，发言为诗。"严羽《沧浪诗话》云："诗者，吟咏性情也。"朱光潜则从形式和实质两方面区别诗与散文，给诗下了这样的定义："诗是具有音律的纯文学。"并指出："诗是一种音乐，也是一种语言。音乐只有纯形式的节奏，没有语言的节奏，诗则兼而有之。"这些言论，大致概括了诗歌的几个基本特点：

（一）高度集中、概括地反映生活

在所有文学体裁中，诗歌是一种最精练的文学样式。散文、小说、戏剧都可以不受篇幅的严格限制，灵活自由地叙事、抒情、议论。而诗歌，特别是近体诗，不仅篇幅字数受限，而且要受韵律的限制。所以，诗人必须用最少的语言反映出丰富而深刻的思想与情感内容。这就要求诗人在表达时选取最能反映生活本质或最富有特征的事物，通过最富有表现力的形象和精练的语言，高度概括地反映现实生活，表达思想感情。

（二）抒情言志，饱含丰富的思想感情

在各种文学形式中，诗歌是一种"情动于中而形于言"的艺术形式，它的主要功能是以情感人、以情动人。虽然任何文学作品都渗透着作者的思想感情，但跟散文、小说、戏剧相比，诗歌的感情色彩更强烈、更鲜明，所以说，诗歌是一种最富于感情色彩的文学样式。"诗言志"的"志"，就是指诗人的思想感情。抒情诗自不待言，就是叙事诗，也必须饱含情感。无情而叙事，往往会使人感到淡乎寡味，缺乏艺术感染力。在饱含情感这一点上，白居易的《长恨歌》堪称典范。诗人不仅让我们了解到李、杨悲剧的始末，同时也让我们感受到主人公痛彻心扉的相思相恋之苦。白居易就非常深刻地认识到诗歌的这一特点，他说："感人心者，莫先乎情。……诗者，根情，苗言，华声，实义。"现代著名抒情诗人郭小川也说："没有感情，就没有诗。"

（三）语言凝练而富于形象性

诗歌要在有限的篇幅和字数中传达出丰富而复杂的思想感情，这就要求诗歌的语言必须高度精练且生动。而要做到语言精练，就要求诗人必须对篇、章、句、字进行反复锤炼。诗歌史上，流传着不少诗人锤炼语言的故事，如唐代苦吟诗人贾岛与韩愈"推敲"诗句的故事，我们都非常熟悉。贾岛还有"二句三年得，一吟双泪流"的名句，由此可以想象其作诗的艰难。杜甫也说："为人性僻耽佳句，语不惊人死不休。"由此也可看出他对诗歌语言艺术的苦苦追求。也正因为如此，杜甫诗中的"惊人"之句比比皆是。诗歌的语言不仅要求精练，还要求形象。诗歌要用形象思维，诗人抒情言志，要能够捕捉生活中那些最能激起人们感情的事物（包括人）或对自然界中的某些现象进行高度的集中与概括，形成饱含思想感情的、极富感染力的具体境界，即诗境或意境。这种境界往往是高度典型化的，这样的例子不胜枚举。

（四）节奏鲜明，韵律和谐，具有音乐美

诗歌与音乐、舞蹈有着密切的联系，早期的诗歌常与音乐、舞蹈相结合。节奏鲜明，是要求诗歌语言的高低、轻重和停顿有规律地交错出现，形成诗句的抑扬顿挫；韵律和谐，既要求诗歌要押韵，同时还要求诗句中平声字与仄声字交错运用，从而读起来朗朗上口，富于音乐效果。

二、诗歌的分类

汉语诗歌根据其形式的不同，可分为旧体诗与新体诗两大类。

旧体诗即中国古代诗歌，又大体分为两大类：古体诗和近体诗。古体诗包括古诗（唐以前的诗歌）、楚辞、乐府诗等。以"歌""歌行""引""曲""吟"等为题的诗歌，都属古体诗。古体诗不受格律限制，不要求对仗，押韵也较自由。以每句的字数划分，古体诗主要有四言诗、五言诗、七言诗和杂言诗几种。近体诗又称今体诗，是于唐代形成的一种格律体诗，其字数、句数、平仄、用韵等都有严格规定，分为"律诗"和"绝句"两种。律诗一般每首八句，中间四句要求对仗，其字数、音律、平仄都有严格要求。按字数和句数划分，律诗又可分为五言律诗（五律）、七言律诗（七律）、五言排律、七言排律等。排律是律诗的铺排延伸，其句数少则十余句，多则数十、上百句；除首尾两联外，中间各联都要求对仗。绝句其实就是律诗的截断，或截前四句，或截后四句，或截中间四句。绝句分为五言绝句（五绝）、七言绝句（七绝）和六言绝句等。

古典诗歌发展到唐宋元时期，又出现了词、散曲等新形式。词是隋唐时期出现的一种新诗体，因为是配合音乐歌唱的歌词，所以也叫曲子词，别称长短句、诗余、乐府、倚声、琴趣等。词的一段称为一阕或一片。最常见的词是两阕，即上、下阕（或称上、下片）；此外还有一阕的词，如《如梦令》《调笑令》等；有三阕的词，如《兰陵王》《戚氏》等；有四阕的词，如《莺啼序》。词按其字数长短分为小令和长调两种，长调也称慢词。散曲是金元时期盛行的一种新诗体。其形式虽然也是长短句，但字数的规定远没有词那么严格，它可在规定的字数之外增加衬字，因而散曲更能尽长短变化之能事。散曲的用韵也较词韵要宽松得多，其体式主要有小令和套数两种。小令是指单首曲子，如马致远的《天净沙·秋思》。套数是同一宫调中的曲子连贯而成的一套组曲，至少是三曲，多则几十曲；不论曲子多少，都必须押同一个韵，一韵到底，不能换韵。

新体诗也叫新诗，就是现代白话诗，是五四运动以来逐渐形成和发展起来的诗体。新体诗形式自由，基本不受句数、格律等的限制，句无定字，篇无定句，押韵也较宽松，所以也叫自由体诗。

按内容划分，诗歌又可分为抒情诗和叙事诗两类。抒情诗侧重感情的倾诉，叙事诗则重在故事情节的叙述与人物形象的刻画。与西方文学相比，中国古代的抒情诗最为发达，取得的成就也最高；叙事诗则相对逊色一些。

三、诗歌的鉴赏

诗歌由于表现形式的独特性，要进行鉴赏并不容易。尤其是古典诗歌，由于时代相隔久远，所反映的社会与今天有异，创作有其特殊性，加上语言的障碍，要读懂颇不容易。它要求阅读者具备一定的社会历史文化知识、艺术理论修养、诗词写作技巧等方面的知识，以及生活阅历和人生历练等。限于篇幅，这里简单地谈谈古典诗歌的鉴赏方法。

（一）知人论世，了解作者的生平及时代背景

"诗言志"是我国古典诗歌的悠久传统，诗中主人公的形象多为诗人自己，或者说间接地、或多或少地带有诗人自己的影子。因此，了解诗人的生活经历和人生遭际，能使读者体会到其诗作的思想和情感。孟子说："颂其诗，读其书，不知其人，可乎？是以论其世也，是尚友也。"（《孟子·万章下》）这就是说，要真正理解作品就必须"知其人""论其世"，既要了解作者的身世、经历、思想感情、为人品德，也要了解作者所处的时代环境。鲁迅先生也曾说："……我以为倘要论文，最好是顾及全篇，并且顾及作者的全人，以及他所处的社会状态，这才较为确凿。要不然，是很容易近乎说梦的。"因为文学作品是社会生活在作家头脑中的反映，作家的作品和作者本人的生活、思想与其所产生的时代有密切关系，因此，要真正读懂作品，就必须先对作家的生平、思想及其时代有一个大致的了解；没有这一点，我们的欣赏就是盲目的，甚至很可能是歪曲的。例如，要是我们不了解李煜先是一国之君后是阶下之囚的身世，怎能理解他那首《虞美人》以及其他作品所表现的亡国之痛、悔恨之情？如果我们不知道陈子昂随同武攸宜征讨契丹时的特殊遭际，怎能理解《登幽州台歌》那与"天地悠悠"一般深广的忧患与悲愤之情？

因此，要能正确地欣赏诗歌，比较准确地把握其思想意蕴，秘诀只有一个，那就是：了解诗人的身世经历，并深入到诗人所处的那个时代中去感受。

（二）认识意象，领悟意境

阅读欣赏诗歌，只有抓住诗歌的意象，以及意象所包含的旨趣、意象所体现的情调、意象的社会意义和感染作用，才能真正领悟到诗人所要表现的思想和抒发的情感，从而真正读懂诗歌。

古典诗歌往往借助客观事物形象（景物、山川、草木等），表现诗人的主观情感。进入诗歌的事物形象，已经不仅仅是现实生活中的事物，更含有作者之"意"的形象，即"意象"。诗歌中的一些惯用意象往往有特定的用法，寓繁于简，以高度浓缩的艺术形象诱发想象，产生奇特的审美效果。许多诗歌语汇，由于历史的积淀，而被赋予特定的含义，能形成特定的诗歌意象，如送别诗中常用"柳""月""长亭"等意象，抒愁写恨诗歌常用"流水""春雨""春草"等意象，若涉及游子之思，则有"浮云""落日""转蓬""芳草萋萋"一类意象。

意境是指作者的主观情意与客观物境互相交融而形成的艺术境界，也就是所谓思与境偕、境与意会、神与境合、情景交融、形神兼备的艺术境界。诗人常常通过选择意象来构成意境，在言有尽而意无穷的意境中，表现诗人的感情、意趣。诗人用语言符号创造的种种意境，只有靠读者想象复原，才能引发共鸣。正如巴尔扎克所说："真正懂诗的人，会把作者诗句中只透露一星半点的东西放到自己心中去发展。"因此，我们欣赏诗歌，必须善于体味意境。要抓住诗歌的画面和气氛去理解"此时、此景"中的此人此情、物我交融，既入乎其内，了解诗人所咏之物本身的特性，又出乎其外，把握其中暗示的具有某种美学价值的寄托和象征意义。

分析诗歌的意境，通常有寻景（寻找写了哪些景物）、构境（这些景物构成了怎样的画面）、析情（分析这个画面渗透出怎样的情调）三个步骤，最终归到"情"（志）上。一般情况下，是乐景写乐情，哀景写哀情；但也可以以乐景衬哀情，以哀景写乐情。以乐景写哀，以哀景写乐，有时更见其哀乐之深沉、浓厚。

（三）掌握诗歌的常用表达手法

诗歌由于受到字数、格律和声韵等多种限制，特别要求精练概括，叙述中常常有跳跃性。我们鉴赏诗歌，还需懂得一些诗歌创作手法，如省略、错位、比兴、用典、对偶、夸张等。汉乐府《战城南》中"战城南，死郭北"一句，意思是或战死于城南，或战死于郭北，极言战死者之多，上句省略"死"，下句省略"战"，形成互文。"露从今夜白，月是故乡明"（杜甫《月夜忆舍弟》）一句，"白露"被拆散颠倒了，形成错位，然而景色宛如画出，句式也因对仗更加好看动人了。中国古典诗歌有寄托象征的传统，诗人有时不敢或不愿把自己的政治见解明白说出，而用隐晦曲折的手法表现出来，有时为了使诗歌显得含蓄蕴藉，也故意隐去真意，用其他事物来比兴，"楚雨含情皆有托"，如屈原的诗歌中常用香草、美人以喻"君子"。典故的运用也是古典诗歌的重要组成部分，用典可分两类：语典，即就语言形式言，是前人运用过的；事典，即出处与某一故事有关。鉴赏诗歌时，如果知道是用典，就能更深一层了解其含义，品出其意味的浓厚。

（四）发挥联想，体验生活

鉴赏不是被动地接受，而是一种富有创造性的艺术活动。诗歌的一个重要的艺术特点就是跳跃性强，留下的空白大，供读者联想、补充，进行再创造。诗人的创作离不开想象和联想，读者读诗自然也离不开想象和联想。正是从这个意义上，我们说欣赏诗歌（也包括欣赏其他文学作品）就是读者的一种再创造活动。诗贵新、贵凝练，诗人写作时，往往只截取感情脉络中最有意味的一段，其余的便成为"象外之象，景外之景"，留待读者去联想。优秀的诗人总是不直接向读者灌输什么，他只是含蓄地点拨你，给你以天女散花般的想象自由，让你自己去领悟其中的言外之意、韵外之旨，获得更丰富的诗意。

另外，诗歌是生活的反映，诗人创作必须有生活，读者鉴赏也要有生活。一首诗，我们年轻时读来平淡无奇，等年岁稍长重新读它的时候，便可能觉得大有深意。因为读者的阅历丰富了，诗里所表现的生活也就能够体会得更深了。一切优秀诗歌的鉴赏，都离不开读者本人的生活经验。

（五）多多朗诵，体会诗歌的音乐美

自古以来，诗就是与音乐结合在一起的，从《诗经》到元代的散曲，都是可以配合音乐歌唱的。元以后的诗虽不能唱了，但其语言仍具有音乐性，节奏鲜明，句尾押韵，读起来朗朗上口。这就为读者朗诵创造了条件。俗话说："读书百遍，其义自见。""熟读唐诗三百首，不会作诗也会吟。"反复朗诵，既有助于深刻理解作品的思想内涵，领会诗的意境，体会诗的音乐美，也能使心灵得到熏陶与享受。

（吕建军　刘洪仁）

第三单元　散文精华

郑伯克段于鄢[①]

《左传》

初[②]，郑武公娶于申[③]，曰武姜[④]。生庄公及共叔段。庄公寤生[⑤]，惊姜氏，故名曰寤生，遂恶之。爱共叔段，欲立之。亟请[⑥]于武公，公弗许。

及庄公即位，为之请制[⑦]。公曰："制，岩邑[⑧]也，虢叔死焉[⑨]，佗邑唯命[⑩]。"请京[⑪]，使居之，谓之京城大[⑫]叔。祭仲[⑬]曰："都城过百雉[⑭]，国之害也。先王之制：大都不过参国之一[⑮]，中五之一，小九之一。今京不度[⑯]，非制[⑰]也，君将不堪[⑱]。"公曰："姜氏欲之，焉辟[⑲]害？"对曰："姜氏何厌[⑳]之有！不如早为之所[㉑]，无使滋蔓。蔓，难图也；蔓草犹不可除，况君之宠弟乎！"公曰："多行不义必自毙[㉒]，子姑待之！"

---

①郑伯：指郑庄公。克：战胜。段：即共（gōng）叔段，郑庄公同母弟。鄢（yān）：郑地名，在今河南鄢陵西北。

②初：当初。《左传》中追述以前发生的事常以此词开头。

③郑武公：名掘突，郑桓公之子，郑国第二代君主。申：春秋时国名，姜姓，故城在今河南南阳，后为楚所灭。

④武姜：姜为其姓，武为其夫郑武公的谥号。

⑤寤生：犹言逆生，难产的一种，胎儿的脚先生出来。寤，通"牾"，逆，倒着。

⑥亟（qì）：屡次。请：请求立为太子。

⑦制：地名，即虎牢关，在今河南荥阳西北。

⑧岩邑：险要的城邑。

⑨虢（guó）叔：指东虢国的国君。虢，指东虢，春秋时国名，后为郑所灭。焉：于是，于此。

⑩佗邑唯命：别的地方听从您的吩咐。佗，通"他"。唯命，"唯命是从"的省略语。

⑪京：地名，故城在今河南荥阳东南。

⑫大：同"太"。

⑬祭（zhài）仲：郑国大夫。

⑭都城：都邑的城墙。雉：古代城墙长三丈、高一丈为一雉。

⑮参国之一：国都城墙的三分之一。参，通"叁"，三。国，国都。

⑯不度：不合法度。

⑰非制：不合（先王）制度。

⑱不堪：受不了。堪，承受。

⑲焉：疑问代词，哪里，怎么。辟：同"避"。

⑳厌：满足。

㉑早为（wéi）之所：早点给他安排个地方。意思是早点给共叔段换个便于控制的地方。

㉒毙：跌倒，这里指失败。

既而大叔命西鄙北鄙贰于己①。公子吕②曰："国不堪贰，君将若之何③？欲与大叔，臣请事之；若弗与，则请除之，无生民心④。"公曰："无庸⑤，将自及⑥。"大叔又收贰以为己邑⑦，至于廪延⑧。子封曰："可矣，厚将得众⑨。"公曰："不义不暱⑩，厚将崩⑪。"

大叔完聚⑫，缮甲兵⑬，具卒乘⑭，将袭郑。夫人将启之⑮。公闻其期，曰："可矣。"命子封帅车二百乘以伐京。京叛大叔段，段入于鄢，公伐诸鄢。五月辛丑⑯，大叔出奔共⑰。

……

遂寘姜氏于城颍⑱，而誓之⑲曰："不及黄泉⑳，无相见也！"既而悔之。

颍考叔为颍谷封人㉑，闻之，有献于公。公赐之食。食舍肉㉒。公问之，对曰："小人有母，皆尝小人之食矣，未尝君之羹，请以遗㉓之。"公曰："尔有母遗，繄㉔我独无！"颍考叔曰："敢问何谓㉕也？"公语之故，且告之悔。对曰："君何患焉！若阙㉖地及泉，隧㉗而相见，其谁曰不然㉘？"公从之。公入而赋㉙："大隧之中，其乐也融融！"姜出而赋：

①既而：不久。鄙：边疆，边境。贰于己：既属于庄公，又属于自己，同时向双方缴纳贡赋。贰，两属，同属二主。

②公子吕：字子封，郑国大夫。

③若之何：怎么办。之，指"大叔命西鄙北鄙贰于己"这件事。

④无生民心：不要使民众（因有两个政权并存而）生二心。

⑤无庸：不用（管他）。庸，通"用"。

⑥将自及：将要自己走向毁灭。及，至。

⑦收贰以为己邑：将原来贰属的西鄙、北鄙收为自己的领地。

⑧廪延：地名，在今河南延津北。

⑨厚将得众：势力雄厚了，将得到更多民众。

⑩不义不暱（nì）：对君不义，则不能团结民众。暱，依《说文解字》当作"䵒"，即粘连之义（杨伯峻说）。

⑪崩：垮台，崩溃。

⑫完聚：修治（城郭），聚积（粮食）。完，修葺。

⑬缮甲兵：修整作战用的甲衣和兵器。

⑭具卒乘（shèng）：准备步兵和兵车。具，准备。卒，步兵。乘，四匹马拉的战车。

⑮夫人：指武姜。启之：给共叔段打开城门，即做内应。启，开门。

⑯五月辛丑：古时用天干地支纪日，鲁隐公元年五月辛丑是五月二十三日。

⑰奔：逃亡。共（gōng）：本为春秋时国名，后为卫国别邑，故址在今河南辉县。

⑱寘：同"置"，安置，这里作"放逐"讲。城颍：地名，在今河南临颍西北。

⑲誓之：向她发誓。之，指武姜。

⑳黄泉：地下的泉水，这里指墓穴。

㉑颍考叔：郑国大夫。为：担任。颍谷：郑国边邑。封人：管理边界的小吏。封，疆界。

㉒食舍肉：吃饭时将肉放在一边不吃。舍，置。

㉓遗（wèi）：馈送，送给。

㉔繄（yī）：语气助词，用在句首。

㉕敢：表谦敬的词。何谓：即"谓何"，说的是什么意思？

㉖阙：通"掘"。

㉗隧：隧道。这里用作动词，指挖隧道。

㉘其：语气助词，加强反问的语气。然：代词，这样，指庄公对姜氏发的誓言。

㉙入而赋：走进隧道，吟唱起诗来。赋，歌吟，吟唱。

"大隧之外，其乐也泄泄①！"遂为母子如初。

君子②曰："颍考叔，纯孝也，爱其母，施③及庄公。《诗》曰④：'孝子不匮，永锡尔类⑤。'其是之谓乎！"

【文献档案】

《左传》全称《春秋左氏传》或《左氏春秋》，相传是为解释《春秋》而作的。《左传》的"传"是相对于"经"而言的概念，是指解释经文的著作。《左传》的作者，司马迁、班固认为是春秋末年人左丘明，但唐以来不断有人对此表示怀疑，近人多认为它是战国初年人根据各国史料编纂而成，且是一部独立的历史著作，并不是解释《春秋》的书。

《左传》属于编年体史书，其记事始于鲁隐公元年（前722），止于鲁哀公二十七年（前468）。书中比较详细地记述了春秋时期各诸侯国政治、经济、军事、外交和文化等方面的事件，真实地反映了当时的社会现实，是研究春秋时期历史最有价值的文献。

《左传》不仅是历史著作，也是文学作品。它长于用简洁的语言叙述纷繁复杂的历史事件，尤其善于描写战争，从某种程度上说，《左传》就是一部军事教科书。近人梁启超称赞《左传》对大规模的战争"纲领提挈得极严谨而分明，情节叙述得极委曲而简洁"。《左传》也善于描写人物，往往通过人物举止和语言的描写，寥寥几笔，便使人物形神兼备，栩栩如生。《左传》的语言生动精练，运笔灵活，具有较高的文学价值。

【含英咀华】

本篇选自《左传·隐公元年》，是《左传》中第一篇比较完整地叙事和写人的篇章。文章通过个性化的人物语言和行动的刻画，生动地再现了春秋初年郑庄公图谋霸业之前家庭内部发生的一场夺权斗争的经过，揭露了统治阶级内部残酷无情和虚伪的本质，具有鲜明的爱憎倾向。

在写作上，本文是最能体现《左传》写人、叙事的成就和特点的篇章之一，主要有如下特点：第一，在矛盾斗争中刻画人物性格，写活了几个个性鲜明的人物。作者围绕郑庄公与共叔段争权夺位这一中心事件，将各色人物置于尖锐复杂的矛盾冲突中进行描写，通过人物的不同言行刻画其不同的性格。如郑庄公的阴险狠毒、老谋深算，共叔段的贪婪狂妄、野心勃勃，武姜的偏袒自私、助子为虐，以及祭仲的老成持重，公子吕的直率急躁，颍考叔的聪慧机灵等，都表现得异常鲜明生动。其中刻画得最成功的人物是郑庄公。郑庄公最主要的性格特征是阴险和虚伪。阴险，主要表现在他对共叔段的纵恶。虚伪，则主要表现在他对姜氏的誓而复悔上。作者善用对比映衬的方法突出人物的性格特征，还采用了细节描写手法来表现人物性格，使人物形象显得真实丰满。作者把重大的政治事件与真实

①泄泄（yì）：与上文"融融"义同，和乐的样子。
②君子：指对史事或人物发表议论的人。《左传》中的"君子曰"有时为作者自己的言论，有时为引用别人的言论。
③施（yì）：延及，推及。
④《诗》曰：引诗见《诗经·大雅·既醉》。
⑤"孝子"二句：孝子尽孝道没有穷尽之时，故能以其孝道长久地赐予你等同类。匮，穷尽。锡，通"赐"。

的生活细节结合起来描写，既丰富了人物性格，又深化了文章主题。第二，叙事详略得当，精于剪裁史料。作者略写郑庄公"克段于鄢"的战争经过，详写这场战争的起因、矛盾不断激化的过程，以及克段之后郑庄公母子关系由僵化到和好的闹剧。作者删繁就简，精心选择典型材料，如对于战争的起因，只强调庄公"寤生"这一关键；对于兄弟、母子矛盾激化发展的过程，则精选最典型的请封、扩城、收贰、平叛四个主要环节，以集中笔墨刻画人物，揭示其丑恶的内心世界，突出文章的主题。

【思考与练习】

一、翻译下列句子，并解释句中带点的词。

1. 庄公寤生，惊姜氏，故名曰寤生，遂恶之。

2. 亟请于武公。

3. 佗邑唯命。

4. 先王之制：大都不过参国之一，中五之一，小九之一。

5. 姜氏何厌之有！

6. 多行不义必自毙。

7. 国不堪贰，君将若之何？

8. 既而大叔命西鄙北鄙贰于己。

9. 若阙地及泉，隧而相见，其谁曰不然？

10. 颍考叔，纯孝也，爱其母，施及庄公。

二、郑庄公的主要性格特点是什么？作者运用了哪些手法来表现其性格特点？

三、请谈谈本文善于剪裁、详略得当的特点。

四、"多行不义必自毙"是至今常被人们引用的名言警句，包含丰富而深刻的哲理，试谈谈你对这一名句的理解。

【拓展阅读】

朱东润选注《左传选》，上海古籍出版社

杨伯峻编著《春秋左传注》，中华书局

（刘洪仁）

苏秦始将连横说秦惠王

《战国策·秦策一》

苏秦始将连横①，说秦惠王②曰："大王之国，西有巴、蜀、汉中之利③，北有胡、貉、代、马之用④，南有巫山、黔中之限⑤，东有肴、函之固⑥。田肥美，民殷富，战车万乘⑦，奋击⑧百万，沃野千里，蓄积饶多，地势形便⑨，此所谓天府⑩，天下之雄国也。以大王之贤，士民之众，车骑之用，兵法之教⑪，可以并诸侯，吞天下，称帝而治。愿大王少⑫留意，臣请奏其效⑬。"

秦王曰："寡人闻之，毛羽不丰满者不可以高飞，文章不成者不可以诛罚⑭，道德不厚⑮者不可以使民，政教不顺者不可以烦大臣。今先生俨然不远千里而庭教⑯之，愿以异日⑰。"

苏秦曰："臣固疑大王之不能用也。昔者神农伐补遂⑱，黄帝伐涿鹿而禽蚩尤⑲，尧伐驩兜⑳，舜伐三苗㉑，禹伐共工㉒，汤伐有夏㉓，文王伐崇㉔，武王伐纣，齐桓任战而伯

①苏秦（？—前284）：战国时期著名的纵横家，今河南洛阳人。连横：与"合纵"相对。秦国联合六国中的某一国对付其他国家叫连横，六国联合起来对付秦国为合纵。

②说（shuì）：劝说。秦惠王：即秦惠文王（前356—前311），战国时秦国国君，名驷，秦孝公之子。

③巴、蜀：国名，巴为今重庆，蜀为今四川。汉中：今陕西省秦岭以南。利：便利。当时三地虽未属秦，但交通频繁，故称西有其利。

④胡、貉（mò）：北方两个少数民族。代、马：两地名。这句是说北方有胡、貉、代、马，可以供战备之用。一说胡貉、代马指胡地产的貉、代地产的马。

⑤巫山：山名，在今重庆市。黔中：郡名，在今湖南。限：屏障，险阻。

⑥肴（xiáo）：指崤山，在今河南洛宁北。函：指函谷关，在今河南灵宝南。固：指坚固的要塞。

⑦乘（shèng）：本指拉车的四匹马。古代兵车都由四马来拉，故又引申有量词"辆"的意思。

⑧奋击：指能奋力作战的武士。

⑨地势形便：地理上占据优势，地形上便于攻守。

⑩天府：天然的宝库。府，聚。

⑪教：习，训练。

⑫少：稍稍。

⑬奏其效：陈述其功效。奏，进。

⑭"文章"句：国家法令制度不完备，不可以征伐。文章，指法令制度。成，完备。诛罚，征伐，讨伐。罚，通"伐"。

⑮道德：指仁义恩惠。厚：大，高尚。

⑯俨然：认真严肃的样子。庭教：当面指教。

⑰愿以异日：这是表示拒绝的婉转说法，等于说希望以后再聆听你的教导。

⑱神农：指炎帝。补遂：一作"辅遂"，传说中上古部落名。

⑲涿（zhuō）鹿：地名，在今河北省涿鹿县西南。禽：同"擒"。蚩尤：古九黎族部落的首领。

⑳驩（huān）兜：尧的臣子，后因作乱被流放。

㉑三苗：相传是尧舜时的诸侯，舜时被迁到三危（今甘肃敦煌一带）。

㉒共工：尧时大臣。

㉓汤：商朝的第一位君主。有夏：指夏朝。夏桀暴虐无道，商汤伐之。有，语助词，无义。

㉔文王：指周文王姬昌，本为商朝的诸侯之一。崇：商朝的诸侯之一，其君崇侯虎助纣为虐，故文王伐之。

天下①。由此观之，恶②有不战者乎？古者使车毂击驰③，言语相结④，天下为一；约从连横⑤，兵革不藏；文士并饬⑥，诸侯乱惑，万端俱起，不可胜理；科条⑦既备，民多伪态⑧；书策稠浊，百姓不足⑨；上下相愁，民无所聊⑩；明言章理，兵甲愈起⑪；辩言伟服⑫，战攻不息；繁称文辞⑬，天下不治；舌弊耳聋⑭，不见成功；行义约信⑮，天下不亲。于是乃废文任武，厚养死士⑯，缀甲厉兵⑰，效胜于战场。夫徒处⑱而致利，安坐而广地，虽古五帝、三王、五伯⑲，明主贤君，常欲坐而致之，其势不能，故以战续之。宽则两军相攻，迫则杖戟相橦⑳，然后可建大功。是故兵胜于外，义强于内；威立于上，民服于下。今欲并天下，凌万乘㉑，诎㉒敌国，制海内，子元元㉓，臣诸侯，非兵不可。今之嗣主㉔，忽于至道，皆惛㉕于教，乱于治，迷于言，惑于语，沈于辩，溺于辞。以此论之，王固不能行也。"

说秦王书十上而说不行，黑貂之裘弊，黄金百斤尽，资用乏绝，去秦而归。嬴縢履蹻㉖，

---

①齐桓：指齐桓公，春秋五霸之一。任战：用战争的方式。伯天下：为诸侯盟主。伯，通"霸"。

②恶（wū）：何，哪里。

③古者使：古代各国使者。车毂击驰：车辆来往奔驰，车毂互相撞击，形容车辆之多，奔驰之急。毂（gǔ），车轴两端突出的部分。

④言语相结：靠言语互相结盟。指使臣们外交活动频繁，经常游说诸国，说服对方国君与本国订立盟约。

⑤约从连横：此是泛指，意为与周围国家结成同盟。从，同"纵"。

⑥文士：指辩士、说客。饬：通"饰"，巧饰、修饰。

⑦科条：章程，条文。

⑧伪态：奸诈。态，通"慝"，奸伪、邪恶。

⑨"书策"二句：政令繁多，百姓无所适从。稠浊，多而乱。足，《文选·上林赋》郭注："踏也。"引申为实行，履行。

⑩"上下"二句：君臣互相埋怨，则人民无所依赖。愁，怨。聊，赖，依。

⑪"明言"二句：空洞的道理讲得再明白，战争反而越频繁。兵甲，指战事。

⑫辩言伟服：指文人辩士巧言善辩，并且穿着奇伟的服装。

⑬繁称文辞：文书烦琐，文辞华丽。

⑭弊：破，坏。

⑮行义约信：行事仁义，守约诚信。

⑯死士：不怕牺牲，愿以死效命的人。

⑰缀甲厉兵：修缮铠甲，磨砺兵器。

⑱徒处：与下句"安坐"义同，无所事事地坐着，谓不进行战争。

⑲五帝：说法不一。据《史记·五帝本纪》，五帝指黄帝、颛顼、帝喾、尧、舜。三王：指夏禹、商汤和周文王、周武王。五伯：即春秋五霸，指齐桓公、晋文公、宋襄公、秦穆公、楚庄王。

⑳迫：指距离近。杖戟：拿着戟。橦：一本作"撞"，义同，冲刺，击杀。

㉑凌：凌驾，超越。或作战胜讲，亦通。万乘（shèng）：指万乘之国，拥有上万辆兵车的国家。古代常以兵车的多少衡量国家的大小，万乘之国为大国。

㉒诎（qū）：通"屈"，使屈服。

㉓子元元：使百姓成为自己的子民。元元，指百姓。

㉔嗣主：继世之君主。

㉕惛：同"昏"，不明。

㉖嬴（léi）縢（téng）履蹻（juē）：缠着绑腿，穿着草鞋。嬴，缠绕。縢，绑腿布。蹻，通"屩"，草鞋。

负书担橐①，形容枯槁，面目犁②黑，状有归色③。归至家，妻不下纴④，嫂不为炊，父母不与言。苏秦喟叹曰："妻不以我为夫，嫂不以我为叔，父母不以我为子，是皆秦之罪也！"乃夜发⑤书，陈箧⑥数十，得《太公阴符》之谋⑦，伏而诵之，简练以为《揣》《摩》⑧。读书欲睡，引锥自刺其股，血流至足⑨。曰："安有说人主不能出其金玉锦绣，取卿相之尊者乎？"期年⑩，《揣》《摩》成，曰："此真可以说当世之君矣！"

于是乃摩燕乌集阙⑪，见说赵王于华屋之下，抵掌而谈⑫。赵王大悦，封为武安君。受相印，革车⑬百乘，锦绣千纯⑭，白璧百双，黄金万溢⑮，以随其后，约从散横⑯，以抑强秦。故苏秦相于赵而关不通⑰。

当此之时，天下之大，万民之众，王侯之威，谋臣之权，皆欲决苏秦之策。不费斗粮，未烦一兵，未战一士，未绝一弦，未折一矢，诸侯相亲，贤于⑱兄弟。夫贤人在而天下服，一人用而天下从。故曰：式⑲于政，不式于勇；式于廊庙⑳之内，不式于四境之外。当秦之隆，黄金万溢为用，转毂连骑㉑，炫熿于道㉒，山东之国㉓，从风而服，使赵大重。且夫苏秦，特穷巷掘门、桑户棬枢㉔之士耳，伏轼撙衔㉕，横历㉖天下，廷说㉗诸侯之

---

①橐：口袋，指行李。

②犁：通"黧"，黑黄色。

③状有归色：脸上显出惭愧的神色。归，当为"愧"之误。

④纴：织布机。

⑤发：找出，翻出。

⑥陈：放置、陈列。箧：书箱。

⑦《太公阴符》之谋：姜太公的兵法书。《太公阴符》，即《太公兵法》。梁启超认为是后人伪托之书。太公，指姜太公，姓姜，名尚，字子牙。

⑧简：挑选。练：练习。《揣》《摩》：于鬯《战国策注》："揣摩者，苏秦所自著书篇之名。故下文云'揣摩成'，'成'者，成此书也。"其说可采，今从之。

⑨足：当依《史记集解》《太平御览》所引作"踵"，指脚跟。

⑩期（jī）年：满一年。

⑪摩：切近，引申为登上。燕乌集阙：一说为燕国的一个宫阙，一说为燕国的一个关塞。

⑫抵掌而谈：形容谈得很欢畅很投契。抵，当作"扺"（zhǐ），击也。

⑬革车：兵车。

⑭纯（tún）：束。

⑮溢：同"镒"，重量单位，二十四两为一镒。

⑯约从散横：联合六国以结盟，拆散秦与六国的联盟。

⑰关不通：谓秦兵不能出函谷关。

⑱贤于：胜于，超过。

⑲式：用，依靠。

⑳廊庙：指朝廷。

㉑转毂连骑：车轮转动，骑马的随从一个接着一个，形容后车之盛。

㉒炫熿：光耀，显赫。熿，同"煌"。

㉓山东之国：指燕、赵、韩、魏、齐、楚六国。山东，指华山以东。

㉔特：只，不过。穷巷掘门：住在贫穷巷子里，凿墙洞为门。掘，通"窟"。桑户棬枢：用桑木板做的门户，用树枝条圈起来做门枢，形容苏秦家贫穷简陋，出身低微。

㉕伏轼撙衔：伏在车前横木上，拉着马的勒头。撙（zǔn），控制。衔，马缰绳。

㉖横历：遍走，行遍。

㉗廷说：同"庭说"，当面劝说。

王，杜①左右之口，天下莫之能伉②。

将说楚王，路过洛阳，父母闻之，清宫除道③，张乐设饮④，郊迎三十里。妻侧目而视，倾耳而听；嫂蛇行匍伏⑤，四拜自跪而谢⑥。苏秦曰："嫂何前倨而后卑也？"嫂曰："以季子⑦之位尊而多金。"苏秦曰："嗟乎！贫穷则父母不子，富贵则亲戚畏惧。人生世上，势位富贵，盖⑧可忽乎哉！"

【文献档案】

《战国策》简称《国策》，又称《国事》《事语》《短长》《长书》等，是一部记载战国时期历史的国别体史书，属国别体杂史，原为战国时期各国史官或策士辑录，次序混乱，语多重复。西汉时，刘向对其进行了整理，仿《国语》体例分国编辑，记载了西周、东周、秦、齐、楚、赵、韩、魏、燕、宋、卫、中山各国之事，共12策，计33卷，并定名为《战国策》。书中记事始于周贞定王十四年（前455），止于秦始皇三十一年（前216），主要记录当时的策士谋臣游说诸侯或相互辩论时所提出的政治主张和斗争策略，反映出这一时期各国政治、外交的情况，有重要的史料价值，是研究战国时期历史的重要文献。

《战国策》不仅是一部历史著作，还是一部文采华美的历史散文著作。作者善于调动多种手法描写人物，写出了一系列栩栩如生的人物形象；又善于议论说理，尤其善于运用寓言故事和生动的比喻来帮助说理，使说理文字生动有趣，幽默诙谐。《战国策》的语言富艳宏丽，恣肆流畅，标志着中国古代散文发展进入一个新时期，并对后世散文的发展产生了深远影响。

【含英咀华】

本文写苏秦在政治上怎样由失败到成功的经历，刻画了他追求名利的心理，揭露了当时炎凉的世态。苏秦出身寒门，信奉功利主义的人生哲学，追求现实的功名和利益。为此他刻苦学习，努力读书，悬梁刺股，终于参透了《太公阴符》之谋，得以成功游说赵王等六国诸侯合纵，从而实现了自己的功利目标。苏秦没有自己固定的政治主张与理想，而只是一个单纯的功利主义者。他有强烈的进取心，知识渊博，巧舌如簧。为了达到自己的目的，他先是使用连横手段，在遭到秦惠王拒绝后，又转而使用合纵手段游说六国。可见在苏秦的思想中，维护哪个国家的利益并不重要，重要的是自己的功名一定要得以实现。苏秦的形象概括了战国时期纵横家的共同特点。

本篇内容大致可以分为两大部分：从开始到"王固不能行也"为第一部分，写苏秦游说秦王的具体内容。从"说秦王书十上而说不行"到篇末为第二部分，写苏秦怎样获得政

---

①杜：堵塞。

②伉：通"抗"，抗衡。

③清宫除道：打扫房屋，清扫道路。

④张乐设饮：布置音乐，置办酒宴。张，施，布置。

⑤蛇行匍伏：像蛇一样伏地前行。

⑥谢：谢罪，认错。

⑦季子：苏秦的字。

⑧盖：通"盍"，意同"何"。

治上的成功。

　　本文在写作上充分体现了《战国策》文章在写人、论说方面的特点。一是成功的人物刻画。作者以生动细腻的描写，精雕细刻地塑造了苏秦这个不惜一切追求功名富贵的策士形象。作者在刻画人物时，善于采用内心独白的方法来揭示人物的内心活动。文中描写了苏秦几次独白，极真实地展示出他的内心世界，表现了苏秦当时最真实的想法，把苏秦这个人物的心理状态揭示出来，使得这一形象更加血肉丰满、真实可信。作者还善于对人物外貌、神态、动作等进行生动形象的描写，如对苏秦说秦失败归来时的描写："嬴縢履蹻，负书担橐，形容枯槁，面目犁黑，状有归色。"另如苏秦刻苦读书、引锥刺股的细节，其嫂在苏秦显贵后回家时"蛇行匍伏"的丑态等，皆为传神之笔。此外，作者还善于采取对比手法来表现人物的前后变化，批判人情世态的冷暖炎凉。如苏秦游说秦惠王失败后，家人对他的态度是"妻不下纴，嫂不为炊，父母不与言"。而他合纵成功后，家人对他的态度是"清宫除道，张乐设饮，郊迎三十里。妻侧目而视，倾耳而听；嫂蛇行匍伏，四拜自跪而谢"。前后两种态度的鲜明对比，既从侧面烘托了苏秦的形象，又反映了当时人们崇尚功利、淡薄亲情的炎凉世态。二是在议论说理方面，作者善用类似于辞赋的夸饰铺张手法和排比句式，不仅增加了文章的音乐美，使文章读起来音调铿锵、朗朗上口、富于节奏感，而且也增强了文章的气势与说理的力量。

【思考与练习】

　　一、苏秦这一形象的性格有哪些特点？这一形象代表了哪一类人的共同特征？

　　二、苏秦的父母、妻子、嫂子对苏秦前后态度的变化，反映了当时什么样的社会现实？

　　三、作者在刻画苏秦这一人物时，运用了哪些表现手法？

　　四、文中有几处心理描写？这些心理描写对表现人物性格有什么作用？

　　五、苏秦的说辞有什么特点？试举例说明。

【拓展阅读】

牛鸿恩、邱少华、孙悦春选注《战国策选注》，天津古籍出版社

何建章注释《战国策注释》，中华书局

（唐中杰　刘洪仁）

秋水（节选）

庄 子

　　秋水时至，百川灌河。泾流之大，两涘渚①崖之间，不辩②牛马。于是焉河伯③欣然自喜，以天下之美为尽在己。顺流而东行，至于北海，东面而视，不见水端。于是焉河伯始旋④其面目，望洋向若⑤而叹曰："野语⑥有之曰：'闻道百，以为莫己若'者，我之谓也。且夫我尝闻少仲尼之闻而轻伯夷⑦之义者，始吾弗信；今我睹子之难穷也，吾非至于子之门，则殆矣，吾长见笑于大方之家。"

　　北海若曰："井蛙不可以语于海者，拘于虚⑧也；夏虫不可以语于冰者，笃⑨于时也；曲士⑩不可以语于道者，束于教也。今尔出于崖涘，观于大海，乃知尔丑⑪，尔将可与语大理矣。天下之水，莫大于海，万川归之，不知何时止而不盈；尾闾⑫泄之，不知何时已⑬而不虚；春秋不变，水旱不知。此其过江河之流，不可为量数。而吾未尝以此自多⑭者，自以比形于天地⑮，而受气于阴阳。吾在天地之间，犹小石小木之在大山也，方⑯存乎见少，又奚以自多！计四海之在天地之间也，不似礨空⑰之在大泽乎？计中国之在海内，不似稊米之在大仓⑱乎？号物之数谓之万，人处一焉；人卒九州⑲，谷食之所生，舟车之所通，人处一焉⑳。此其比万物也，不似豪末㉑之在于马体乎？五帝之所连，三王之所争，

---

　　①涘（sì）：水边，河岸。渚（zhǔ）：水中小岛。

　　②辩：通"辨"。

　　③河伯：黄河神。

　　④旋：转变，改变。

　　⑤望洋：也写作"望羊""望阳"，仰视的样子。若：指海若，海神。

　　⑥野语：俗语，俚语。

　　⑦少：与"多"相对，形容词活用为动词，意为小看、轻视。仲尼：孔子的字。伯夷：商代孤竹君的长子，父死后，他与弟弟叔齐互相辞让君位。兄弟二人曾谏阻武王伐纣。周朝建立后，伯夷与叔齐"义不食周粟，隐于首阳山"，后饿死于山中，被视为古代高义之士的典范。

　　⑧虚：同"墟"，指居住的空间、环境。

　　⑨笃：固，拘限。

　　⑩曲士：乡曲之士，指见识浅陋的人。

　　⑪丑：鄙陋。

　　⑫尾闾：神话传说中排泄海水的地方。

　　⑬已：停止。

　　⑭多：夸耀。

　　⑮比形于天地：将自己放在天地之间。比，并，列。形，指自身。

　　⑯方：正。

　　⑰礨（lěi）空：蚁穴。

　　⑱稊（tí）米：稗米。大仓：即太仓，帝王的粮仓。

　　⑲卒：尽，全。九州：指全国。

　　⑳人处一焉：两句"人处一焉"中的"人"含义不同，上句中的"人"指人类，下句中的"人"指个人。

　　㉑豪末：即毫毛。豪，通"毫"。

仁人之所忧，任士之所劳，尽此矣①。伯夷辞之以为名，仲尼语之以为博，此其自多也，不似尔向②之自多于水乎?"

【作者档案】

庄子（约前369—约前286），姓庄，名周，战国中期宋国蒙（今河南商丘）人。庄子出身于没落贵族，但他只做过地位卑微的漆园吏。据《庄子》中说，他的家境很穷，"处穷闾厄巷，困窘织屦，槁项黄馘"，经常依靠向别人借贷以维持生活。但他又不愿出仕，隐居以终。

庄子是战国中期道家学派的代表人物，也是中国文化史上一位伟大的哲学家与文学家，后人将老子与他并称"老庄"。他继承老子以"道"为本的哲学思想，主张顺应自然，反对人为地破坏自然的平衡。在人生哲学方面，他主张跳出荣辱、是非、贵贱等观念之外，追求具有超越性和超脱性的绝对精神自由，达到"逍遥游"的境界。

庄子还是一位伟大的散文家，《庄子》一书是先秦诸子著作中最富有文采的一部作品。他的文章想象丰富，构思奇特，笔调恣肆，辞藻瑰丽，并多用寓言形式，富有浪漫色彩。

《庄子》是庄子与他的弟子共同完成的著作，现存33篇，分为"内篇"（7篇）、"外篇"（15篇）、"杂篇"（11篇）。

【含英咀华】

本篇选自《庄子·秋水》。文章通过河伯与海若的对话，形象地说明了这样一个道理：事物的大与小都是相对的，正所谓"尺有所短，寸有所长"；人的认识都要受到客观环境的制约，因而是十分有限的。故事启示我们：要时刻意识到自己的渺小与不足，不可囿于自己有限的见识而骄傲自满，要懂得山外有山、天外有天的道理，做一个有涵养、高境界的人。

庄子的文章善于用寓言故事和形象化的手法说理，是哲理与文学的完美结合，本文充分体现了这一特点。文章虚构了一个河伯与海若对话的寓言故事，通过两个神话人物的对话来展开说理，阐明观点。开头一段的景物描写，以"两涘渚崖之间，不辩牛马"的"泾流之大"与"不见水端"的大海相比照，以隐喻河伯与海若两种不同的认识境界，形象地渲染了文章主旨。此外，文中大量运用了比喻的修辞手法，将抽象的道理阐发得十分鲜明透彻。在论证方法上，文章顺着先由小到大，再由大到小的逻辑线索展开，由河景→海景→天地→阴阳，再由阴阳→天地→四海→中国→万物→人类→个人→五帝、三王、仁人、任士→豪末，从而将大与小的相对性阐述得十分鲜明。文章语言生动形象，比喻、排比层见叠出，更增强了文章的表现力。金人马定国说："吾读漆园书，《秋水》一篇足。"可见前人对此篇评价之高。

【思考与练习】

一、本文主要阐述了什么道理？这个道理对于我们今天有什么启示意义？
二、本文的议论说理有什么特点？试举例说明。
三、阅读《庄子·秋水》中的一段文字，完成下面的习题。

①"五帝"五句：意谓人类以天下为己任，但从整个宇宙来看，天下仍是极渺小的，不过尽同于"豪末"而已。"所连""所争""所忧""所劳"的对象，均指天下。此，指"豪末"。
②向：刚才。

　　子独不闻夫埳井之蛙乎？谓东海之鳖曰："吾乐与！吾跳梁乎井干之上，入休乎缺甃之崖；赴水则接掖持颐，蹶泥则没足灭跗；还虷、蟹与科斗，莫吾能若也。且夫擅一壑之水，而跨跱埳井之乐，此亦至矣。夫子奚不时来入观乎！"东海之鳖左足未入，而右膝已絷矣。于是逡巡而却，告之海曰："夫千里之远，不足以举其大；千仞之高，不足以极其深。禹之时，十年九潦，而水弗为加益；汤之时，八年七旱，而崖不为加损。夫不为顷久推移，不以多少进退者，此亦东海之大乐也。"于是埳井之蛙闻之，适适然惊，规规然自失也。

1. 查找工具书或参考资料，解释画线的词语。
2. 将这一段文字译成白话。
3. 简析这段文字的思想意义。

【拓展阅读】

陆永品选注《庄子选译（增订版）》，人民文学出版社
陈鼓应注译《庄子今注今译》，中华书局

（刘洪仁）

进学解

韩　愈

国子先生晨入太学^①，招诸生立馆下，诲之曰："业精于勤荒于嬉，行成于思毁于随^②。方今圣贤相逢，治具毕张^③，拔去凶邪，登崇俊良^④。占小善者率以录，名一艺者无不庸^⑤，爬罗剔抉^⑥，刮垢磨光^⑦。盖有幸而获选，孰云多而不扬^⑧。诸生业患不能精，无患有司之不明；行患不能成，无患有司之不公。"

言未既，有笑于列者曰："先生欺余哉！弟子事先生，于兹有年矣。先生口不绝吟于六艺^⑨之文，手不停披于百家之编。记事者必提其要，纂言者必钩其玄^⑩。贪多务得，细大不捐。焚膏油以继晷^⑪，恒兀兀以穷年^⑫。先生之业，可谓勤矣。觚排异端^⑬，攘斥佛老。补苴罅漏^⑭，张皇幽眇^⑮。寻坠绪^⑯之茫茫，独旁搜而远绍^⑰。障百川而东之^⑱，回狂澜于既倒。先生之于儒，可谓有劳矣。沉浸醲郁^⑲，含英咀华^⑳。作为文章，其书满家。上规姚姒^㉑，浑浑无涯^㉒。周诰殷盘^㉓，佶屈聱牙^㉔。《春秋》谨严^㉕，《左氏》浮

①国子先生：韩愈自称。韩愈当时任国子博士。国子，指国子监，是唐代主管国家教育的机构，下设国子学、太学、广文馆、四门馆、律学、书学、算学等，各置博士为教官。太学：这里指国子监。

②行：德行。随：听任，率意而为。

③治具：指法令。《史记·酷吏列传》："法令者，治之具。"张：颁布实施。

④登崇：提拔重用。俊良：才德优异之人。俊，一本作"畯"。

⑤名一艺者：指以某一种技艺而著称的人。庸：通"用"。

⑥爬罗剔抉：比喻搜罗选拔人才。爬，梳爬，整理。罗，搜罗。剔，剔除。抉，选择。

⑦刮垢磨光：刮掉污垢，打磨光亮。比喻对人才的造就、培养。

⑧多：指才能高。扬：提拔。

⑨六艺：指儒家的六经《诗》《书》《礼》《乐》《易》《春秋》。

⑩纂言者：指理论性著作。纂，通"撰"。钩其玄：探索其深奥的道理。玄，深奥。

⑪晷（guǐ）：日影。

⑫兀兀：辛勤劳苦的样子。穷年：终年，整年。

⑬觚（dǐ）排：抵制排斥。觚，通"抵"。异端：指儒家之外的诸家学说。

⑭补苴（jū）：弥补。罅（xià）漏：缺漏。

⑮张皇：张大，阐明。幽眇：指深奥隐微的义理。

⑯坠绪：指已衰落不振的儒家道统。绪，指前人未竟的事业。

⑰旁搜：广泛搜集。远绍：继承远古的传统。绍，继承。

⑱障：堵塞。东之：使之东流入海。

⑲沉浸：潜心于。醲（nóng）郁：浓厚馥郁，喻指典籍的精华。

⑳含英咀华：欣赏、体味其精华、奥妙。英、华，都是花，比喻精华。

㉑规：取法，学习。姚姒（sì）：指《尚书》中的《虞书》《夏书》。姚，虞舜之姓。姒，夏禹之姓。

㉒浑浑无涯：深远浩渺、无边无际的样子。

㉓周诰：《尚书·周书》中有《大诰》《康诰》等篇，故借指《周书》。殷盘：《尚书·商书》中有《盘庚》三篇，故借指《商书》。

㉔佶（jí）屈聱牙：形容文辞艰涩拗口。

㉕《春秋》谨严：意谓《春秋》经文下笔严谨认真，一丝不苟，常以一字寓褒贬。

夸①。《易》奇而法②，《诗》正而葩③。下逮《庄》《骚》④，太史所录⑤。子云相如⑥，同工异曲。先生之于文，可谓闳其中而肆其外⑦矣。少始知学，勇于敢为。长通于方⑧，左右具宜。先生之于为人，可谓成⑨矣。然而公不见信于人，私不见助于友。跋前踬后⑩，动辄得咎。暂为御史，遂窜南夷⑪。三年博士⑫，冗不见治⑬。命与仇谋⑭，取败几时⑮。冬暖而儿号寒，年丰而妻啼饥，头童齿豁⑯，竟死何裨⑰！不知虑此，而反教人为！"

先生曰："吁！子来前。夫大木为杗⑱，细木为桷⑲，欂栌侏儒⑳，椳阒扂楔㉑，各得其宜，施以成室者，匠氏之工也。玉札丹砂㉒，赤箭青芝㉓，牛溲马勃㉔，败鼓之皮㉕，俱收并蓄，待用无遗者，医师之良也。登明选公㉖，杂进巧拙㉗，纡余为妍㉘，卓荦㉙为杰，校

---

①《左氏》：指《左传》。浮夸：指文辞铺张华美，富于文采。范甯《春秋穀梁传集解》中有："左氏艳而富。"

②《易》：指《周易》。奇而法：变化多奇而有法则。

③《诗》：指《诗经》。正而葩：谓思想纯正而文采华美。

④下逮：下至。《庄》《骚》：《庄子》《离骚》。

⑤太史所录：指司马迁所著《史记》。

⑥子云相如：即扬雄和司马相如，二人均为西汉著名辞赋家。子云，扬雄的字。

⑦闳（hóng）其中：指内容博大精深。闳，宽大。肆其外：指形式灵活自如。肆，纵恣。

⑧长（zhǎng）：成年。方：大道，礼法。

⑨成：成熟，完备。

⑩跋前踬（zhì）后：进退两难。语出《诗经·豳风·狼跋》："狼跋其胡（颔下的垂肉），载疐（同"踬"）其尾。"跋，踩踏。踬，绊倒。

⑪"暂为"二句：指唐贞元十九年冬韩愈任监察御史，十二月即贬为阳山（今属广东）令。窜，贬谪。南夷，南方僻远之地。

⑫三年博士：指韩愈自唐元和元年六月至元和四年六月任国子博士（其中自元和二年夏分司洛阳）整三年。或以为"年"当作"为"，三为博士，指贞元十八年到贞元十九年初为四门博士，元和元年到元和四年任国子博士，元和七年二月复为国子博士。

⑬冗：闲散，多余。见（xiàn）：表现，见出。治：政绩，治政之才。

⑭命与仇谋：命运与仇敌相伴。谋，相合。

⑮几时：不时，屡屡。

⑯头童：秃顶。《释名·释长幼》："山无草木曰童。"引申为秃顶之义。豁（huō）：残缺，开出豁口。

⑰竟死：终老到死。裨（bì）：益处，补益。

⑱杗（máng）：栋梁。

⑲桷（jué）：屋顶上承瓦的椽子。

⑳欂（bó）栌：斗栱，柱顶上承托栋梁的方木。侏儒：梁上短木。

㉑椳（wēi）：承托门枢的门臼。阒（niè）：竖立在大门中央的短木。扂（diàn）：门闩。楔（xiē）：门框两侧的长木。按以上四句意谓各种材料都量材而用，各得其所。

㉒玉札：药名，即地榆。丹砂：朱砂，可入药。

㉓赤箭：即天麻。青芝：即龙芝。以上四种都是名贵中药。

㉔牛溲：牛尿，一说为车前草，均可入药。马勃：俗称马屁菌，可治恶疮。

㉕败鼓之皮：破鼓皮，可治蛊毒。以上三种为普通药材。

㉖登明选公：谓选拔人才既明察又公正。登，提拔。

㉗杂进巧拙：谓对材质各异的人都量材录用。巧拙，聪明的和笨拙的。

㉘纡余：指性格平和从容的人。妍：美好。

㉙卓荦（luò）：超群出众。与上句"纡余"分指人的不同品性。

短量长①，惟器是适②者，宰相之方也。昔者孟轲好辩，孔道以明，辙环天下③，卒老于行④；荀卿守正⑤，大论是弘，逃谗于楚，废死兰陵⑥。是二儒者，吐辞为经⑦，举足为法⑧，绝类离伦，优入圣域⑨。其遇于世何如也？今先生学虽勤而不繇其统⑩，言虽多而不要其中⑪，文虽奇而不济于用，行虽修⑫而不显于众。犹且月费俸钱，岁靡廪粟⑬；子不知耕，妇不知织；乘马从徒，安坐而食；踵常途之促促⑭，窥陈编⑮以盗窃。然而圣主不加诛⑯，宰臣不见斥，兹非其幸欤！动而得谤，名亦随之，投闲置散⑰，乃分⑱之宜。若夫商财贿之有亡⑲，计班资之崇庳⑳，忘己量之所称㉑，指前人之瑕疵㉒，是所谓诘匠氏之不以杙为楹㉓，而訾医师以昌阳引年㉔，欲进其豨苓也㉕。"

【作者档案】

韩愈（768—824），字退之，河阳（今河南孟州）人，世称"韩昌黎"。官至吏部侍郎，故也叫韩吏部；死后谥"文"，因此又叫韩文公。25岁考中进士，曾任四门博士、监察御史、国子监博士、刑部侍郎等职。后因谏阻唐宪宗迎佛骨，被贬为潮州刺史。两年后

---

①校短量长：比较其优、缺点。校，通"较"。

②惟器是适：只求适合每个人的才能。器，才具，才能。

③辙环天下：指孟子乘车周游列国。辙，车辙。孟子曾游历齐、宋、滕、魏等国。

④行：道路。

⑤荀卿：即荀子。守正：坚守儒家正统。

⑥"逃谗"二句：荀子本为齐国稷下学宫祭酒，因被人谗毁而逃至楚国，任兰陵令（治所在今山东苍山），后被废为平民，死于兰陵。

⑦吐辞为经：说出的话就是经典。

⑧举足为法：做的事情成为法则。

⑨优入圣域：优异而达到圣人的境界。

⑩不繇其统：不是出于正宗。繇，通"由"。统，指世代相承的统绪。

⑪不要（yāo）其中：不合正道。要，合，适合。《荀子·乐论》："行其缀兆，要其节奏。"中，正，正道。《荀子·性恶》："天下有中，敢直其身。"

⑫行：品行。修：美好。

⑬靡：浪费，消耗。廪（lǐn）粟：国家粮仓的粮食。

⑭踵常途之促促：跟在后面亦步亦趋，疲于奔命。踵，脚跟，此处用作动词，指跟随、追随。常途，世俗的旧路。促促，通"娖娖"，拘谨的样子。一本作"役役"，劳苦的样子。

⑮陈编：指古籍。

⑯诛：谴责，惩罚。

⑰投闲置散：被安置到闲散的职位上。

⑱分（fèn）：名分，本分。

⑲商：计较。财贿：财货，此指俸禄。亡（wú）：通"无"。

⑳班资：官职的品级。崇庳（bì）：高低。庳，通"卑"。

㉑己量：指自己的能力。称（chèn）：相称，相应。

㉒前人：位列自己之前的人，指当政者。瑕疵：玉上的斑点，比喻人的缺点。

㉓杙（yì）：小木桩。楹：厅堂前的柱子。

㉔訾（zǐ）：指责，非议。昌阳：即菖蒲，服用可"聪耳明目，延年益心智"（《证类本草》）。引年：延年益寿。

㉕豨（xī）苓（líng）：即猪苓，又称豕零，是一种解渴、利尿的草药。

召回朝廷，任国子监祭酒、兵部侍郎，官至吏部侍郎。

韩愈是唐贞元、元和年间倡导"古文运动"的领袖人物。"古文运动"是一场从内容和形式方面都力图推翻骈文统治的文风复古运动，其内容一是强调"文以载道"、文道合一，以"道"即思想内容为主，反对形式主义；二是主张革新文体，建立新的文学语言，既要求"惟陈言之务去""惟古于词必己出"，必须创作出新的词语，还要求"文从字顺各识职"，建立一种自由流畅的新散文，以代替骈文的统治。

韩愈的散文内容丰富，题材广泛，形式多样，表现力强。他把新型的"古文"应用于论、说、传、记、颂、赞、书、序等各种体裁，取得了卓越的成就，几乎每种体裁都有佳篇。韩愈的文章气势充沛、纵横捭阖，而又流畅自然。韩愈善于在前人的语言中推陈出新，创造了许多言简意赅的新颖词语；句式骈散交错，灵活多变，达到了他所追求的"气盛言宜""文从字顺"的效果。

苏轼曾以四句话高度评价韩愈的一生："文起八代之衰，而道济天下之溺；忠犯人主之怒，而勇夺三军之帅。"（《韩文公庙碑》）

【含英咀华】

本文大约作于唐宪宗元和八年（813）。据《新唐书·韩愈传》说，韩愈此前任职方员外郎，因为误告了两位刺史，复贬为国子博士。韩愈因"才高数黜，官又下迁，乃作《进学解》以自喻"。文章假托国子先生和其学生关于进德修业的对话，抒发自己沉沦下僚、不被重用的牢骚，从侧面揭露了当政者的不识贤愚和用人不当，这在压抑人才的封建时代具有普遍意义。文中关于"业精于勤荒于嬉，行成于思毁于随"的训诫，言简意深，长期以来成为人们或书之于纸，或刻之于石的座右铭。

写作上，本文虽沿袭传统辞赋主客问答的形式，但又有所创新。首先，文中"先生"的话多属反语，学生的话才是韩愈真正要说的心里话，属于正面文字，即自己的不平之鸣。古人指出："《进学解》首段以进学发端，中段句句是驳，末段句句是解，前呼后应，最为绵密。其格调虽本《客难》《解嘲》《答宾戏》诸篇，但诸篇都是自疏己长，此则把自家许多伎俩，许多抑郁，尽数借他人口中说出，而自家却以平心和气处之。看来无叹老嗟卑之迹，其实叹老嗟卑之心，无有甚于此者，乃《送穷》之变体也。"（林云铭《韩文起》）。其次，语言形象生动，精练警策。本文充分体现了韩愈"词必己出""文从字顺"的古文理论。他创造了许多生动活泼的文学语言和新鲜活泼的词语，这些词语被后人不断沿用，已凝为成语。最后，铺张扬厉的文风和骈偶、押韵的句式，不仅增加了纵横、排宕的气势和鼓动人心的力量，同时读起来也觉得声韵铿锵、朗朗上口，富于音乐美。

【思考与练习】

一、文章第二段从哪几个方面总结了"先生"的成就？这样写有什么表达作用？

二、找出文中的比喻句，说明其比喻意义。

三、找出文中的排比句，并说明本文语言上的特点。

四、本文充分体现了韩愈"词必己出"的特点，文中直接或间接形成的成语多达二十余个，请找出这些成语。

五、文中"业精于勤荒于嬉，行成于思毁于随"二句是关于读书治学和修身励志的至理名言，请联系自己的经历，写一篇读后感。

【拓展阅读】

童第德选注《韩愈文选》，人民文学出版社

孙昌武选注《韩愈选集》，上海古籍出版社

（刘洪仁）

钴鉧①西小丘记

柳宗元

　　得西山后八日，寻山口西北道二百步，又得钴鉧潭。潭西二十五步，当湍而浚者为鱼梁②。梁之上有丘焉，生竹树。其石之突怒偃蹇③，负土而出，争为奇状④者，殆不可数。其嵚然相累⑤而下者，若牛马之饮于溪；其冲然角列⑥而上者，若熊罴⑦之登于山。

　　丘之小不能一亩，可以笼而有之。问其主，曰："唐氏之弃地，货而不售⑧。"问其价，曰："止四百。"余怜而售之。李深源、元克己⑨时同游，皆大喜，出自意外。即更取器用，铲刈秽草，伐去恶木，烈火⑩而焚之。嘉木立，美竹露，奇石显。由其中以望，则山之高、云之浮，溪之流，鸟兽之遨游，举熙熙然回⑪巧献技，以效兹丘之下。枕席而卧，则清泠之状与目谋⑫，瀯瀯⑬之声与耳谋，悠然而虚者与神谋，渊然而静者与心谋。不匝旬而得异地⑭者二，虽古好事之士，或未能至焉。

　　噫！以兹丘之胜，致之沣、镐、鄠、杜⑮，则贵游之士争买者，日增千金而愈不可得。今弃是州也，农夫渔父过而陋之，贾⑯四百，连岁不能售。而我与深源、克己独喜得之，是其果有遭乎！书于石，所以贺兹丘之遭也。

【作者档案】

　　柳宗元（773—819），字子厚。祖籍河东（今山西永济），世称"柳河东"；官至柳州

---

　　①钴鉧潭：永州山水之一，形似熨斗，故名。钴（gǔ）鉧（mǔ），熨斗。"永州八记"中有一篇《钴鉧潭记》，这篇《钴鉧潭西小丘记》即写钴鉧潭西的一个不知名的小山。

　　②"当湍"句：谓在水深而急的地方是一座鱼梁。湍，急流。浚，深。鱼梁，障水的石堰，中空，以通鱼之往来。

　　③突怒偃蹇（jiǎn）：山石崎岖的样子。突怒，高起的样子。偃蹇，屈曲起伏的样子。

　　④奇状：一作"奇壮"。

　　⑤嵚（qīn）然：山石耸立的样子。相累：层层相叠。

　　⑥冲然：突起的样子。角列：如兽角斜列。

　　⑦罴（pí）：熊的一种，体形比熊大，俗称人熊。

　　⑧货而不售：谓作价待卖而未售出。货，卖。售，卖出。

　　⑨李深源、元克己：作者友人。李深源，名幼清，原任太府卿。元克己，原任侍御史。此时同贬居永州。

　　⑩烈火：燃起猛火。烈，作动词用。

　　⑪举：全都。熙熙：和乐的样子。回：有运行意。

　　⑫清泠（líng）：指天宇的清澈明净。谋：合。

　　⑬瀯瀯（yíng）：泉水回流声。

　　⑭匝（zā）旬：周旬，整十天。异地：胜地，指钴鉧潭和小丘。

　　⑮沣（fēng）、镐（hào）、鄠（hù）、杜：皆古地名，都是唐代帝都近邻豪贵们居住的地方。沣，借作"丰"，在今西安西南，为周文王都城。镐，在今西安西南，为周武王都城。鄠，在今西安西南，为汉上林苑所在。杜，在今西安东南，亦称杜陵。

　　⑯贾：通"价"。

刺史，故又称"柳柳州"。唐代文学家、哲学家，"唐宋八大家"之一。文与韩愈齐名，并称"韩柳"。柳宗元出身于官宦家庭，少有才名，早有大志。入朝为官后，积极参与王叔文集团的政治革新，升礼部员外郎。唐永贞元年（805）九月，革新失败，贬为永州司马。在此期间，写下了著名的"永州八记"。元和十年（815）春回京师，不久又出为柳州刺史。元和十四年卒于柳州任所。

柳宗元与韩愈共同倡导唐代"古文运动"，大力提倡古文，明确提出"文以明道"的主张，并培养了一批青年作家。柳宗元一生留存诗文作品达 600 余篇。他擅写杂文、寓言、山水游记、传记。其杂文小品论说性强，笔锋犀利，讽刺辛辣，富于战斗性。游记写景状物，多所寄托，最为世人称道。韩愈称他的散文"雄深雅健，似司马子长"，对其散文的风格特色和历史地位给予了高度评价。有《柳河东集》。

【含英咀华】

本篇是"永州八记"的第三篇。山水游记是柳宗元最具特色的文学作品，尤其是他在永州期间创作的八篇游记，一方面用清新的笔触对永州的佳山秀水做了精细描绘，流露出淡雅的情趣；另一方面又借山水表达自己被贬的愤懑和对人生的哲学思考，具有很高的文学价值。

文章着力描写了小丘群石"突怒偃蹇""欹然相累"的奇状异态，"回巧献技""枕席而卧"的游丘佳趣。从偶遇小丘，买下小丘，"铲刈秽草，伐去恶木"，到"嘉木立，美竹露，奇石显"，作者为之深慨的是小丘"货而不售"的命运。从小丘"农夫渔父过而陋之""连岁不能售"的遭遇中，想到自己被弃永州、不得赏识的人生境遇，曲折地表现了对被贬谪处境的不满和渴望得到重用的心情。小丘终逢识者，稍加整理，呈现出生机盎然的独特景观，更与作者流落不遇的心情形成映照，流露出作者对无情现实的悲愤和无奈之情。

此文短小精悍、语言精粹，体现了柳宗元"意尽便止"的为文主张，凸显了柳宗元游记幽深冷峭的风格和作者凄苦忧郁的自我心境。

【思考与练习】

一、本文写钴鉧潭因僻处永州而"贾四百，连岁不能售"的遭遇，并对此大发感慨，这有什么寄托意义？试联系作者的身世处境作简要分析。

二、"铲刈秽草，伐去恶木，烈火而焚之。嘉木立，美竹露，奇石显。"这几句描写寄寓了作者什么样的情感？

三、本文的写作特点是什么？

四、柳宗元的山水游记往往寓情于景，其笔下的山水景物大多打上了作者个人的情感烙印。试阅读"永州八记"中的其他各篇，体会这一特点。

【拓展阅读】

尚永亮撰《柳宗元诗文选评》，上海古籍出版社

高文、屈光选注《柳宗元选集》，上海古籍出版社

（陈 远）

卖柑者言

刘　基

杭①有卖果者，善藏柑，涉寒暑不溃②。出之烨然③，玉质而金色。置于市，贾④十倍，人争鬻⑤之。予贸⑥得其一，剖之，如有烟扑口鼻，视其中，干若败絮⑦。予怪而问之曰："若所市于人者，将以实笾豆⑧，奉祭祀，供宾客乎？将炫外以惑愚瞽也？甚矣哉为欺也！"

卖者笑曰："吾业是⑨有年矣，吾赖是以食吾躯。吾售之，人取之，未尝有言，而独不足子所乎？世之为欺者不寡矣，而独我也乎？吾子未之思也。今夫佩虎符、坐皋比者⑩，洸洸乎干城之具⑪也，果能授孙吴⑫之略耶？峨大冠、拖长绅者⑬，昂昂乎庙堂之器⑭也，果能建伊皋之业⑮耶？盗起而不知御，民困而不知救，吏奸而不知禁，法斁⑯而不知理，坐糜廪粟⑰而不知耻。观其坐高堂，骑大马，醉醇醴而饫⑱肥鲜者，孰不巍巍乎可畏，赫赫乎可象⑲也？又何往而不金玉其外、败絮其中也哉！今子是之不察，而以察吾柑！"

予默默无以应。退而思其言，类东方生滑稽⑳之流。岂其愤世疾邪者耶？而托于柑以讽耶？

---

①杭：浙江杭州。

②涉：经过。溃：腐烂。

③烨（yè）然：光鲜的样子。

④贾：通"价"，价格。

⑤鬻（yù）：购买。

⑥贸：买。

⑦败絮：破棉絮。

⑧实：充实，填满。笾（biān）豆：古代礼器，祭祀或宴会时用。笾，盛果品等物的竹器。豆，盛肉食等物的木器。

⑨业是：以此为业。

⑩佩虎符、坐皋比（pí）者：指武将。虎符，虎形的兵符。皋比，虎皮，此指武将坐的虎皮椅。

⑪洸洸（guāng）乎：威武的样子。干城之具：捍卫国家的将才。干，盾。具，指人才。

⑫孙吴：指我国古代著名的军事家孙武和吴起。

⑬"峨大冠"句：戴着高高的官帽、拖着长长的绶带的人，即官居显位的达官贵人，也就是下句的"庙堂之器"。绅，古代士大夫束在腰间并垂下一截作装饰的绶带。

⑭庙堂之器：指治国安邦的朝廷重臣。

⑮伊皋之业：贤明宰相的功业。伊，即伊尹，商汤的大臣。皋，即皋陶（yáo），相传为舜时掌管刑法的大臣。

⑯斁（dù）：败坏。

⑰坐糜廪粟：白白浪费国家的粮食。

⑱醇醴（lǐ）：美酒。饫（yù）：饱食。

⑲赫赫乎：盛气凌人的样子。象：效法。

⑳东方生：东方朔，汉武帝时人，常以滑稽的言论讽谏皇帝。滑（gǔ）稽：诙谐风趣，机智善辩。

【作者档案】

刘基（1311—1375），字伯温，青田（今浙江青田）人。元至顺四年（1333）举进士，曾任江西高安县丞、江浙儒学副提举等职，后弃官归隐。协助朱元璋建立明王朝，为明朝开国功臣。官至御史中丞兼太史令，封诚意伯。有《诚意伯文集》。

刘基是元末明初著名诗文家之一，其散文与宋濂并称，《明史》本传称他"所为文章，气昌而奇，与宋濂并为一代之宗"。他善于以寓言故事的形式反映民生疾苦，揭露社会时弊。刘基在诗歌创作方面也具有自己的特点，尤长乐府、古体，以反映社会现实、抒发悲愤不平之情为主，风格"沉郁顿挫，自成一家"（《四库全书总目提要》）。

【含英咀华】

本篇为刘基散文的代表作。开篇先从一个卖柑者说起。杭州一个卖水果的商人，善于贮藏柑橘，经一年而不烂，外表如玉一般细腻，似金一般光鲜，但里面却干枯如破棉絮。作者于是责问道："若所市于人者……将炫外以惑愚瞽也？甚矣哉为欺也！"接下来卖柑者进行了一番答辩。这段诙谐机智的回答，正是全篇主旨所在。作者借卖柑者之口，指出那些坐高堂、骑大马、饱食佳肴、神气十足的文臣武将，实际上都是一些不懂用兵、不会治国、平庸无能、白吃朝廷俸禄的蠹物，就像"金玉其外，败絮其中"的柑橘，外表道貌岸然、冠冕堂皇，实则是腹内空空的大草包，从而巧妙地揭露了当时的社会现实，表达了自己的愤世嫉俗之情。

全篇采取设辞问答的形式，从一个"欺"字生发议论，由远及近，由表及里。文章巧妙地以卖柑者之言讥讽了那些表面道貌岸然，实则腹内空空、无德无才的达官贵人，论辩层层递进，语言机智犀利。尤其是"果能……"两个反诘句式的运用，增强了全文的气势，而卖柑者最后直言"今子是之不察，而以察吾柑"，不禁引人深思，令人回味无穷。结尾处，作者自问"岂其愤世疾邪者耶？而托于柑以讽耶？"看似疑惑，实为深化题旨、画龙点睛之笔。

【思考与练习】

一、本文的主要内容是什么？作者通过卖柑者之言主要讽刺了什么？

二、面对卖柑者的反问，作者为何"默默无以应"？

三、本文在写作上有什么特点？

四、阅读刘基的《郁离子·狙公》，简要分析其深刻的思想意义。

郁离子·狙公

楚有养狙以为生者，楚人谓之狙公。旦日必部分众狙于庭，使老狙率以之山中，求草木之实，赋什一以自奉。或不给，则加鞭棰焉。群狙皆畏苦之，弗敢违也。

一日，有小狙谓众狙曰："山之果，公所树与？"曰："否也。天生也。"曰："非公不得而取与？"曰："否也。皆得而取也。"曰："然则吾何假于彼而为之役乎？"言未既，众狙皆寤。其夕，相与伺狙公之寝，破栅毁柙，取其积，相携而入于林中，不复归。狙公卒馁而死。

郁离子曰："世有以术使民，而无道揆者，其如狙公乎？惟其昏而未觉也，一旦有开之，其术穷矣。"

【拓展阅读】

刘明今选注《刘基散文选集》，百花文艺出版社

刘伯温著，席水君注译《古今第一寓言——郁离子全译》，四川人民出版社

（苏　静）

就任北京大学校长之演说

蔡元培

　　五年前，严几道①先生为本校校长时，余方服务教育部，开学日曾有所贡献于同校。诸君多自预科②毕业而来，想必闻知。士别三日，刮目相见，况时阅数载，诸君较昔当必为长足之进步矣。予今长斯校，请更以三事为诸君告。

　　一曰抱定宗旨。诸君来此求学，必有一定宗旨，欲知宗旨之正大与否，必先知大学之性质。今人肄业专门学校，学成任事，此固势所必然，而在大学则不然。大学者，研究高深学问者也。外人每指摘本校之腐败，以求学于此者，皆有做官发财思想，故毕业预科者，多入法科，入文科者甚少，入理科者尤少，盖以法科为干禄之终南捷径③也。因做官心热，对于教员，则不问其学问之浅深，惟问其官阶④之大小。官阶大者，特别欢迎，盖为将来毕业有人提携也。现在我国精于政法者，多入政界，专任教授者甚少，故聘请教员，不得不聘请兼职之人，亦属不得已之举。究之外人指摘之当否，姑不具论。然诋谤莫如自修，人讥我腐败，而我不腐败，问心无愧，于我何损？果欲达其做官发财之目的，则北京不少专门学校，入法科者尽可肄业于法律学堂，入商科者亦可投考商业学校，又何必来此大学？所以诸君须抱定宗旨，为求学而来。入法科者，非为做官；入商科者，非为致富。宗旨既定，自趋正轨。诸君肄业于此，或三年，或四年，时间不为不多，苟能爱惜分阴，孜孜求学，则其造诣，容有底止⑤。若徒志在做官发财，宗旨既乖，趋向自异。平时则放荡冶游⑥，考试则熟读讲义，不问学问之有无，惟争分数之多寡；试验既终，书籍束之高阁，毫不过问，敷衍三四年，潦草塞责，文凭到手，即可借此活动于社会，岂非与求学初衷大相背驰乎？光阴虚度，学问毫无，是自误也。且辛亥之役，吾人之所以革命，因清廷官吏之腐败。即在今日，吾人对于当轴⑦多不满意，亦以其道德沦丧。今诸君苟不于此时植其基，勤其学，则将来万一因生计所迫，出而任事，但任讲席，则必贻误学生；置身政界，则必贻误国家。是误人也。误己误人，又岂本心所愿乎？故宗旨不可以不正大。此余所希望于诸君者一也。

　　二曰砥砺德行。方今风俗日偷⑧，道德沦丧，北京社会，尤为恶劣，败德毁行之事，触目皆是，非根基深固，鲜不为流俗所染。诸君肄业大学，当能束身自爱。然国家之兴

---

　　①严几道：严复（1854—1921），字几道，近代著名启蒙思想家、翻译家，京师大学堂改名为北京大学后的第一任校长。

　　②预科：大学基础课程或桥梁课程，读大学前的预备教育。当时北京大学设有文、法、理、工科和预科。预科相当于北京大学的附属高中，学制为三年（后改为两年），毕业后可免试升入本科。

　　③终南捷径：唐代诗人卢藏用曾隐居于长安附近的终南山，借此赢得名声做了大官。后遂用"终南捷径"比喻求官最便捷的门路，也比喻达到目的的便捷门径。

　　④官阶：官员的等级次第。

　　⑤容有底止：犹言前途无量。容，或许，也许。底止，止境。

　　⑥冶游：原指春天或节日里男女外出游玩，后专指狎妓。

　　⑦当轴：指执政者。

　　⑧偷：苟且。

替，视风俗之厚薄。流俗如此，前途何堪设想。故必有卓绝之士，以身作则，力矫颓俗。诸君为大学学生，地位甚高，肩此重任，责无旁贷，故诸君不惟思所以感己，更必有以励人。苟德之不修，学之不讲，同乎流俗，合乎污世，己且为人轻侮，更何足以感人。然诸君终日伏首案前，芸芸①攻苦，毫无娱乐之事，必感身体上之苦痛。为诸君计，莫如以正当之娱乐，易不正当之娱乐，庶于道德无亏，而于身体有益。诸君入分科时，曾填写愿书，遵守本校规则，苟中道而违之，岂非与原始之意相反乎？故品行不可以不谨严。此余所希望于诸君者二也。

三曰敬爱师友。教员之教授，职员之任务，皆以图诸君求学便利，诸君能无动于衷乎？自应以诚相待，敬礼有加。至于同学共处一室，尤应互相亲爱，庶可收切磋之效。不惟开诚布公，更宜道义相勖，盖同处此校，毁誉共之。同学中苟道德有亏，行有不正，为社会所訾詈，己虽规行矩步，亦莫能辨，此所以必互相劝勉也。余在德国，每至店肆购买物品，店主殷勤款待，付价接物，互相称谢，此虽小节，然亦交际所必需，常人如此，况堂堂大学生乎？对于师友之敬爱，此余所希望于诸君者三也。

余到校视事仅数日，校事多未详悉，兹所计划者二事：一曰改良讲义。诸君既研究高深学问，自与中学、高等不同，不惟恃教员讲授，尤赖一己潜修。以后所印讲义，只列纲要，细微末节，以及精旨奥义，或讲师②口授，或自行参考，以期学有心得，能裨实用。二曰添购书籍。本校图书馆书籍虽多，新出者甚少，苟不广为购办，必不足供学生之参考。刻拟③筹集款项，多购新书，将来典籍满架，自可旁稽博采④，无虞缺乏矣。今日所与诸君陈说者只此，以后会晤日长，随时再为商榷可也。

【作者档案】

蔡元培（1868—1940），字鹤卿，浙江绍兴人。中国民主革命家、教育家。清光绪进士，翰林院编修。1902 年与蒋观云等发起组织中国教育会，创办爱国学社和爱国女学，宣传民主革命思想。1904 年与陶成章等组织光复会，被举为会长。次年参加同盟会，为上海分会会长。1907 年赴德留学。1912 年 1 月任南京临时政府教育总长，发表《对于教育方针之意见》，反对清末学部奏定的教育宗旨。提"五育并举"思想。主张教育应从造成现世幸福出发，而以达到"实体世界"（即观念世界）为最终目的。主持制定《壬子·癸丑学制》，实行小学男女同校、废除读经等改革措施。1917 年任北京大学校长，提倡"思想自由""兼容并包"的办学方针，多方罗致学有所长者，实行教授治校，使北大成为新文化运动的发祥地。1919 年五四运动爆发后被迫辞职。1927 年任国民党政府大学院院长，推行大学院和大学区制，旋废止。后改任中央研究院院长。九·一八事变后，主张抗日，又与宋庆龄、鲁迅等组织中国民权保障同盟。病逝于香港。著作编为《蔡元培全集》等。

---

① 芸芸：众多的样子。
② 讲师：此指讲课的老师，不是职称名。
③ 刻拟：立即着手。
④ 旁稽博采：广泛征求采购。旁，广泛。稽，考查，调查。

【含英咀华】

本文是 1917 年 1 月 9 日蔡元培就任北京大学校长时的演说，它对北京大学乃至整个中国现代的大学教育都产生过重要影响。

北京大学的前身是创办于 1898 年的京师大学堂，这是中国第一所现代意义上的大学。但 1917 年蔡元培接任之前的北京大学，总的来说还是一所封建思想、官僚习气十分浓厚的学府。蔡元培接任校长后，坚定地按照自己的教育理念进行改革，两三年后便使北京大学从一个培养官僚的腐朽机构一跃而成为全国进步青年仰慕的学府。这篇演说，正是蔡元培教育思想的体现，同时也是一位校长对青年学子的谆谆教诲。在演讲中，他在简单地回顾了自己与北京大学的渊源后，就以校长的身份直截了当地对青年学子提出了三点要求：抱定宗旨、砥砺德行、敬爱师友。这几点要求绝非泛泛而谈，而是直接针对当时的社会风气和北京大学的沉疴而提出的，每一点都极富针对性，都事关北京大学的前途和命运。

第一点高屋建瓴地指出了大学的性质，要求学子们明确求学的目的。他旗帜鲜明地提出："大学者，研究高深学问者也。"大学不是做官发财的跳板，而是研究高深学问的地方，这一观点在当时可以说振聋发聩，直指北京大学多年弊端。在批判了种种腐败现象之后，作者明确要求青年学子一定要有正大的宗旨。对此，文章从正反两方面进行了论述：为求学而来到北大者，会倍加珍惜这几年的大好光阴，刻苦攻读，为今后的发展打下坚实的底子；只为做官发财而来者，则往往容易敷衍塞责，误己误国。第二点则着眼于道德品行。这一点也是有的放矢的。当时正是皖、直、奉三大军阀派系混战时期，社会动荡不安。在思想领域，人们失去了旧有的道德规范，有些人甚至丧失了起码的道德底线，社会上下腐败成风，"败德毁行之事，触目皆是"。所以，蔡元培希望北大学子能以天下为己任，以身作则，担当起匡正流俗的职责，为天下人做道德的楷模。第三点是从个人修养方面来说的。他希望北大学子能尊敬师长、团结友爱，特别是同学之间要相互勉励，共同维护北大的荣誉。这些教诲既严肃认真，又体贴入微，可谓语重心长，体现了一位长者对青年学子的关爱，让人如沐春风。

这三点看起来并不高深，今天看来也并无新意，但在当时却有着振聋发聩、匡正时弊的重要意义。正是因为有了蔡元培在北京大学的锐意改革，才使北京大学从陈腐封建的泥潭中走上了现代大学发展的正轨，逐步成为一所真正具有现代意义的大学，为成就今后的百年辉煌打下了坚实的基础。

文章观点鲜明，主题突出。作者围绕"抱定宗旨""砥砺德行""敬爱师友"三个观点展开说理，紧密联系现实，或正面论证，或反面辩驳，既能以理服人，又能以情动人。正面阐述之后，又继以反诘问难，如"又何必来此大学？""岂非与求学初衷大相背驰乎？""又岂本心所愿乎？""岂非与原始之意相反乎？""常人如此，况堂堂大学生乎？"这些反问句，既增强了文章的气势，也强化了说理的力量，让听者大有芒刺在背、深思猛醒之感。

【思考与练习】

一、谈谈你对"大学者，研究高深学问者也"的理解。

二、简述 1917 年之前北京大学的发展历史，尤其是蔡元培接任校长时北京大学的状况。

三、这篇演讲主要提出了哪几个观点？这些观点各有什么现实针对性？

四、选择这篇演讲中的某一个观点深入思考，谈谈你的理解，并写一篇心得体会，在课堂上做主题发言。

五、谈谈你对当代大学教育现状的思考与看法。

【拓展阅读】

张汝伦编《蔡元培文选》，上海远东出版社

高平叔编《蔡元培教育论著选》，人民教育出版社

（刘洪仁）

风　筝

鲁　迅

北京的冬季，地上还有积雪，灰黑色的秃树枝丫叉①于晴朗的天空中，而远处有一二风筝浮动，在我是一种惊异和悲哀。

故乡的风筝时节，是春二月，倘听到沙沙的风轮声，仰头便能看见一个淡墨色的蟹风筝或嫩蓝色的蜈蚣风筝。还有寂寞的瓦片风筝，没有风轮，又放得很低，伶仃地显出憔悴可怜的模样。但此时地上的杨柳已经发芽，早的山桃也多吐蕾，和孩子们的天上的点缀相照应，打成一片春日的温和。我现在在哪里呢？四面都还是严冬的肃杀②，而久经诀别③的故乡的久经逝去的春天，却就在这天空中荡漾了。

但我是向来不爱放风筝的，不但不爱，并且嫌恶他④，因为我以为这是没出息孩子所做的玩艺。和我相反的是我的小兄弟⑤，他那时大概十岁内外罢，多病，瘦得不堪，然而最喜欢风筝，自己买不起，我又不许放，他只得张着小嘴，呆看着空中出神，有时至于小半日。远处的蟹风筝突然落下来了，他惊呼；两个瓦片风筝的缠绕解开了，他高兴得跳跃。他的这些，在我看来都是笑柄，可鄙的。

有一天，我忽然想起，似乎多日不很看见他了，但记得曾见他在后园拾枯竹。我恍然大悟似的，便跑向少有人去的一间堆积杂物的小屋去，推开门，果然就在尘封的什物堆中发见了他。他向着大方凳，坐在小凳上；便很惊惶地站了起来，失了色瑟缩着。大方凳旁靠着一个胡蝶⑥风筝的竹骨，还没有糊上纸，凳上是一对做眼睛用的小风轮，正用红纸条装饰着，将要完工了。我在破获秘密的满足中，又很愤怒他的瞒了我的眼睛，这样苦心孤诣地来偷做没出息孩子的玩艺。我即刻伸手抓断了蝴蝶的一支翅骨，又将风轮掷在地下，踏扁了。论长幼⑦，论力气，他是都敌不过我的，我当然得到完全的胜利，于是傲然走出，留他绝望地站在小屋里。后来他怎样，我不知道，也没有留心。

然而我的惩罚终于轮到了，在我们离别得很久之后，我已经是中年。我不幸偶而看了一本外国的讲论儿童的书，才知道游戏是儿童最正当的行为，玩具是儿童的天使⑧。于是二十年来毫不忆及的幼小时候对于精神的虐杀的这一幕，忽地在眼前展开，而我的心也仿佛同时变了铅块，很重很重地堕下去了。

---

①丫叉：树木两枝分歧处。此处作动词用。

②肃杀：冷酷萧条，毫无生气。

③诀别：辞别，多指不再相见的分别。

④他：在"五四"初期的白话文中，第三人称代词一般都用"他"，后来才有"他""她""它"之分。这句中的"他"是指"放风筝"。

⑤小兄弟：这里指的是作者鲁迅的三弟周建人。

⑥胡蝶：同蝴蝶。

⑦论长幼：封建伦理道德宣扬"长幼有序"，规定幼小者必须无条件服从长者，因而弟弟必须服从兄长。

⑧天使：西方神话中把某些帮助人们实现美好愿望的神仙称为"天使"。这里是指儿童所希望得到的最美好的东西。

但心又不竟堕下去而至于断绝，他只是很重很重地堕着，堕着。

我也知道补过的方法的：送他风筝，赞成他放，劝他放，我和他一同放。我们嚷着，跑着，笑着。——然而他其时已经和我一样，早已有了胡子了。

我也知道还有一个补过的方法的：去讨他的宽恕，等他说，"我可是毫不怪你呵。"那么，我的心一定就轻松了，这确是一个可行的方法。有一回，我们会面的时候，是脸上都已添刻了许多"生"的辛苦的条纹，而我的心很沉重。我们渐渐谈起儿时的旧事来，我便叙述到这一节，自说少年时代的胡涂①。"我可是毫不怪你呵。"我想，他要说了，我即刻便受了宽恕，我的心从此也宽松了罢。

"有过这样的事么？"他惊异地笑着说，就像旁听着别人的故事一样。他什么也不记得了。

全然忘却，毫无怨恨，又有什么宽恕之可言呢？无怨的恕，说谎罢了。

我还能希求什么呢？我的心只得沉重着。

现在，故乡的春天又在这异地的空中了，既给我久经逝去的儿时的回忆，而一并也带着无可把握的悲哀。我倒不如躲到肃杀的严冬中去罢，——但是，四面又明明是严冬，正给我非常的寒威和冷气。

一九二五年一月二十四日

【作者档案】

鲁迅（1881—1936），原名周樟寿，字豫山，后改名周树人，字豫才，浙江绍兴人。中国现代文学的奠基人。出身于封建士大夫家庭，幼年时深受传统文化和民间文艺熏陶。1898年考入南京江南水师学堂，翌年转入矿务铁路学堂，开始接受达尔文的进化论思想。1902年赴日本留学，初在仙台医专学医，后弃医从文，希望用笔"引起疗救的注意"，唤醒国人灵魂，改变国民精神。1918年首次以"鲁迅"为笔名在《新青年》上发表了中国现代文学史上第一篇白话小说《狂人日记》。五四运动后，他积极推动新文化运动，加入语丝社，组织创办莽原社、未名社，以此作为其文学革命的阵地。他曾在北京大学、北京女子高等师范学校、厦门大学、中山大学执教。1927年定居上海，发起成立"左翼作家联盟"，并成为"左联"的领导人之一。1936年10月19日，鲁迅因病逝世，享年56岁。

鲁迅一生一直站在反帝反封建斗争的最前列，堪称现代中国的民族魂。鲁迅深刻而超越时代的精神、思想和精湛而极富创造力的文学创作，深刻地影响着他的读者和一代代中国现代作家与现代知识分子，构成了中国现代文学的一个独特现象。鲁迅的主要作品有小说集《呐喊》《彷徨》《故事新编》，散文集《朝花夕拾》，散文诗集《野草》，杂文集《热风》《华盖集》《坟》《三闲集》《二心集》《伪自由书》《且介亭杂文》等，学术著作《中国小说史略》《汉文学史纲要》等。

【含英咀华】

《风筝》是鲁迅于1925年写的一篇回忆性散文。此文发表于同年2月出版的《语丝》周刊第12期，后收入散文诗集《野草》。此文通过作者回忆自己幼年时代对小兄弟喜爱风筝的一次精神虐杀，深刻揭露了封建的伦理道德和教育思想对儿童心灵的束缚和摧残，表

---

①胡涂：同糊涂，指不明事理，认识模糊或混乱。

现了作者严于解剖自己的自我批评精神，以及同封建势力战斗到底的决心。

文章开头，作者首先由北京冬季天空中的风筝联想到故乡早春二月时节的放风筝，流露出淡淡的乡愁。然后自然地从风筝想到儿时往事：作为兄长的他对所谓没出息的酷爱风筝的弟弟的惩罚。成年后的作者为自己幼时的无知、对弟弟童年时天性的扼杀行为充满了内疚和自责。更令作者痛苦的是他已无法求得宽恕，因为弟弟对这件往事已漠然忘却，这里照应了文章一开头作者见到风筝时"惊异和悲哀"的情绪。这种惊异和悲哀不仅仅在于作者内心的深刻自我反省，而在于他从弟弟的"全然忘却"中体会到中国老百姓对封建道德的奴役、家长式的专制制度的不觉醒，因而倍感改造"国民性"任务之艰巨，点出了作者心情沉重的内在原因。

文章叙事与抒情紧密相连，在叙事的基础上，抒发了作者对冷酷现实的极端憎恶和对美好明天的憧憬。此文以白描手法写景、写人，叙事与感叹、议论相结合，渗透着一种深沉的理性精神。

【思考与练习】

一、看见风筝，人之常情往往是愉悦的，而"在我是一种惊异和悲哀"。联系上下文，谈谈作者为何"惊异"和"悲哀"。

二、联系全文，谈谈为什么"我"对小兄弟放风筝要进行粗暴干涉。

三、人到中年，"我"认识到了"精神的虐杀"的错误，一心想求得小兄弟的宽恕，而弟弟却表示已全然忘却，并无怨恨，然而"我"的心不觉轻松，反感"沉重"，有一种"无可把握的悲哀"。你如何理解"我"的"沉重"与"悲哀"？

【拓展阅读】

钱理群著《鲁迅作品十五讲》，北京大学出版社

王得后、钱理群、周振甫编《鲁迅作品全编（杂文卷上、下）》，浙江文艺出版社

（孟成华　郑世奎）

桨声灯影里的秦淮河

朱自清

一九二三年八月的一晚，我和平伯同游秦淮河；平伯是初泛，我是重来了。我们雇了一只"七板子"①，在夕阳已去，皎月方来的时候，便下了船。于是桨声汨——汨，我们开始领略那晃荡着蔷薇色的历史的秦淮河的滋味了。

秦淮河里的船，比北京万牲园②，颐和园的船好，比西湖的船好，比扬州瘦西湖的船也好。这几处的船不是觉着笨，就是觉着简陋、局促；都不能引起乘客们的情韵，如秦淮河的船一样。秦淮河的船约略可分为两种：一是大船；一是小船，就是所谓"七板子"。大船舱口阔大，可容二三十人。里面陈设着字画和光洁的红木家具，桌上一律嵌着冰凉的大理石面。窗格雕镂颇细，使人起柔腻之感。窗格里映着红色蓝色的玻璃；玻璃上有精致的花纹，也颇悦人目。"七板子"规模虽不及大船，但那淡蓝色的栏杆，空敞的舱，也足系人情思。而最出色处却在它的舱前。舱前是甲板上的一部。上面有弧形的顶，两边用疏疏的栏杆支着。里面通常放着两张藤的躺椅。躺下，可以谈天，可以望远，可以顾盼两岸的河房。大船上也有这个，但在小船上更觉清隽罢了。舱前的顶下，一律悬着灯彩；灯的多少，明暗，彩苏的精粗，艳晦，是不一的。但好歹总还你一个灯彩。这灯彩实在是最能钩人的东西。夜幕垂垂地下来时，大小船上都点起灯火。从两重玻璃里映出那辐射着的黄黄的散光，反晕出一片朦胧的烟霭；透过这烟霭，在黯黯的水波里，又逗起缕缕的明漪。在这薄霭和微漪里，听着那悠然的间歇的桨声，谁能不被引入他的美梦去呢？只愁梦太多了，这些大小船儿如何载得起呀？我们这时模模糊糊的谈着明末的秦淮河的艳迹，如《桃花扇》及《板桥杂记》③里所载的。我们真神往了。我们仿佛亲见那时华灯映水，画舫凌波的光景了。于是我们的船便成了历史的重载了。我们终于恍然秦淮河的船所以雅丽过于他处，而又有奇异的吸引力的，实在是许多历史的影像使然了。

秦淮河的水是碧阴阴的；看起来厚而不腻，或者是六朝金粉所凝么？我们初上船的时候，天色还未断黑，那漾漾的柔波是这样的恬静，委婉，使我们一面有水阔天空之想，一面又憧憬着纸醉金迷之境了。等到灯火明时，阴阴的变为沉沉了：黯淡的水光，像梦一般；那偶然闪烁着的光芒，就是梦的眼睛了。我们坐在舱前，因了那隆起的顶棚，仿佛总是昂着首向前走着似的；于是飘飘然如御风而行的我们，看着那些自在的湾泊着的船，船里走马灯般的人物，便像是下界一般，迢迢的远了，又像在雾里看花，尽朦朦胧胧的。这时我们已过了利涉桥，望见东关头了。沿路听见断续的歌声：有从沿河的妓楼飘来的，有从河上船里度来的。我们明知那些歌声，只是些因袭的言辞，从生涩的歌喉里机械的发出

---

①七板子：亦作"七板儿"，秦淮河上一种有篷而周围无走沿的小游艇。

②万牲园：今写作万牲园或万生园，是中国历史上最早的近代公共动物园，即今北京动物园所在地。园址明代时为皇家庄园；清初改为皇亲、勋臣傅恒三子福康安贝子的私人园邸，俗称三贝子花园。

③《桃花扇》：清代传奇剧本，孔尚任作。剧本以金陵才子侯方域与秦淮名妓李香君的爱情故事为线索，"借离合之情，写兴亡之感"，反映了南明弘光王朝政治的动乱，表现了作家对明朝灭亡的沉重感叹。《板桥杂记》：笔记著作，清代余怀作。余怀为明朝遗老，书中所记均为其亲历亲闻的南京旧事。

来的；但它们经了夏夜的微风的吹漾和水波的摇拂，袅娜着到我们耳边的时候，已经不单是她们的歌声，而混着微风和河水的密语了。于是我们不得不被牵惹着，震撼着，相与浮沉于这歌声里了。从东关头转湾，不久就到大中桥。大中桥共有三个桥拱，都很阔大，俨然是三座门儿；使我们觉得我们的船和船里的我们，在桥下过去时，真是太无颜色了。桥砖是深褐色，表明它的历史的长久；但都完好无缺，令人太息于古昔工程的坚美。桥上两旁都是木壁的房子，中间应该有街路？这些房子都破旧了，多年烟熏的迹，遮没了当年的美丽。我想象秦淮河的极盛时，在这样宏阔的桥上，特地盖了房子，必然是髹漆①得富富丽丽的；晚间必然是灯火通明的。现在却只剩下一片黑沉沉！但是桥上造着房子，毕竟使我们多少可以想见往日的繁华；这也慰情聊胜无了。过了大中桥，便到了灯月交辉，笙歌彻夜的秦淮河；这才是秦淮河的真面目哩。

　　大中桥外，顿然空阔，和桥内两岸排着密密的人家的大异了。一眼望去，疏疏的林，淡淡的月，衬着蓝蔚的天，颇像荒江野渡光景；那边呢，郁丛丛的，阴森森的，又似乎藏着无边的黑暗：令人几乎不信那是繁华的秦淮河了。但是河中眩晕着的灯光，纵横着的画舫，悠扬着的笛韵，夹着那吱吱的胡琴声，终于使我们认识绿如茵陈如酒的秦淮水了。此地天裸露着的多些，故觉夜来的独迟些；从清清的水影里，我们感到的只是薄薄的夜——这正是秦淮河的夜。大中桥外，本来还有一座复成桥，是船夫口中的我们的游踪尽处，或也是秦淮河繁华的尽处了。我的脚曾踏过复成桥的脊，在十三四岁的时候。但是两次游秦淮河，却都不曾见着复成桥的面；明知总在前途的，却常觉得有些虚无缥缈似的。我想，不见倒也好。这时正是盛夏。我们下船后，借着新生的晚凉和河上的微风，暑气已渐渐消散；到了此地，豁然开朗，身子顿然轻了——习习的清风荏苒在面上，手上，衣上，这便又感到了一缕新凉。南京的日光，大概没有杭州猛烈；西湖的夏夜老是热蓬蓬的，水像沸着一般，秦淮河的水却尽是这样冷冷地绿着。任你人影的憧憧，歌声的扰扰，总像隔着一层薄薄的绿纱面幂似的；它尽是这样静静的，冷冷的绿着。我们出了大中桥，走不上半里路，船夫便将船划到一旁，停了桨由它宕着。他以为那里正是繁华的极点，再过去就是荒凉了；所以让我们多多赏鉴一会儿。他自己却静静地蹲着。他是看惯这光景的了，大约只是一个无可无不可。这无可无不可，无论是升的沉的，总之，都比我们高了。

　　那时河里热闹极了；船大半泊着，小半在水上穿梭似的来往。停泊着的都在近市的那一边，我们的船自然也夹在其中。因为这边略略的挤，便觉得那边十分的疏了。在每一只船从那边过去时，我们能画出它的轻轻的影和曲曲的波，在我们的心上；这显着是空，且显着是静了。那时处处都是歌声和凄厉的胡琴声，圆润的喉咙，确乎是很少的。但那生涩的，尖脆的调子能使人有少年的，粗率不拘的感觉，也正可快我们的意。况且多少隔开些儿听着，因为想象与渴慕的做美，总觉更有滋味；而竞发的喧嚣，抑扬的不齐，远近的杂沓，和乐器的嘈嘈切切，合成另一意味的谐音，也使我们无所适从，如随着大风而走。这实在因为我们的心枯涩久了，变为脆弱；故偶然润泽一下，便疯狂似的不能自主了。但秦淮河确也腻人。即如船里的人面，无论是和我们一堆儿泊着的，无论是从我们眼前过去的，总是模模糊糊的，甚至渺渺茫茫的；任你张圆了眼睛，揩净了眦垢，也是枉然。这真够人想呢。在我们停泊的地方，灯光原是纷然的；不过这些灯光都是黄而有晕的。黄已经不能明了，再加上了晕，便更不成了。灯愈多，晕就愈甚；在繁星般的黄的交错里，秦淮

---

　　①髹（xiū）漆：动词，涂漆。髹，以漆漆物。

河仿佛笼上了一团光雾。光芒与雾气腾腾的晕着，什么都只剩了轮廓了；所以人面的详细的曲线，便消失于我们的眼底了。但灯光究竟夺不了那边的月色；灯光是浑的，月色是清的，在浑沌的灯光里，渗入了一派清辉，却真是奇迹！那晚月儿已瘦削了两三分。她晚妆才罢，盈盈的上了柳梢头。天是蓝得可爱，仿佛一汪水似的；月儿便更出落得精神了。岸上原有三株两株的垂杨树，淡淡的影子，在水里摇曳着。它们那柔细的枝条浴着月光，就像一支支美人的臂膊，交互的缠着，挽着；又像是月儿披着的发。而月儿偶然也从它们的交叉处偷偷窥看我们，大有小姑娘怕羞的样子。岸上另有几株不知名的老树，光光的立着；在月光里照起来，却又俨然是精神矍铄的老人。远处——快到天际线了，才有一两片白云，亮得现出异彩，像美丽的贝壳一般。白云下便是黑黑的一带轮廓；是一条随意画的不规则的曲线。这一段光景，和河中的风味大异了。但灯与月竟能并存着，交融着，使月成了缠绵的月，灯射着渺渺的灵辉；这正是天之所以厚待秦淮河，也正是天之所以厚待我们了。

这时却遇着了难解的纠纷。秦淮河上原有一种歌妓，是以歌为业的。从前都在茶舫上，唱些大曲之类。每日午后一时起；什么时候止，却忘记了。晚上照样也有一回。也在黄晕的灯光里。我从前过南京时，曾随着朋友去听过两次。因为茶舫里的人脸太多了，觉得不大适意，终于听不出所以然。前年听说歌妓被取缔了，不知怎的，颇涉想了几次——却想不出什么。这次到南京，先到茶舫上去看看，觉得颇是寂寥，令我无端的怅怅了。不料她们却仍在秦淮河里挣扎着，不料她们竟会纠缠到我们，我于是很张皇了。她们也乘着"七板子"，她们总是坐在舱前的。舱前点着石油汽灯，光亮眩人眼目：坐在下面的，自然是纤毫毕见了——引诱客人们的力量，也便在此了。舱里躲着乐工等人，映着汽灯的余辉蠕动着；他们是永远不被注意的。每船的歌妓大约都是二人；天色一黑，她们的船就在大中桥外往来不息的兜生意。无论行着的船，泊着的船，都要来兜揽的。这都是我后来推想出来的。那晚不知怎样，忽然轮着我们的船了。我们的船好好的停着，一只歌舫划向我们来了；渐渐和我们的船并着了。铄铄的灯光逼得我们皱起了眉头；我们的风尘色全给它托出来了，这使我踧踖①不安了。那时一个伙计跨过船来，拿着摊开的歌折，就近塞向我的手里，说："点几出吧！"他跨过来的时候，我们船上似乎有许多眼光跟着。同时相近的别的船上也似乎有许多眼睛炯炯的向我们船上看着。我真窘了！我也装出大方的样子，向歌妓们瞥了一眼，但究竟是不成的！我勉强将那歌折翻了一翻，却不曾看清了几个字；便赶紧递还那伙计，一面不好意思地说："不要，我们……不要。"他便塞给平伯。平伯掉转头去，摇手说："不要！"那人还腻着不走。平伯又回过脸来，摇着头道："不要！"于是那人重到我处。我窘着再拒绝了他。他这才有所不屑似的走了。我的心立刻放下，如释了重负一般。我们就开始自白了。

我说我受了道德律的压迫，拒绝了她们；心里似乎很抱歉的。这所谓抱歉，一面对于她们，一面对于我自己。她们于我们虽然没有很奢的希望；但总有些希望的。我们拒绝了她们，无论理由如何充足，却使她们的希望受了伤；这总有几分不做美了。这是我觉得很怅怅的。至于我自己，更有一种不足之感。我这时被四面的歌声诱惑了，降服了；但是远远的，远远的歌声总仿佛隔着重衣搔痒似的，越搔越搔不着痒处。我于是憧憬着贴耳的妙音了。在歌舫划来时，我的憧憬，变为盼望；我固执的盼望着，有如饥渴。虽然从浅薄的

---

①　踧踖（cùjí）：局促不安的样子。《论语·乡党篇》："君在，踧踖如也，与与如也。"

经验里，也能够推知，那贴耳的歌声，将剥去了一切的美妙；但一个平常的人像我的，谁愿凭了理性之力去丑化未来呢？我宁愿自己骗着了。不过我的社会感性是很敏锐的；我的思力能拆穿道德律的西洋镜，而我的感情却终于被它压服着，我于是有所顾忌了，尤其是在众目昭彰的时候。道德律的力，本来是民众赋予的；在民众的面前，自然更显出它的威严了。我这时一面盼望，一面却感到了两重的禁制：一、在通俗的意义上，接近妓者总算一种不正当的行为；二、妓是一种不健全的职业，我们对于她们，应有哀矜勿喜之心，不应赏玩的去听她们的歌。在众目睽睽之下，这两种思想在我心里最为旺盛。她们暂时压倒了我的听歌的盼望，这便成就了我的灰色的拒绝。那时的心实在异常状态中，觉得颇是昏乱。歌舫去了，暂时宁靖之后，我的思绪又如潮涌了。两个相反的意思在我心头往复：卖歌和卖淫不同，听歌和狎妓不同，又干道德甚事？——但是，但是，她们既被逼的以歌为业，她们的歌必无艺术味的；况她们的身世，我们究竟该同情。所以拒绝倒也是正办①。但这些意思终于不曾撇开我的听歌的盼望。它力量异常坚强；它总想将别的思绪踏在脚下。从这重重的争斗里，我感到了浓厚的不足之感。这不足之感使我的心盘旋不安，起坐都不安宁了。唉！我承认我是一个自私的人！平伯呢，却与我不同。他引周启明②先生的诗："因为我有妻子，所以我爱一切的女人；因为我有子女，所以我爱一切的孩子。③"他的意思可以见了。他因为推及的同情，爱着那些歌妓，并且尊重着她们，所以拒绝了她们。在这种情形下，他自然以为听歌是对于她们的一种侮辱。但他也是想听歌的，虽然不和我一样，所以在他的心中，当然也有一番小小的争斗；争斗的结果，是同情胜了。至于道德律，在他是没有什么的；因为他很有蔑视一切的倾向，民众的力量在他是不大觉着的。这时他的心意的活动比较简单，又比较松弱，故事后还怡然自若；我却不能了。这里平伯又比我高了。

在我们谈话中间，又来了两只歌舫。伙计照前一样的请我们点戏，我们照前一样的拒绝了。我受了三次窘，心里的不安更甚了。清艳的夜景也为之减色。船夫大约因为要赶第二趟生意，催着我们回去；我们无可无不可的答应了。我们渐渐和那些晕黄的灯光远了，只有些月色冷清清的随着我们的归舟。我们的船竟没个伴儿，秦淮河的夜正长哩！到大中桥近处，才遇着一只来船。这是一只载妓的板船，黑漆漆的没有一点光。船头上坐着一个妓女；暗里看出，白地小花的衫子，黑的下衣。她手里拉着胡琴，口里唱着青衫的调子。她唱得响亮而圆转；当她的船箭一般驶过去时，余音还袅袅的在我们耳际，使我们倾听而向往。想不到在弩末的游踪里，还能领略到这样的清歌！这时船过大中桥了，森森的水影，如黑暗张着巨口，要将我们的船吞了下去，我们回顾那渺渺的黄光，不胜依恋之情；我们感到了寂寞了！这一段地方夜色甚浓，又有两头的灯火招邀着；桥外的灯火不用说了，过了桥另有东关头疏疏的灯火。我们忽然仰头看见依人的素月，不觉深悔归来之早了！走过东关头，有一两只大船湾泊着，又有几只船向我们来着。嚣嚣的一阵歌声人语，仿佛笑我们无伴的孤舟哩。东关头转湾，河上的夜色更浓了；临水的妓楼上，时时从帘缝里射出一线一线的灯光；仿佛黑暗从酣睡里眨了一眨眼。我们默然的对着，静听那汩——汩的桨声，几乎要入睡了；朦胧里却温寻着适才的繁华的余味。我那不安的心在静里愈显

①正办：正当的办法。
②周启明：即周作人，启明是其曾用别名。现代著名作家，鲁迅的弟弟。
③原诗是："我为了自己的儿女才爱小孩子，为了自己的妻才爱女人。"见《雪朝》第48页。——原注

活跃了！这时我们都有了不足之感，而我的更其浓厚。我们却只不愿回去，于是只能由懊悔而怅惘了。船里便满载着怅惘了。直到利涉桥下，微微嘈杂的人声，才使我豁然一惊；那光景却又不同。右岸的河房里，都大开了窗户，里面亮着晃晃的电灯，电灯的光射到水上，蜿蜒曲折，闪闪不息，正如跳舞着的仙女的臂膊。我们的船已在她的臂膊里了；如睡在摇篮里一样，倦了的我们便又入梦了。那电灯下的人物，只觉像蚂蚁一般，更不去萦念。这是最后的梦；可惜是最短的梦！黑暗重复落在我们面前，我们看见傍岸的空船上一星两星的，枯燥无力而又摇摇不定的灯光。我们的梦醒了，我们知道就要上岸了；我们心里充满了幻灭的情思。

一九二三年十月十一日作完，于温州

【作者档案】

朱自清（1898—1948），原名自华，字佩弦，号秋实，后改名自清，原籍浙江绍兴，生长于江苏扬州，故自称扬州人。现代散文家、诗人、学者。1916 年中学毕业后考入北京大学预科。1920 年北京大学哲学系毕业后，到浙江、江苏等地中学任教。1925 年 8 月到清华大学中文系任教，开始研究中国古典文学，并从事文学创作。1931 年留学英国。1932 年 9 月任清华大学中文系主任。1937 年，朱自清随校南迁至昆明，任西南联大教授。1946 年返回北京。晚年积极参加反帝民主运动，表现出崇高的民族气节和爱国主义精神。毛泽东在《别了，司徒雷登》一文中，曾热情地表彰他有"骨气"，"表现了我们民族英雄气概"。1948 年 8 月 12 日因病辞世，享年 50 岁。

朱自清先生对中国现代文学有着杰出的贡献，他的创作活动开始于五四新文学运动时期。作为文学研究会的早期成员，他在创作中坚守着"为人生"的现实主义原则。他在散文创作方面的艺术成就极高，影响也最大。他的散文结构严谨，笔触细腻，不论写景还是抒情，均能通过细密观察或深入体味，委婉地表现出对自然景色的内心感受，抒发自己的真挚情感，纯正朴实，清丽脱俗，具有浓厚的诗情画意。作家杨振声称赞他的作品"风华从朴素出来，幽默从忠厚出来，腴厚从平淡出来"。主要作品有《毁灭》《踪迹》《背影》《欧游杂记》《伦敦杂记》等。脍炙人口的名篇有《背影》《荷塘月色》《绿》《春》《桨声灯影里的秦淮河》《择偶记》《给亡妇》《儿女》等。

【含英咀华】

《桨声灯影里的秦淮河》是朱自清的散文名篇，也是朱自清的成名作。"纸醉金迷""六朝金粉"的秦淮河是著名的游览胜地，也是历史上官妓聚居的地方，明清时的文人雅士、墨客骚人多流连于此，演绎出一幕幕悲欢离合的爱情悲剧。1923 年 8 月，朱自清与其好友俞平伯同游了令人神往已久的秦淮河，之后两人都写了同名《桨声灯影里的秦淮河》的游记，而且同时发表在 1924 年 1 月 12 日的《东方杂志》第 21 卷第 3 号。这大概也算得上是文学史上的一段佳话吧。

文章写作者与好友夏夜泛舟秦淮河的见闻感受。作者依时空顺序与观景感受的变化，以细腻的工笔描绘了桨声灯影中秦淮河的迷人景色，在赏景的同时展露了内心复杂而微妙的感情思绪，于流连风景之际，表露了一种虽彷徨而仍思上进、想超然而不能忘情的复杂心境，抒发了作者对历史和现实的无限感慨。文章从雇船游河写起，先浓墨重彩地渲染了秦淮河的船美，再由船及水，极写河水的恬静、幽美。行至大中桥，又对桥内外的景色予以细腻的描绘。由此进入文章的主体部分，先侧重写灯光月影交相辉映、笙歌彻夜美不胜收的盛景，继而写清赏之际，忽遇卖唱的歌女一段"难解的纠纷"，因受道德律的约束，作者再三拒绝了歌女的卖唱，既感歉然不安，又觉怅然若失，清幽奇丽的夜景也为之减色。而于返航归途中，又闻来船上清越婉转的歌声，余音袅袅，更勾起作者心头的依恋之情，最终带着"幻灭的情思"回岸。

《桨声灯影里的秦淮河》被誉为"白话美文的模范"，画意与诗情交融，赏景与感怀结合，画面优美，意境空灵，是本文写作上最大的特点。秦淮河在作者笔下如诗如画、如梦如幻。船只、绿水、灯光、月影、大中桥、歌声等种种景物，作者抓住其光、形、色、味，细细描绘，工笔刻画，淡雅而不俗气，幽美而又朦胧。历史是秦淮河的养料，作者抓住秦淮河具有深厚历史文化底蕴的特点，不仅写了秦淮河之夜华灯映水、画舫凌波的画面，晕黄灯火与缠绵月色的美景，而且还抚今思昔，将自然景色、历史影像、内心情感融合起来，洋溢着一股真挚深沉而又细腻的感情，给人以眷恋思慕、追忆缅怀的感受。作者将秦淮河写得虚虚实实、朦朦胧胧，让人陶醉，令人神往。而作者的思绪和情感，他那对历史的缅怀与感伤，想听歌女唱歌却又碍于道德律束缚的矛盾心情，也正如他笔下的秦淮河一样，"像在雾里看花，尽朦朦胧胧的"。文章描写景物虚实相间，节奏张弛有致，语言清丽淡雅。比喻、拟人、映衬、通感等修辞手法综合运用，大大增强了文章的表现力。

【思考与练习】

一、这篇游记在记游写景的同时流露了作者怎样的思想感情？

二、本文是以什么为线索安排结构的？

三、本文在写作上最主要的特点是什么？

四、阅读俞平伯的同题文章，试分析比较两文在立意构思与表现手法上的异同。

【拓展阅读】

蔡清富编《朱自清散文选集》，百花文艺出版社

梁仁选编《朱自清散文》，浙江文艺出版社

（刘洪仁）

北平的四季

郁达夫

对于一个已经化为异物的故人，追怀起来，总要先想到他或她的好处；随后再慢慢的想想，则觉得当时所感到的一切坏处，也会变作很可寻味的一些纪念，在回忆里开花。关于一个曾经住过的旧地，觉得此生再也不会第二次去长住了，身处入了远离的一角，向这方向的云天遥望一下，回想起来的，自然也同样地只是它的好处。

中国的大都会，我前半生住过的地方，原也不在少数；可是当一个人静下来回想起从前，上海的闹热，南京的辽阔，广州的乌烟瘴气，汉口武昌的杂乱无章，甚至于青岛的清幽，福州的秀丽，以及杭州的沉着，总归都还比不上北京——我住在那里的时候，当然还是北京——的典丽堂皇，幽闲清妙。

先说人的分子吧，在当时的北京——民国十一二年前后——上自军财阀政客名优起，中经学者名人，文士美女教育家，下而至于负贩拉车铺小摊的人，都可以谈谈，都有一艺之长，而无憎人之貌；就是由荐头店荐来的老妈子，除上炕者是当然以外，也总是衣冠楚楚，看起来不觉得会令人讨嫌。

其次说到北京物质的供给哩，又是山珍海错，洋广杂货，以及萝卜白菜等本地产品，无一不备，无一不好的地方。所以在北京住上两三年的人，每一遇到要走的时候，总只感到北京的空气太沉闷，灰沙太暗淡，生活太无变化；一鞭出走，出前门便觉胸舒，过芦沟方知天晓，仿佛一出都门，就上了新生活开始的坦道似的；但是一年半载，在北京以外的各地——除了在自己幼年的故乡以外——去一住，谁也会得重想起北京，再希望回去，隐隐地对北京害起剧烈的怀乡病来。这一种经验，原是住过北京的人，个个都有，而在我自己，却感觉得格外的浓，格外的切。最大的原因或许是为了我那长子之骨，现在也还埋在郊外广谊园的坟山，而几位极要好的知己，又是在那里同时毙命的受难者的一群。

北平的人事品物，原是无一不可爱的，就是大家觉得最要不得的北平的天候，和地理联合上一起，在我也觉得是中国各大都会中所寻不出几处来的好地。为叙述的便利起见，想分成四季来约略地说说。

北平自入旧历的十月之后，就是灰沙满地，寒风刺骨的节季了，所以北平的冬天，是一般人所最怕过的日子。但是要想认识一个地方的特异之处，我以为顶好是当这特异处表现得最圆满的时候去领略；故而夏天去热带，寒天去北极，是我一向所持的哲理。北平的冬天，冷虽则比南方要冷得多，但是北方的生活的伟大幽闲，也只有在冬季，使人感受得最彻底。

先说房屋的防寒装置吧，北方的住屋，并不同南方的摩登都市一样，用的是钢骨水泥，冷热气管；一般的北方人家，总只是矮矮的一所四合房，四面是很厚的泥墙；上面花厅内都有一张暖坑，一所回廊；廊子上是一带明窗，窗眼里糊着薄纸，薄纸内又装上风门，另外就没有什么了。在这样简陋的房屋之内，你只教把炉子一生，电灯一点，棉门帘一挂上，在屋里住着，却一辈子总是暖炖炖像是春三四月里的样子。尤其会得使你感觉到屋内的温软堪恋的，是屋外窗外面乌乌在叫啸的西北风。天色老是灰沉沉的，路上面也老是灰的围障，而从风尘灰土中下车，一踏进屋里，就觉得一团春气，包围在你的左右四周，使你马上就忘记了屋外的一切寒冬的苦楚。若是喜欢吃吃酒，烧烧羊肉锅的人，那冬天的北方生活，就更加不能够割舍；酒已经是御寒的妙药了，再加上以大蒜与羊肉酱油合煮的香味，简直可以使一室之内，涨满了白蒙蒙的水蒸温气。玻璃窗内，前半夜，会流下一条条的清汗，后半夜就变成了花色奇异的冰纹。

到了下雪的时候哩，景象当然又要一变。早晨从厚棉被里张开眼来，一室的清光，会使你的眼睛眩晕。在阳光照耀之下，雪也一粒一粒的放起光来了，蛰伏得很久的小鸟，在这时候会飞出来觅食振翎，谈天说地，吱吱的叫个不休。数日来的灰暗天空，愁云一扫，忽然变得澄清见底，翳障全无；于是年轻的北方住民，就可以营屋外的生活了，溜冰，做雪人，赶冰车雪车，就在这一种日子里最有劲儿。

我曾于这一种大雪时晴的傍晚，和几位朋友，跨上跛驴，出西直门上骆驼庄去过一夜。北平郊外的一片大雪地，无数枯树林，以及西山隐隐现现的不少白峰头，和时时吹来的几阵雪样的西北风，所给与人的印象，实在是深刻，伟大，神秘到了不可以言语来形容。直到了十余年后的现在，我一想起当时的情景，还会得打一个寒颤而吐一口清气，如同在钓鱼台溪旁立着的一瞬间一样。

北国的冬宵，更是一个特别适合于看书，写信，追思过去，与作闲谈说废话的绝妙时间。记得当时我们兄弟三人，都住在北京，每到了冬天的晚上，总不远千里地走拢来聚在一道，会谈少年时候在故乡所遇所见的事事物物。小孩们上床去了，佣人们也都去睡觉了，我们弟兄三个，还会得再加一次煤再加一次煤地长谈下去。有几宵因为屋外面风紧天寒之故，到了后半夜的一二点钟的时候，便不约而同地会说出索性坐坐到天亮的话来。像这一种可宝贵的记忆，像这一种最深沉的情调，本来也就是一生中不能够多享受几次的昙花佳境，可是若不是在北平的冬天的夜里，那趣味也一定不会得像如此的悠长。

总而言之，北平的冬季，是想赏识赏识北方异味者之唯一的机会；这一季里的好处，这一季里的琐事杂忆，若要详细地写起来，总也有一部《帝京景物略》那么大的书好做；我只记下了一点点自身的经历，就觉得过长了，下面只能再来略写一点春和夏以及秋季的感怀梦境，聊作我的对这日就沦亡的故国的哀歌。

春与秋，本来是在什么地方都属可爱的时节，但在北平，却与别地方也有点儿两样。北国的春，来得较迟，所以时间也比较得短。西北风停后，积雪渐渐地消了，赶牲口的车夫身上，看不见那件光板老羊皮的大袄的时候，你就得预备着游春的服饰与金钱；因为春来也无信，春去也无踪，眼睛一眨，在北平市内，春光就会得同飞马似的溜过。屋内的炉子，刚拆去不久，说不定你就马上得去叫盖凉棚的才行。

而北方春天的最值得记忆的痕迹，是城厢内外的那一层新绿，同洪水似的新绿。北京城，本来就是一个只见树木不见屋顶的绿色的都会，一踏出九城的门户，四面的黄土坡上，更是杂树丛生的森林地了；在日光里颤抖着的嫩绿的波浪，油光光，亮晶晶，若是神经系统不十分健全的人，骤然间身入到这一个淡绿色的海洋涛浪里去一看，包管你要张不开眼，立不住脚，而昏蹶过去。

北京市内外的新绿，琼岛春阴，西山挹翠诸景里的新绿，真是一幅何等奇伟的外光派的妙画！但是这画的框子，或者简直说这画的画布，现在却已经完全掌握在一只满长着黑毛的巨魔的手里了！北望中原，究竟要到哪一日才能够重见得到天日呢？

从地势纬度上讲来，北方的夏天，当然要比南方的夏天来得凉爽。在北平城里过夏，实在是并没有上北戴河或西山去避暑的必要。一天到晚，最热的时候，只有中午到午后三四点钟的几个钟头，晚上太阳一下山，总没有一处不是凉阴阴要穿单衫才能过去的；半夜以后，更是非盖薄棉被不可了。而北平的天然冰的便宜耐久，又是夏天住过北平的人所忘不了的一件恩惠。

我在北平，曾经过过三个夏天；像什刹海，菱角沟，二闸等暑天游耍的地方，当然是都到过的；但是在三伏的当中，不问是白天或是晚上，你只教有一张藤榻，搬到院子里的葡萄架下或藤花阴处去躺着，吃吃冰茶雪藕，听听盲人的鼓词与树上的蝉鸣，也可以一点儿也感不到炎热与熏蒸。而夏天最热的时候，在北平顶多总不过九十四五度，这一种大热的天气，全夏顶多顶多又不过十日的样子。

在北平，春夏秋的三季，是连成一片；一年之中，仿佛只有一段寒冷的时期，和一段比较得温暖的时期相对立。由春到夏，是短短的一瞬间，自夏到秋，也只觉得是过了一次午睡，就有点儿凉冷起来了。因此，北方的秋季也特别的觉得长，而秋天的回味，也更觉得比别处来得浓厚。前两年，因去北戴河回来，我曾在北平过过一个秋，在那时候，已经写过一篇《故都的秋》，对这北平的秋季颂赞过一遍了，所以在这里不想再来重复；可是北平近郊的秋色，实在也正像是一册百读不厌的奇书，使你愈翻愈会感到兴趣。

秋高气爽，风日晴和的早晨，你且骑着一匹驴子，上西山八大处或玉泉山碧云寺去走走看；山上的红柿，远处的烟树人家，郊野里的芦苇黍稷，以及在驴背上驮着生果进城来卖的农户佃家，包管你看一个月也不会看厌。春秋两季，本来是到处好的，但是北方的秋空，看起来似乎更高一点，北方的空气，吸起来似乎更干燥健全一点。而那一种草木摇落，金风肃杀之感，在北方似乎也更觉得要严肃，凄凉，沉静得多。你若不信，你且去西山脚下，农民的家里或古寺的殿前，自阴历八月至十月下旬，去住它三个月看看。古人的"悲哉秋之为气"以及"胡笳互动，牧马悲鸣"的那一种哀感，在南方是不大感觉得到的，但在北平，尤其是在郊外，你真会得感至极而涕零，思千里兮命驾。所以我说，北平的秋，才是真正的秋；南方的秋天，不过是英国话里所说的 Indian Summer 或叫作小春天气而已。

统观北平的四季，每季每节，都有它的特别的好处；冬天是室内饮食奄息的时期，秋天是郊外走马调鹰的日子，春天好看新绿，夏天饱受清凉。至于各节各季，正当移换中的一段时间哩，又是别一种情趣，是一种两不相连，而又两都相合的中间风味，如雍和宫的打鬼，净业庵的放灯，丰台的看芍药，万牲园的寻梅花之类。

五六百年来文化所聚萃的北平，一年四季无一月不好的北平，我在遥忆，我也在深祝，祝她的平安进展，永久地为我们黄帝子孙所保有的旧都城！

一九三六年五月廿七日

【作者档案】

郁达夫（1896—1945），名文，浙江富阳（今杭州富阳区）人。中国作家。早年留学日本。1921 年与郭沫若等发起组织创造社。出版小说集《沉沦》。回国后从事新文学创作，参与主编《创造季刊》《洪水》等刊物，并先后在北京大学、武昌大学、中山大学等校任教。1928 年与鲁迅合编《奔流》杂志，致力于外国文学的翻译介绍。抗日战争时期在新加坡主编《星洲日报·文艺副刊》，积极从事抗日宣传工作。新加坡陷落后流亡到苏门答腊，1945年8月29日被日本宪兵队杀害。1952年被中央人民政府追认为烈士。早期小说大都表现五四青年的爱国情绪、社会遭遇和内心忧郁，对封建道德礼教作大胆挑战，情调感伤激愤。20世纪30年代后转以散文、游记创作为主，文风趋于清隽洒脱；所作旧体诗词成就甚高。著有《忏余集》、《达夫散文集》、《达夫日记集》、《达夫全集》（7卷）等。有《郁达夫全集》行世。

郁达夫虽然以小说蜚声文坛，但他在游记、散文、政论、文学评论等多种文体的创作中也取得了显著成就，尤其是游记和写景散文最为著名。郁达夫的游记代表作包括《钓台的春昼》《西溪的晴雨》《超山的梅花》等，这些作品以细腻的笔触描绘了自然景色，展现了作者对大自然的热爱与深刻感悟。

郁达夫的散文《故都的秋》是现代文学史上的经典之作。此后，他又写下《北平的四季》《苏州烟雨记》《还乡记》等脍炙人口的作品，继续展现其高超的文学才华。此外，郁达夫精通英、德、日三种外语，因此，他在翻译领域也有不少成就。他将外国文学作品引入中国，为中外文化交流作出了重要贡献。

【含英咀华】

《北平的四季》以作者在北平四季更迭中的观察为主线，借助生动的自然描写和深刻的个人感悟，展现了北平这座古城在不同季节中的独特韵味和时代变迁中的影像，体现了作者对社会的关注和对祖国深厚的情感。《北平的四季》叙述自然流畅，深情地表达了对北平的眷恋和对祖国的殷切热爱，读来倍感亲切。

《北平的四季》用细腻真切的笔触描绘了北平一年四季的独特风貌：冬天的寒冷与深沉、春天的绿意与匆促、夏天的炽热与凉爽、秋天的清朗与肃穆，充满自然美感。北平四季独特的风采在郁达夫的笔下缓缓展开，文章中对北平四季的描写，既有对景色的细腻刻画，也融入了对时光流转的感慨，让读者感受到时光的变幻与国家的无常。这醉人的美景只存在于"回忆里开花"的"曾经住过的旧地"，是遥远记忆中的北平。

北平在郁达夫的笔下象征了当时饱受欺压、满怀屈辱的中国。当1936年夏季此文落笔时，北平正笼罩在日军华北驻屯军的刺刀阴影之下，其战车与飞机常在永定门外演习。这般时代困境中，郁达夫于四季盛景的感怀间痛心疾首"我的对这日就沦亡的故国的哀歌"；更以"已经完全掌握在一只满长着黑毛的巨魔的手里了"的暗喻，撕开北平伪饰太平的妆容。在1937年卢沟桥事变前夜的危机时刻，"北望中原，究竟要到哪一日才能够重见得到天日"的诘问，既是超前的历史预言，更是知识分子阶层对民族存亡的集体神经震颤。这些细微的插述使读者在丰富的视觉感受中体验到作者对祖国的深切爱恋以及对国破家亡的痛惜。

总体而言，《北平的四季》不仅展现了北平四季的自然美，还表达了作者对祖国深切的热爱和痛惜。作者在这篇散文中通过生动的自然描写和细腻的情感表达，将自然景色与个人爱国情感紧密结合，展现了他独特的文学风格和深切的爱国思想。

【思考与练习】

一、文章通过四季的变迁展现了北平的自然风貌。请分析作者如何通过四季的变化来反映人们的生活状态。

二、作者使用了哪些文学手法来描绘北平的自然景象？这些手法是如何增强文章的表现力和感染力的？请具体分析至少两种手法的运用及其效果。

三、作者在文中是如何平衡个人情感与社会观察的？并分析这种平衡对文章主题的影响。

【拓展阅读】

郁达夫著《郁达夫散文》，人民文学出版社

郁达夫著《郁达夫小说集》，人民文学出版社

（孟成华　袁　丽）

嘱　词

〔法〕奥古斯特·罗丹

　　罗丹一生，热爱艺术，垂暮之年，犹以忠诚恳切之言作此嘱词，为一般青年艺术家作一详明之指导。

　　愿做"美"的使者的青年们啊，你们或许会欢喜在这里找到一些深长的经验之谈罢。虔诚地爱你们的前辈大师罢。

　　在菲狄阿斯与米开朗琪罗①的前面，你们应该俯首顶礼。瞻仰激赏前者的神圣清明之气，与后者狂乱悲痛之性罢。瞻仰激赏是一杯慷慨的祭酒，是处于高贵的心灵的奉献。

　　可是留神不要去模仿前人。尊敬传统，而要会辨别它的永垂不朽的宝藏：即对于自然的挚爱与人格的忠诚。这是天才们的两股热情，他们都崇拜自然，实在，他们从没有撒谎过。传统是这样的授给你钥匙，用了它你可以因袭的樊笼。这便是传统自己教你永远要探求现实，禁止你盲从任何大师。

　　奉自然为你唯一的女神罢。

　　把绝对的信心付托与她，相信她始终不会丑的，收敛你的雄心来效忠于她。

　　在艺者的眼中，一切都是美的，因为他的锐利的慧眼，注视到一切众生万物之核心，如能发现其品性，就是透入外形，触到它内在的"真"。这"真"，也即是"美"。虔诚的研究罢，你一定会找到"美"因为你遇见了"真"。

　　奋发努力啊！

　　你们，雕刻家，锻炼你们的感觉，往深处去。

　　一般人不容易体会到这个"深"的意义。他们只会用平面来明晰的表现自己。要从深厚方面去想象形式，于他们是太难了。可是你们的苦功就在这里。

　　首先，把你雕像的初稿大体建立起来。严密的标明对于各部的倾向：头上、肩下、胸部、腿部。艺术是需要果断的。能把线条推向远处的时光，你才沉浸入空间，抓到了"深"的感觉。当你的稿子完成，一切都寻到了。你的雕像已经有了生命，细微之处，它自己会安排就的。

　　你雕塑时，切不要从平面着想，而要从高凸面着想。

　　你对于平面的观念，要想象它如一个立体的周缘，他是折向后面去的。把形式想作向着你的尖瓣。生命之泉，是由中心飞涌的；生命之花，是自内而外开放的。同样，在美丽的雕塑中，常潜伏着强烈的内心的颤动。这是古艺术的秘密。

　　你们，画家，也一样从深处去观察现实罢。譬如，看一张拉斐尔画的肖像，他画正面的人时，他把胸部曲折的推远了，就显出第三元的空间了。

　　伟大的画家深入空间。他们的"力"，就蕴蓄在深厚之中。

----

　　①菲狄阿斯：又译作菲狄亚斯，古希腊著名雕塑家、建筑设计师。米开朗琪罗：又译作米开朗基罗（1475－1564），意大利文艺复兴时期伟大的绘画家、雕塑家、建筑师和诗人，与拉斐尔·桑西和达·芬奇并称为"文艺复兴三杰"。

牢记罢：只有体积，没有线条。你描绘时，绝对不要注意轮廓，而要着眼于高凸面。是高凸面支配着轮廓的。

不断的磨练罢。把你整个的融化在工作里。

艺术只是情操，但没有体积、比例、颜色的知识；没有灵敏的手腕，最活跃的情感也要僵死。一个大诗人到一个不懂言语的外邦去，他将如何是好呢？不幸，年轻的艺者群中多少诗人不愿学话，只知张口结舌。

要有耐性啊！不要向往什么"灵感"，它是不存在的。艺者的德性只是智慧、专注、真诚、意志。如诚实的工人一般，努力你的工作罢。

青年们，要真实啊！但这并非说要平凡的准确，那就成照相与塑铸了。艺术之源，是在于内在的真。你的形，你的色，都要能传达情感。

只以悦目为务，只知奴隶般再现没有价值的局部的艺者，是永不能成为大师的。如你曾访过意大利的公墓，你一定注意到那些艺匠，曾如何幼稚的去装饰坟墓，竭力要在雕像上面，模仿绣件、花边与发辫，这些东西或许是准确的，但绝非真实的，因为它们并不激动心灵。

我们的雕刻家，几乎全体令人想起这些意大利的坟墓雕匠。在我们广场上的纪念像上，我们只看见礼服、桌子、独脚圆桌、椅子、机器、气球、电报。绝无内在的真，故绝非艺术。深恶痛绝这些古墓罢。

要彻底的桀骜的真实。要毫不踌躇的表白你的感觉，哪怕你的感觉与固有思想是冲突的。也许你不会马上被人了解，但你的孤独的时间是很短促的，朋友们不久会来归向你，因为对于你是绝对真实的东西，对于大家也必绝对真实。

可是不要装腔作势故意去勾引群众。要单纯，要天真！

最美的题材在你的面前，便是你最熟知稔悉的对象。

拙劣的艺者，常戴着别人的眼镜。

最主要的是要感动、爱憎、希望、呻吟、生活。要做艺术家，先要做起人来。帕斯卡有言："真善言辞的人，蔑视巧鼓簧舌的佞人。"真的艺术一定痛恶技巧。我又说回到欧仁·卡里埃[①]了。在一切画展中，大家的图画，只是图画罢了，他的却似一扇开向人生的天窗。

领受公正的批评罢。你将不难辨识它们。是它们把使你惶惑的疑团打破，使你更有定见。不要任凭那些为你良心所不许的人们支配。

也不用怕那褊枉之论。它会激怒你的朋友，他们会省察他们对于你的诚意，当他们仔细认清之后，将更坚持他们对你的信心。

如果你的才具是簇新的，最初只能有少数的同情者，而仇敌倒可赢得不少。不要灰心。同情者会占胜利的；因为他们知道为何爱你，你之仇敌，则不知因何憎你。前者是热心真理的，会不断的替你征集爱真理的新同志，后者则望风而靡。真理可操必胜之券。

不要荒废你的光阴于社交政治中。你将看到你的同伴中途得了荣誉富贵但他们绝非真艺术家。他们之中也有聪慧之士，如果你去和他们角逐名利，你将和他们一起牺牲；你再无一分钟的余暇去做艺术家了。

热爱你的使命罢。再没有更美满的了。它的崇高是为庸俗的人们所意想不到的。

艺术家自身就是一个好例。

---

① 欧仁·卡里埃（1849—1906）：法国画家、石版画家和雕塑家。

他醉心他的事业：他最宝贵的酬劳，便是成功的喜悦。可叹今日的人们，教工人们憎恶工作、怠工、滥造，这是工人们的不幸。要世界幸福，只有教人人有艺者心魂，就是人人爱好他自己的工作。

【作者档案】

奥古斯特·罗丹（1840—1917），法国雕塑家。14 岁随勒考克学画，后随巴里学雕塑，并当过雕塑家加里埃-贝勒斯的助手。曾去比利时布鲁塞尔创作装饰雕塑 5 年。1875 年游意大利，深受米开朗琪罗作品的启发，确立了现实主义的创作方法。代表作《青铜时代》《思想者》《雨果》《加来义民》《巴尔扎克》等都有新的创造，受到学院派的抨击。善于用丰富多样的绘画性手法塑造神态生动、富有力量的艺术形象。其创作对欧洲近代雕塑的发展有较大影响。

罗丹与众不同的创造性观点，使他在同时代的环境中，早已超越他人，更被许多现代艺术大师作为研究的对象，如布朗库西、贾科梅蒂、马蒂斯、毕加索以及席勒等，都直接受到罗丹的影响及启蒙。

【含英咀华】

本文选自《罗丹艺术论》。该书成书于罗丹晚年，由罗丹口述、保罗·葛赛尔记录整理，被视为"极为出色的关于艺术的教科书"。书中记录了罗丹关于雕塑艺术和历代大师的评述议论，集中反映了罗丹的艺术观和美学思想，既是对欧洲雕塑史的科学总结，又是对个人经验的精练概括，其中贯穿着罗丹对前人的崇敬、对名作的卓见和创作的喜悦、深思的刻痕、点滴的自省。

《嘱词》一文虽然主要谈论雕刻和绘画艺术，但其中的艺术真理适用于任何形式的艺术创作。文章让学习艺术的后辈了解了什么是艺术的"真"和"美"，告诫我们如何做人，"要"怎样做，"不要"怎样做，指出如何做真正的艺术家。文字充满真挚情感，字字发自肺腑，具有很强的感染力。作者对"灵感"的看法，真知灼见——"它是不存在的""艺者的德性只是智慧、专注、真诚、意志"。这对于当今从事任何行业的人都具有启示意义。

【思考与练习】

一、请联系现实，谈谈"尊敬传统，而要会辨别它的永垂不朽的宝藏"的含义。
二、怎样理解"真"与"美"的关系？
三、如何理解"艺术只是情操，但没有体积、比例、颜色的知识"？
四、课外阅读朱光潜的《谈美》，与本文进行比较，谈谈你对于艺术的认识。

【拓展阅读】

奥古斯特·罗丹述、保罗·葛赛尔记、傅雷译《罗丹艺术论》，上海译文出版社
朱光潜著《谈美》，广西师范大学出版社

（吕建军）

单元知识：散文的特点与鉴赏

散文是一种潇洒活泼、优美空灵的文学样式，是与诗歌、小说、戏剧并列的一种文学体裁。散文这个概念有广义和狭义之分。广义的散文是与韵文相对而言的，是中国最早出现的文体之一，凡是不讲究韵律的散体文章都可称为散文。像商周的甲骨卜辞、钟鼎铭文，其后的历史著作如《尚书》《春秋》《左传》《战国策》，诸子著作如《老子》《墨子》《论语》《孙子》《孟子》《荀子》《庄子》，以及诏、诰、疏、表、书、启、檄等应用文体，都可归入散文的范畴。其中既有文学作品，也有非文学作品。狭义的散文则指纯文学散文。这种纯文学的散文概念是五四运动以后才逐步确立起来的。中国现代文学的分类受西方文学体裁四分法的影响，把散文与诗歌、小说、戏剧相并列，从而使散文从古代的杂文学变为一种独立的文学样式，这是现代文体意识觉醒的表现。我国作家秦牧曾说："不属于其他文学体裁，而又具有文学味道的一切篇幅短小的文章，都属于散文的范围。"粗而析之，大致有抒情散文、叙事散文、议论散文之分；细而缕之，则有杂文、随笔、札记、小品、游记、特写、速写、书信、序跋、书评、时评、回忆录、传记、散文诗等之别。这些体裁既是独立的，又是交叉渗透的，很难作绝对的区分。

散文文体轻松灵动，可以自由发挥。在散文的领域里，既有匕首式、投枪式的战斗檄文，也有亲切动人的世态图画，还有轻松抒情的小调夜曲。博览散文，我们可以"观古今于须臾，抚四海于一瞬"。那么，散文具体来说有什么样的特点？我们又如何鉴赏散文呢？

一、散文的文体特征

（一）"形散而神不散"是散文最为突出的特点

"形散"主要是指散文取材十分广泛自由，不受时间和空间的限制，表现手法不拘一格，可以叙述事件的发展，可以描写人物形象，可以托物抒情，可以发表议论，而且作者可以根据内容需要自由调整、随意变化。散文不一定具有完整的故事情节和人物形象，而是着重表现作者的生活感受。以第一人称叙事的散文，文中的"我"往往与作者存在修辞性重合。散文的表达方式多种多样，能将叙事、抒情、议论熔于一炉，也可以有所侧重；根据内容和表现主题的需要，散文可以像小说那样通过对典型性的细节与生活片断作形象描写，进行心理刻画、环境渲染、气氛烘托，也可以像诗歌那样运用比兴、象征等艺术手法，创造一定的艺术意境。

"神不散"主要是指散文立意的特点，即散文所要表达的主题必须明确而集中。无论散文的内容多么广泛，表现手法多么灵活，无不是为更好地表达主题服务。为了做到"形散而神不散"，在选材上应注意材料与中心思想的内在联系；在结构上要借助一定的线索把材料贯穿成一个有机整体。

（二）意境优美而深邃是散文的又一重要特征

散文一定要通过巧妙地选择与组合材料，并创造优美而深邃的意境来表现作者的生活感受，这样的散文才具有艺术感染力，才耐人咀嚼、耐人品味。作者借助想象与联想，由此及彼，由浅入深，由实而虚，渐次写来，可以融情于景，寄情于事，寓情于物，托物言志，表达作者的真情实感，实现物我统一，展现出更深远的思想，使读者领会更深刻的道理。如苏轼的《赤壁赋》，作者为我们描绘了一幅空旷、寂静的江天月夜的背景，那"取之无禁，用之不竭"的"江上之清风，与山间之明月"，与置身其中的作者融为一体，从而将作者那不计个人得失、纵情山水的旷达情怀抒发出来，既凸显了主题，也感染了读者。

（三）散文的语言优美、凝练且富于文采

所谓优美，是指散文的语言清新明丽、生动活泼、富于音乐感。行文如涓涓流水，叮咚有声；如娓娓而谈，情真意切。所谓凝练，是说散文的语言简洁质朴、自然流畅，寥寥数语就可以描绘出生动的形象，勾勒出动人的场景，显示出深远的意境。散文力求写景如在眼前，写情沁人心脾。散文素有"美文"之称，它除了要有精深的见解和优美的意境外，还要有清新隽永、质朴无华的文采。经常读一些优美的散文，不仅可以丰富知识，开阔眼界，培养高尚的情操，还可以从中学习选材立意、谋篇布局和遣词造句的技巧，提高语言表达能力。

二、散文的鉴赏

由于散文文体的特殊性，我们在鉴赏散文时应着重把握以下几个方面。

（一）抓住"文眼"，把握主旨

所谓"文眼"，就是散文的"魂"。但凡构思精巧、意境深邃的散文，往往都会有"魂"。鉴赏散文，首先要全力找出能揭示全篇旨趣和有画龙点睛妙用的"文眼"，以便领会作者为文的目的。"文眼"的设置因文而异，可以是一个字、一句话、一个细节、一缕情丝，乃至一景一物。抓住了"文眼"就把握了散文的"魂"。

同时，我们在领会散文的神韵时，还要善于展开联想。联想的方式有接近联想、类比联想、对比联想、因果联想等。注意丰富的联想，由此及彼，由浅入深，由实到虚，这样才能体会到文章的神韵，领会到更深刻的道理。

（二）抓住"文脉"，理清线索

所谓"文脉"，就是散文的线索。鉴赏散文要抓住线索，理清作者的思路，准确把握文章的立意。就像放风筝一样，只要牢牢地牵住了线柄，即使风筝飞得再高，也逃不出我们的掌心。抓住散文中的线索便可对作品的思路了然于胸，不仅有助于理解作者的写作意图，而且也是对作者谋篇布局本领的鉴赏，从而透过散文的"形"抓住其传神的"魂"，遵循作者的思路，分析文章的立意。一般来讲，散文的中心线索只有一条，有的以思想感情为线索，有的以人物为线索，有的以事件或事物为线索，等等。其形态或隐或现，或抽象或具体，其标记位置也可能有诸多变化，有的在题目中就表明了，有的则暗藏于字里行间。但只要认真阅读，就能将其挖掘出来。线索分明了，散文的构思立意也就一目了然。

概括起来，散文中的结构线索常见的有纵贯式、横贯式和纵横交贯式三大类型。①所谓纵贯式，就是以事物本身发生发展的进程为线索，纵深地组织材料。最为常见的形式有三种：一是以时间变化为线索，二是以情节发展为线索，三是以空间转移为线索。前两种一般用于叙事散文，后一种则多见于写景一类的散文。②所谓横贯式，就是围绕某个特定的描写对象来连缀各种互不关联的"画面"或"片断"，按事物的性质归类，并列地组织材料。横贯式在具体运用中又有各种不同，如以情感为线、以事理为线、以物件为线等，这在横贯式中运用得最普遍，也是最能表现出散文文体特征的形式。比较而言，纵贯式线索总体上符合事物发生发展的自然顺序或进程，也符合人们循序渐进的普遍认识规律。横贯式线索则带有某种哲学的抽象，行文中时有跳脱，因为被线索连缀在一起的是一些各不相干的材料，这样就从形式上拉开了创作者与鉴赏者之间的距离，给鉴赏者造成了一定的理解困难。但是，优秀的创作者又特别善于处理与鉴赏者之间的矛盾，善断善续，能够把明断与暗续辩证地统一起来。③所谓纵横交贯式，就是前两者的综合运用，这在一些游记散文里颇为常见。游记如果单用一条游踪的纵线，文章就很可能像记流水账一样，写得散漫，故往往在游踪的线索之外再加一条横线来约束。当然，这种线索方式在一般叙事散文中有时也可以碰到。如曹靖华的《小米的回忆》，既以时间次第来展开回忆，又以横线索"小米"（物）来贯通。

（三）领略意境，感受醇美

意境是构成一篇优秀散文艺术生命的重要因素。品味意境是欣赏散文不可或缺的一环。所谓意境，就是作者的主观感情和客观景象高度融合所产生的一种境界，也就是饱含着作者丰富感情的艺术画面。它能引起读者强烈的共鸣，其特点是情景交融、形神兼备、物我合一。

要体会意境之美，首先要体味"象外之象"。刘禹锡曾说过："境生于象外。"所谓"象"指的是作品中具体的形象，"境"指的是产生于具体意象之外的意境形象。"境生于象外"就是说意境不在作品意象本身，而在意象之外。我们品味散文的意境美，就要善于透过种种"象"（景象），去领悟潜在的"神"（主旨）。其次要领悟意境美，还要借助作者对意象的描写刻画，理解作者所寄寓的对意象的认识、思考和情感。如宗璞的《紫藤萝瀑布》，作者对紫藤萝"瀑布"之美有一段细致的描写，通过这段实境的描写，让我们感受到紫藤萝那万花灿烂的流动的瀑布的美。而紫藤萝之所以美，就因为它是情理化的"意象"，从而使我们从中得到一种领悟，一种深层次的享受。意境中的实境就是一座"桥"，它把读者从有形之境引向无形之境，从表象美引向深层美。所以，每个欣赏者都要精心领会散文中的实境这座情理化的艺术之"桥"。

（四）品味语言，把握技巧

文学是语言的艺术，散文更是如此。语言优美是散文的一大特色。散文的艺术魅力，主要借助其语言的含蓄美和音乐美来体现。杰出的散文家的语言更是富于哲理、诗情、画意，且各具风格。如鲁迅的散文语言精练深邃，冰心的散文语言温婉澄澈，茅盾的散文语言雄浑激越，朱自清的散文语言清新隽永，郭沫若的散文语言气势磅礴，巴金的散文语言朴素优美，刘白羽的散文语言奔放，等等。一些散文大家的语言又常常因内容而异。如鲁迅的《纪念刘和珍君》的语言锋利如匕首，《好的故事》的语言绚丽如云锦，《风筝》的语言凝重如深潭。体味散文的语言风格，就可以对散文的内容体味得更加深刻。优秀的散文语言都能做到精练准确、朴素自然、清新明快、亲切感人，我们在鉴赏散文时就要仔细体味，尤其应该体味那些最能表现作者感情色彩的、形象生动的语言，从语言的自然、力度、色彩及修辞等方面咀嚼其无穷的韵味。

此外，欣赏散文也要掌握一些基本的写作技巧。写作技巧也就是我们常说的表达技巧，诸如渲染、铺垫、象征、伏笔、照应、悬念、衬托、过渡等。高尔基说："必须知道创作技巧。懂得一件工作的技巧，也就是懂得这一工作本身"，"技巧是文化成长的一个基本力量，是文化全部过程的一种主导力量"（高尔基《谈谈〈诗人丛书〉》）。因而，只要把握了散文的写作技巧，也就能够很好地帮助我们领会创作者的内心世界及其所要传达的思想意蕴。另外，还要注意修辞手法的表达效果，散文一般多用比喻、拟人、夸张、排比、引用等，以达到更加形象、生动的直观效果。

（王　军　刘洪仁）

第四单元　小说精粹

错斩崔宁①

聪明伶俐自天生，懵懂痴呆未必真。

嫉妒每因眉睫浅，戈矛时起笑谈深②。

九曲黄河心较险③，十重铁甲面堪憎。

时因酒色亡家国，几见诗书误好人。

这首诗单表为人难处：只因世路窄狭，人心叵测，大道既远，人情万端。熙熙攘攘，都为利来；蚩蚩蠢蠢，皆纳祸去。持身保家，万千反复。所以古人云："颦有为颦④，笑有为笑。颦笑之间，最宜谨慎。"

这回书单说一个官人，只因酒后一时戏笑之言，遂至杀身破家，陷了几条性命。且先引下一个故事来，权做个"得胜头回"⑤。

我朝元丰⑥年间，有一个少年举子，姓魏，名鹏举，字冲霄，年方一十八岁。娶得一个如花似玉的浑家，未及一月，只因春榜动，选场开⑦，魏生别了妻子，收拾行囊，上京应取⑧。临别时，浑家分付丈夫："得官不得官，早早回来，休抛闪了恩爱夫妻。"魏生答道："功名二字，是俺本领前程，不索贤卿忧虑。"别后登程到京，果然一举成名，一甲第九名，除授京职。到差甚是华艳动人，少不得修了一封家书，差人接取家眷入京。书上先叙了寒温及得官的事，后却写下一行，道是："我在京中早晚无人照管，已讨了一个小老婆。专候夫人到京，同享荣华。"

家人收拾书程⑨，一径到家，见了夫人，称说贺喜，因取家书呈上。夫人拆开看了，见是如此如此，这般这般，便对家人道："官人直恁负恩！甫能⑩得官，便娶了二夫人。"家人便道："小人在京，并没见有此事，想是官人戏谑之言。夫人到京便知端的，休得忧虑。"夫人道："恁地说，我也罢了。"却因人舟未便，一面收拾起身，一面寻觅便人，先

---

①本文选自《京本通俗小说》。

②"戈矛"句：争端、冲突往往由于玩笑开得太过分。

③"九曲"句：是"心较九曲黄河险"的倒装。

④颦（pín）有为颦：颦要有颦的理由。颦，皱眉，此处引申为发怒、生气。下句"颦笑"指喜怒。

⑤得胜头回：又叫"入话"。宋元时期的说书艺人在开讲主要故事之前所讲的一个小故事或吟诵的几首诗词，其作用一是稳住已经到场的观众，二是吸引、等候还未进场的观众。

⑥元丰：宋神宗赵顼的年号。

⑦春榜动，选场开：春季的进士考试临近了。春榜，指春天举行的科举考试。唐宋以来考进士的考试叫作会试，常例都在春季举行，所以会试也叫春试。选场，即考场。

⑧应取：也叫"取应"，朝廷开科取士，士子赴试。

⑨书程：指家书和行李、盘费。

⑩甫能：刚才，刚刚。

寄封平安家书到京中去。那寄书人到了京中，寻问新科魏榜眼寓所，下了家书，管待酒饭自回，不题。

却说魏生接书，拆开来看了，并无一句闲言闲语，只说道："你在京中娶了一个小老婆，我在家中也嫁了一个小老公，早晚同赴京师也。"魏生见了，也只道是夫人取笑的说话，全不在意。未及收好，外面报说有个同年①相访。京邸寓中，不比在家宽转，那人又是相厚的同年，又晓得魏生并无家眷在内，直至里面坐下，叙了些寒温。魏生起身去解手，那同年偶翻桌上书帖，看见了这封家书，写得好笑，故意朗诵起来。魏生措手不及，通红了脸，说道："这是没理的话。因是小弟戏谑了他，他便取笑写来的。"那同年呵呵大笑道："这节事却是取笑不得的。"别了就去。

那人也是一个少年，喜谈乐道，把这封家书一节，顷刻间遍传京邸。也有一班妒忌魏生少年登高科的，将这桩事只当做风闻言事的一个小小新闻，奏上一本，说这魏生年少不检，不宜居清要之职②，降处外任。魏生懊恨无及。后来毕竟做官蹭蹬不起，把锦片也似一段美前程，等闲放过去了。

这便是一句戏言，撒漫③了一个美官。

今日再说一个官人，也只为酒后一时戏言，断送了堂堂七尺之躯，连累两三个人，枉屈害了性命。却是为着甚的？有诗为证：

> 世路崎岖实可哀，傍人笑口等闲开。
> 白云本是无心物，又被狂风引出来。

却说高宗时，建都临安，繁华富贵，不减那汴京故国。去那城中箭桥左侧，有个官人，姓刘名贵，字君荐。祖上原是有根基的人家，到得君荐手中，却是时乖运蹇④。先前读书，后来看看不济，却去改业做生意。便是半路上出家的一般，买卖行中，一发不是本等伎俩⑤，又把本钱消折去了。渐渐大房改换小房，赁得两三间房子，与同浑家王氏，年少齐眉⑥。后因没有子嗣，娶下一个小娘子，姓陈，是陈卖糕的女儿，家中都呼为二姐。这也是先前不十分穷薄的时做下的勾当⑦。至亲三口，并无闲杂人在家。那刘君荐极是为人和气，乡里见爱，都称他："刘官人，你是一时运限不好，如此落莫，再过几时，定时有个亨通的日子。"说便是这般说，那得有些些好处？只是在家纳闷，无可奈何。

却说一日闲坐家中，只见丈人家里的老王，年近七旬，走来对刘官人说道："家间老员外生日，特令老汉接取官人、娘子去走一遭。"刘官人便道："便是我日逐愁闷过日子，连那泰山的寿诞也都忘了。"便同浑家王氏，收拾随身衣服，打叠个包儿，交与老王背了，分付二姐："看守家中，今日晚了，不能转回，明晚须索来家。"说了就去。

离城二十余里，到了丈人王员外家，叙了寒温。当日坐间客众，丈人、女婿不好十分叙述许多穷相。到得客散，留在客房里宿歇。直至天明，丈人却来与女婿攀话，说道：

---

①同年：科举时代同榜或同一年考中的人互称"同年"。

②清要之职：职事清闲、地位重要的官职。

③撒漫：糟蹋，浪费。

④时乖运蹇（jiǎn）：时运不利，运气不好。乖，违背，不协调。蹇，跛足，引申为困顿，不顺利。

⑤一发：越发，尤其。本等伎俩：指本来所擅长的技能。伎俩，技能。

⑥齐眉：用东汉梁鸿与其妻"举案齐眉"的故事，指夫妻相敬相爱。

⑦勾当：事情。

"姐夫，你须不是这般算计。'坐吃山空，立吃地陷'；'咽喉深似海，日月快如梭'。你须计较一个常便。我女儿嫁了你一生，也指望丰衣足食，不成只是这等就罢了。"刘官人叹了一口气，道是。"泰山在上，道不得个'上山擒虎易，开口告人难'。如今的时势，再有谁似泰山这般怜念我的。只索守困，若去求人，便是劳而无功。"丈人便道："这也难怪你说。老汉却是看你们不过，今日赏助你些少本钱，胡乱去开个柴米店，撰得些利息①来过日子，却不好么？"刘官人道："感蒙泰山恩顾，可知②是好。"

当下吃了午饭，丈人取出十五贯③钱来，付与刘官人道："姐夫，且将这些钱去收拾起店面，开张有日，我便再应付你十贯。你妻子且留在此过几日，待有了开店日子，老汉亲送女儿到你家，就来与你作贺，意下如何？"刘官人谢了又谢，驮了钱一径出门。

到得城中，天色却早晚了，却撞着一个相识，顺路在他家门首经过。那人也要做经纪的人，就与他商量一会，可知是好。便去敲那人门时，里面有人应喏，出来相揖，便问："老兄下顾，有何见教？"刘官人一一说知就里。那人便道："小弟闲在家中，老兄用得着时，便来相帮。"刘官人道："如此甚好。"当下说了些生意的勾当，那人便留刘官人在家，现成杯盘，吃了三杯两盏。刘官人酒量不济，便觉有些朦胧起来，抽身作别，便道："今日相扰，明早就烦老兄过寒家计议生理④。"那人又送刘官人至路口，作别回家，不在话下。若是说话的同年生，并肩长，拦腰抱住，把臂拖回，也不见得受这般灾晦，却教刘官人死得不如：

《五代史》李存孝⑤，《汉书》中彭越⑥。

却说刘官人驮了钱，一步一步捱到家中敲门，已是点灯时分，小娘子二姐独自在家，没一些事做，守得天黑，闭了门，在灯下打瞌睡。刘官人打门，他那里便听见。敲了半晌，方才知觉，答应一声"来了"，起身开了门。刘官人进去，到了房中，二姐替刘官人接了钱，放在桌上，便问："官人何处挪移这项钱来？却是甚用？"那刘官人一来有了几分酒，二来怪他开得门迟了，且戏言吓他一吓，便道："说出来，又恐你见怪；不说时，又须通你得知。只是我一时无奈，没计可施，只得把你典与一个客人。又因舍不得你，只典得十五贯钱。若是我有些好处，加利赎你回来；若是照前这般不顺溜，只索罢了。"那小娘子听了，欲待不信，又见十五贯钱堆在面前；欲待信来，他平白与我没半句言语，大娘子又过得好，怎么便下得这等狠心辣手？疑狐不决，只得再问道："虽然如此，也须通知我爹娘一声。"刘官人道："若是通知你爹娘，此事断然不成。你明日且到了人家，我慢慢央人与你爹娘说通，他也须怪我不得。"小娘子又问："官人今日在何处吃酒来？"刘官人道："便是把你典与人，写了文书，吃他的酒才来的。"小娘子又问："大姐姐如何不来？"刘官人道："他因不忍见你分离，待得你明日出了门才来。这也是我没计奈何，一言为定。"说罢，暗地忍不住笑，不脱衣裳，睡在床上，不觉睡去了。

---

①撰：同"赚"。利息：利润。

②可知：当然，岂不。

③贯：古代计量铜钱的量词。古代的铜钱中间有孔，可以用绳子贯穿起来，一千个铜钱叫一贯。

④生理：生意。

⑤李存孝：唐末著名猛将，晋王李克用的养子，本姓安，名敬思。后被陷害，被处以车裂之刑。

⑥彭越：汉初名将，字仲。初事项羽，后率兵归顺刘邦。刘邦取得天下后，有人告发他谋反，被处以醢刑（剁成肉酱）。旧小说中常用李存孝、彭越形容死得凄惨。

那小娘子好生摆脱不下："不知他卖我与甚色样人家？我须先去爹娘家里说知。就是他明日有人来要我，寻到我家，也须有个下落。"沉吟了一会，却把这十五贯钱一垛儿堆在刘官人脚后边。趁他酒醉，轻轻的收拾了随身衣服，款款的开了门出去，拽上了门。却去左边一个相熟的邻舍叫做朱三老儿家里，与朱三妈借宿了一夜，说道："丈夫今日无端卖我，我须先去与爹娘说知。烦你明日对他说一声，既有了主顾，可同我丈夫到爹娘家中来讨个分晓，也须有个下落。"那邻舍道："小娘子说得有理。你只顾自去，我便与刘官人说知就里。"过了一宵，小娘子作别去了，不题。正是：

<blockquote>鳌鱼脱却金钩去，摆尾摇头再不回。</blockquote>

放下一头。却说这里刘官人一觉直至三更方醒，见桌上灯犹未灭，小娘子不在身边，只道他还在厨下收拾家火，便唤二姐讨茶吃。叫了一回，没人答应，却待挣扎起来，酒尚未醒，不觉又睡了去。不想却有一个做不是的①，日间赌输了钱，没处出豁②，夜间出来掏摸些东西，却好③到刘官人门首。因是小娘子出去了，门儿拽上不关。那贼略推一推，豁地开了。捏手捏脚，直到房中，并无一人知觉。到得床前，灯火尚明，周围看时，并无一物可取。摸到床上，见一人朝着里床睡去，脚后却有一堆青钱，便去取了几贯。不想惊觉了刘官人，起来喝道："你须④不尽道理！我从丈人家借办得几贯钱来养身活命，不争⑤你偷了我的去，却是怎的计结？"那人也不回话，照面一拳。刘官人侧身躲过，便起身与这人相持。那人见刘官人手脚活动，便拔步出房。刘官人不舍，抢出门来，一径赶到厨房里，恰待声张邻舍起来捉贼。那人急了，正好没出豁，却见明晃晃一把劈柴斧头，正在手边。也是人急计生，被他绰起一斧，正中刘官人面门，扑地倒了，又复一斧，砍倒一边。眼见得刘官人不活了，呜呼哀哉，伏惟尚飨⑥。那人便道："一不做，二不休。却是你来赶我，不是我来寻你索命。"翻身入房，取了十五贯钱，扯条单被，包裹得停当，拽扎得爽俐⑦，出门拽上了门就走，不题。

次早邻舍起来，见刘官人家门也不开，并无人声息，叫道："刘官人，失晓⑧了！"里面没人答应，捱将进去，只见门也不关。直到里面，见刘官人劈死在地。他家大娘子两日前已自往娘家去了，小娘子如何不见？免不得声张起来。却有昨夜小娘子借宿的邻家朱三老儿说道："小娘子昨夜黄昏时到我家宿歇，说道：刘官人无端卖了他，他一径先到爹娘家里去了，教我对刘官人说，既有了主顾，可同到他爹娘家中，也讨得个分晓。今一面着人去追他转来，便有下落；一面着人去报他大娘子到来，再作区处。"众人都道："说得是。"

先着人去到王老员外家报了凶信。老员外与女儿大哭起来，对那人道："昨日好端端

---

① 做不是的：干坏事的人。话本里常指小偷。

② 没处出豁：想不出办法。出豁，想办法。

③ 却好：恰好，正好。却，恰。

④ 须：真是。

⑤ 不争：如果，若是。

⑥ "呜呼"二句：古代祭文结尾时常用的套语，表示哀悼死者、希望鬼魂临祭来享的意思。这里只是用来加强语气。

⑦ 爽俐：结实、紧密。

⑧ 失晓：睡死了不知道天亮。多指人晚起。

出门，老汉赠他十五贯钱，教他将来作本，如何便怎的被人杀了？"那去的人道："好教老员外、大娘子得知，昨日刘官人归时，已自昏黑，吃得半酣，我们都不晓得他有钱没钱，归迟归早。只是今早刘官人家门儿半开，众人推将进去，只见刘官人杀死在地，十五贯钱一文也不见，小娘子也不见踪迹。声张起来，却有左邻朱三老儿出来，说道他家小娘子昨夜黄昏时分借宿他家。小娘子说道：'刘官人无端把他典与人了，小娘子要对爹娘说一声。'住了一宵，今日径自去了。如今众人计议，一面来报大娘子与老员外，一面着人去追小娘子。若是半路里追不着的时节，直到他爹娘家中，好歹追他转来，问个明白。老员外与大娘子须索去走一遭，与刘官人执命①。"老员外与大娘子急急收拾起身，管待来人酒饭，三步做一步，赶入城中，不题。

却说那小娘子清早出了邻舍人家，挨上路去，行不上一二里，早是脚疼走不动，坐在路旁。却见一个后生，头带万字头巾，身穿直缝宽衫，背上驮了一个搭膊，里面却是铜钱，脚下丝鞋净袜，一直走上前来。到了小娘子面前，看了一看，虽然没有十二分颜色，却也明眉皓齿，莲脸生春，秋波送媚，好生动人。正是：

　　　　　　　野花偏艳目，村酒醉人多。

那后生放下搭膊，向前深深作揖："小娘子独行无伴，却是往那里去的？"小娘子还了万福②，道："是奴家要往爹娘家去，因走不上，权歇在此。"因问："哥哥是何处来？今要往何方去？"那后生叉手不离方寸③："小人是村里人，因往城中卖了丝帐，讨得些钱，要往褚家堂那边去的。"小娘子道："告哥哥则个，奴家爹娘也在褚家堂左侧，若得哥哥带挈奴家同走一程，可知是好。"那后生道："有何不可。既如此说，小人情愿伏侍小娘子前去。"

两个厮赶着，一路正行，行不到二三里田地，只见后面两个人脚不点地赶上前来，赶得汗流气喘，衣襟敞开，连叫："前面小娘子慢走！我却有话说知。"小娘子与那后生看见赶得蹊跷，都立住了脚。后边两个赶到跟前，见了小娘子与那后生，不容分说，一家扯了一个，说道："你们干得好事！却走往那里去？"小娘子吃了一惊，举眼看时，却是两家邻舍，一个就是小娘子昨夜借宿的主人。小娘子便道："昨夜也须告过公公得知，丈夫无端卖我，我自去对爹娘说知。今日赶来，却有何说？"朱三老道："我不管闲帐。只是你家里有杀人公事，你须回去对理④。"小娘子道："丈夫卖我，昨日钱已驮在家中，有甚杀人公事？我只是不去！"朱三老道："好自在性儿！你若真个不去，叫起地方⑤，有杀人贼在此，烦为一捉。不然，须要连累我们，你这里地方也不得清净。"

那个后生见不是话头，便对小娘子道："既如此说，小娘子只索回去，小人自家去休⑥。"那两个赶来的邻舍齐叫起来，说道："若是没有你在此便罢，既然你与小娘子同行同止，你须也去不得。"那后生道："却又古怪！我自半路遇见小娘子，偶然伴他行一程，

----

①执命：索命，讨命。

②万福：唐宋时妇女相见多口诵"万福"，后来便习惯用为妇女行礼的代用语。

③叉手不离方寸：左手攥着右手拇指，右手四指伸直并拢放在胸前。这是一种表示谦虚、恭敬的行礼姿势。方寸，指心。

④对理：见官。

⑤地方：指地保、保正。

⑥休：算了，罢了。

路途上有甚皂丝麻线①，要勒掯②我同去？"朱三老道："他家有了杀人公事，不争放你去了，却打没对头官司？"当下怎容小娘子和那后生做主。看的人渐渐立满，都道："后生，你去不得。你日间不作亏心事，半夜敲门不吃惊，便去何妨？"那赶来的邻舍道："你若不去，便是心虚，我们却和你罢休不得。"四个人只得厮挽着一路转来。

到得刘官人门首，好一场热闹！小娘子入去看时，只见刘官人斧劈倒在地死了，床上十五贯钱，分文也不见。开了口合不得，伸了舌缩不上去。那后生也慌了，便道："我恁的晦气！没来由和那小娘子同走一程，却做了干连人。"众人都和闹着，正在那里分豁不开，只见王老员外和女儿一步一撷走回家来，见女婿尸身，哭了一场，便对小娘子道："你却如何杀了丈夫，劫了十五贯钱逃走出去？今日天理昭然，有何理说？"小娘子道："十五贯钱委是有的。只是丈夫昨晚回来，说是无计奈何，将奴家典与他人，典得十五贯身价在此，说过今日便要奴家到他家去。奴家因不知他典与甚色样人家，先去与爹娘说知。故此趁夜深了，将这十五贯钱一垛儿堆在他脚后边，拽上门，到朱三老家住了一宵，今早自去爹娘家里说知。我去之时，也曾央朱三老对我丈夫说，既然有了主儿，便同到我爹娘家里来交割。却不知因甚杀死在此？"那大娘子道："可又来！我的父亲昨日明明把十五贯钱与他驮来作本，养赡妻小，他岂有哄你说是典来身价之理？这是你两日因独自在家，勾搭上了人；又见家中好生不济，无心守耐；又见了十五贯钱，一时见财起意，杀死丈夫，劫了钱；又使见识，往邻舍家借宿一夜，却与汉子通同计较，一处逃走。现今你跟着一个男子同走，却有何理说，抵赖得过？"众人齐声道："大娘子之言甚是有理。"又对那后生道："后生，你却如何与小娘子谋杀亲夫？却暗暗约定在僻静处等候，一同去逃奔他方，却是如何计结？"那人道："小人自姓崔，名宁，与那小娘子无半面之识。小人昨晚入城，卖得几贯丝钱在这里，因路上遇见小娘子，小人偶然问起往那里去的，却独自一个行走。小娘子说起是与小人同路，以此作伴同行，却不知前后因依。"众人那里肯听他分说，搜索他搭膊中，恰好是十五贯钱，一文也不多，一文也不少！众人齐发起喊来："道是'天网恢恢，疏而不漏'！你却与小娘子杀了人，拐了钱财，盗了妇女，同往他乡，却连累我地方邻里打没头官司！"

当下大娘子结扭了小娘子，王老员外结扭了崔宁，四邻舍都是证见，一哄都入临安府中来。那府尹听得有杀人公事，即便升厅，便叫一干人犯，逐一从头说来。先是王老员外上去告说："相公③在上，小人是本府村庄人氏，年近六旬，只生一女。先年嫁与本府城中刘贵为妻。后因无子，娶了陈氏为妾，呼为二姐。一向三口在家过活，并无片言。只因前日是老汉生日，差人接取女儿女婿到家住了一夜。次日因见女婿家中全无活计，养赡不起，把十五贯钱与女婿作本，开店养身。却有二姐在家看守。到得昨夜，女婿到家时分，不知因甚缘故，将女婿斧劈死了。二姐却与一个后生，名唤崔宁，一同逃走，被人追捉到来。望相公可怜见老汉的女婿身死不明，奸夫淫妇，赃证见在，伏乞相公明断！"府尹听得如此如此，便叫："陈氏上来！你却如何通同奸夫杀死了亲夫，劫了钱，与人一同逃走？是何理说？"二姐告道："小妇人嫁与刘贵，虽是做小老婆，却也得他看承得好，大娘子又贤慧，却如何肯起这片歹心？只是昨晚丈夫回来，吃得半酣，驮

---

① 皂丝麻线：比喻不清不白，关系混乱。

② 勒掯（kèn）：强迫。

③ 相公：对官员的尊称。

了十五贯钱进门。小妇人问他来历，丈夫说道，为因养赡不周，将小妇人典与他人，典得十五贯身价在此。又不通我爹娘得知，明日就要小妇人到他家去。小妇人慌了，连夜出门，走到邻舍家里借宿一宵，今早一径先往爹娘家去。教他对丈夫说：既然卖我有了主顾，可到我爹妈家里来交割。才走得到半路，却见昨夜借宿的邻家赶来，捉住小妇人回来。却不知丈夫杀死的根由。"那府尹喝道："胡说！这十五贯钱，分明是他丈人与女婿的，你却说是典你的身价，眼见的没巴臂①的说话了。况且妇人家如何黑夜行走？定是脱身之计！这桩事须不是你一个妇人家做的，一定有奸夫帮你谋财害命，你却从实说来！"

那小娘子正待分说，只见几家邻舍一齐跪上去告道："相公的言语，委是青天！他家小娘子，昨夜果然借宿在左邻第二家的，今早他自去了。小的们见他丈夫杀死，一面着人去赶，赶到半路，却见小娘子和那一个后生同走，苦死不肯回来。小的们勉强捉他转来，却又一面着人去接他大娘子与他丈人，到时，说昨日有十五贯钱付与女婿做生理的，今者女婿已死，这钱不知从何而去。再三问那小娘子时，说道：他出门时，将这钱一堆儿堆在床上。却去搜那后生身边，十五贯钱，分文不少。却不是小娘子与那后生通同谋杀？赃证分明，却如何赖得过！"府尹听他们言言有理，就唤那后生上来道："帝辇②之下，怎容你这等胡行！你却如何谋了他小老婆，劫了十五贯钱，杀死他亲夫，今日同往何处？从实招来！"那后生道："小人姓崔名宁，是乡村人氏。昨日往城中卖了丝，卖得这十五贯钱。今早偶然路上撞着这小娘子，并不知他姓甚名谁，那里晓得他家杀人公事？"府尹大怒，喝道："胡说！世间不信有这等巧事：他家失去了十五贯钱，你却卖的丝恰好也是十五贯钱。这分明是支吾③的说话了。况且他妻莫爱，他马莫骑，你既与那妇人没甚首尾，却如何与他同行同宿？你这等顽皮赖骨，不打如何肯招！"

当下众人将那崔宁与小娘子死去活来拷打一顿。那边王老员外与女儿并一干邻佑人等，口口声声咬他二人。府尹也巴不得了结这段公案。拷讯一回，可怜崔宁和小娘子，受刑不过，只得屈招了，说是一时见财起意，杀死亲夫，劫了十五贯钱，同奸夫逃走是实。左邻右舍都指画了"十"字④。将两人大枷枷了，送入死囚牢里。将这十五贯钱给还原主，也只好奉与衙门中人做使用，也还不够哩。

府尹叠成文案⑤，奏过朝廷。部复申详⑥，倒下圣旨，说："崔宁不合奸骗人妻，谋财害命，依律处斩。陈氏不合通同奸夫杀死亲夫，大逆不道，凌迟⑦示众。"当下读了招状，大牢内取出二人来，当厅判一个"斩"字，一个"剐"字，押赴市曹，行刑示众。两人浑身是口，也难分说。正是：

　　　　哑子漫尝黄蘖⑧味，难将苦口对人言。

---

①巴臂：也写作"巴鼻"，指根据、理由。

②帝辇：指京城、皇城。辇，古代用人拉的车，后多指皇帝、皇后的车驾。

③支吾：搪塞、抵拒。

④画了"十"字：古时不识字的人无法写自己的姓名，往往用画"十"字代替签押。

⑤叠成文案：做成公文。

⑥部复申详：由刑部查明后向皇帝申奏。

⑦凌迟：我国封建社会死刑中最残酷的刑罚，俗称"千刀万剐"。

⑧黄蘖（niè）：一种味苦的草药。

看官听说：这段公事，果然是小娘子与那崔宁谋财害命的时节，他两人须连夜逃走他方，怎的又去邻舍人家借宿一宵？明早又走到爹娘家去，却被人捉住了？这段冤枉，仔细可以推详出来。谁想问官糊涂，只图了事，不想捶楚之下，何求不得！冥冥之中，积了阴骘①，远在儿孙近在身，他两个冤魂，也须放你不过。所以做官的切不可率意断狱，任情用刑，也要求个公平明允。道不得个死者不可复生，断者不可复续，可胜叹哉！

闲话休题。却说那刘大娘子到得家中，设个灵位，守孝过日。父亲王老员外劝他转身②，大娘子说道："不要说起三年之久，也须到小祥③之后。"父亲应允自去。

光阴迅速，大娘子在家，巴巴结结，将近一年。父亲见他守不过，便叫家里老王去接他来，说："叫大娘子收拾回家，与刘官人做了周年，转了身去罢。"大娘子没计奈何，细思父言亦是有理。收拾了包裹，与老王背了，与邻舍家作别，暂去再来。一路出城，正值秋天，一阵乌风猛雨，只得落路往一所林子去躲，不想走错了路。正是：

> 猪羊走屠宰之家，一脚脚来寻死路。

走入林子里去，只听他林子背后大喝一声："我乃静山大王在此！行人住脚，须把买路钱与我！"大娘子和那老王吃那一惊不小，只见跳出一个人来：头带干红凹面巾，身穿一领旧战袍，腰间红绢搭膊裹肚，脚下蹬一双乌皮皂靴，手执一把朴刀，舞刀前来。那老王该死，便道："你这剪径的毛团④！我须是认得你。做这老性命着，与你兑⑤了罢。"一头撞去，被他闪过空，老人家用力猛了，扑地便倒。那人大怒道："这牛子⑥好生无礼！"连搠一两刀，血流在地，眼见得老王养不大⑦了。那刘大娘子见他凶猛，料道脱身不得，心生一计，叫做脱空计，拍手叫道："杀得好！"那人便住了手，睁圆怪眼，喝道："这是你甚么人？"那大娘子虚心假气的答道："奴家不幸，丧了丈夫，却被媒人哄诱，嫁了这个老儿，只会吃饭。今日却得大王杀了，也替奴家除了一害。"那人见大娘子如此小心，又生得有几分颜色，便问道："你肯跟我做个压寨夫人么？"大娘子寻思，无计可施，便道："情愿伏侍大王。"那人回嗔作喜，收拾了刀杖，将老王尸首揎入涧中，领了刘大娘子到一所庄院前来，甚是委曲⑧。只见大王向那地上拾些土块，抛向屋上去，里面便有人出来开门。到得草堂之上，分付杀羊备酒，与刘大娘子成亲。两口儿且是说得着。正是：

> 明知不是伴，事急且相随。

不想那大王自得了刘大娘子之后，不上半年，连起了几主大财，家间也丰富了。大娘子甚是有识见，早晚用好言语劝他："自古道：'瓦罐不离井上破，将军难免阵中亡。'你

---

①阴骘（zhì）：一般指阴德、阴功，这里是因果报应的意思。

②转身：改嫁，再嫁。

③小祥：死者的周年祭。

④剪径的毛团：打劫的强盗。毛团，本义是有毛的动物，用作骂人的话，犹言"畜生"。

⑤兑：拼。

⑥牛子：宋元时对村人、乡巴佬的谑称。

⑦养不大：死的委婉说法。

⑧委曲：（所经的道路）曲折狭小。

我两人，下半世也够吃用了，只管做这没天理的勾当，终须不是个好结果。却不道是'梁园虽好，不是久恋之家'①。不若改行从善，做个小小经纪，也得过养身活命。"那大王早晚被他劝转，果然回心转意，把这门道路撇了，却去城市间赁下一处房屋，开了一个杂货店。遇闲暇的日子，也时常去寺院中，念佛赴斋。

忽一日在家闲坐，对那大娘子道："我虽是个剪径的出身，却也晓得冤各有头，债各有主。每日间只是吓骗人东西，将来过日子。后来得有了你。一向不大顺溜，今已改行从善。闲来追思既往，正会枉杀了两个人，又冤陷了两个人，时常挂念，思欲做些功德超度他们，一向不曾对你说知。"大娘子便道："如何是枉杀了两个人？"那大王道："一个是你的丈夫，前日在林子里的时节，他来撞我，我却杀了他，他须是个老人家，与我往日无仇，如今又谋了他老婆，他死也不肯甘心的。"大娘子道："不怎的时，我却那得与你厮守？这也是往事，休题了。"又问："杀那一个又是甚人？"那大王道："说起来这个人，一发天理上放不过去，且又带累了两个人无辜偿命。是一年前，也是赌输了，身边并无一文，夜间便去掏摸些东西。不想到一家门首，见他门也不闩，推进去时，里面并无一人。摸到门里，只见一人醉倒在床，脚后却有一堆铜钱，便去摸他几贯。正待要走，却惊醒了那人，起来说道：'这是我丈人家与我做本钱的，不争你偷去了，一家人口都是饿死！'起身抢出房门，正待声张起来，是我一时见他不是话头，却好一把劈柴斧头在我脚边，这叫做人急计生，绰起斧来，喝一声道：'不是我，便是你！'两斧劈倒。却去房中将十五贯钱尽数取了。后来打听得他，却连累了他家小老婆与那一个后生，唤做崔宁。冤枉了他谋财害命，双双受了国家刑法。我虽是做了一世强人，只有这两桩人命，是天理人心打不过去的。早晚还要超度他，也是该的。"

那大娘子听说，暗暗地叫苦："原来我的丈夫也吃这厮杀了！又连累我家二姐与那个后生无辜被戮。思量起来，是我不合当初做弄他两人偿命，料他两人阴司中也须放我不过！"当下权且欢天喜地，并无他话。明日捉个空，便一径到临安府前叫起屈来。

那时换了一个新任府尹，才得半月，正直升厅，左右捉将那叫屈的妇人进来。刘大娘子到于阶下，放声大哭。哭罢，将那大王前后所为，怎的"杀了我丈夫刘贵，问官不肯推详，含糊了事，却将二姐与那崔宁朦胧偿命；后来又怎的杀了老王，奸骗了奴家。今日天理昭然，一一是他亲口招承。伏乞相公高抬明镜，昭雪前冤！"说罢又哭。府尹见他情词可悯，即着人去捉那静山大王到来，用刑拷讯，与大娘子口词一些不差。即时问成死罪，奏过官里。

待六十日限满，倒下圣旨来："勘得静山大王谋财害命，连累无辜，准律杀一家非死罪三人者，斩加等，决不待时②。原问官断狱失情，削职为民。崔宁与陈氏枉死可怜，有司访其家，谅行优恤。王氏既系强徒威逼成亲，又能伸雪夫冤，着将贼人家产一半没入官，一半给与王氏养赡终身。"

刘大娘子当日往法场上看决了静山大王，又取其头去祭献亡夫并小娘子及崔宁，大

----

①"梁园"二句：古代谚语，本指汉代梁孝王（刘武）所建园林奢美，宾客乐而忘返（《西京杂记》），后引申为"他乡再好，终非久留之地"。此谚语常用来劝诫安守故土或警惕浮华诱惑。小说中借指落草为寇终非长久之计。

②决不待时：犹立即执行。决，处决。不待时，古时处决犯人多在秋季，但对罪大恶极的重犯可立即执行，不等秋后。

哭一场。将这一半家私舍入尼姑庵中，自己朝夕看经念佛，追荐亡魂，尽老百年而绝。有诗为证：

> 善恶无分总丧躯，只因戏语酿灾危。
>
> 劝君出语须诚实，口舌从来是祸基。

【文献档案】

本篇选自话本小说选集《京本通俗小说》。《京本通俗小说》现存版本为缪荃孙 1915 年刊印的残本，含九篇话本小说（如《错斩崔宁》《碾玉观音》等）。学术界对其成书年代存疑，部分学者认为是明末文人仿宋元话本所作。

所谓"话本"，即"说话"艺人所用的底本。"说话"就是讲故事，是宋代兴盛起来的一种市民文艺。话本最初只是一个故事提纲，很简略，后来经过艺人的加工润色，被书商传抄刻印出来，就成为一种新兴的白话短篇小说，即话本小说。话本小说作为一种市民文学，主要描写市民阶层的生活，反映市民的思想感情和生活愿望。话本小说以城市平民（如商贩、工匠）及下层妇女（如侍女、妓女）为主角，详细刻画其生活困境与情感诉求，使得这些在过去的文学作品中极难见到的"小人物"进入了文学的殿堂。话本小说的语言通俗浅近，情节丰富曲折、引人入胜，具有很强的可读性。话本小说内容和形式上的这些特点，都是以前的小说所不具备的，所以鲁迅先生说，话本小说的出现，"实在是小说史上的一大变迁"，它开辟了中国文学史上的一个新时代。

【含英咀华】

这篇小说讲述了无辜百姓陈二姐与青年崔宁的冤案：二人因府尹草率断案，被诬为谋财害命的凶犯，最终惨遭杀害。它不仅是宋代公案小说的代表作，也是整个宋代话本小说中写得最成功的作品之一。它通过一起悲惨冤案的叙述，严厉谴责了执法官吏"只图了事"、草菅人命的罪行。从小说中我们可以看出，造成陈二姐与崔宁冤死悲剧的原因，表面看来好像是巧合，是刘贵的戏言玩笑，但根本原因还是那个执法官——府尹的昏聩糊涂。他接到报案后，既不去现场查看，也不认真研究分析，而是偏听一面之词，根本不听陈二姐与崔宁的分辩。他办案的主要方式就是严刑逼供、屈打成招。他对分辩的崔宁说："你这等顽皮赖骨，不打如何肯招！"这正是他办案的指导思想与万灵法宝。于是一起两条人命的冤案，便在他的棍棒下造成了。作者对那些"只图了事""率意断狱"、视人命如儿戏的封建官吏进行了愤怒的控诉，提出了严正的警告，并表达了对枉死者的深切同情与深沉叹息，具有强烈的批判意义与民主思想。

在艺术上，这篇小说最大的特点就是情节奇巧。作者善于运用"巧合"构建故事，把情节演绎得奇巧无比、摇曳多姿。王老员外给女婿刘贵的钱是十五贯，崔宁卖丝所得的钱也正好是十五贯！刘贵回家，王氏偏偏被留下，这就为刘贵向陈二姐编造"戏言"提供了方便；盗贼行窃，恰恰就在这天晚上摸到了没有闩门的刘贵家！崔宁卖完丝要回褚家堂的家，陈二姐的娘家也正好在褚家堂的方向，于是二人得以结伴同行。崔宁与陈二姐屈死后，作案的罪犯本已安然无事了，恰恰又强占了刘贵的妻子王氏，久而久之终于无意中道出了真情，最终落入法网……作者通过这些奇巧的情节，使小说的故事显得波谲云诡、扣人心弦、引人入胜，具有极强的吸引力。其次，作者在叙述这起案件时，紧紧扣住与案情密切相关的"十五贯钱"来写，细针密缕，处处照应，使案情重点突出、紧凑合理。作者处处注意对两笔十五贯钱的交代与描写，反复地向听众或读者表明：此十五贯非彼十五贯，案情表面看来似乎复杂，其实并不复杂，仔细分析是可以审理清楚的。只因为府尹的糊涂、草率，便制造了一起罕见的人命冤案，从而加深了作品的批判意义。

正因为这篇小说具有以上两个主要特点，情节奇巧，叙述上紧扣"十五贯"这一关键之物，所以明代的冯梦龙在将它收入《醒世恒言》时，就直接把篇名改成了《十五贯戏言成巧祸》。到清代，剧作家朱素臣又把这个故事改编成传奇剧，取名就叫《十五贯》。

【思考与练习】

一、简述这篇小说的情节，并归纳小说的主题思想。

二、这篇小说中集中表现了作者对封建官府的批判与警告的话是哪几句？

三、这篇小说的情节有什么突出特点？试作简要分析。

四、这篇小说在叙事上的主要特点是什么？试作简要分析。

【拓展阅读】

吴晓铃、范宁、周妙中选注《话本选》，人民文学出版社

胡士莹选注《古代白话短篇小说选》，中国青年出版社

（刘洪仁）

武松打虎

施耐庵

诗曰：

> 延士声华似孟尝，有如东阁纳贤良①。
> 武松雄猛千夫惧，柴进风流四海扬。
> 自信一身能杀虎，浪言三碗不过冈。
> 报兄诛嫂真奇特，赢得高名万古香。

话说宋江因躲一杯酒，去净手了，转出廊下来，趿了火锹②柄，引得那汉焦躁，跳将起来，就欲要打宋江。柴进赶将出来，误叫起宋押司，因此露出姓名来。那大汉听得是宋江，跪在地下，那里肯起，说道："小人有眼不识泰山，一时冒渎兄长，望乞恕罪！"宋江扶起那汉，问道："足下是谁？高姓大名？"柴进指着道："这人是清河县人氏，姓武名松，排行第二。今在此间一年也。"宋江道："江湖上多闻说武二郎名字，不期今日却在这里相会，多幸，多幸！"柴进道："偶然豪杰相聚，实是难得。就请同做一席说话。"宋江大喜，携住武松的手，一同到后堂席上，便唤宋清与武松相见。柴进便邀武松坐地。宋江连忙让他一同在上面坐，武松那里肯坐。谦了半晌，武松坐了第三位。柴进教再整杯盘，来劝三人痛饮。宋江在灯下看那武松时，果然是一条好汉。但见：

> 身躯凛凛，相貌堂堂。一双眼光射寒星，两弯眉浑如刷漆。胸脯横阔，有万夫难敌之威风；语话轩昂，吐千丈凌云之志气。心雄胆大，似撼天狮子下云端；骨健筋强，如摇地貔貅③临座上。如同天上降魔主，真是人间太岁神。

当下宋江看了武松这表人物，心中甚喜，便问武松道："二郎因何在此？"武松答道："小弟在清河县，因酒后醉了，与本处机密相争，一时间怒起，只一拳打得那厮昏沉。小弟只道他死了，因此一径地逃来，投奔大官人处躲灾避难，今已一年有余。后来打听得那厮却不曾死，救得活了。今欲正要回乡去寻哥哥，不想染患疟疾，不能勾动身回去。却才正发寒冷，在那廊下向火，被兄长趿了锹柄，吃了那一惊，惊出一身冷汗，觉得这病好了。"宋江听了大喜。当夜饮至三更。酒罢，宋江就留武松在西轩下做一处安歇。次日起来，柴进安排席面，杀羊宰猪，管待宋江，不在话下。

过了数日，宋江将出些银两来，与武松做衣裳。柴进知道，那里肯要他坏钱，自取出一箱段匹绸绢，门下自有针工，便教做三人的称体衣裳。说话的，柴进因何不喜武松？原来武松初来投奔柴进时，也一般接纳管待。次后在庄上，但吃醉了酒，性气刚，庄客有些顾管不到处，他便要下拳打他们。因此，满庄里庄客没一个道他好。众人只是嫌他，都去

---

①"延士"二句：此二句皆赞扬柴进招贤纳士，有古孟尝君、公孙弘之风。东阁，东向的小门。据《汉书·公孙弘传》："弘……数年至宰相封侯，于是起客馆，开东阁以延贤人，与参谋议。"后遂以东阁称宰相款待宾客之所。

②趿（cǐ）：踩。火锹：火钳。

③貔貅（píxiū）：传说中一种凶猛的瑞兽。

柴进面前告诉他许多不是处。柴进虽然不赶他，只是相待得他慢了。却得宋江每日带挈他一处饮酒相陪，武松的前病都不发了。相伴宋江住了十数日，武松思乡，要回清河县看望哥哥。柴进、宋江两个，都留他再住几时。武松道："小弟的哥哥多时不通信息，因此要去望他。"宋江道："实是二郎要去，不敢苦留。如若得闲时，再来相会几时。"武松相谢了宋江。柴进取出些金银送与武松。武松谢道："实是多多相扰了大官人。"武松缚了包裹，拴了梢棒要行，柴进又治酒食送路。武松穿了一领新纳红绸袄，戴着个白范阳毡笠儿，背上包裹，提了杆棒，相辞了便行。宋江道："弟兄之情，贤弟少等一等。"回到自己房内，取了些银两，赶出到庄门前来，说道："我送兄弟一程。"宋江和兄弟宋清两个送武松，待他辞了柴大官人，宋江也道："大官人，暂别了便来。"三个离了柴进东庄，行了五七里路。武松作别道："尊兄，远了，请回。柴大官人必然专望。"宋江道："何妨再送几步。"路上说些闲话，不觉又过了三二里。武松挽住宋江说道："尊兄不必远送，常言道：送君千里，终须一别。"宋江指着道："容我再行几步。兀那官道上有个小酒店，我们吃三钟了作别。"三个来到酒店里。宋江上首坐了，武松倚了梢棒，下席坐了，宋清横头坐定。便叫酒保打酒来，且买些盘馔果品菜蔬之类，都搬来摆在桌子上。三个人饮了几杯，看看红日平西，武松便道："天色将晚，哥哥不弃武二时，就此受武二四拜，拜为义兄。"宋江大喜。武松纳头拜了四拜。宋江叫宋清身边取出一锭十两银子，送与武松。武松那里肯受，说道："哥哥客中自用盘费。"宋江道："贤弟不必多虑。你若推却，我便不认你做兄弟。"武松只得拜受了，收放缠袋里。宋江取些碎银子，还了酒钱。武松拿了梢棒，三个出酒店前来作别。武松堕泪，拜辞了自去。宋江和宋清立在酒店门前，望武松不见了，方才转身回来。行不到五里路头，只见柴大官人骑着马，背后牵着两匹空马来接。宋江望见了大喜。一同上马回庄上来。下了马，请入后堂饮酒。宋江弟兄两个，自此只在柴大官人庄上。话分两头。有诗为证：

> 别意悠悠去路长，挺身直上景阳冈。
>
> 醉来打杀山中虎，扬得声名满四方。

只说武松自与宋江分别之后，当晚投客店歇了。次日早起来，打火吃了饭，还了房钱，拴束包裹，提了梢棒，便走上路。寻思道："江湖上只闻说及时雨宋公明，果然不虚。结识得这般弟兄，也不枉了。"武松在路上行了几日，来到阳谷县地面。此去离县治还远。当日晌午时分，走得肚中饥渴，望见前面有一个酒店，挑着一面招旗在门前，上头写着五个字道"三碗不过冈"。武松入到里面坐下，把梢棒倚了，叫道："主人家，快把酒来吃。"只见店主人把三只碗、一双箸、一碟热菜，放在武松面前，满满筛一碗酒来。武松拿起碗，一饮而尽，叫道："这酒好生有气力！主人家，有饱肚的买些吃酒。"酒家道："只有熟牛肉。"武松道："好的切二三斤来吃酒。"店家去里面切出二斤熟牛肉，做一大盘子将来，放在武松面前，随即再筛一碗酒。武松吃了道："好酒！"又筛下一碗，恰好吃了三碗酒，再也不来筛。武松敲着桌子叫道："主人家，怎的不来筛酒？"酒家道："客官要肉便添来。"武松道："我也要酒，也再切些肉来。"酒家道："肉便切来，添与客官吃，酒却不添了。"武松道："却又作怪。"便问主人家道："你如何不肯卖酒与我吃？"酒家道："客官，你须见我门前招旗，上面明明写道'三碗不过冈'。"武松道："怎地唤做三碗不过冈？"酒家道："俺家的酒，虽是村酒，却比老酒的滋味。但凡客人来我店中吃了三碗的，便醉了，过不得前面的山冈去。因此唤做'三碗不过冈'。若是过往客人到此，只吃三碗，更不再问。"武松笑道："原来恁地。我却吃了三碗，如何不醉？"酒家道："我这酒叫做'透瓶香'，又唤做'出门倒'。初入口时，醇酽好吃，少刻时便倒。"武松道："休要胡说。没地不还你钱，再筛三碗来我吃。"酒家见武松全然不动，又筛三碗。武松吃道："端的好酒！主人家，我吃一碗，还你一碗钱，只顾筛来。"酒家道："客官休只管要饮，这酒端的要醉倒人，没药医。"武松道："休得胡鸟说！便是你使蒙汗药在里面，我也有鼻子。"店家被他发话不过，一连又筛了三碗。武松道："肉便再把二斤来吃。"酒家又切了二斤熟牛肉，再筛了三碗酒。武松吃得口滑，只顾要吃。去身边取出些碎银子，叫道："主人家，你且来看我银子，还你酒肉钱勾么？"酒家看了道："有余，还有些贴钱与你。"武松道："不要你贴钱，只将酒来筛。"酒家道："客官，你要吃酒时，还有五六碗酒哩，只怕你吃不的了。"武松道："就有五六碗多时，你尽数筛将来。"酒家道："你这条长汉，倘或醉倒了时，怎扶的你住？"武松答道："要你扶的不算好汉。"酒家那里肯将酒来筛。武松焦躁道："我又不白吃你的，休要引老爹性发，通教你屋里粉碎，把你这鸟店子倒翻转来！"酒家道："这厮醉了，休惹他。"再筛了六碗酒与武松吃了。前后共吃了十五碗。绰了梢棒，立起身来道："我却又不曾醉。"走出门前来，笑道："却不说'三碗不过冈'！"手提梢棒便走。

酒家赶出来叫道："客官那里去？"武松立住了，问道："叫我做甚么？我又不少你酒钱，唤我怎地？"酒家叫道："我是好意。你且回来我家看官司榜文。"武松道："甚么榜文？"酒家道："如今前面景阳冈上，有只吊睛白额大虫，晚了出来伤人，坏了三二十条大汉性命。官司如今杖限打猎捕户，擒捉发落。冈子路口两边人民，都有榜文。可教往来客人，结伙成队，于巳、午、未三个时辰过冈，其余寅、卯、申、酉、戌、亥六个时辰，不许过冈。更兼单身客人，不许白日过冈，务要等伴结伙而过。这早晚正是未末申初时分，我见你走都不问人，枉送了自家性命。不如就我此间歇了，等明日慢慢凑的三二十人，一齐好过冈子。"武松听了，笑道："我是清河县人氏，这条景阳冈上少也走过了一二十遭。几时见说有大虫！你休说这般鸟话来吓我！便有大虫，我也不怕。"酒家道："我是好意救你。你不信时，进来看官司榜文。"武松道："你鸟子声！便真个有虎，老爷也不怕。你留我在家里歇，莫不半夜三更要谋我财，害我性命，却把鸟大虫唬吓我？"酒家道："你看么！我是一片好心，反做恶意，倒落得你恁地说。你不信我时，请尊便自行。"正是：

> 前车倒了千千辆，后车过了亦如然。
> 分明指与平川路，却把忠言当恶言。

那酒店里主人摇着头，自进店里去了。这武松提了梢棒，大着步自过景阳冈来。约行了四五里路，来到冈子下，见一大树，刮去了皮，一片白，上写两行字。武松也颇识几字，抬头看时，上面写道："近因景阳冈大虫伤人，但有过往客商，可于巳、午、未三个时辰，结伙成队过冈。勿请自误。"武松看了，笑道："这是酒家诡诈，惊吓那等客人，便去那厮家里宿歇。我却怕甚么鸟！"横拖着梢棒，便上冈子来。那时已有申牌时分。这轮红日厌厌地相傍下山。武松乘着酒兴，只管走上冈子来。走不到半里多路，见一个败落的山神庙。行到庙前，见这庙门上贴着一张印信榜文。武松住了脚读时，上面写道：

"阳谷县示：为这景阳冈上新有一只大虫，近来伤害人命。见今杖限各乡里正并猎户人等，打捕未获。如有过往客商人等，可于巳、午、未三个时辰结伴过冈。其余时分及单身客人，白日不许过冈。恐被伤害性命不便。各宜知悉。"

武松读了印信榜文，方知端的有虎。欲待发步再回酒店里来，寻思道："我回去时，须吃他耻笑，不是好汉，难以转去。"存想了一回，说道："怕甚么鸟！且只顾上去，看怎地！"武松正走，看看酒涌上来，便把毡笠儿背在脊梁上，将梢棒绾在肋下，一步步上那冈子来。回头看这日色时，渐渐地坠下去了。此时正是十月间天气，日短夜长，容易得晚。武松自言自说道："那得甚么大虫！人自怕了，不敢上山。"武松走了一直，酒力发作，焦热起来。一只手提着梢棒，一只手把胸膛前袒开，跟跟跄跄，直奔过乱树林来。见一块光挞挞大青石，把那梢棒倚在一边，放翻身体，却待要睡，只见发起一阵狂风来。看那风时，但见：

> 无形无影透人怀，四季能吹万物开。
>
> 就树撮将黄叶去，入山推出白云来。

原来但凡世上云生从龙，风生从虎。那一阵风过处，只听得乱树背后扑地一声响，跳出一只吊睛白额大虫来。武松见了，叫声："呵呀！"从青石上翻将下来，便拿那条梢棒在手里，闪在青石边。那个大虫又饥又渴，把两只爪在地下略按一按，和身望上一扑，从半空里撺将下来。武松被那一惊，酒都做冷汗出了。说时迟，那时快。武松见大虫扑来，只一闪，闪在大虫背后。那大虫背后看人最难，便把前爪搭在地下，把腰胯一掀，掀将起来。武松只一躲，躲在一边。大虫见掀他不着，吼一声，却似半天里起个霹雳，振得那山冈也动。把这铁棒也似虎尾倒竖起来，只一剪。武松却又闪在一边。原来那大虫拿人，只是一扑，一掀，一剪，三般提不着时，气性先自没了一半。那大虫又剪不着，再吼了一声，一兜兜将回来。武松见那大虫复翻身回来，双手轮起梢棒，尽平生气力，只一棒，从半空劈将下来。只听得一声响，簌簌地将那树连枝带叶劈脸打将下来。定睛看时，一棒劈不着大虫。原来慌了，正打在枯树上，把那条梢棒折做两截，只拿得一半在手里。那大虫咆哮，性发起来，翻身又只一扑，扑将来。武松又只一跳，却退了十步远。那大虫却好把两只前爪搭在武松面前。武松将半截棒丢在一边，两只手就势把大虫顶花皮胳腌①地揪住，一按按将下来。那只大虫急要挣扎，早没了气力。被武松尽气力纳定，那里肯放半点儿松宽。武松把只脚望大虫面门上、眼睛里只顾乱踢。那大虫咆哮起来，把身底下扒起两堆黄泥，做了一个土坑。武松把那大虫嘴直按下黄泥坑里去。那大虫吃武松奈何得没了些气力。武松把左手紧紧地揪住顶花皮，偷出右手来，提起铁锤般大小拳头，尽平生之力，只顾打。打得五七十拳，那大虫眼里、口里、鼻子里、耳朵里，都迸出鲜血来。那武松尽平昔神威，仗胸中武艺，半歇儿把大虫打做一堆，却似躺着一个锦布袋。有一篇古风，单道景阳冈武松打虎。但见：

> 景阳冈头风正狂，万里阴云霾日光。
>
> 焰焰满川枫叶赤，纷纷遍地草芽黄。
>
> 触目晚霞挂林薮，侵人冷雾满穹苍。
>
> 忽闻一声霹雳响，山腰飞出兽中王。
>
> 昂头踊跃逞牙爪，谷口麋鹿皆奔忙。
>
> 山中狐兔潜踪迹，洞内獐猿惊且慌。
>
> 卞庄见后魂魄丧，存孝遇时心胆强。

---

①胳腌（gēda）：形容动作迅速。

清河壮士酒未醒，忽在冈头偶相迎。

上下寻人虎饥渴，撞着狰狞来扑人。

虎来扑人似山倒，人去迎虎如岩倾。

臂腕落时坠飞炮，爪牙爬处成泥坑。

拳头脚尖如雨点，淋漓两手鲜血染。

秽污腥风满松林，散乱毛须坠山崦。

近看千钧势未休，远观八面威风敛。

身横野草锦斑销，紧闭双睛光不闪。

当下景阳冈上那只猛虎，被武松没顿饭之间，一顿拳脚打得那大虫动掸不得，使得口里兀自气喘。武松放了手，来松树边寻那打折的棒橛，拿在手里，只怕大虫不死，把棒橛又打了一回。那大虫气都没了。武松再寻思道："我就地拖得这死大虫下冈子去。"就血泊里双手来提时，那里提得动？原来使尽了气力，手脚都疏软了，动掸不得。

武松再来青石坐了半歇，寻思道："天色看看黑了，倘或又跳出一只大虫来时，我却怎地斗得他过？且挣扎下冈子去，明早却来理会。"就石头边寻了毡笠儿，转过乱树林边，一步步捱下冈子来。走不到半里多路，只见枯草丛中钻出两只大虫来。武松道："呵呀，我今番死也！性命罢了！"只见那两个大虫于黑影里直立起来。武松定睛看时，却是两个人，把虎皮缝做衣裳，紧紧拼在身上。那两个人手里各拿着一条五股叉，见了武松，吃一惊道："你那人吃了㺄狚①心，豹子肝，狮子腿，胆倒包着身躯！如何敢独自一个，昏黑将夜，又没器械，走过冈子来！不知你是人？是鬼？"武松道："你两个是甚么人？"那个人道："我们是本处猎户。"武松道："你们上岭来做甚么？"两个猎户失惊道："你兀自不知哩！如今景阳冈上有一只极大的大虫，夜夜出来伤人。只我们猎户，也折了七八个。过往客人，不记其数，都被这畜生吃了。本县知县着落当乡里正和我们猎户人等捕捉。那业畜势大，难近得他，谁敢向前！我们为他正不知吃了多少限棒。只捉他不得。今夜又该我们两个捕猎，和十数个乡夫在此，上上下下放了窝弓药箭等他。正在这里埋伏，却见你大刺刺地从冈子上走将下来，我两个吃了一惊。你却正是甚人？曾见大虫么？"武松道："我是清河县人氏，姓武，排行第二。却才冈子上乱树林边，正撞见那大虫，被我一顿拳脚打死了。"两个猎户听得痴呆了，说道："怕没这话！"武松道："你不信时，只看我身上兀自有血迹。"两个道："怎地打来？"武松把那打大虫的本事，再说了一遍。两个猎户听了，又惊又喜，叫拢那十个乡夫来。只见这十个乡夫，都拿着钢叉、踏弩、刀枪，随即拢来。武松问道："他们众人如何不随着你两个上山？"猎户道："便是那畜生利害，他们如何敢上来！"一伙十数个人，都在面前。两个猎户把武松打杀大虫的事，说向众人。众人都不肯信。武松道："你众人不肯信时，我和你去看便了。"众人身边都有火刀、火石，随即发出火来，点起五七个火把。众人都跟着武松，一同再上冈子来。看见那大虫做一堆儿死在那里。众人见了大喜。先叫一个去报知本县里正，并该管上户。这里五七个乡夫，自把大虫缚了，抬下冈子来。到得岭下，早有七八十人都哄将来，先把死大虫抬在前面，将一乘兜轿，抬了武松，径投本处一个上户家来。那上户里正都在庄前迎接。把这大虫抬到草厅上。却有本乡上户、本乡猎户三二十人，都来相探武松。众人问道："壮士高姓大名？贵

---

①㺄狚（hūlù）：鳄鱼。

乡何处?"武松道:"小人是此间邻郡清河县人氏,姓武名松,排行第二。因从沧州回乡来,昨晚在冈子那边酒店吃得大醉了,上冈子来,正撞见这畜生。"把那打虎的身分拳脚,细说了一遍。众上户道:"真乃英雄好汉!"众猎户先把野味将来与武松把杯。武松因打大虫困乏了,要睡。大户便教庄客打并客房,且教武松歇息。到天明,上户先使人去县里报知,一面合具虎床,安排端正,迎送县里去。

天明,武松起来洗漱罢,众多上户牵一腔羊,挑一担酒,都在厅前伺候。武松穿了衣裳,整顿巾帻,出到前面,与众人相见。众上户把盏说道:"被这个畜生正不知害了多少人性命,连累猎户吃了几顿限棒。今日幸得壮士来到,除了这个大害。第一乡中人民有福,第二客侣通行,实出壮士之赐。"武松谢道:"非小子之能,托赖众长上福荫。"众人都来作贺,吃了一早晨酒食。抬出大虫,放在虎床上。众乡村上户都把段匹花红来挂与武松。武松有些行李包裹,寄在庄上,一齐都出庄门前来。早有阳谷县知县相公使人来接武松,都相见了。叫四个庄客,将乘凉轿来抬了武松,把那大虫扛在前面,挂着花红段匹,迎到阳谷县里来。

那阳谷县人民听得说一个壮士打死了景阳冈上大虫,迎喝将来,尽皆出来看,哄动了那个县治。武松在轿上看时,只见亚肩叠背,闹闹穰穰,屯街塞巷,都来看迎大虫。到县前衙门口,知县已在厅上专等。武松下了轿,扛着大虫,都到厅前,放在甬道上。知县看了武松这般模样,又见了这个老大锦毛大虫,心中自忖道:"不是这个汉,怎地打的这个猛虎!"便唤武松上厅来,武松去厅前声了喏。知县问道:"你那打虎的壮士,你却说怎生打了这个大虫?"武松就厅前将打虎的本事,说了一遍。厅上厅下众多人等,都惊的呆了。知县就厅上赐了几杯酒,将出上户凑的赏赐钱一千贯,赏赐与武松。武松禀道:"小人托赖相公的福荫,偶然侥幸,打死了这个大虫。非小人之能,如何敢受赏赐。小人闻知这众猎户因这个大虫受了相公责罚,何不就把这一千贯给散与众人去用?"知县道:"既是如此,任从壮士。"

武松就把这赏钱在厅上散与众人猎户。知县见他忠厚仁德,有心要抬举他,便道:"虽你原是清河县人氏,与我这阳谷县只在咫尺。我今日就参你在本县做个都头,如何?"武松跪谢道:"若蒙恩相抬举,小人终身受赐。"知县随即唤押司立了文案,当日便参武松做了步兵都头。众上户都来与武松作贺庆喜,连连吃了三五日酒。武松自心中想道:"我本要回清河县去看望哥哥,谁想倒来做了阳谷县都头!"自此上官见爱,乡里闻名。又过了三二日,那一日,武松心闲,走出县前来闲玩。只听得背后一个人叫声:"武都头,你今日发迹了,如何不看顾我则个?"武松回过头来看了,叫声:"阿也!你如何却在这里?"

…………

【作者档案】

施耐庵(生卒年不详),元末明初钱塘(今浙江杭州)人。据明初高儒《百川书志》著录,有"《忠义水浒传》一百卷,钱塘施耐庵的本,罗贯中编次"之说。罗贯中是施耐庵的合作者,他是元末明初人,这间接证明了施耐庵的生活年代。此外,明末胡应麟的《少室山房笔丛》中提及罗贯中是施耐庵门人。胡适在《〈水浒传〉考证》中强调该书为宋元话本长期累积、集体创作的结果,认为"施耐庵"可能为托名;鲁迅《中国小说史略》亦指出其为"荟萃诸说或小本'水浒'故事而成"。有关施耐庵的生平事迹极少,明人除了较为一致地肯定他是杭州人外，其他未曾提供可信的材料。

施耐庵的代表作品为白话长篇小说《水浒传》。小说描写了一批忠义之人被奸臣贪官逼上梁山，沦为寇贼，在接受招安之后，仍被朝廷一步步地逼向了绝路。作者以生花妙笔展现了一系列性情各异、魅力独具的英雄形象，广泛而深刻地揭示了社会政治的黑暗。《水浒传》是中国古典小说中白话文体成熟的标志性作品，以生动的北方方言为基础，人物语言高度个性化（如李逵的粗犷、宋江的隐忍），其描写市井生活的鲜活笔法对后世小说影响深远。

【含英咀华】

本篇选自《水浒传》第二十三回。《水浒传》里写到打虎的主要有武松景阳冈打虎、李逵沂岭杀虎，但为后人津津乐道的却是武松打虎。李逵杀虎是主动出击，早有准备，而本篇所叙的武松打虎却是意外遇虎，处变不惊。作者正是抓住了这一微妙之处，浓墨重彩地描摹了一幅英雄制虎图。在遭遇老虎之前，武松在景阳冈下的酒店痛饮了十五碗"透瓶香"，上得冈来，已是踉踉跄跄，"放翻身体，却待要睡"，此时却跳出一只吊睛白额虎，情况异常险恶。在搏打中，武松手中唯一的武器——梢棒还被折成两截。面对如此处境，武松并没有惊慌失措，而是沉着应对，徒手搏虎，最终赢虎而归。武松的英雄豪气、勇武不凡被充分地展现出来。然而，作者在写其勇武的同时，也真实细腻地描绘了他的心虚胆怯。作者一方面写了"虎是怒虎，人是神人"，但在写这位神人的神力时，也写出了他作为一个普通人应有的恐惧、畏怯和体力不支。当他走到冈上，看到榜文，知道真的有虎时，本想再回酒店，却寻思道："我回去时，须吃他耻笑，不是好汉，难以转去。"武松因怕遭耻笑而强撑上冈的心理活动，暴露了其骨子里的自尊与好胜心。这一描写打破了英雄符号化的完美设定，令读者感其凡性、信其神勇。作者把神人因素与凡人因素这看似矛盾的两个方面结合起来，写的是极骇人之事，用的却是极近人情之笔；以情理之必然，建构情节之偶然，从而使得这段惊天动地的故事像花开花落一样令人无法置疑。此外，作者还善于通过细节描写刻画人物，这是《水浒传》对中国古代小说艺术形象的一大发展。如老虎的一按、一扑、一掀、一剪、一兜，武松的一惊、一闪、一躲等细节，都写得极为具体生动。这些细节渲染了这场恶斗的气氛，为武松赤手空拳打死老虎作了衬托，表现了武松的机智、勇敢、神力和英武，而且让人有身临其境之感。

【思考与练习】

一、"武松打虎"这个故事，表现了武松怎样的性格特征？

二、作者写武松打虎这一惊心动魄的情节，为什么让我们觉得真实可信？你认为《水浒传》中的英雄好汉与后来武侠小说中的侠客有什么不同？

三、课外对照阅读《水浒传》中李逵杀虎的情节，比较二者的异同。

【拓展阅读】

施耐庵、罗贯中著《水浒传》，人民文学出版社

（苏　静　刘洪仁）

杜十娘怒沉百宝箱

冯梦龙

扫荡残胡立帝畿①，龙翔凤舞势崔嵬；
左环沧海天一带，右拥太行山万围。
戈戟九边雄绝塞②，衣冠万国仰垂衣③；
太平人乐华胥世④，永永金瓯⑤共日辉。

这首诗，单夸我朝燕京建都之盛。说起燕都的形势，北倚雄关，南压区夏⑥，真乃金城⑦天府，万年不拔之基。当先洪武爷⑧扫荡胡尘，定鼎金陵，是为南京。到永乐爷从北平起兵靖难⑨，迁于燕都，是为北京。只因这一迁，把个苦寒地面，变作花锦世界。自永乐爷九传至于万历爷，此乃我朝第十一代的天子。这位天子聪明神武，德福兼全，十岁登基，在位四十八年，削平了三处寇乱。那三处？

日本关白平秀吉⑩，西夏哱承恩⑪，播州杨应龙⑫。

平秀吉侵犯朝鲜，哱承恩、杨应龙是土官谋叛，先后削平。远夷莫不畏服，争来朝贡。真个是：

一人有庆民安乐，四海无虞国太平。

话中单表万历二十年间，日本国关白作乱，侵犯朝鲜。朝鲜国王上表告急，天朝发兵泛海往救。有户部官奏准：目今兵兴之际，粮饷未充，暂开纳粟入监⑬之例。原来纳粟入监的，有几般便宜：好读书，好科举，好中，结末来又有个小小前程结果。以此宦家公

---

①帝畿：京城及京城附近区域。

②"戈戟"句：谓雄兵驻守在北方边塞。戈戟，两种兵器，此借指军队。九边，明代在北部边境设置的九个防守区域。

③垂衣：即"垂衣裳"，语本《易经·系辞下传》："黄帝尧舜垂衣裳而天下治，盖取诸乾坤。"这里是天下大治的意思。

④华胥世：指太平盛世。华胥，寓言中的理想国。

⑤金瓯：比喻完整牢固的疆土。

⑥区夏：诸夏之地，即中国。

⑦金城：铜墙铁壁，比喻城池坚固。

⑧洪武爷：指明太祖朱元璋。洪武是他的年号。下文中的"永乐爷"指明成祖，"万历爷"指明神宗。

⑨靖难：朱元璋死后，燕王朱棣打着清除朝廷内奸的旗号，挥师南下夺取建文帝（朱允炆）帝位，史称"靖难之役"。

⑩关白平秀吉：关白是当时日本的官职名。平秀吉即丰臣秀吉，他于明万历二十年（1592）发兵侵犯朝鲜，明朝派兵救援，终不能获胜。后丰臣秀吉死，日本撤兵，战争方才结束。

⑪哱承恩：明朝宁夏副总兵，他于万历二十年唆使部下叛乱，后被处死。

⑫播州杨应龙：播州世袭土司。他起兵反叛，被总督李化龙击败，后自尽而死。

⑬纳粟入监：捐纳粟米（或银子）以取得监生资格，进入国子监学习。有了监生资格，就可以考举人。

子，富室子弟，到不愿做秀才，都去援例做太学生。自开了这例，两京太学生，各添至千人之外。

内中有一人，姓李名甲，字干先，浙江绍兴府人氏。父亲李布政①所生三儿，惟甲居长。自幼读书在庠，未得登科，援例入于北雍②。因在京坐监③，与同乡柳遇春监生同游教坊司④院内，与一个名姬相遇。那名姬姓杜名媺，排行第十，院中都称为杜十娘，生得：

> 浑身雅艳，遍体娇香，两弯眉画远山青，一对眼明秋水润。脸如莲萼，分明卓氏文君；唇似樱桃，何减白家樊素⑤。可怜一片无瑕玉，误落风尘花柳中。

那杜十娘，自十三岁破瓜，今一十九岁，七年之内，不知历过了多少公子王孙，一个个情迷意荡，破家荡产而不惜。院中传出四句口号来，道是：

> 坐中若有杜十娘，斗筲之量饮千觞；
> 院中若识杜老媺，千家粉面都如鬼。

却说李公子风流年少，未逢美色，自遇了杜十娘，喜出望外，把花柳情怀，一担儿挑在他身上。那公子俊俏庞儿⑥，温存性儿，又是撒漫⑦的手儿，帮衬的勤儿⑧，与十娘一双两好，情投意合。十娘因见鸨儿贪财无义，久有从良之志，又见李公子忠厚志诚，甚有心向他。奈李公子惧怕老爷，不敢应承。虽则如此，两下情好愈密，朝欢暮乐，终日相守，如夫妇一般，海誓山盟，各无他志。真个：

> 恩深似海恩无底，义重如山义更高。

再说杜妈妈，女儿被李公子占住，别的富家巨室，闻名上门，求一见而不可得。初时李公子撒漫用钱，大差大使，妈妈胁肩谄笑，奉承不暇。日往月来，不觉一年有余，李公子囊箧渐渐空虚，手不应心，妈妈也就怠慢了。老布政在家闻知儿子嫖院，几遍写字来唤他回去。他迷恋十娘颜色，终日延挨。后来闻知老爷在家发怒，越不敢回。古人云："以利相交者，利尽而疏。"那杜十娘与李公子真情相好，见他手头愈短，心头愈热。妈妈也几遍教女儿打发李甲出院，见女儿不统口⑨，又几遍将言语触突李公子，要激怒他起身。公子性本温克，词气愈和，妈妈没奈何，日逐只将十娘叱骂道："我们行户人家⑩，吃客穿客，前门送旧，后门迎新，门庭闹如火，钱帛堆成垛。自从那李甲在此，混帐⑪一年有余，

①布政：官名，即布政使。明太祖在全国陆续设置了十三个承宣布政使司，每司设布政使，为一省的行政长官。后以巡抚主持省政，布政使在巡抚的管辖下管理地方民政和财政。

②北雍：北京的国子监。下文"南雍"为南京的国子监。

③坐监：在国子监正式上学读书。

④教坊司：明代掌管音乐、歌舞的机关。这里指妓院。

⑤樊素：唐代诗人白居易的歌女，善歌舞。白居易曾为其作诗曰："樱桃樊素口，杨柳小蛮腰。"

⑥庞儿：脸蛋。

⑦撒漫：挥霍，用钱大方。

⑧帮衬：善献殷勤，巴结讨好。勤儿：嫖客，浪子。

⑨统口：开口，启口。

⑩行户人家：指妓院。

⑪混帐：胡闹，厮混。

莫说新客，连旧主顾都断了，分明接了个钟馗老，连小鬼也没得上门。弄得老娘一家人家，有气无烟，成什么模样！"杜十娘被骂，耐性不住，便回答道："那李公子不是空手上门的，也曾费过大钱来。"妈妈道："彼一时，此一时，你只教他今日费些小钱儿，把与老娘办些柴米，养你两口也好。别人家养的女儿便是摇钱树，千生万活，偏我家晦气，养了个退财白虎①，开了大门七件事，般般都在老身心上。到替你这小贱人白白养着穷汉，教我衣食从何处来？你对那穷汉说：有本事出几两银子与我，到得你跟了他去，我别讨个丫头过活却不好？"十娘道："妈妈，这话是真是假？"妈妈晓得李甲囊无一钱，衣衫都典尽了，料他没处设法。便应道："老娘从不说谎，当真哩。"十娘道："娘，你要他许多银子？"妈妈道："若是别人，千把银子也讨了。可怜那穷汉出不起，只要他三百两，我自去讨一个粉头②代替。只一件，须是三日内交付与我，左手交银，右手交人。若三日没有银时，老身也不管三七二十一，公子不公子，一顿孤拐，打那光棍出去。那时莫怪老身！"十娘道："公子虽在客边乏钞，谅三百金还措办得来。只是三日忒近，限他十日便好。"妈妈想道："这穷汉一双赤手，便限他一百日，他那里来银子。没有银子，便铁皮包脸，料也无颜上门。那时重整家风，嫩儿也没得话讲。"答应道："看你面，便宽到十日。第十日没有银子，不干老娘之事。"十娘道："若十日内无银，料他也无颜再见了。只怕有了三百两银子，妈妈又翻悔起来。"妈妈道："老身年五十一岁了，又奉十斋③，怎敢说谎？不信时与你拍掌为定，若翻悔时，做猪做狗！"

　　从来海水斗难量，可笑虔婆意不良；
　　料定穷儒囊底竭，故将财礼难娇娘。

　　是夜，十娘与公子在枕边，议及终身之事。公子道："我非无此心。但教坊落籍④，其费甚多，非千金不可。我囊空如洗，如之奈何！"十娘道："妾已与妈妈议定只要三百金，但须十日内措办。郎君游资虽罄，然都中岂无亲友可以借贷。倘得如数，妾身遂为君之所有，省受虔婆之气。"公子道："亲友中为我留恋行院，都不相顾。明日只做束装起身，各家告辞，就开口假贷路费，凑聚将来，或可满得此数。"起身梳洗，别了十娘出门。十娘道："用心作速，专听佳音。"公子道："不须分付。"

　　公子出了院门，来到三亲四友处，假说起身告别，众人到也欢喜。后来叙到路费欠缺，意欲借贷。常言道："说着钱，便无缘。"亲友们就不招架⑤。他们也见得是，道李公子是风流浪子，迷恋烟花，年许不归，父亲都为他气坏在家。他今日抖然要回，未知真假。倘或说骗盘缠到手，又去还脂粉钱，父亲知道，将好意翻成恶意，始终只是一怪，不如辞了干净。便回道："目今正值空乏，不能相济，惭愧！惭愧！"人人如此，个个皆然，并没有个慷慨丈夫，肯统口许他一十二十两。李公子一连奔走了三日，分毫无获，又不敢回决十娘，权且含糊答应。到第四日又没想头，就羞回院中。平日间有了杜家，连下处也没有了，今日就无处投宿。只得往同乡柳监生寓所借歇。柳遇春见公子愁容可掬，问其来

①白虎：即白虎星，星相术认为是凶星，专使人招灾破财。
②粉头：指妓女。
③奉十斋：指信佛。信佛的人每月有十个斋戒日，不食荤，不杀生，以示对佛的虔诚，称为"十斋"。
④教坊落籍：从教坊司除去名籍。明代妓女列名乐籍，妓女从良，先得从教坊司除去名籍。
⑤招架：应酬，搭理。

历。公子将杜十娘愿嫁之情，备细说了。遇春摇首道："未必，未必。那杜媺曲中①第一名姬，要从良时，怕没有十斛明珠，千金聘礼，那鸨儿如何只要三百两？想鸨儿怪你无钱使用，白白占住他的女儿，设计打发你出门。那妇人与你相处已久，又碍却面皮，不好明言。明知你手内空虚，故意将三百两卖个人情，限你十日。若十日没有，你也不好上门。便上门时，他会说你笑你，落得一场亵渎，自然安身不牢，此乃烟花逐客之计。足下三思，休被其惑。据弟愚意，不如早早开交②为上。"公子听说，半晌无言，心中疑惑不定。遇春又道："足下莫要错了主意。你若真个还乡，不多几两盘费，还有人搭救。若是要三百两时，莫说十日，就是十个月也难。如今的世情，那肯顾缓急二字的。那烟花也算定你没处告债，故意设法难你。"公子道："仁兄所见良是。"口里虽如此说，心中割舍不下。依旧又往外边东央西告，只是夜里不进院门了。公子在柳监生寓中，一连住了三日，共是六日了。

杜十娘连日不见公子进院，十分着紧，就教小厮四儿街上去寻。四儿寻到大街，恰好遇见公子。四儿叫道："李姐夫，娘在家里望你。"公子自觉无颜，回复道："今日不得功夫，明日来罢。"四儿奉了十娘之命，一把扯住，死也不放，道："娘叫咱寻你。是必同去走一遭。"李公子心上也牵挂着婊子，没奈何，只得随四儿进院。见了十娘，嘿嘿无言。十娘问道："所谋之事如何？"公子眼中流下泪来。十娘道："莫非人情淡薄，不能足三百之数么？"公子含泪而言，道出二句："不信上山擒虎易，果然开口告人难。一连奔走六日，并无铢两，一双空手，羞见芳卿，故此这几日不敢进院。今日承命呼唤，忍耻而来，非某不用心，实是世情如此。"十娘道："此言休使虔婆知道。郎君今夜且住，妾别有商议。"十娘自备酒肴，与公子欢饮。睡至半夜，十娘对公子道："郎君果不能办一钱耶？妾终身之事，当如何也？"公子只是流涕，不能答一语。渐渐五更天晓。十娘道："妾所卧絮褥内藏有碎银一百五十两，此妾私蓄，郎君可持去。三百金，妾任其半，郎君亦谋其半，庶易为力。限只四日，万勿迟误。"十娘起身将褥付公子。

公子惊喜过望，唤童儿持褥而去。径到柳遇春寓中，又把夜来之情与遇春说了。将褥拆开看时，絮中都裹着零碎银子，取出兑时，果是一百五十两。遇春大惊道："此妇真有心人也。既系真情，不可相负。吾当代为足下谋之。"公子道："倘得玉成，决不有负。"当下柳遇春留李公子在寓，自出头各处去借贷。两日之内，凑足一百五十两，交付公子道："吾代为足下告债，非为足下，实怜杜十娘之情也。"

李甲拿了三百两银子，喜从天降，笑逐颜开，欣欣然来见十娘，刚是第九日，还不足十日。十娘问道："前日分毫难借，今日如何就有一百五十两？"公子将柳监生事情，又述了一遍。十娘以手加额道："使吾二人得遂其愿者，柳君之力也。"两个欢天喜地，又在院中过了一晚。

次日，十娘早起，对李甲道："此银一交，便当随郎君去矣。舟车之类，合当预备。妾昨日于姊妹中借得白银二十两，郎君可收下为行资也。"公子正愁路费无出，但不敢开口，得银甚喜。

说犹未了，鸨儿恰来敲门叫道："媺儿，今日是第十日了。"公子闻叫，启门相延道：

---

①曲中：即院中。唐宋时妓女聚居的地方叫坊曲。明杨慎《词品·坊曲》："唐制，妓女所居曰坊曲，《北里志》有南曲、北曲，如今之南院、北院也。"

②开交：了结，断绝关系。

"承妈妈厚意，正欲相请。"便将银三百两放在桌上。鸨儿不料公子有银，嘿然变色，似有悔意。十娘道："儿在妈妈家中八年，所致金帛，不下数千金矣。今日从良美事，又妈妈亲口所订，三百金不欠分毫，又不曾过期。倘若妈妈失信不许，郎君持银去，儿即刻自尽。恐那时人财两失，悔之无及也！"鸨儿无词以对。腹内筹画了半晌，只得取天平兑准了银子，说道："事已如此，料留你不住了。只是你要去时，即今就去。平时穿戴衣饰之类，毫厘休想。"说罢，将公子和十娘推出房门，讨锁来就落了锁。此时九月天气，十娘才下床，尚未梳洗，随身旧衣，就拜了妈妈两拜。李公子也作了一揖。一夫一妇，离了虔婆大门。

鲤鱼脱却金钩去，摆尾摇头再不来。

公子教十娘且住片时："我去唤个小轿抬你，权往柳荣卿寓所去，再作道理。"十娘道："院中诸姊妹平昔相厚，理宜话别。况前日又承他借贷路费，不可不一谢也。"乃同公子到各姊妹处谢别。姊妹中惟谢月朗、徐素素与杜家相近，尤与十娘亲厚。十娘先到谢月朗家。月朗见十娘秃髻①旧衫，惊问其故。十娘备述来因，又引李甲相见。十娘指月朗道："前日路资，是此位姐姐所贷，郎君可致谢。"李甲连连作揖。月朗便教十娘梳洗，一面去请徐素素来家相会。十娘梳洗已毕，谢、徐二美人各出所有，翠钿金钏，瑶簪宝珥，锦袖花裙，鸾带绣履，把杜十娘装扮得焕然一新，备酒作庆贺筵席。月朗让卧房与李甲、杜媺二人过宿。次日，又大排筵席，遍请院中姊妹。凡十娘相厚者，无不毕集，都与他夫妇把盏称喜。吹弹歌舞，各逞其长，务要尽欢，直饮至夜分。十娘向众姊妹一一称谢。众姊妹道："十姊为风流领袖，今从郎君去，我等相见无日。何日长行，姊妹们尚当奉送。"月朗道："候有定期，小妹当来相报。但阿姊千里间关②，同郎君远去，囊箧萧条，曾无约束③，此乃吾等之事。当相与共谋之，勿令姊有穷途之虑也。"众姊妹皆唯唯而散。

是晚，公子和十娘仍宿谢家。至五鼓，十娘对公子道："吾等此去，何处安身？郎君亦曾计议有定着否？"公子道："老父盛怒之下，若知娶妓而归，必然加以不堪，反致相累。展转寻思，尚未有万全之策。"十娘道："父子天性，岂能终绝。既然仓卒难犯，不若与郎君于苏杭胜地，权作浮居④。郎君先回，求亲友于尊大人面前劝解和顺，然后携妾于归，彼此安妥。"公子道："此言甚当。"

次日，二人起身辞了谢月朗，暂往柳监生寓中，整顿行装。杜十娘见了柳遇春，倒身下拜，谢其周全之德："异日我夫妇必当重报。"遇春慌忙答礼道："十娘钟情所欢，不以贫窭⑤易心，此乃女中豪杰。仆因风吹火，谅区区何足挂齿！"三人又饮了一日酒。次早，择了出行吉日，雇倩轿马停当。十娘又遣童儿寄信，别谢月朗。临行之际，只见肩舆⑥纷纷而至，乃谢月朗与徐素素拉众姊妹来送行。月朗道："十姊从郎君千里间关，囊中消索，吾等甚不能忘情。今合具薄赆⑦，十姊可检收，或长途空乏，亦可少助。"说罢，命从人挈

---

①秃髻：没有戴首饰的发髻。

②间关：指跋涉远行，道路艰险。

③曾无约束：没有什么准备。

④浮居：暂住某地。

⑤贫窭（jù）：贫困。

⑥肩舆：轿子。

⑦赆：送给人的路费。

一描金文具①至前，封锁甚固，正不知什么东西在里面。十娘也不开看，也不推辞，但殷勤作谢而已。须臾，舆马齐集，仆夫催促起身。柳监生三杯别酒，和众美人送出崇文门外，各各垂泪而别。正是：

> 他日重逢难预必，此时分手最堪怜。

再说李公子同杜十娘行至潞河②，舍陆从舟，却好有瓜洲差使船③转回之便，讲定船钱，包了舱口。比及下船时，李公子囊中并无分文余剩。你道杜十娘把二十两银子与公子，如何就没了？公子在院中嫖得衣衫蓝缕，银子到手，未免在解库④中取赎几件穿着，又制办了铺盖，剩来只勾轿马之费。公子正当愁闷，十娘道："郎君勿忧，众姊妹合赠，必有所济。"乃取钥开箱。公子在傍自觉惭愧，也不敢窥觑箱中虚实。只见十娘在箱里取出一个红绢袋来，掷于桌上道："郎君可开看之。"公子提在手中，觉得沉重。启而观之，皆是白银，计数整五十两。十娘仍将箱子下锁，亦不言箱中更有何物。但对公子道："承众姊妹高情，不惟途路不乏，即他日浮寓吴越间，亦可稍佐吾夫妻山水之费矣。"公子且惊且喜道："若不遇恩卿，我李甲流落他乡，死无葬身之地矣。此情此德，白头不敢忘也。"自此每谈及往事，公子必感激流涕，十娘亦曲意抚慰。

一路无话。不一日，行至瓜洲，大船停泊岸口，公子别雇了民船，安放行李。约明日侵晨，剪江而渡。其时仲冬中旬，月明如水，公子和十娘坐于舟首。公子道："自出都门，困守一舱之中，四顾有人，未得畅语。今日独据一舟，更无避忌。且已离塞北，初近江南，宜开怀畅饮，以舒向来抑郁之气，恩卿以为何如？"十娘道："妾久疏谈笑，亦有此心，郎君言及，足见同志耳。"公子乃携酒具于船首，与十娘铺毡并坐，传杯交盏。饮至半酣，公子执卮对十娘道："恩卿妙音，六院⑤推首。某相遇之初，每闻绝调，辄不禁神魂之飞动。心事多违，彼此郁郁，鸾鸣凤奏，久矣不闻。今清江明月，深夜无人，肯为我一歌否？"十娘兴亦勃发，遂开喉顿嗓，取扇按拍，呜呜咽咽，歌出元人施君美《拜月亭》杂剧上"状元执盏与婵娟"一曲，名《小桃红》，真个：

> 声飞霄汉云皆驻，响入深泉鱼出游。

却说他舟有一少年，姓孙名富字善赉，徽州新安人氏。家资巨万，积祖扬州种盐⑥。年方二十，也是南雍中朋友。生性风流，惯向青楼买笑，红粉追欢，若嘲风弄月⑦，到是个轻薄的头儿。事有偶然，其夜亦泊舟瓜洲渡口，独酌无聊。忽听得歌声嘹亮，凤吟鸾吹，不足喻其美。起立船头，伫听半响，方知声出邻舟。正欲相访，音响倏已寂然。乃遣仆者潜窥踪迹，访于舟人。但晓得是李相公雇的船，并不知歌者来历。孙富想道："此歌者必非良家，怎生得他一见？"展转寻思，通宵不寐。挨至五更，忽闻江风大作。及晓，彤云密布，狂雪飞舞。怎见得？有诗为证：

---

①描金文具：用金粉描画着图画的箱子。

②潞河：也称白河、北运河，北通北京，东南通天津，与南北大运河相接，可达杭州。

③瓜洲：今江苏扬州。差使船：官府运漕粮的船。

④解库：当铺。

⑤六院：明朝官妓聚居的地方叫楼、院，六院是妓院的统称。

⑥种盐：指制盐，做盐业生意。

⑦嘲风弄月：此指玩弄妓女。

千山云树灭，万径人踪绝；

扁舟蓑笠翁，独钓寒江雪。

因这风雪阻渡，舟不得开。孙富命艄公移船，泊于李家舟之傍，孙富貂帽狐裘，推窗假作看雪。值十娘梳洗方毕，纤纤玉手揭起舟傍短帘，自泼盂中残水，粉容微露，却被孙富窥见了，果是国色天香。魂摇心荡，迎眸注目，等候再见一面，杳不可得。沉思久之，乃倚窗高吟高学士①《梅花诗》二句，道：

雪满山中高士卧，月明林下美人来。

李甲听得邻舟吟诗，舒头出舱，看是何人。只因这一看，正中了孙富之计。孙富吟诗，正要引李公子出头，他好乘机攀话。当下慌忙举手，就问："老兄尊姓何讳？"李公子叙了姓名乡贯，少不得也问那孙富。孙富也叙过了。又叙了些太学中的闲话，渐渐亲熟。孙富便道："风雪阻舟，乃天遣与尊兄相会，实小弟之幸也。舟次无聊，欲同尊兄上岸，就酒肆中一酌，少领清诲②，万望不拒。"公子道："萍水相逢，何当厚扰？"孙富道："说那里话！'四海之内，皆兄弟也'。"喝教艄公打跳，童儿张伞，迎接公子过船，就于船头作揖。然后让公子先行，自己随后，各各登跳上涯。

行不数步，就有个酒楼。二人上楼，拣一副洁净座头，靠窗而坐。酒保列上酒肴。孙富举杯相劝，二人赏雪饮酒。先说些斯文中套话，渐渐引入花柳之事。二人都是过来之人，志同道合，说得入港③，一发成相知了。孙富屏去左右，低低问道："昨夜尊舟清歌者，何人也？"李甲正要卖弄在行，遂实说道："此乃北京名姬杜十娘也。"孙富道："既系曲中姊妹，何以归兄？"公子遂将初遇杜十娘，如何相好，后来如何要嫁，如何借银讨他，始末根由，备细述了一遍。孙富道："兄携丽人而归，固是快事，但不知尊府中能相容否？"公子道："贱室不足虑。所虑者老父性严，尚费踌躇耳！"孙富将机就机，便问道："既是尊大人未必相容，兄所携丽人，何处安顿？亦曾通知丽人，共作计较否？"公子攒眉而答道："此事曾与小妾议之。"孙富欣然问道："尊宠必有妙策。"公子道："他意欲侨居苏杭，流连山水。使小弟先回，求亲友宛转于家君之前。俟家君回嗔作喜，然后图归。高明以为何如？"孙富沉吟半晌，故作愀然之色，道："小弟乍会之间，交浅言深，诚恐见怪。"公子道："正赖高明指教，何必谦逊？"孙富道："尊大人位居方面④，必严帷薄之嫌⑤，平时既怪兄游非礼之地，今日岂容兄娶不节之人。况且贤亲贵友，谁不迎合尊大人之意者？兄枉去求他，必然相拒。就有个不识时务的进言于尊大人之前，见尊大人意思不允，他就转口了。兄进不能和睦家庭，退无词以回复尊宠。即使留连山水，亦非长久之计。万一资斧⑥困竭，岂不进退两难！"公子自知手中只有五十金，此时费去大半，说到资斧困竭，进退两难，不觉点头道是。孙富又道："小弟还有句心腹之谈，兄肯俯听否？"公子道："承兄过爱，更求尽言。"孙富道："疏不间亲，还是莫说罢。"公子道："但说何

①高学士：指明初诗人高启，字季迪，号青丘子。

②清诲：向人请教的客气话。

③入港：本指男女私通，勾引得手。这里是谈话投机的意思。

④方面：即方面官，指统管一个方面（省级）的封疆大臣，如总督、巡抚。

⑤必严帷薄之嫌：意谓必定严格注意家中男女婚姻大事给他带来的影响。帷薄，帘幕，这里指室内男女之事。

⑥资斧：旅费，盘缠。

妨。"孙富道："自古道：'妇人水性无常。'况烟花之辈，少真多假。他既系六院名姝，相识定满天下；或者南边原有旧约，借兄之力，挈带而来，以为他适之地。"公子道："这个恐未必然。"孙富道："既不然，江南子弟，最工轻薄，兄留丽人独居，难保无逾墙钻穴之事①。若挈之同归，愈增尊大人之怒。为兄之计，未有善策。况父子天伦，必不可绝。若为妾而触父，因妓而弃家，海内必以兄为浮浪不经之人。异日妻不以为夫，弟不以为兄，同袍不以为友，兄何以立于天地之间？兄今日不可不熟思也！"公子闻言，茫然自失，移席问计："据高明之见，何以教我？"孙富道："仆有一计，于兄甚便。只恐兄溺枕席之爱，未必能行，使仆空费词说耳！"公子道："兄诚有良策，使弟再睹家园之乐，乃弟之恩人也。又何惮而不言耶？"孙富道："兄飘零岁余，严亲怀怒，闺阁离心，设身以处兄之地，诚寝食不安之时也。然尊大人所以怒兄者，不过为迷花恋柳，挥金如土，异日必为弃家荡产之人，不堪承继家业耳！兄今日空手而归，正触其怒。兄倘能割衽席之爱，见机而作，仆愿以千金相赠。兄得千金，以报尊大人，只说在京授馆②，并不曾浪费分毫，尊大人必然相信。从此家庭和睦，当无间言。须臾之间，转祸为福。兄请三思，仆非贪丽人之色，实为兄效忠于万一也！"

李甲原是没主意的人，本心惧怕老子，被孙富一席话，说透胸中之疑，起身作揖道："闻兄大教，顿开茅塞。但小妾千里相从，义难顿绝，容归与商之。得其心肯，当奉复耳。"孙富道："说话之间，宜放婉曲。彼既忠心为兄，必不忍使兄父子分离，定然玉成兄还乡之事矣。"二人饮了一回酒，风停雪止，天色已晚。孙富教家僮算还了酒钱，与公子携手下船。正是：

逢人且说三分话，未可全抛一片心。

却说杜十娘在舟中，摆设酒果，欲与公子小酌，竟日未回，挑灯以待。公子下船，十娘起迎。见公子颜色匆匆，似有不乐之意，乃满斟热酒劝之。公子摇首不饮，一言不发，竟自上床睡了。十娘心中不悦，乃收拾杯盘，为公子解衣就枕，问道："今日有何见闻，而怀抱郁郁如此？"公子叹息而已，终不启口。问了三四次，公子已睡去了。十娘委决不下，坐于床头而不能寐。到夜半，公子醒来，又叹一口气。十娘道："郎君有何难言之事，频频叹息？"公子拥被而起，欲言不语者几次，扑簌簌掉下泪来。十娘抱持公子于怀间，软言抚慰道："妾与郎君情好，已及二载，千辛万苦，历尽艰难，得有今日。然相从数千里，未曾哀戚。今将渡江，方图百年欢笑，如何反起悲伤？必有其故。夫妇之间，死生相共，有事尽可商量，万勿讳也。"公子再四被逼不过，只得含泪而言道："仆天涯穷困，蒙恩卿不弃，委曲相从，诚乃莫大之德也。但反覆思之，老父位居方面，拘于礼法，况素性方严，恐添嗔怒，必加黜逐。你我流荡，将何底止？夫妇之欢难保，父子之伦又绝。日间蒙新安孙友邀饮，为我筹及此事，寸心如割。"十娘大惊道："郎君意将如何？"公子道："仆事内之人，当局而迷。孙友为我画一计颇善，但恐恩卿不从耳！"十娘道："孙友者何人？计如果善，何不可从？"公子道："孙友名富，新安盐商，少年风流之士也。夜间闻子清歌，因而问及。仆告以来历，并谈及难归之故，渠意欲以千金聘汝。我得千金，可借口以见吾父母；而恩卿亦得所天③。但情不能舍，是以悲泣。"说罢，泪如雨下。十娘放开两

①逾墙钻穴之事：指男女幽会、偷情之事。
②授馆：在私塾中教书。
③所天：所依靠的人。

手，冷笑一声道："为郎君画此计者，此人乃大英雄也。郎君千金之资既得恢复，而妾归他姓，又不致为行李之累，发乎情，止乎礼，诚两便之策也。那千金在那里？"公子收泪道："未得恩卿之诺，金尚留彼处，未曾过手。"十娘道："明早快快应承了他，不可挫过机会。但千金重事，须得兑足交付郎君之手，妾始过舟，勿为贾竖子①所欺。"

时已四鼓，十娘即起身挑灯梳洗，道："今日之妆，乃迎新送旧，非比寻常。"于是脂粉香泽，用意修饰，花钿绣袄，极其华艳，香风拂拂，光采照人。装束方完，天色已晓。孙富差家童到船头候信。十娘微窥公子，欣欣似有喜色，乃催公子快去回话，及早兑足银子。公子亲到孙富船中，回复依允。孙富道："兑银易事，须得丽人妆台为信。"公子又回复了十娘，十娘即指描金文具道："可便抬去。"孙富喜甚，即将白银一千两，送到公子船中。十娘亲自检看，足色足数，分毫无爽。乃手把船舷，以手招孙富。孙富一见，魂不附体。十娘启朱唇，开皓齿，道："方才箱子可暂发来，内有李郎路引②一纸，可检还之也。"孙富视十娘已为瓮中之鳖，即命家童送那描金文具，安放船头之上。十娘取钥开锁，内皆抽替③小箱。十娘叫公子抽第一层来看，只见翠羽明珰，瑶簪宝珥，充牣于中，约值数百金。十娘遽投之江中。李甲与孙富及两船之人，无不惊诧。又命公子再抽一箱，乃玉箫金管。又抽一箱，尽古玉紫金玩器，约值数千金。十娘尽投之于水，舟中岸上之人，观者如堵。齐声道："可惜可惜！正不知什么缘故。"最后又抽一箱，箱中复有一匣。开匣视之，夜明之珠，约有盈把。其他祖母绿、猫儿眼，诸般异宝，目所未睹，莫能定其价之多少。众人齐声喝彩，喧声如雷。十娘又欲投之于江。李甲不觉大悔，抱持十娘恸哭，那孙富也来劝解。十娘推开公子在一边，向孙富骂道："我与李郎备尝艰苦，不是容易到此，汝以奸淫之意，巧为谗说，一旦破人姻缘，断人恩爱，乃我之仇人。我死而有知，必当诉之神明，尚妄想枕席之欢乎！"又对李甲道："妾风尘数年，私有所积，本为终身之计。自遇郎君，山盟海誓，白首不渝。前出都之际，假托众姊妹相赠，箱中韫藏百宝，不下万金。将润色郎君之装，归见父母，或怜妾有心，收佐中馈④，得终委托，生死无憾。谁知郎君相信不深，惑于浮议，中道见弃，负妾一片真心。今日当众目之前，开箱出视，使郎君知区区千金，未为难事。妾椟中有玉，恨郎眼内无珠。命之不辰⑤，风尘困瘁，甫得脱离，又遭弃捐。今众人各有耳目，共作证明，妾不负郎君，郎君自负妾耳！"于是众人聚观者，无不流涕，都唾骂李公子负心薄幸。公子又羞又苦，且悔且泣，方欲向十娘谢罪。十娘抱持宝匣，向江心一跳。众人急呼捞救，但见云暗江心，波涛滚滚，杳无踪影。可惜一个如花似玉的名姬，一旦葬于江鱼之腹。

三魂渺渺归水府，七魄悠悠入冥途。

当时旁观之人，皆咬牙切齿，争欲拳殴李甲和那孙富。慌得李、孙二人手足无措，急叫开船，分途遁去。李甲在舟中，看了千金，转忆十娘，终日愧悔，郁成狂疾，终身不痊。孙富自那日受惊，得病卧床月余，终日见杜十娘在傍诟骂，奄奄而逝，人以为江中之报也。

---

①贾竖子：市侩小人。

②路引：出行时的道路通行证，此处特指国子监所发的回籍证。

③抽替：即抽屉。

④中馈：古时妇女之职为在家主持饮食之事，因以"中馈"为妻子的代称。

⑤不辰：生不逢时。

却说柳遇春在京坐监完满，束装回乡，停舟瓜步①。偶临江净脸，失坠铜盆于水，觅渔人打捞。及至捞起，乃是个小匣儿。遇春启匣观看，内皆明珠异宝，无价之珍。遇春厚赏渔人，留于床头把玩。是夜梦见江中一女子，凌波而来，视之，乃杜十娘也。近前万福，诉以李郎薄幸之事。又道："向承君家慷慨，以一百五十金相助，本意息肩②之后，徐图报答，不意事无终始；然每怀盛情，悒悒未忘。早间曾以小匣托渔人奉致，聊表寸心，从此不复相见矣。"言讫，猛然惊醒，方知十娘已死，叹息累日。

后人评论此事，以为孙富谋夺美色，轻掷千金，固非良士；李甲不识杜十娘一片苦心，碌碌蠢才，无足道者。独谓十娘千古女侠，岂不能觅一佳侣，共跨秦楼之凤③，乃错认李公子，明珠美玉，投于盲人，以致恩变为仇，万种恩情，化为流水，深可惜也！有诗叹云：

> 不会风流莫妄谈，单单情字费人参；
> 若将情字能参透，唤作风流也不惭。

【作者档案】

冯梦龙（1574—1646），字犹龙，又字子犹、耳犹，长洲（今江苏苏州）人。明文学家、戏曲家。少为诸生，晚年以贡生历官丹徒县训导、寿宁知县。倡导言情文学，抨击伪道学。虽工诗文，但主要致力小说、戏曲和其他通俗文学的研究、整理与创作。小说方面，除编纂"三言"（《喻世明言》《警世通言》《醒世恒言》）外，还增补罗贯中的《平妖传》为《新平妖传》，改写余邵鱼的《列国志传》为《新列国志》。另编有时调集《挂枝儿》《山歌》，散曲选集《太霞新奏》，笔记小品《智囊》《智囊补》《笑府》《古今谈概》等。清兵入关时，曾参与抗清运动，后忧愤而逝。

冯梦龙最突出的成就为"三言"。"三言"是《喻世明言》（初版时称《古今小说》）、《警世通言》、《醒世恒言》三部小说集的总称，每集40篇，共120篇。这些作品有的是辑录宋、元、明以来的旧本修改而成，有的是据笔记、传奇小说、戏曲、历史故事或社会传闻再创作而成。它"极摹人情世态之歧，备写悲欢离合之致"（笑花主人《今古奇观序》），影响了后世白话短篇小说的创作。明末凌濛初编著的《初刻拍案惊奇》《二刻拍案惊奇》，与其并称为"三言""二拍"，同为明代乃至整个中国古代白话短篇小说的代表作。

【含英咀华】

这篇小说是明代白话短篇小说中最优秀的作品。小说以杜十娘——一位青楼女子对真爱的追求与幻灭为主线，揭露了封建伦理吞噬人性的本质，具有强烈的反封建意义。杜十娘以死捍卫了自己的尊严，表明了她追求平等自由的爱情理想和决不向被玩弄、被买卖的命运屈服的决心，具有震撼人心的力量。

我们应该认识到，造成杜十娘悲剧的原因，绝不仅仅是她爱错了人，也绝不仅仅是李甲性格软弱和对爱情不真挚、不坚定。杜十娘性格的刚烈和李甲性格的软弱，固然是一个

---

①瓜步：指瓜步镇，在今江苏省。
②息肩：立足，安顿。
③共跨秦楼之凤：谓结成美满姻缘。据《列仙传》载，春秋时萧史善吹箫作凤鸣，秦穆公将女儿弄玉嫁给他，为其筑凤台居之。一日，萧史吹箫引来龙凤，萧史骑龙，弄玉跨凤，一同飞升。后以此比喻美满婚姻。

重要的方面，但最关键、最根本的原因，还是吃人的封建礼教，是罪恶的等级制度和门第观念。

小说成功地塑造了杜十娘的形象。她是一个聪明美丽而又刚烈坚贞的女性，不幸沦落烟花，但她不甘被侮辱、被玩弄的命运，强烈向往着平等幸福的家庭生活，并热烈地追求着，"久有从良之志"。特殊的生活遭遇，使她形成了精细谨慎的性格。为了达到从良的目的，她周密地安排着一切，积蓄珍宝，物色对象。为了不被欺骗，她谨慎地考验着李甲。她的积蓄完全可以为自己赎身，但她并不向李甲说出，而是让李甲东奔西走去筹措碎银。她之所以这样做，就是为了观察李甲对爱情是否真诚，是不是经得起考验。她也深知李甲的苦衷与矛盾，但她想用自己的满腔柔情去感化李甲、系住李甲，同时还准备用行动去感化李甲的父亲，取得家庭的谅解与认可。可见她是一个温柔多情、成熟老练的女子。然而一旦她发现自己所选非人、自己梦寐以求的理想成为泡影之时，又表现出宁为玉碎不为瓦全的刚烈精神，毅然怀抱着万金之资的百宝箱沉江而死，让读者为之扼腕叹息。至此，一个精明、干练、忠于爱情、坚贞不屈的女性形象已鲜活地站立在我们面前。男主人公李甲是一位自私怯弱、背信弃义的贵公子。小说中描摹了他的多次"哭"和"喜"，"哭"展现了他的毫无主见、软弱无能，以及悔恨之意，"喜"则进一步揭示了其内心的自私和卑劣。同时，作者在小说中也描绘了他在封建礼教与爱情之间的挣扎与无奈，表现了真实而复杂的人性。此外，柳遇春、孙富等人物虽笔墨不多，却是情节发展的关键人物，一个古道热肠、助人为乐，一个奸诈自私、卑鄙无耻，二人性格形成了鲜明对比。

本篇在艺术上主要采用细节描写和场面描写来塑造人物，如杜十娘得知自己被李甲转卖之事时挑灯梳妆的一段描写："时已四鼓，十娘即起身挑灯梳洗，道：'今日之妆，乃迎新送旧，非比寻常。'于是脂粉香泽，用意修饰，花钿绣袄，极其华艳，香风拂拂，光采照人。"不仅写出了杜十娘的外貌之美，同时也把杜十娘内心的坚强、悲愤、绝望表现得淋漓尽致。作者还采用了烘云托月的手法来突出主要人物，如写柳遇春对杜十娘的先疑后敬，杜十娘投江后周围群众的惋惜愤慨，都有力地衬托出杜十娘形象的光辉。结构上运用伏笔，造成悬念，如对杜十娘那个价值万金的百宝箱，先只是顺笔一提，最后才揭开真相，收到了出人意料的艺术效果。

【思考与练习】

一、造成杜十娘悲剧的根本原因是什么？试作简要分析，并归纳小说的思想意义。

二、试述女主人公杜十娘的性格特点。

三、本篇塑造人物形象主要采用了哪些手法？试举例说明。

四、试对本故事的结局进行改编，并在课堂上分组表演。

五、阅读《醒世恒言》中的《卖油郎独占花魁》，并与本篇对照，试比较两篇小说的思想意义与女主人公性格的异同。

【拓展阅读】

冯梦龙编《喻世明言》《警世通言》《醒世恒言》，人民文学出版社

抱瓮老人辑《今古奇观》，人民文学出版社

（苏 静 刘洪仁）

婴 宁

蒲松龄

王子服，莒①之罗店人，早孤。绝惠，十四入泮②。母最爱之，寻常不令游郊野。聘萧氏，未嫁而夭，故求凰③未就也。会上元④，有舅氏子吴生邀同眺瞩。方至村外，舅家仆来，招吴去。生见游女如云，乘兴独游。有女郎携婢，拈梅花一枝，容华绝代，笑容可掬。生注目不移，竟忘顾忌。女过去数武⑤，顾婢子笑曰："个儿郎目灼灼似贼！"遗花地上，笑语自去。

生拾花怅然，神魂丧失，快快遂返。至家，藏花枕底，垂头而睡，不语亦不食。母忧之。醮禳益剧⑥，肌革锐减。医师诊视，投剂发表⑦，忽忽若迷。母抚问所由，默然不答。适吴生来，嘱秘诘之。吴至榻前，生见之泪下，吴就榻慰解，渐致研诘。生具吐其实，且求谋画。吴笑曰："君意亦痴！此愿有何难遂？当代访之。徒步于野，必非世家。如其未字⑧，事固谐矣；不然，拼以重赂，计必允遂。但得痊瘳⑨，成事在我。"生闻之，不觉解颐⑩。吴出告母，物色女子居里⑪，而探访既穷，并无踪迹。母大忧，无所为计。然自吴去后，颜顿开，食亦略进。数日，吴复来，生问所谋。吴绐⑫之曰："已得之矣。我以为谁何人，乃我姑之女，即君姨妹，今尚待聘。虽内戚有婚姻之嫌，实告之，无不谐者。"生喜溢眉宇，问："居何里？"吴诡曰："西南山中，去此可三十馀里。"生又嘱再四，吴锐身⑬自任而去。

生由是饮食渐加，日就平复。探视枕底，花虽枯，未便雕落。凝思把玩，如见其人。怪吴不至，折柬⑭招之。吴支托不肯赴招。生恚怒，悒悒不欢。母虑其复病，急为议姻；略与商榷，辄摇首不愿，惟日盼吴。吴迄无耗⑮，益怨恨之。转思三十里非遥，何必仰息⑯他人？

---

①莒（jǔ）：古国名，后置为县、州，在今山东莒县一带。

②入泮（pàn）：入县学为生员。泮，指泮宫，周代诸侯所设的学校，因宫前有泮水，故称。这里指县学。

③求凰：喻指求偶。相传汉司马相如边弹琴边吟歌向卓文君求爱，歌曰："凤兮凤兮归故乡，遨游四海求其凰。"后遂称男子求偶为"求凰"。

④上元：农历正月十五，旧称上元节。

⑤数武：几步。武，古时以六尺为步，半步为武。

⑥醮禳（jiàoráng）：求神拜佛，免除灾害。益剧：（病情）更加严重。

⑦投剂发表：吃药把体内的邪毒发散出来。

⑧未字：未曾婚配。

⑨痊瘳（chōu）：痊愈。

⑩解颐：露出笑容。

⑪物色：寻求。居里：住处。

⑫绐（dài）：欺骗。

⑬锐身：挺身。

⑭折柬：裁纸写信。

⑮迄无耗：始终没有消息。耗，音讯。

⑯仰息：仰人鼻息，依靠别人鼻子呼出的气息存活，比喻依赖别人，不能自主。《后汉书·袁绍刘表列传》："袁绍孤客穷军，仰我鼻息，譬如婴儿在股掌之上，绝其哺乳，立可饿杀。"

怀梅袖中，负气自往，而家人不知也。伶仃独步，无可问程，但望南山行去。约三十余里，乱山合沓①，空翠爽肌，寂无人行，止有鸟道。遥望谷底，丛花乱树中，隐隐有小里落。下山入村，见舍宇无多，皆茅屋，而意甚修雅。北向一家，门前皆丝柳，墙内桃杏尤繁，间以修竹，野鸟格磔②其中。意其园亭，不敢遽入。回顾对户，有巨石滑洁，因坐少憩。俄闻墙内有女子，长呼"小荣"，其声娇细。方伫听间，一女郎由东而西，执杏花一朵，俯首自簪。举头见生，遂不复簪，含笑拈花而入。审视之，即上元途中所遇也。心骤喜，但念无以阶进③；欲呼姨氏，顾从无还往，惧有讹误。门内无人可问，坐卧徘徊，自朝至于日昃④，盈盈望断，并忘饥渴。时见女子露半面来窥，似讶其不去者。忽一老媪扶杖出，顾生曰："何处郎君，闻自辰刻⑤便来，以至于今。意将何为？得勿饥也？"生急起揖之，答云："将以盼亲。"媪聋聩不闻。又大言之。乃问："贵戚何姓？"生不能答。媪笑曰："奇哉！姓名自不知，何亲可探？我视郎君，亦书痴耳。不如从我来，啖以粗粝，家有短榻可卧。待明朝归，询知姓氏，再来探访，不晚也。"生方腹馁思啖，又从此渐近丽人，大喜。从媪入，见门内白石砌路，夹道红花片片坠阶上；曲折而西，又启一关，豆棚花架满庭中。肃客⑥入舍，粉壁光如明镜；窗外海棠枝朵，探入室中；裀藉⑦几榻，罔不洁泽。甫坐⑧，即有人自窗外隐约相窥。媪唤："小荣！可速作黍⑨。"外有婢子嘄声⑩而应。坐次，具展宗阀⑪。媪曰："郎君外祖，莫姓吴否？"曰："然。"媪惊曰："是吾甥也！尊堂，我妹子。年来以家窭贫⑫，又无三尺之男，遂至音问梗塞。甥长成如许，尚不相识。"生曰："此来即为姨也，匆遽遂忘姓氏。"媪曰："老身秦姓，并无诞育；弱息亦为庶产⑬。渠母改醮⑭，遗我鞠养。颇亦不钝⑮，但少教训，嬉不知愁。少顷，使来拜识。"

未几，婢子具饭，雏尾盈握⑯。媪劝餐已，婢来敛具。媪曰："唤宁姑来。"婢应去。良久，闻户外隐有笑声。媪又唤曰："婴宁，汝姨兄在此。"户外嗤嗤笑不已。婢推之以入，犹掩其口，笑不可遏。媪嗔目曰："有客在，咤咤叱叱⑰，景象何堪？"女忍笑而立，生揖之。媪曰："此王郎，汝姨子。一家尚不相识，可笑人也。"问："妹子年几何矣？"媪

---

①合沓：重叠。

②格磔（zhé）：鸟叫声。

③无以阶进：找不到进去的理由。阶，阶梯，喻指理由、凭借。

④日昃（zè）：太阳偏西，午后。

⑤辰刻：辰时，约上午7点到9点。

⑥肃客：迎客。

⑦裀藉：坐垫，垫席。

⑧甫坐：刚刚坐下。

⑨作黍：做黍米饭。语本《论语·微子》："杀鸡为黍而食之。"后用为聊备家常便饭待客的谦称。

⑩嘄（jiào）声：高声。《礼记·曲礼上》："毋侧听，毋嘄应。"孔颖达疏："嘄，谓声响高急，应答宜徐徐而和，不得高急如叫也。"

⑪具展宗阀：详细陈述家世门第。

⑫窭（jù）贫：十分贫困。

⑬弱息：幼弱的子女。此专指女儿。庶产：庶出，妾所生的子女。

⑭渠：她。改醮：改嫁。醮，女子出嫁。

⑮不钝：不笨，不蠢。

⑯雏尾盈握：形容长得肥嫩的鸡鸭，尾部抓着已经满握。盈握，满握。此指用肥鸡做菜肴。

⑰咤咤（zhà）叱叱（chì）：形容大声笑嚷的声音。

未能解。生又言之。女复笑，不可仰视。媪谓生曰："我言少教诲，此可见矣。年已十六，呆痴如婴儿。"生曰："小甥一岁。"曰："阿甥已十七矣，得非庚午属马者耶？"生首应之。又问："甥妇阿谁？"答云："无之。"曰："如甥才貌，何十七岁犹未聘？婴宁亦无姑家，极相匹敌。惜有内亲之嫌。"生无语，目注婴宁，不遑他瞬①。婢向女小语云："目灼灼，贼腔未改！"女又大笑，顾婢曰："视碧桃开未？"遽起，以袖掩口，细碎连步而出。至门外，笑声始纵。媪亦起，唤婢襆被②，为生安置。曰："阿甥来不易，宜留三五日，迟迟送汝归。如嫌幽闷，舍后有小园，可供消遣；有书可读。"

次日，至舍后，果有园半亩，细草铺毡，杨花糁③径；有草舍三楹，花木四合其所。穿花小步，闻树头苏苏有声，仰视，则婴宁在上。见生来，狂笑欲堕。生曰："勿尔，堕矣！"女且下且笑，不能自止。方将及地，失手而堕，笑乃止。生扶之，阴捘④其腕。女笑又作，倚树不能行，良久乃罢。生俟其笑歇，乃出袖中花示之。女接之，曰："枯矣。何留之？"曰："此上元妹子所遗，故存之。"问："存之何意？"曰："以示相爱不忘也。自上元相遇，凝思成病，自分化为异物⑤；不图得见颜色，幸垂怜悯。"女曰："此大细事⑥。至戚何所靳惜？待郎行时，园中花，当唤老奴来，折一巨捆负送之。"生曰："妹子痴耶？"女曰："何便是痴？"生曰："我非爱花，爱拈花之人耳。"女曰："葭莩⑦之情，爱何待言。"生曰："我所谓爱，非瓜葛之爱⑧，乃夫妻之爱。"女曰："有以异乎？"曰："夜共枕席耳。"女俯首思良久，曰："我不惯与生人睡。"语未已，婢潜至，生惶恐遁去。

少时，会母所。母问："何往？"女答以园中共话。媪曰："饭熟已久，有何长言，周遮⑨乃尔。"女曰："大哥欲我共寝。"言未已，生大窘，急目瞪。女微笑而止。幸媪不闻，犹絮絮究诘。生急以他词掩之，因小语责女。女曰："适此语不应说耶？"生曰："此背人语。"女曰："背他人，岂得背老母。且寝处亦常事，何讳之？"生恨其痴，无术可悟之。食方竟，家人捉双卫⑩来寻生。先是，母待生久不归，始疑；村中搜觅已遍，竟无踪兆。因往寻吴。吴忆曩言，因教于西南山村行觅。凡历数村，始至于此。生出门，适相值，便入告媪，且请偕女同归。媪喜曰："我有志，匪伊朝夕⑪。但残躯不能远涉，得甥携妹子去，识认阿姨，大好！"呼婴宁。宁笑至。曰："有何喜，笑辄不辍？若不笑，当为全人。"因怒之以目，乃曰："大哥欲同汝去，可便装束。"又饷家人酒食，始送之出曰："姨家田产丰裕，能养冗人。到彼且勿归，小学诗礼，亦好事翁姑。即烦阿姨，择一良匹与汝。"二人遂发。至山坳，回顾，犹依稀见媪倚门北望也。

抵家，母睹妹丽，惊问为谁。生以姨女对。母曰："前吴郎与儿言者，诈也。我未有

---

①不遑他瞬：顾不上看其他地方。

②襆（fú）被：准备被褥。

③糁（sǎn）：以米和羹。此作散落讲。

④捘（zùn）：捏。

⑤自分化为异物：自以为要死。自分（fèn），自料，自己估计。

⑥大细事：极小的事。

⑦葭莩（jiāfú）：芦苇茎中的薄膜，喻指关系疏远的亲戚。

⑧瓜葛之爱：指亲戚之间的爱。

⑨周遮：话多，唠叨。

⑩捉双卫：牵着两头驴。卫，驴的别称。

⑪匪伊朝夕：不止一日。伊，语助词，无义。

姊，何以得甥？"问女，女曰："我非母出。父为秦氏，没时，儿在襁中，不能记忆。"母曰："我一姊适秦氏，良确；然姐谢已久，那得复存？"因审诘面庞、志赘①，一一符合。又疑曰："是矣。然亡已多年。"疑虑间，吴生至，女避入室。吴询得故，惘然久之。忽曰："此女名婴宁耶？"生然之。吴极称怪事。问所自知，吴曰："秦家姑去后，姑丈鳏居，祟于狐，病瘵死②。狐生女名婴宁，绷③卧床上，家人皆见之。姑丈没，狐犹时来；后求天师符粘壁上，狐遂携女去。将勿此耶？"彼此疑参。但闻室中嗤嗤皆婴宁笑声。母曰："此女亦太憨。"吴生请面之。母入室，女犹浓笑不顾。母促令出，始极力忍笑，又面壁移时，方出。才一展拜，翻然遽入，放声大笑。满室妇女，为之粲然。

吴请往觇④其异，就便执柯⑤。寻至村所，庐舍全无，山花零落而已。吴忆葬处，仿佛不远；然坟垄湮没，莫可辨识，诧叹而返。母疑其为鬼。入告吴言，女略无骇意；又吊其无家，亦殊无悲意，孜孜憨笑而已。众莫之测。母令与少女同寝止。昧爽⑥即来省问，操女红⑦精巧绝伦。但善笑，禁之亦不可止；然笑处嫣然，狂而不损其媚，人皆乐之。邻女少妇，争承迎之。母择吉为之合卺⑧，而终恐为鬼物。窃于日中窥之，形影殊无少异。至日，使华装行新妇礼，女笑极不能俯仰，遂罢。生以憨痴，恐泄漏房中隐事；而女殊密秘，不肯道一语。每值母忧怒，女至，一笑即解。奴婢小过，恐遭鞭楚，辄求诣母共话；罪婢投见，恒得免。而爱花成癖，物色遍戚党；窃典金钗，购佳种，数月，阶砌藩溷⑨，无非花者。

庭后有木香一架，故邻西家。女每攀登其上，摘供簪玩。母时遇见，辄诃之。女卒不改。一日，西人子见之，凝注倾倒。女不避而笑。西人子谓女意属己，心益荡。女指墙底笑而下，西人子谓示约处，大悦。及昏而往，女果在焉。就而淫之，则阴如锥刺，痛彻于心，大号而踣。细视非女，则一枯木卧墙边，所接乃水淋窍也。邻父闻声，急奔研问，呻而不言。妻来，始以实告。蒸火烛⑩窍，见中有巨蝎，如小蟹然。翁碎木捉杀之。负子至家，半夜寻卒。邻人讼生，讦发⑪婴宁妖异。邑宰⑫素仰生才，稔知其笃行士⑬，谓邻翁讼诬，将杖责之。生为乞免，遂释而出。母谓女曰："憨狂尔尔，早知过喜而伏忧也。邑令神明，幸不牵累；设鹘突⑭官宰，必逮妇女质公堂，我儿何颜见戚里？"女正色，矢不复笑。母曰："人罔不笑，但须有时。"而女由是竟不复笑，虽故逗之，亦终不笑；然竟日未尝有戚容。

①志赘：痣和疣，指出生时带来的特殊标记。

②病瘵死：害虚症而死。瘵，瘦弱，中医称作虚症。

③绷：束缚小儿的布带，此用作动词，包裹的意思。

④觇（chān）：偷看，观察。

⑤执柯：做媒。

⑥昧爽：黎明，清晨。

⑦女红（gōng）：妇女的针线活。

⑧合卺（jǐn）：古时婚礼仪式之一，指新郎与新娘在结婚当天的新房内共饮交杯酒。

⑨藩溷（hùn）：篱笆旁厕所边。溷，厕所。

⑩蒸（ruò）火：点燃灯火。烛，照。

⑪讦（jié）发：揭发。

⑫邑宰：知县，县令。

⑬稔（rěn）知：熟知，深知。笃行士：品行敦厚的读书人。

⑭设：假如。鹘突：糊涂。

一夕，对生零涕。异之。女哽咽曰："曩以相从日浅，言之恐致骇怪。今日察姑及郎，皆过爱无有异心，直告或无妨乎？妾本狐产。母临去，以妾托鬼母，相依十馀年，始有今日。妾又无兄弟，所恃者惟君。老母岑寂山阿，无人怜而合厝①之，九泉辄为悼恨。君倘不惜烦费，使地下人消此怨恫②，庶养女者不忍溺弃。"生诺之，然虑坟冢迷于荒草。女言无虑。刻日，夫妻舆襯③而往。女于荒烟错楚④中，指示墓处，果得媪尸，肤革犹存。女抚哭哀痛。舁归，寻秦氏墓合葬焉。

是夜，生梦媪来称谢，寤而述之。女曰："妾夜见之，嘱勿惊郎君耳。"生恨不邀留。女曰："彼鬼也。生人多，阳气胜，何能久居？"生问小荣，曰："是亦狐，最黠。狐母留以视妾，每摄饵相哺，故德之常不去心⑤。昨问母，云已嫁之。"由是岁值寒食⑥，夫妻登秦墓，拜扫无缺。女逾年，生一子，在怀抱中，不畏生人，见人辄笑，亦大有母风云。

异史氏曰："观其孜孜憨笑，似全无心肝者。而墙下恶作剧，其黠孰甚焉。至凄恋鬼母，反笑为哭，我婴宁何常憨焉。窃闻山中有草，名'笑矣乎⑦'，嗅之，则笑不可止。房中植此一种，则合欢、忘忧⑧，并无颜色矣。若解语花⑨，正嫌其作态耳。"

【作者档案】

蒲松龄（1640—1715），字留仙，一字剑臣，号柳泉居士。室名聊斋，世称聊斋先生，淄川（今山东淄博市淄川区）人。清文学家。十九岁为诸生，深受施闰章赏识。后屡试不第，至七十一岁才援例为岁贡生。除中年一度在宝应、高邮做幕宾外，长期在家乡为塾师。工诗文，善作俚曲。而尤以集毕生精力写成的《聊斋志异》成就最高。又有《聊斋文集》《聊斋诗集》《聊斋俚曲》等。今人辑有《蒲松龄全集》。

蒲松龄创作繁富，诗文词曲兼擅，尤以文言短篇小说集《聊斋志异》成就最高。"聊斋"是蒲松龄的书斋名，因书中大多写花妖狐魅、神鬼怪异故事，故称"志异"。《聊斋志异》近500篇，风格各异，境界不一，出于六朝志怪和唐人传奇而胜之。作者以神仙狐鬼精魅故事抒写个人情怀，寄托内心忧愤，文辞洗练，含韵悠长。它不仅代表清代文言短篇小说的最高成就，也是中国古代文言短篇小说的不朽丰碑。

【含英咀华】

"婴宁"之名似出于《庄子·大宗师》："其为物，无不将也，无不迎也；无不毁也，无不成也。其名为撄宁。撄宁也者，撄而后宁者也。"所谓"撄宁"，指自然、本真的状态，无心于得失的境界。蒲松龄笔下的婴宁本为狐女，生长于深山旷野，在大自然的怀抱中长大，爱美就是她禀受于大自然的主要性格。自然界的美是花，人世间的美是笑。因

---

①合厝（cuò）：合葬。

②怨恫：怨恨、哀痛。

③舆襯（chèn）：以车载棺。

④错楚：杂乱的灌木丛。

⑤德之常不去心：感激她并常常挂念她。德，感激。

⑥寒食：寒食节，在清明前一日或两日。

⑦笑矣乎：宋陶谷《清异录》："菌蕈有一种，食之令人得干笑疾，士人戏呼为'笑矣乎'。"

⑧合欢、忘忧：两种花名。合欢：俗称夜合花。忘忧：忘忧草，萱草的别称。

⑨解语花：能通解言语之花。原是唐玄宗对杨贵妃的戏称，后借指聪明伶俐、善解人意的美女。

此，爱花和爱笑就成为她的两个主要特征。爱笑是她最突出的性格特质，全篇自始至终都充满她爽朗的笑声，"微笑""憨笑""大笑""浓笑""狂笑"，她无时不笑，无处不笑，这同封建礼教要求女子文静矜持、笑不露齿的道德规范形成了鲜明对立。大凡女子无不爱花，婴宁尤甚。她门前、篱边处处有花，到人世间后，更多方搜求奇花，其居处"无非花者"。花使本篇小说洋溢着芬芳气息，也将婴宁的形象衬托得更加美丽。婴宁起初憨笑无忌，不通人情世故，但进入人世后，婆婆的教训，因惩罚邻人子而险些吃官司的经历，使这位天真无邪的女子变得谨慎、多虑，她不再无拘无束，"竟不复笑，虽故逗，终不笑"，这无疑具有悲剧意味。

在写作上，本篇紧紧扣住婴宁爱笑、爱花两大性格特点展开，细针密线，结构极为严谨。清人但明伦评云："此篇以笑字立胎，而以花为眼，处处写笑，即处处以花映带之。捻梅花一枝数语，已伏全文之脉，故文章全在提掇处得力也。以捻花笑起，以摘花不笑收，写笑层见叠出，无一意冗复，无一笔雷同。不笑后复用反衬，后仍结转笑字，篇法严密乃尔。"篇中"笑"字、"花"字随处可见，反复渲染，多侧面地刻画了婴宁的性格特征。此外，小说的环境描写充满诗情画意，作者善于以外在环境来烘托人物性格，人物与景致，相得益彰。如婴宁屋舍内外的景物，杂花生树的山村，桃柳夹墙的茅屋，豆棚花架的庭院，明洁如镜的粉壁，等等，展现出一幅雅洁幽静、清香明丽的图景。其居处如此，其主人的性格可见一斑。

【思考与练习】

一、简析婴宁形象的性格特点。

二、如何评价婴宁从"笑辄不辍"到"竟不复笑"？这是天性的泯灭还是对礼教的顺从？

三、你认为婴宁惩罚邻人子致其死亡是否过分？这是否破坏了婴宁的形象？

四、本篇在结构上有什么特点？

五、本篇是如何以外在环境烘托人物性格的？

【拓展阅读】

张友鹤校注《聊斋志异选》，人民文学出版社

李厚基、韩海明编著《人鬼狐妖的艺术世界——〈聊斋志异〉散论》，天津人民出版社

（苏　静　刘洪仁）

宝玉挨打①

曹雪芹

话说宝玉见那麒麟，心中甚是欢喜，便伸手来拿，笑道："亏你捡着了。你是那里捡的？"史湘云笑道："幸而是这个，明儿倘或把印也丢了，难道也就罢了不成？"宝玉笑道："倒是丢了印平常，若丢了这个，我就该死了。"

…………

一句话未了，忽见一个老婆子忙忙走来，说道："这是那里说起！金钏儿姑娘好好的投井死了！"袭人吓了一跳，忙问："那个金钏儿？"那老婆子道："那里还有两个金钏儿呢，就是太太屋里的。前儿不知为什么撵他出去，在家里哭天哭地的，也都不理会他，谁知找他不见了。才有打水的人在那东南角上井里打水，见一个尸首，赶着叫人打捞起来，谁知是他。他们家里还只管乱着要救活，那里中用了。"宝钗道："这也奇了。"袭人听说，点头赞叹，想素日同气之情，不觉流下泪来。宝钗听见这话，忙向王夫人处来道安慰。这里袭人回去不提。

却说宝钗来至王夫人处，只见鸦雀无闻，独有王夫人在里间房内坐着垂泪。宝钗便不好提这事，只得一旁坐了。王夫人便问："你从那里来？"宝钗道："从园里来。"王夫人道："你从园里来，可见你宝兄弟？"宝钗道："才倒看见了他穿了衣服出去了，不知那里去。"王夫人点头哭道："你可知道一桩奇事？金钏儿忽然投井死了。"宝钗见说，道："怎么好好的投井？这也奇了。"王夫人道："原是前儿他把我一件东西弄坏了，我一时生气，打了他几下，撵了他下去。我只说气他两天，还叫他上来，谁知他这么气性大，就投井死了。岂不是我的罪过。"宝钗叹道："姨娘是慈善人，固然这么想。据我看来，他并不是赌气投井。多半他下去住着，或是在井跟前憨顽，失了脚掉下去的。他在上头拘束惯了，这一出去，自然要到各处去顽顽逛逛，岂有这样大气的理！纵然有这样大气，也不过是个糊涂人，也不为可惜。"王夫人点头叹道："这话虽然如此说，到底我心不安。"宝钗叹道："姨娘也不必念念于兹。十分过不去，不过多赏他几两银子发送他，也就尽主仆情了。"王夫人道："才刚我赏了他娘五十两银子，原要还把你妹妹们的新衣服拿两套给他妆裹。谁知凤丫头说可巧都没什么新做的衣服，只有你林妹妹作生日的两套。我想你林妹妹那个孩子素日是个有心的，况且他也三灾八难的，既说了给他过生日，这会子又给人妆裹去，岂不忌讳。因为这么样，我现叫裁缝赶两套给他。要是别的丫头，赏他几两银子也就完了，只是金钏儿虽然是个丫头，素日在我跟前比我的女儿也差不多。"口里说着，不觉流下泪来。宝钗忙道："姨娘这会子又何用叫裁缝赶去，我前儿倒做了两套，拿来给他，岂不省事。况且他活着的时候也穿过我的旧衣服，身量又相对。"王夫人道："虽然这样，难道你不忌讳？"宝钗笑道："姨娘放心，我从来不计较这些。"一面说，一面起身就走。王夫人忙叫了两个人来跟宝姑娘去。

一时宝钗取了衣服回来，只见宝玉在王夫人傍边坐着垂泪。王夫人正才说他，因宝钗来了，却掩了口不说了。宝钗见此景况，察言观色，早知觉了八分，于是将衣服交割明

---

① 本篇选自《红楼梦》第三十二至第三十四回，题目为编者所加。

白。王夫人将他母亲叫来拿了去。再听下回分解。

却说王夫人唤他母亲上来，拿几件簪环当面赏与，又吩咐请几众僧人念经超度。他母亲磕头谢了出去。原来宝玉会过雨村回来听见了，便知金钏儿含羞赌气自尽，心中早又五内摧伤，进来被王夫人数落教训，也无可回说。见宝钗进来，方得便出来，茫然不知何往，背着手，低头一面感叹，一面慢慢的走着，信步来至厅上。刚转过屏门，不想对面来了一人正往里走，可巧儿撞了个满怀。只听那人喝了一声："站住！"宝玉吓了一跳，抬头一看，不是别人，却是他父亲，早不觉倒抽了一口气，只得垂手一旁站了。贾政道："好端端的，你垂头丧气嗐些什么？方才雨村来了要见你，叫你那半天你才出来；既出来了，全无一点慷慨挥洒谈吐，仍是葳葳蕤蕤①。我看你脸上一团思欲愁闷气色，这会子又咳声叹气。你那些还不足，还不自在？无故这样，却是为何？"宝玉素日虽然口角伶俐，只是此时一心总为金钏儿感伤，恨不得此时也身亡命殒，跟了金钏儿去。如今见了他父亲说这些话，究竟不曾听见，只是怔呵呵的站着。

贾政见他惶悚，应对不似往日，原本无气的，这一来倒生了三分气。方欲说话，忽有回事人来回："忠顺亲王府里有人来，要见老爷。"贾政听了，心下疑惑，暗暗思忖道："素日并不与忠顺府来往，为什么今日打发人来？"一面想，一面令快请，急走出来看时，却是忠顺府长史官②，忙接进厅上坐了献茶。未及叙谈，那长史官先就说道："下官此来，并非擅造潭府③，皆因奉王命而来，有一件事相求。看王爷面上，敢烦老大人作主，不但王爷知情，且连下官辈亦感谢不尽。"贾政听了这话，抓不住头脑，忙陪笑起身问道："大人既奉王命而来，不知有何见谕，望大人宣明，学生好遵谕承办。"那长史官冷笑道："也不必承办，只用大人一句话就完了。我们府里有一个做小旦的琪官，一向好好在府里，如今竟三五日不见回去，各处去找，又摸不着他的道路，因此各处访察。这一城内，十停人倒有八停人都说，他近日和衔玉的那位令郎相与甚厚。下官辈听了，尊府不比别家，可以擅来索取，因此启明王爷。王爷亦云：'若是别的戏子呢，一百个也罢了；只是这琪官随机应答，谨慎老成，甚合我老人家的心，竟断断少不得此人。'故此求老大人转谕令郎，请将琪官放回，一则可慰王爷谆谆奉恳，二则下官辈也可免操劳求觅之苦。"说毕，忙打一躬。

贾政听了这话，又惊又气，即命唤宝玉来。宝玉也不知是何原故，忙赶来时，贾政便问："该死的奴才！你在家不读书也罢了，怎么又做出这些无法无天的事来！那琪官现是忠顺王爷驾前承奉的人，你是何等草芥，无故引逗他出来，如今祸及于我。"宝玉听了，吓了一跳，忙回道："实在不知此事。究竟连'琪官'两个字不知为何物，岂更又加'引逗'二字。"说着，便哭了。贾政未及开言，只见那长史官冷笑道："公子也不必掩饰。或隐藏在家，或知其下落，早说了出来，我们也少受些辛苦，岂不念公子之德？"宝玉连说不知，"恐是讹传，也未见得"。那长史官冷笑道："现有据证，何必还赖？必定当着老大人说了出来，公子岂不吃亏。——既云不知此人，那红汗巾子怎么到了公子腰里？"宝玉听了这话，不觉轰去魂魄，目瞪口呆，心下自思："这话他如何得知？他既连这样机密事

---

①葳葳（wēi）蕤蕤（ruí）：即"葳蕤"，本为草木茂盛枝叶下垂的样子，这里引申为萎靡不振的样子。

②长史官：总管王府内事务的官吏。

③造：到。潭府：深宅大院，常用作对别人住宅的尊称。潭，深。

都知道了，大约别的瞒他不过，不如打发他去了，免的再说别的事来。"因说道："大人既知他的底细，如何连他置买房舍这样大事倒不晓得了？听得说他如今在东郊离城二十里有个什么紫檀堡，他在那里置了几亩田地，几间房舍。想是在那里也未可知。"那长史官听了，笑道："这样说，一定是在那里。我且去找一回，若有了便罢，若没有，还要来请教。"说着，便忙忙的走了。

贾政此时气的目瞪口歪，一面送那长史官，一面回头命宝玉："不许动！回来有话问你！"一直送那官员去了。才回身，忽见贾环带着几个小厮一阵乱跑。贾政喝令小厮："快打，快打。"贾环见了他父亲，吓得骨软筋酥，忙低头站住。贾政便问："你跑什么？带着你的那些人都不管你，不知往那里逛去，由你野马一般。"喝命叫跟上学的人来。贾环见他父亲盛怒，便乘机说道："方才原不曾跑，只因从那井边一过，那井里淹死了一个丫头，我看见人头这样大，身子这样粗，泡的实在可怕，所以才赶着跑了过来。"贾政听了，惊疑问道："好端端的，谁去跳井？我家从无这样事情，自祖宗以来，皆是宽柔以待下人。大约我近年于家务疏懒，自然执事人操克夺之权，致使出这暴殄①轻生的祸患。若外人知道，祖宗颜面何在！"喝命快叫贾琏、赖大、来兴来。小厮们答应了一声，方欲叫去，贾环忙上前拉住贾政的袍襟，贴膝跪下道："父亲不用生气。此事除太太房里的人，别人一点也不知道。我听见我母亲说——"说到这里，便回头四顾一看。贾政知意，将眼一看众小厮，小厮们明白，都往两边后面退去。贾环便悄悄说道："我母亲告诉我说，宝玉哥哥前日在太太屋里，拉着太太的丫头金钏儿强奸不遂，打了一顿。那金钏儿便赌气投井死了。"话未说完，把个贾政气的面如金纸，大喝："快拿宝玉来！"一面说，一面便往里边书房里去，喝命："今日再有人劝我，我把这冠带家私一应交与他与宝玉过去。我免不得做个罪人，把这几根烦恼鬓毛剃去，寻个干净去处自了，也免得上辱先人，下生逆子之罪。"众门客仆从见贾政这个形景，便知又是为宝玉了，一个个都是咬指咬舌，连忙退出。那贾政喘吁吁的直挺挺坐在椅子上，满面泪痕，一叠声："拿宝玉，拿大棍，拿索子捆上。把各门都关上。有人传信往里头去，立刻打死。"众小厮们只得齐声答应。有几个来找宝玉。

那宝玉听见贾政吩咐他不许动，早知凶多吉少，那里承望贾环又添了许多的话。正在厅上干转，怎得个人来往里头去捎信，偏生没个人，连焙茗也不知在那里。正盼望时，只见一个老姆姆出来，宝玉如得了珍宝，便赶上来拉他，说道："快进去告诉，老爷要打我呢。快去，快去。要紧，要紧。"宝玉一则急了，说话不明白；二则老婆子偏生又聋，竟不曾听见是什么话，把"要紧"二字只听作"跳井"二字，便笑道："跳井让他跳去，二爷怕什么？"宝玉见是个聋子，便着急道："你出去叫我的小厮来罢。"那婆子道："有什么不了的事，老早的完了。太太又赏了衣服，又赏了银子，怎么不了事的！"

宝玉急的跺脚，正没抓寻处，只见贾政的小厮走来，逼着他出去了。贾政一见，眼都红紫了，也不暇问他在外流荡优伶，表赠私物，在家荒疏学业，淫辱母婢等语，只喝命："堵起嘴来，着实打死。"小厮们不敢违拗，只得将宝玉按在凳上，举起大板打了十来下。贾政犹嫌打轻了，一脚踢开掌板的，自己夺过来，咬着牙，狠命盖了三四十下。众门客见打的不祥了，忙上前夺劝。贾政那里肯听，说道："你们问问他干的勾当可饶不可饶！素日皆是你们这些人把他酿坏了，到这步田地还来解劝。明日酿到他弑君杀父，你们才不劝

———
　①暴殄（tiǎn）：恣意糟蹋。殄，灭绝。

不成！"

众人听这话不好听，知道气急了，忙又退出，只得觅人进去给信。王夫人不敢先回贾母，只得忙穿衣出来，也不顾有人没人，忙忙赶往书房中来，慌的众门客小厮等避之不及。王夫人一进房来，贾政更如火上浇油一般，那板子越发下去的又狠又快。按宝玉的两个小厮忙松了手走开，宝玉早已动弹不得了。贾政还欲打时，早被王夫人抱住板子。贾政道："罢了，罢了，今日必定要气死我才罢！"王夫人哭道："宝玉虽然该打，老爷也要自重。况且炎天暑日的，老太太身上也不大好，打死宝玉事小，倘或老太太一时不自在了，岂不事大！"贾政冷笑道："倒休提这话。我养了这不肖的孽障，已不孝；教训他一番，又有众人护持；不如趁今日一发勒死了，以绝将来之患。"说着，便要绳索来勒死。王夫人连忙抱住哭道："老爷虽然应当管教儿子，也要看夫妻分上。我如今已将五十岁的人，只有这个孽障，必定苦苦的以他为法，我也不敢深劝。今日越发要他死，岂不是有意绝我！既要勒死他，快拿绳子来先勒死我，再勒死他。我们娘儿们不敢含怨，到底在阴司里得个依靠。"说毕，爬在宝玉身上大哭起来。贾政听了此话，不觉长叹一声，向椅上坐了，泪如雨下。王夫人抱着宝玉，只见他面白气弱，底下穿着一条绿纱小衣皆是血渍，禁不住解下汗巾看，由臀至胫，或青或紫，或整或破，竟无一点好处，不觉失声大哭起来："苦命的儿吓！"因哭出"苦命儿"来，忽又想起贾珠来，便叫着贾珠，哭道："若有你活着，便死一百个我也不管了。"此时里面的人闻得王夫人出去，那李宫裁[1]王熙凤与迎春姊妹早已出来了。王夫人哭着贾珠的名字，别人还可，惟有宫裁禁不住也放声哭了。贾政听了，那泪珠更似滚瓜一般滚了下来。

正没开交处，忽听丫鬟来说："老太太来了。"一句话未了，只听窗外颤巍巍的声气说道："先打死我，再打死他，岂不干净了！"贾政见他母亲来了，又急又痛，连忙迎接出来，只见贾母扶着丫头，喘吁吁的走来。贾政上前躬身陪笑，说道："大暑热天，母亲有何生气，亲自走来？有话，只该叫了儿子进去吩咐。"贾母听说，便止住步喘息一回，厉声道："你原来是和我说话！我倒有话吩咐，只是可怜我一生没养个好儿子，却叫我和谁说去！"贾政听这话不像，忙跪下含泪说道："为儿的教训儿子，也为的是光宗耀祖。母亲这话，我做儿的如何禁得起？"贾母听说，便啐了一口，说道："我说一句话，你就禁不起，你那样下死手的板子，难道宝玉就禁得起了！你说教训儿子是光宗耀祖，当初你父亲怎么教训你来！"说着，不觉就滚下泪来。贾政又陪笑道："母亲也不必伤感，皆是作儿的一时性起，从此以后再不打他了。"贾母便冷笑道："你也不必和我使性子赌气的。你的儿子，我也不该管你打不打。我猜着你也厌烦我们娘儿们。不如我们赶早儿离了你，大家干净。"说着，便命人："看轿马！我和你太太宝玉立刻回南京去！"家下人只得干答应着。贾母又叫王夫人道："你也不必哭了。如今宝玉年纪小，你疼他，他将来长大成人，为官作宰的，也未必想着你是他母亲了。你如今倒不要疼他，只怕将来还少生一口气呢。"贾政听说，忙叩头哭道："母亲如此说，贾政无立足之地。"贾母冷笑道："你分明使我无立足之地，你反说起你来！只是我们回去了，你心里干净，看有谁来许你打。"一面说，一面只命快打点行李车轿回去。贾政苦苦叩求认罪。

贾母一面说话，一面又记挂宝玉，忙进来看时，只见今日这顿打不比往日，又是心疼，又是生气，也抱着哭个不了。王夫人与凤姐等解劝了一会，方渐渐的止住。早有丫鬟

---

[1] 李宫裁：即李纨，字宫裁，贾政的长子贾珠的寡妻，"金陵十二钗"之一。

媳妇等上来，要搀宝玉，凤姐便骂道："糊涂东西，也不睁开眼瞧瞧！打的这么个样儿，还要搀着走！还不快进去把那藤屉子春凳①抬出来呢。"众人听说，连忙进去，果然抬出春凳来，将宝玉抬放凳上，随着贾母王夫人等进去，送至贾母房中。

彼时贾政见贾母气未全消，不敢自便，也跟了进去。看看宝玉，果然打重了。再看看王夫人，儿一声，肉一声，"你替珠儿早死了，留着珠儿，免你父亲生气，我也不白操这半世的心了。这会子你倘或有个好歹，丢下我，叫我靠那一个。"数落一场，又哭"不争气的儿！"贾政听了，也就灰心，自悔不该下毒手，打到如此地步。先劝贾母。贾母含泪道："你不出去，还在这里做什么！难道于心不足，还要眼看着他死了才去不成？"贾政听说，方退了出去。

此时薛姨妈同宝钗、香菱、袭人、史湘云也都在这里。袭人满心委屈，只不好十分使出来，见众人围着，灌水的灌水，打扇的打扇，自己插不下手去，便越性走出来到二门前，令小厮们找了焙茗来细问："方才好端端的，为什么打起来？你也不早来透个信儿！"焙茗急的说："偏生我没在跟前，打到半中间我才听见了。忙打听原故，却是为琪官、金钏姐姐的事。"袭人道："老爷怎么得知道的？"焙茗道："那琪官的事，多半是薛大爷素日吃醋，没法儿出气，不知在外头唆挑了谁来，在老爷跟前下的火②。那金钏儿的事是三爷说的，我也是听见老爷的人说的。"袭人听了这两件事都对景③，心中也就信了八九分。然后回来，只见众人都替宝玉疗治。调停完备，贾母命好生抬到他房内去。众人答应，七手八脚，忙把宝玉送入怡红院内自己床上卧好。又乱了半日，众人渐渐散去，袭人方进前来经心伏侍。问他端的，且听下回分解。

话说袭人见贾母王夫人等去后，便走来宝玉身边坐下，含泪问他怎么就打到这步田地。宝玉叹气说道："不过为那些事，问他做什么。只是下半截疼的很，你瞧瞧，打坏了那里？"袭人听说，便轻轻的伸手进去，将中衣褪下。宝玉略动一动，便咬着牙叫"嗳哟"。袭人连忙停住手，如此三四次才褪了下来。袭人看时，只见腿上半段青紫，都有四指阔的僵痕高了起来。袭人咬着牙说道："我的娘！怎么下这般的狠手！你但凡听我一句话，也不得到这步地位。幸而没动筋骨，倘或打出个残疾来，可叫人怎么样呢！"

正说着，只听丫鬟们说："宝姑娘来了。"袭人听见，知道穿不及中衣，便拿了一床袷纱被④替宝玉盖了。只见宝钗手里托着一丸药走进来，向袭人说道："晚上把这药用酒研开，替他敷上，把那淤血的热毒散开，可以就好了。"说毕，递与袭人，又问道："这会子可好些？"宝玉一面道谢，说好了，又让坐。宝钗见他睁开眼说话，不像先时，心中也宽慰了好些，便点头叹道："早听人一句话，也不至今日。别说老太太太太心疼，就是我们看着，心里也疼。"刚说了半句，又忙咽住，自悔说的话急速了，不觉红了脸，低下头来。宝玉听得这话如此亲切稠密，大有深意；忽见他又咽住不往下说，红了脸，低下头只管弄衣带，那一种娇羞怯怯非可形容得出者，不觉心中大畅，将疼痛早丢在九霄云外。心中自思："我不过捱了几下打，他们一个个就有这些怜惜悲感之态露出，令人可顽可观，可怜可敬。假若我一时竟遭殃横死，他们还不知是何等悲感呢。既是他们这样，我便一时死

---

① 藤屉子春凳：一种凳面用皮编成的可坐可卧的长凳。

② 下的火：使坏进谗。

③ 对景：对得上号，情况符合。

④ 袷（jiá）纱被：表里两层的纱被。袷，同"夹"。

了，得他们如此，一生事业纵然尽付东流，亦无足叹惜。冥冥之中，若不怡然自得，亦可谓糊涂鬼祟矣。"想着，只听宝钗问袭人道："怎么好好的动了气就打起来了？"袭人便把焙茗的话说了出来。宝玉原来还不知道贾环的话，见袭人说出，方才知道。因又拉上薛蟠，惟恐宝钗沉心①，忙又止住袭人道："薛大哥哥从来不这样的，你们别混猜度。"宝钗听说，便知宝玉是怕他多心，用话相拦袭人，因心中暗暗想道："打的这个形象，疼还顾不过来，还是这样细心，怕得罪了人，可见在我们身上也算是用心了。你既这样用心，何不在外头大事上做工夫，老爷也欢喜了，也不能吃这样亏。但你固然怕我沉心，所以拦袭人的话，难道我就不知我的哥哥素日恣心纵欲，毫无防范的那种心性。当日为一个秦钟，还闹的天翻地覆，自然如今比先更利害了。"想毕，因笑道："你们也不必怨这个，怨那个。据我想，到底宝兄弟素日不正，肯和那些人来往，老爷才生气。就是我哥哥说话不防头，一时说出宝兄弟来，也不是有心调唆：一则也是本来的实话，二则他原不理论这些防嫌小事。袭姑娘从小儿只见宝兄弟这么样细心的人，你何尝见过天不怕，地不怕，心里有什么口里就说什么的人。"袭人因说出薛蟠来，见宝玉拦他的话，早已明白自己说造次了，恐宝钗没意思，听宝钗如此说，更觉羞愧无言。宝玉又听宝钗这番话，一半是堂皇正大，一半是去自己疑心，更觉比先畅快了。方欲说话时，只见宝钗起身说道："明儿再来看你，你好生养着罢。方才我拿了药来交给袭人，晚上敷上管就好了。"说着便走出门去。袭人赶着送出院外，说："姑娘倒费心了。改日宝二爷好了，亲自来谢。"宝钗回头笑道："有什么谢处。你只劝他好生静养，别胡思乱想的就好了。不必惊动老太太太太众人，倘或吹到老爷耳朵里，虽然彼时不怎么样，将来对景终是要吃亏的。"说着，一面去了。袭人抽身回来，心内着实感激宝钗。进来见宝玉沉思默默似睡非睡的模样，因而退出房外，自去栉沐②。

宝玉默默的躺在床上，无奈臀上作痛，如针挑刀挖一般，更又热如火炙，略展转时，禁不住嗳哟之声。那时天色将晚，因见袭人去了，却有两三个丫鬟伺候，此时并无呼唤之事，因说道："你们且去梳洗，等我叫时再来。"众人听了，也都退出。这里宝玉昏昏默默，只见蒋玉菡走了进来，诉说忠顺府拿他之事；一时，又见金钏儿进来，哭说为他投井之情。宝玉半梦半醒，都不在意。忽又觉有人推他，恍恍忽忽，听得有人悲泣之声。宝玉从梦中惊醒，睁眼一看，不是别人，却是林黛玉。宝玉犹恐是梦，忙又将身子欠起来，向脸上细细一认，只见他两个眼睛肿的桃儿一般，满面泪光，不是黛玉，却是那个。宝玉还欲看时，怎奈下半截疼痛难禁，支持不住，便嗳哟一声，仍就倒下，叹了一声，说道："你又做什么跑来！虽说太阳落下去，那地上馀热未散，走两趟，又要受了暑。我虽然捱了打，并不觉疼痛。我这个样儿，只装出来哄他们，好在外头布散与老爷听，其实是假的。你不可认真。"此时林黛玉虽不是嚎啕大哭，然越是这等无声之泣，气噎喉堵，更觉利害。听了宝玉这番话，心中虽然有万句言语，只是不能说得半句，半日方抽抽噎噎的说道："你从此可都改了罢。"宝玉听说，便长叹一声道："你放心。别说这样话。就便为这些人死了，也是情愿的。"一句话未了，只见院外人说："二奶奶来了。"林黛玉便知是凤姐来了，连忙立起身，说道："我从后院子去罢，回来再来。"宝玉一把拉住道："这又奇了，好好的怎么怕起他来？"林黛玉急的跺脚，悄悄地说道："你瞧瞧我的眼睛，又该他取

---

① 沉心：介意，往心里去。一本作"存心"。

② 栉（zhì）沐：梳洗。

笑开心呢。"宝玉听说，赶忙的放了手。黛玉三步两步，转过床后，出后院而去。凤姐从前头已进来了，问宝玉："可好些了？想什么吃，叫人往我那里取去。"接着，薛姨妈又来了。一时，贾母又打发了人来。

至掌灯时分，宝玉只喝了两口汤，便昏昏沉沉的睡去。接着周瑞媳妇、吴新登媳妇、郑好时媳妇，这几个有年纪常往来的，听见宝玉挨了打，也都进来。袭人忙迎出来，悄悄的笑道："婶婶们来迟了一步，二爷才睡着了。"说着，一面带他们到那边房里坐了，倒茶与他们吃。那几个媳妇子都悄悄的坐了一回，向袭人说："等二爷醒了，你替我们说罢。"袭人答应了，送他们出去。……

【作者档案】

曹雪芹（约 1715 或 1721—约 1764），名霑，字梦阮，号雪芹、芹圃、芹溪等。自曾祖曹玺起，曹家三代任江宁织造近 60 年，这是曹家的鼎盛时期，有"百年望族"之称。清雍正皇帝登基之后，曹家开始失势。曹雪芹少年时代在江南过着豪华富贵的贵族生活，十三四岁时迁居北京。他工诗善画，又会弹琴舞剑，具有多方面的艺术修养与才华。40 岁左右，他迁居北京西郊香山一带。此时他极为贫困潦倒，靠卖画和朋友接济度日，但仍不免"举家食粥酒常赊"。生活的折磨，再加上独子夭折，使他伤感成疾，"一病无医"，终于在除夕之夜"泪尽而逝"。

《红楼梦》原名《石头记》，是曹雪芹一生心血的结晶。《红楼梦》以其深刻的思想性和高度的艺术性，不仅成为清代文学的光辉总结，甚至也是整个中国古代文学的光辉总结。鲁迅先生说："自有《红楼梦》出来以后，传统的思想和写法都打破了。"《红楼梦》不仅在思想内容的深度与广度、反映现实生活的真实程度等方面超过了以往任何一部作品，而且在塑造艺术典型的概括力、结构的天衣无缝和语言的炉火纯青等方面，也无不突破了中国古典小说的现实主义传统，取得了前所未有的成就，达到了古代长篇小说创作的最高峰。

【含英咀华】

"宝玉挨打"是《红楼梦》中的一个重要情节，也是贾政父子围绕着事关贾府前途的"宝玉的人生道路"问题而爆发的一场惊心动魄的矛盾冲突。全文大致可以分为三个部分：一是宝玉挨打的原因，二是挨打的经过，三是挨打后众人探视的情景。

宝玉挨打的表面原因有以下三点：一是王夫人的贴身丫鬟金钏因和宝玉说了几句玩笑话被逼投井自杀；二是宝玉和伶人琪官的亲密交往惹得琪官的主子忠顺亲王老大不快，派了他的长史官傲慢地来贾府问罪，索取琪官；三是宝玉的庶出兄弟贾环出于嫉恨在贾政面前告状，挑拨是非。但这三件事只是宝玉挨打的导火索。宝玉挨打的真正原因是：宝玉是个鄙弃仕途经济、背离封建礼教的叛逆者；而贾政则是个封建制度和封建礼教的忠实信徒，他一心一意要把宝玉培养成一个走读书应举、为官为宦道路的家族继承人。但宝玉的一系列离经叛道的行为，已使他预感到宝玉如果继续照此发展下去，不仅"于国于家无望"，甚至还有"弑君杀父"的危险。因此，宝玉挨打实际上是叛逆者与卫道者之间的尖锐矛盾和正面冲突，是封建正统势力对新生的叛逆者的残酷镇压。

本篇在写作艺术上的最大成就，在于围绕"宝玉挨打"这一事件，刻画了贾政、王夫人、贾母、薛宝钗、林黛玉等一大批人物形象。作者用了相当多的笔墨来描写宝玉周围这些人物的言行，这些笔墨的总和远远超过了写宝玉挨打的文字。名为宝玉挨打，实为众人亮相。如贾政的焦躁和暴怒、王夫人的慈爱和偏心、贾母的威严和权势、贾环的卑琐和妒忌……这一大批人物的思想性格，无不通过"宝玉挨打"这一牵动每个人神经的事件而展示出来。尤其是宝钗和黛玉这两个对宝玉有着特殊感情的人物的出场，更明显地体现出这两个青年女子迥然不同的性格与心态。宝钗既爱宝玉，又不满他鄙弃仕途的行为，因此她来探视时，先是"手里托着一丸药"，并交代袭人如何敷用，足见她的精细、周到。宝钗的一番言行，既流露出一个情窦初开的少女的柔情和"娇羞"，又可以看出她为人精细、善于待人接物的性格特点。而黛玉的情形就不同了。她的出场与众人大异，是由宝玉的睡梦引出的，而且最先留给人的是她一副痛哭后的悲伤样子。她疼宝玉疼在心上，她既没有宝钗那么多的话，更不会说得那么周到、体贴，抽噎了半天，方才挤出一句言不由衷的话："你从此可都改了罢。"话虽不多，却透露出她对宝玉的忧虑和深情；看似规劝，骨子里仍有与宝玉相通的叛逆心理。总之，小说在这里对宝钗、黛玉的描写，确实堪称绝妙之笔。

【思考与练习】

一、宝玉挨打的表面原因和根本原因分别是什么？

二、作者通过"宝玉挨打"这件事写活了哪些人物形象？他们各表现出什么性格特点？

三、从这个故事中可看出宝钗和黛玉的性格有什么不同？

四、讨论：黛玉和宝钗是两个性格迥异的人物，你比较喜欢其中哪一个？为什么？

【拓展阅读】

曹雪芹、高鹗著《红楼梦》，人民文学出版社

李希凡、李萌著《传神文笔足千秋——〈红楼梦〉人物论》，东方出版中心

（刘洪仁）

伤　逝

——涓生的手记

鲁　迅

如果我能够，我要写下我的悔恨和悲哀，为子君，为自己。

会馆①里的被遗忘在偏僻里的破屋是这样地寂静和空虚。时光过得真快，我爱子君，仗着她逃出这寂静和空虚，已经满一年了。事情又这么不凑巧，我重来时，偏偏空着的又只有这一间屋。依然是这样的破窗，这样的窗外的半枯的槐树和老紫藤，这样的窗前的方桌，这样的败壁，这样的靠壁的板床。深夜中独自躺在床上，就如我未曾和子君同居以前一般，过去一年中的时光全被消灭，全未有过，我并没有曾经从这破屋子搬出，在吉兆胡同创立了满怀希望的小小的家庭。

不但如此。在一年之前，这寂静和空虚是并不这样的，常常含着期待；期待子君的到来。在久待的焦躁中，一听到皮鞋的高底尖触着砖路的清响，是怎样地使我骤然生动起来呵！于是就看见带着笑涡的苍白的圆脸，苍白的瘦的臂膊，布的有条纹的衫子，玄色的裙。她又带了窗外的半枯的槐树的新叶来，使我看见，还有挂在铁似的老干上的一房一房的紫白的藤花。

然而现在呢，只有寂静和空虚依旧，子君却决不再来了，而且永远，永远地！……

子君不在我这破屋里时，我什么也看不见。在百无聊赖中，顺手抓过一本书来，科学也好，文学也好，横竖什么都一样；看下去，看下去，忽而自己觉得，已经翻了十多页了，但是毫不记得书上所说的事。只是耳朵却分外地灵，仿佛听到大门外一切往来的履声，从中便有子君的，而且橐橐地逐渐临近，——但是，往往又逐渐渺茫，终于消失在别的步声的杂沓中了。我憎恶那不像子君鞋声的穿布底鞋的长班②的儿子，我憎恶那太像子君鞋声的常常穿着新皮鞋的邻院的搽雪花膏的小东西！

莫非她翻了车么？莫非她被电车撞伤了么？……

我便要取了帽子去看她，然而她的胞叔就曾经当面骂过我。

蓦然，她的鞋声近来了，一步响于一步，迎出去时，却已经走过紫藤棚下，脸上带着微笑的酒窝。她在她叔子的家里大约并未受气；我的心宁帖了，默默地相视片时之后，破屋里便渐渐充满了我的语声，谈家庭专制，谈打破旧习惯，谈男女平等，谈伊孛生③，谈泰戈尔④，谈雪莱⑤……她总是微笑点头，两眼里弥漫着稚气的好奇的光泽。壁上就钉着一张铜板的雪莱半身像，是从杂志上裁下来的，是他的最美的一张像。当我指给她看时，

---

①会馆：旧时都市中同乡会或同业公会设立的馆舍，供同乡或同业旅居、聚会之用。

②长班：旧时官员的随身仆人，也用来称呼一般的"听差"。

③伊孛生（1828—1906）：通译易卜生，挪威剧作家。

④泰戈尔（1861—1941）：印度诗人，1924 年曾到访中国。当时他的诗作译成中文的有《新月集》《飞鸟集》等。

⑤雪莱（1792—1822）：英国作家、诗人，曾参加爱尔兰民族独立运动，因传播革命思想和争取婚姻自由屡遭迫害，后因覆舟溺死海中。他的《西风颂》《致云雀》等著名短诗，于五四运动后传入我国。

她却只草草一看，便低了头，似乎不好意思了。这些地方，子君就大概还未脱尽旧思想的束缚，——我后来也想，倒不如换一张雪莱淹死在海里的纪念像或是伊孛生的罢；但也终于没有换，现在是连这一张也不知那里去了。

"我是我自己的，他们谁也没有干涉我的权利！"

这是我们交际了半年，又谈起她在这里的胞叔和在家的父亲时，她默想了一会之后，分明地，坚决地，沉静地说了出来的话。其时是我已经说尽了我的意见，我的身世，我的缺点，很少隐瞒；她也完全了解的了。这几句话很震动了我的灵魂，此后许多天还在耳中发响，而且说不出的狂喜，知道中国女性，并不如厌世家所说那样的无法可施，在不远的将来，便要看见辉煌的曙色的。

送她出门，照例是相离十多步远；照例是那鲇鱼须的老东西的脸又紧贴在脏的窗玻璃上了，连鼻尖都挤成一个小平面；到外院，照例又是明晃晃的玻璃窗里的那小东西的脸，加厚的雪花膏。她目不邪视地骄傲地走了，没有看见；我骄傲地回来。

"我是我自己的，他们谁也没有干涉我的权利！"这彻底的思想就在她的脑里，比我还透澈，坚强得多。半瓶雪花膏和鼻尖的小平面，于她能算什么东西呢？

我已经记不清那时怎样地将我的纯真热烈的爱表示给她。岂但现在，那时的事后便已模胡，夜间回想，早只剩了一些断片了；同居以后一两月，便连这些断片也化作无可追踪的梦影。我只记得那时以前的十几天，曾经很仔细地研究过表示的态度，排列过措辞的先后，以及倘或遭了拒绝以后的情形。可是临时似乎都无用，在慌张中，身不由己地竟用了在电影上见过的方法了。后来一想到，就使我很愧恧，但在记忆上却偏只有这一点永远留遗，至今还如暗室的孤灯一般，照见我含泪握着她的手，一条腿跪了下去……

不但我自己的，便是子君的言语举动，我那时就没有看得分明；仅知道她已经允许我了。但也还仿佛记得她脸色变成青白，后来又渐渐转作绯红，——没有见过，也没有再见的绯红；孩子似的眼里射出悲喜，但是夹着惊疑的光，虽然力避我的视线，张皇地似乎要破窗飞去。然而我知道她已经允许我了，没有知道她怎样说或是没有说。

她却是什么都记得：我的言辞，竟至于读熟了的一般，能够滔滔背诵；我的举动，就如有一张我所看不见的影片挂在眼下，叙述得如生，很细微，自然连那使我不愿再想的浅薄的电影的一闪。夜阑人静，是相对温习的时候了，我常是被质问，被考验，并且被命复述当时的言语，然而常须由她补足，由她纠正，像一个丁等的学生。

这温习后来也渐渐稀疏起来。但我只要看见她两眼注视空中，出神似的凝想着，于是神色越加柔和，笑窝也深下去，便知道她又在自修旧课了，只是我很怕她看到我那可笑的电影的一闪。但我又知道，她一定要看见，而且也非看不可的。

然而她并不觉得可笑。即使我自己以为可笑，甚而至于可鄙的，她也毫不以为可笑。这事我知道得很清楚，因为她爱我，是这样地热烈，这样地纯真。

去年的暮春是最为幸福，也是最为忙碌的时光。我的心平静下去了，但又有别一部分和身体一同忙碌起来。我们这时才在路上同行，也到过几回公园，最多的是寻住所。我觉得在路上时时遇到探索，讥笑，猥亵和轻蔑的眼光，一不小心，便使我的全身有些瑟缩，只得即刻提起我的骄傲和反抗来支持。她却是大无畏的，对于这些全不关心，只是镇静地缓缓前行，坦然如入无人之境。

寻住所实在不是容易事，大半是被托辞拒绝，小半是我们以为不相宜。起先我们选择得很苛酷，——也非苛酷，因为看去大抵不像是我们的安身之所；后来，便只要他们能相容了。看了二十多处，这才得到可以暂且敷衍的处所，是吉兆胡同一所小屋里的两间南屋；主人是一个小官，然而倒是明白人，自住着正屋和厢房。他只有夫人和一个不到周岁的女孩子，雇一个乡下的女工，只要孩子不啼哭，是极其安闲幽静的。

我们的家具很简单，但已经用去了我的筹来的款子的大半；子君还卖掉了她唯一的金戒指和耳环。我拦阻她，还是定要卖，我也就不再坚持下去了；我知道不给她加入一点股分去，她是住不舒服的。

和她的叔子，她早经闹开，至于使他气愤到不再认她做侄女；我也陆续和几个自以为忠告，其实是替我胆怯，或者竟是嫉妒的朋友绝了交。然而这倒很清静。每日办公散后，虽然已近黄昏，车夫又一定走得这样慢，但究竟还有二人相对的时候。我们先是沉默的相视，接着是放怀而亲密的交谈，后来又是沉默。大家低头沉思着，却并未想着什么事。我也渐渐清醒地读遍了她的身体，她的灵魂，不过三星期，我似乎于她已经更加了解，揭去许多先前以为了解而现在看来却是隔膜，即所谓真的隔膜了。

子君也逐日活泼起来。但她并不爱花，我在庙会①时买来的两盆小草花，四天不浇，枯死在壁角了，我又没有照顾一切的闲暇。然而她爱动物，也许是从官太太那里传染的罢，不一月，我们的眷属便骤然加得很多，四只小油鸡，在小院子里和房主人的十多只在一同走。但她们却认识鸡的相貌，各知道那一只是自家的。还有一只花白的叭儿狗，从庙会买来，记得似乎原有名字，子君却给它另起了一个，叫作阿随。我就叫它阿随，但我不喜欢这名字。

这是真的，爱情必须时时更新，生长，创造。我和子君说起这，她也领会地点点头。

唉唉，那是怎样的宁静而幸福的夜呵！

安宁和幸福是要凝固的，永久是这样的安宁和幸福。我们在会馆里时，还偶有议论的冲突和意思的误会，自从到吉兆胡同以来，连这一点也没有了；我们只在灯下对坐的怀旧谭中，回味那时冲突以后的和解的重生一般的乐趣。

子君竟胖了起来，脸色也红活了；可惜的是忙。管了家务便连谈天的工夫也没有，何况读书和散步。我们常说，我们总还得雇一个女工。

这就使我也一样地不快活，傍晚回来，常见她包藏着不快活的颜色，尤其使我不乐的是她要装作勉强的笑容。幸而探听出来了，也还是和那小官太太的暗斗，导火线便是两家的小油鸡。但又何必硬不告诉我呢？人总该有一个独立的家庭。这样的处所，是不能居住的。

我的路也铸定了，每星期中的六天，是由家到局，又由局到家。在局里便坐在办公桌前钞，钞，钞些公文和信件；在家里是和她相对或帮她生白炉子，煮饭，蒸馒头。我的学会了煮饭，就在这时候。

但我的食品却比在会馆里时好得多了。做菜虽不是子君的特长，然而她于此却倾注着全力；对于她的日夜的操心，使我也不能不一同操心，来算作分甘共苦。况且她又这样地终日汗流满面，短发都粘在脑额上；两只手又只是这样地粗糙起来。

①庙会：又称"庙市"，旧时在节日或规定的日子，设在寺庙或其附近的集市。

况且还要饲阿随，饲油鸡，……都是非她不可的工作。

我曾经忠告她：我不吃，倒也罢了；却万不可这样地操劳。她只看了我一眼，不开口，神色却似乎有点凄然；我也只好不开口。然而她还是这样地操劳。

我所豫期的打击果然到来。双十节的前一晚，我呆坐着，她在洗碗。听到打门声，我去开门时，是局里的信差，交给我一张油印的纸条。我就有些料到了，到灯下去一看，果然，印着的就是：

> 奉
> 局长谕史涓生着毋庸到局办事
>
> 秘书处启 十月九号

这在会馆里时，我就早已料到了；那雪花膏便是局长的儿子的赌友，一定要去添些谣言，设法报告的。到现在才发生效验，已经要算是很晚的了。其实这在我不能算是一个打击，因为我早就决定，可以给别人去钞写，或者教读，或者虽然费力，也还可以译点书，况且《自由之友》的总编辑便是见过几次的熟人，两月前还通过信。但我的心却跳跃着。那么一个无畏的子君也变了色，尤其使我痛心；她近来似乎也较为怯弱了。

"那算什么。哼，我们干新的。我们……"她说。

她的话没有说完；不知怎地，那声音在我听去却只是浮浮的；灯光也觉得格外黯淡。人们真是可笑的动物，一点极微末的小事情，便会受着很深的影响。我们先是默默地相视，逐渐商量起来，终于决定将现有的钱竭力节省，一面登"小广告"去寻求钞写和教读，一面写信给《自由之友》的总编辑，说明我目下的遭遇，请他收用我的译本，给我帮一点艰辛时候的忙。

"说做，就做罢！来开一条新的路！"

我立刻转身向了书案，推开盛香油的瓶子和醋碟，子君便送过那黯淡的灯来。我先拟广告；其次是选定可译的书，迁移以来未曾翻阅过，每本的头上都满漫着灰尘了；最后才写信。

我很费踌躇，不知道怎样措辞好，当停笔凝思的时候，转眼去一瞥她的脸，在昏暗的灯光下，又很见得凄然。我真不料这样微细的小事情，竟会给坚决的，无畏的子君以这么显著的变化。她近来实在变得很怯弱了，但也并不是今夜才开始的。我的心因此更缭乱，忽然有安宁的生活的影像——会馆里的破屋的寂静，在眼前一闪，刚刚想定睛凝视，却又看见了昏暗的灯光。

许久之后，信也写成了，是一封颇长的信；很觉得疲劳，仿佛近来自己也较为怯弱了。于是我们决定，广告和发信，就在明日一同实行。大家不约而同地伸直了腰肢，在无言中，似乎又都感到彼此的坚忍崛强的精神，还看见从新萌芽起来的将来的希望。

外来的打击其实倒是振作了我们的新精神。局里的生活，原如鸟贩子手里的禽鸟一般，仅有一点小米维系残生，决不会肥胖；日子一久，只落得麻痹了翅子，即使放出笼外，早已不能奋飞。现在总算脱出这牢笼了，我从此要在新的开阔的天空中翱翔，趁我还未忘却了我的翅子的扇动。

小广告是一时自然不会发生效力的；但译书也不是容易事，先前看过，以为已经懂得的，一动手，却疑难百出了，进行得很慢。然而我决计努力地做，一本半新的字典，不到半月，边上便有了一大片乌黑的指痕，这就证明着我的工作的切实。《自由之友》的总编辑曾经说过，他的刊物是决不会埋没好稿子的。

可惜的是我没有一间静室，子君又没有先前那么幽静，善于体帖了，屋子里总是散乱着碗碟，弥漫着煤烟，使人不能安心做事，但是这自然还只能怨我自己无力置一间书斋。然而又加以阿随，加以油鸡们。加以油鸡们又大起来了，更容易成为两家争吵的引线。

加以每日的"川流不息"的吃饭；子君的功业，仿佛就完全建立在这吃饭中。吃了筹钱，筹来吃饭，还要喂阿随，饲油鸡；她似乎将先前所知道的全都忘掉了，也不想到我的构思就常常为了这催促吃饭而打断。即使在坐中给看一点怒色，她总是不改变，仍然毫无感触似的大嚼起来。

使她明白了我的工作不能受规定的吃饭的束缚，就费去五星期。她明白之后，大约很不高兴罢，可是没有说。我的工作果然从此较为迅速地进行，不久就共译了五万言，只要润色一回，便可以和做好的两篇小品，一同寄给《自由之友》去。只是吃饭却依然给我苦恼。菜冷，是无妨的，然而竟不够；有时连饭也不够，虽然我因为终日坐在家里用脑，饭量已经比先前要减少得多。这是先去喂了阿随了，有时还并那近来连自己也轻易不吃的羊肉。她说，阿随实在瘦得太可怜，房东太太还因此嗤笑我们了，她受不住这样的奚落。

于是吃我残饭的便只有油鸡们。这是我积久才看出来的，但同时也如赫胥黎①的论定"人类在宇宙间的位置"一般，自觉了我在这里的位置：不过是叭儿狗和油鸡之间。

后来，经多次的抗争和催逼，油鸡们也逐渐成为肴馔，我们和阿随都享用了十多日的鲜肥；可是其实都很瘦，因为它们早已每日只能得到几粒高粱了。从此便清静得多。只有子君很颓唐，似乎常觉得凄苦和无聊，至于不大愿意开口。我想，人是多么容易改变呵！

但是阿随也将留不住了。我们已经不能再希望从什么地方会有来信，子君也早没有一点食物可以引它打拱或直立起来。冬季又逼近得这么快，火炉就要成为很大的问题；它的食量，在我们其实早是一个极易觉得的很重的负担。于是连它也留不住了。

倘使插了草标②到庙市去出卖，也许能得几文钱罢，然而我们都不能，也不愿这样做。终于是用包袱蒙着头，由我带到西郊去放掉了，还要追上来，便推在一个并不很深的土坑里。

我一回寓，觉得又清静得多多了；但子君的凄惨的神色，却使我很吃惊。那是没有见过的神色，自然是为阿随。但又何至于此呢？我还没有说起推在土坑里的事。

到夜间，在她的凄惨的神色中，加上冰冷的分子了。

"奇怪。——子君，你怎么今天这样儿了？"我忍不住问。

"什么？"她连看也不看我。

"你的脸色……"

"没有什么，——什么也没有。"

我终于从她言动上看出，她大概已经认定我是一个忍心的人。其实，我一个人，是容

---

①赫胥黎（1825—1895）：英国博物学家、教育家。他的《人类在宇宙间的位置》（今译《人类在自然界的位置》）是宣传达尔文的进化论的重要著作。

②草标：旧时在被卖的人或物品上插置的草秆，作为出卖的标志。

易生活的，虽然因为骄傲，向来不与世交来往，迁居以后，也疏远了所有旧识的人，然而只要能远走高飞，生路还宽广得很。现在忍受着这生活压迫的苦痛，大半倒是为她，便是放掉阿随，也何尝不如此。但子君的识见却似乎只是浅薄起来，竟至于连这一点也想不到了。

我拣了一个机会，将这些道理暗示她；她领会似的点头。然而看她后来的情形，她是没有懂，或者是并不相信的。

天气的冷和神情的冷，逼迫我不能在家庭中安身。但是，往那里去呢？大道上，公园里，虽然没有冰冷的神情，冷风究竟也刺得人皮肤欲裂。我终于在通俗图书馆里觅得了我的天堂。

那里无须买票；阅书室里又装着两个铁火炉。纵使不过是烧着不死不活的煤的火炉，但单是看见装着它，精神上也就总觉得有些温暖。书却无可看：旧的陈腐，新的是几乎没有的。

好在我到那里去也并非为看书。另外时常还有几个人，多则十余人，都是单薄衣裳，正如我，各人看各人的书，作为取暖的口实。这于我尤为合式。道路上容易遇见熟人，得到轻蔑的一瞥，但此地却决无那样的横祸，因为他们是永远围在别的铁炉旁，或者靠在自家的白炉边的。

那里虽然没有书给我看，却还有安闲容得我想。待到孤身枯坐，回忆从前，这才觉得大半年来，只为了爱，——盲目的爱，——而将别的人生的要义全盘疏忽了。第一，便是生活。人必生活着，爱才有所附丽。世界上并非没有为了奋斗者而开的活路；我也还未忘却翅子的扇动，虽然比先前已经颓唐得多……

屋子和读者渐渐消失了，我看见怒涛中的渔夫，战壕中的兵士，摩托车①中的贵人，洋场上的投机家，深山密林中的豪杰，讲台上的教授，昏夜的运动者和深夜的偷儿……子君，——不在近旁。她的勇气都失掉了，只为着阿随悲愤，为着做饭出神；然而奇怪的是倒也并不怎样瘦损……

冷了起来，火炉里的不死不活的几片硬煤，也终于烧尽了，已是闭馆的时候。又须回到吉兆胡同，领略冰冷的颜色去了。近来也间或遇到温暖的神情，但这却反而增加我的苦痛。记得有一夜，子君的眼里忽而又发出久已不见的稚气的光来，笑着和我谈到还在会馆时候的情形，时时又很带些恐怖的神色。我知道我近来的超过她的冷漠，已经引起她的忧疑来，只得也勉力谈笑，想给她一点慰藉。然而我的笑貌一上脸，我的话一出口，却即刻变为空虚，这空虚又即刻发生反响，回向我的耳目里，给我一个难堪的恶毒的冷嘲。

子君似乎也觉得的，从此便失掉了她往常的麻木似的镇静，虽然竭力掩饰，总还是时时露出忧疑的神色来，但对我却温和得多了。

我要明告她，但我还没有敢，当决心要说的时候，看见她孩子一般的眼色，就使我只得暂且改作勉强的欢容。但是这又即刻来冷嘲我，并使我失却那冷漠的镇静。

她从此又开始了往事的温习和新的考验，逼我作出许多虚伪的温存的答案来，将温存示给她，虚伪的草稿便写在自己的心上。我的心渐被这些草稿填满了，常觉得难于呼吸。

———————————

①摩托车：当时对小汽车的称呼。

我在苦恼中常常想，说真实自然须有极大的勇气的；假如没有这勇气，而苟安于虚伪，那也便是不能开辟新的生路的人。不独不是这个，连这人也未尝有！

子君有怨色，在早晨，极冷的早晨，这是从未见过的，但也许是从我看来的怨色。我那时冷冷地气愤和暗笑了；她所磨练的思想和豁达无畏的言论，到底也还是一个空虚，而对于这空虚却并未自觉。她早已什么书也不看，已不知道人的生活的第一着是求生，向着这求生的道路，是必须携手同行，或奋身孤往的了，倘使只知道槌着一个人的衣角，那便是虽战士也难于战斗，只得一同灭亡。

我觉得新的希望就只在我们的分离；她应该决然舍去，——我也突然想到她的死，然而立刻自责，忏悔了。幸而是早晨，时间正多，我可以说我的真实。我们的新的道路的开辟，便在这一遭。

我和她闲谈，故意地引起我们的往事，提到文艺，于是涉及外国的文人，文人的作品：《诺拉》①，《海的女人》②。称扬诺拉的果决……也还是去年在会馆的破屋里讲过的那些话，但现在已经变成空虚，从我的嘴传入自己的耳中，时时疑心有一个隐形的坏孩子，在背后恶意地刻毒地学舌。

她还是点头答应着倾听，后来沉默了。我也就断续地说完了我的话，连余音都消失在虚空中了。

"是的。"她又沉默了一会，说，"但是，……涓生，我觉得你近来很两样了。可是的？你，——你老实告诉我。"

我觉得这似乎给了我当头一击，但也立即定了神，说出我的意见和主张来：新的路的开辟，新的生活的再造，为的是免得一同灭亡。

临末，我用了十分的决心，加上这几句话：

"……况且你已经可以无须顾虑，勇往直前了。你要我老实说；是的，人是不该虚伪的。我老实说罢：因为，因为我已经不爱你了！但这于你倒好得多，因为你更可以毫无挂念地做事……"

我同时豫期着大的变故的到来，然而只有沉默。她脸色陡然变成灰黄，死了似的；瞬间便又苏生，眼里也发了稚气的闪闪的光泽。这眼光射向四处，正如孩子在饥渴中寻求着慈爱的母亲，但只在空中寻求，恐怖地回避着我的眼。

我不能看下去了，幸而是早晨，我冒着寒风径奔通俗图书馆。

在那里看见《自由之友》，我的小品文都登出了。这使我一惊，仿佛得了一点生气。我想，生活的路还很多，——但是，现在这样也还是不行的。

我开始去访问久已不相闻问的熟人，但这也不过一两次；他们的屋子自然是暖和的，我在骨髓中却觉得寒冽。夜间，便蜷伏在比冰还冷的冷屋中。

冰的针刺着我的灵魂，使我永远苦于麻木的疼痛。生活的路还很多，我也还没有忘却翅子的扇动，我想。——我突然想到她的死，然而立刻自责，忏悔了。

在通俗图书馆里往往瞥见一闪的光明，新的生路横在前面。她勇猛地觉悟了，毅然走出这冰冷的家，而且，——毫无怨恨的神色。我便轻如行云，漂浮空际，上有蔚蓝的天，

---

①《诺拉》：通译《娜拉》，又译作《玩偶之家》，易卜生的著名剧作。

②《海的女人》：通译《海上夫人》，易卜生的著名剧作。

下是深山大海，广厦高楼，战场，摩托车，洋场，公馆，晴明的闹市，黑暗的夜……

而且，真的，我预感得这新生面便要来到了。

我们总算度过了极难忍受的冬天，这北京的冬天；就如蜻蜓落在恶作剧的坏孩子的手里一般，被系着细线，尽情玩弄，虐待，虽然幸而没有送掉性命，结果也还是躺在地上，只争着一个迟早之间。

写给《自由之友》的总编辑已经有三封信，这才得到回信，信封里只有两张书券①：两角的和三角的。我却单是催，就用了九分的邮票，一天的饥饿，又都白挨给于己一无所得的空虚了。

然而觉得要来的事，却终于来到了。

这是冬春之交的事，风已没有这么冷，我也更久地在外面徘徊；待到回家，大概已经昏黑。就在这样一个昏黑的晚上，我照常没精打采地回来，一看见寓所的门，也照常更加丧气，使脚步放得更缓。但终于走进自己的屋子里了，没有灯火；摸火柴点起来时，是异样的寂寞和空虚！

正在错愕中，官太太便到窗外来叫我出去。

"今天子君的父亲来到这里，将她接回去了。"她很简单地说。

这似乎又不是意料中的事，我便如脑后受了一击，无言地站着。

"她去了么？"过了些时，我只问出这样一句话。

"她去了。"

"她，——她可说什么？"

"没说什么。单是托我见你回来时告诉你，说她去了。"

我不信；但是屋子里是异样的寂寞和空虚。我遍看各处，寻觅子君；只见几件破旧而黯淡的家具，都显得极其清疏，在证明着它们毫无隐匿一人一物的能力。我转念寻信或她留下的字迹，也没有；只是盐和干辣椒，面粉，半株白菜，却聚集在一处了，旁边还有几十枚铜元。这是我们两人生活材料的全副，现在她就郑重地将这留给我一个人，在不言中，教我借此去维持较久的生活。

我似乎被周围所排挤，奔到院子中间，有昏黑在我的周围；正屋的纸窗上映出明亮的灯光，他们正在逗着孩子玩笑。我的心也沉静下来，觉得在沉重的迫压中，渐渐隐约地现出脱走的路径：深山大泽，洋场，电灯下的盛筵，壕沟，最黑最黑的深夜，利刃的一击，毫无声响的脚步……

心地有些轻松，舒展了，想到旅费，并且嘘一口气。

躺着，在合着的眼前经过的预想的前途，不到半夜已经现尽；暗中忽然仿佛看见一堆食物，这之后，便浮出一个子君的灰黄的脸来，睁了孩子气的眼睛，恳托似的看着我。我一定神，什么也没有了。

但我的心却又觉得沉重。我为什么偏不忍耐几天，要这样急急地告诉她真话的呢？现在她知道，她以后所有的只是她父亲——儿女的债主——的烈日一般的严威和旁人的赛过

---

①书券：购书用的代价券，可按券面金额到指定书店选购。旧时有的报刊用它代替现金支付稿酬。

冰霜的冷眼。此外便是虚空。负着虚空的重担，在严威和冷眼中走着所谓人生的路，这是怎么可怕的事呵！而况这路的尽头，又不过是——连墓碑也没有的坟墓。

我不应该将真实说给子君，我们相爱过，我应该永久奉献她我的说谎。如果真实可以宝贵，这在子君就不该是一个沉重的空虚。谎语当然也是一个空虚，然而临末，至多也不过这样地沉重。

我以为将真实说给子君，她便可以毫无顾虑，坚决地毅然前行，一如我们将要同居时那样。但这恐怕是我错误了。她当时的勇敢和无畏是因为爱。

我没有负着虚伪的重担的勇气，却将真实的重担卸给她了。她爱我之后，就要负了这重担，在严威和冷眼中走着所谓人生的路。

我想到她的死……我看见我是一个卑怯者，应该被摈于强有力的人们，无论是真实者，虚伪者。然而她却自始至终，还希望我维持较久的生活……

我要离开吉兆胡同，在这里是异样的空虚和寂寞。我想，只要离开这里，子君便如还在我的身边；至少，也如还在城中，有一天，将要出乎意料地访我，像住在会馆时候似的。

然而一切请托和书信，都是一无反响；我不得已，只好访问一个久不问候的世交去了。他是我伯父的幼年的同窗，以正经出名的拔贡①，寓京很久，交游也广阔的。

大概因为衣服的破旧罢，一登门便很遭门房的白眼。好容易才相见，也还相识，但是很冷落。我们的往事，他全都知道了。

"自然，你也不能在这里了，"他听了我托他在别处觅事之后，冷冷地说，"但那里去呢？很难。——你那，什么呢，你的朋友罢，子君，你可知道，她死了。"

我惊得没有话。

"真的？"我终于不自觉地问。

"哈哈。自然真的。我家的王升的家，就和她家同村。"

"但是，——不知道是怎么死的？"

"谁知道呢。总之是死了就是了。"

我已经忘却了怎样辞别他，回到自己的寓所。我知道他是不说谎话的；子君总不会再来的了，像去年那样。她虽是想在严威和冷眼中负着虚空的重担来走所谓人生的路，也已经不能。她的命运，已经决定她在我所给与的真实——无爱的人间死灭了！

自然，我不能在这里了；但是，"那里去呢？"

四围是广大的空虚，还有死的寂静。死于无爱的人们的眼前的黑暗，我仿佛一一看见，还听得一切苦闷和绝望的挣扎的声音。

我还期待着新的东西到来，无名的，意外的。但一天一天，无非是死的寂静。

我比先前已经不大出门，只坐卧在广大的空虚里，一任这死的寂静侵蚀着我的灵魂。死的寂静有时也自己战栗，自己退藏，于是在这绝续之交，便闪出无名的，意外的，新的期待。

---

①拔贡：清代科举考试制度，在规定的年限，由各省学政选拔文行兼优的秀才，保送到京师，贡入国子监，称为拔贡生，简称拔贡。

一天是阴沉的上午，太阳还不能从云里面挣扎出来，连空气都疲乏着。耳中听到细碎的步声和咻咻的鼻息，使我睁开眼。大致一看，屋子里还是空虚；但偶然看到地面，却盘旋着一匹小小的动物，瘦弱的，半死的，满身灰土的……

我一细看，我的心就一停，接着便直跳起来。

那是阿随。它回来了。

我的离开吉兆胡同，也不单是为了房主人们和他家女工的冷眼，大半就为着这阿随。但是，"那里去呢?"新的生路自然还很多，我约略知道，也间或依稀看见，觉得就在我面前，然而我还没有知道跨进那里去的第一步的方法。

经过许多回的思量和比较，也还只有会馆是还能相容的地方。依然是这样的破屋，这样的板床，这样的半枯的槐树和紫藤，但那时使我希望，欢欣，爱，生活的，却全都逝去了，只有一个虚空，我用真实去换来的虚空存在。

新的生路还很多，我必须跨进去，因为我还活着。但我还不知道怎样跨出那第一步。有时，仿佛看见那生路就像一条灰白的长蛇，自己蜿蜒地向我奔来，我等着，等着，看看临近，但忽然便消失在黑暗里了。

初春的夜，还是那么长。长久的枯坐中记起上午在街头所见的葬式，前面是纸人纸马，后面是唱歌一般的哭声。我现在已经知道他们的聪明了，这是多么轻松简截的事。

然而子君的葬式却又在我的眼前，是独自负着虚空的重担，在灰白的长路上前行，而又即刻消失在周围的严威和冷眼里了。

我愿意真有所谓鬼魂，真有所谓地狱，那么，即使在孽风怒吼之中，我也将寻觅子君，当面说出我的悔恨和悲哀，祈求她的饶恕；否则，地狱的毒焰将围绕我，猛烈地烧尽我的悔恨和悲哀。

我将在孽风和毒焰中拥抱子君，乞她宽容，或者使她快意……

但是，这却更虚空于新的生路；现在所有的只是初春的夜，竟还是那么长。我活着，我总得向着新的生路跨出去，那第一步，——却不过是写下我的悔恨和悲哀，为子君，为自己。

我仍然只有唱歌一般的哭声，给子君送葬，葬在遗忘中。

我要遗忘；我为自己，并且要不再想到这用了遗忘给子君送葬。

我要向着新的生路跨进第一步去，我要将真实深深地藏在心的创伤中，默默地前行，用遗忘和说谎做我的前导……

一九二五年十月二十一日毕

【作者档案】

见"第三单元 散文精华"中的《风筝》。

【含英咀华】

《伤逝》是鲁迅小说中以爱情婚姻问题为核心主题的代表作。小说创作于 1925 年，当时已是五四运动的退潮时期。五四运动虽然打击了封建势力，但毒害中国社会几千年的腐朽思想依然根深蒂固。作者将一对青年的爱情故事设置到五四运动退潮后依然浓重的封建黑暗背景中，通过他们的悲剧命运来告诉人们要将个性解放与社会解放结合起来，引领青年去寻求"新的生路"。

主人公涓生与子君都是受"五四"新思潮影响、大胆追求爱情婚姻自由的青年。他们有要求个性解放、男女平等、恋爱和婚姻自主的新思想。为了争取恋爱和婚姻自由，他们敢于同旧势力进行较量，勇敢地反抗封建礼教和封建专制家庭。但他们的自由结合并没有带来憧憬的幸福，反而造成了子君忧郁而死的悲剧结局。小说通过这个悲剧故事，揭示了导致悲剧的社会原因和主人公自身的主观原因。从客观上讲，他们的悲剧是那个不合理的社会制度和封建礼教势力的压迫与迫害造成的。但更重要的原因，还在于他们本身的弱点，如目光短浅、狭隘自私的个人主义等。《伤逝》深刻而富有时代感的思想意义就在于：它通过子君和涓生婚后生活的细致描写，深刻地剖析了造成悲剧的主人公思想上的原因，对个性解放思想进行了深入剖析。作品表现了个性解放思想使子君和涓生结合，但社会现实的压迫最终导致他们的离异和悲剧。

这是一篇手记体小说，在艺术上颇具特色：第一，首尾呼应的结构。小说按照"会馆—吉兆胡同—会馆"这样的回顾式结构进行描述，结构严谨。开头"如果我能够，我要写下我的悔恨和悲哀"，结尾又重申"写下我的悔恨和悲哀"，首尾呼应，荡气回肠。第二，浓郁的抒情色彩。在具体事件的回顾中，作者没有按照事件的时间顺序，而是根据主人公的情感变化，有详有略、跳跃式地追述。有追忆中的内心独白与倾诉，也有回忆中的细节描写与刻画，无论叙事、议论还是写景，都具有浓郁的抒情色彩。小说用第一人称叙述，直接袒露主人公的内心世界，解剖涓生的灵魂，从恋爱、结合、失业、分离直到子君的死，在他的心灵深处都引起了情感的震荡，有震撼人心的力量。第三，人物形象鲜明。作者通过对人物的语言、心理、内心独白以及真实可信的细节描写，细致入微地描绘了人物的思想、情感变化，塑造了两个个性鲜明的典型形象。

【思考与练习】

一、涓生与子君的悲剧有什么时代意义？

二、结合作品分析子君、涓生的性格特征，并说说他们的悲剧产生的原因有哪些。

三、本篇小说在艺术表现上有哪些特点？

【拓展阅读】

鲁迅著《彷徨》，人民文学出版社

鲁迅著《呐喊》，人民文学出版社

（李　舫）

断魂枪

老　舍

沙子龙的镖局已改成客栈。

东方的大梦没法子不醒了。炮声压下去马来与印度野林中的虎啸。半醒的人们，揉着眼，祷告着祖先与神灵；不大会儿，失去了国土、自由与主权。门外立着不同面色的人，枪口还热着。他们的长矛毒弩，花蛇斑彩的厚盾，都有什么用呢；连祖先与祖先所信的神明全不灵了啊！龙旗的中国也不再神秘，有了火车呀，穿坟过墓破坏着风水。枣红色多穗的镖旗，绿鲨皮鞘的钢刀，响着串铃的口马，江湖上的智慧与黑话，义气与声名，连沙子龙，他的武艺、事业，都梦似的变成昨夜的。今天是火车、快枪，通商与恐怖。听说，有人还要杀下皇帝的头呢！

这是走镖已没有饭吃，而国术还没被革命党与教育家提倡起来的时候。

谁不晓得沙子龙是短瘦、利落、硬棒，两眼明得像霜夜的大星？可是，现在他身上放了肉。镖局改了客栈，他自己在后小院占着三间北房，大枪立在墙角，院子里有几只楼鸽。只是在夜间，他把小院的门关好，熟习熟习他的"五虎断魂枪"。这条枪与这套枪，二十年的工夫，在西北一带，给他创出来："神枪沙子龙"五个字，没遇见过敌手。现在，这条枪与这套枪不会再替他增光显胜了；只是摸摸这凉、滑、硬而发颤的杆子，使他心中少难过一些而已。只有在夜间独自拿起枪来，才能相信自己还是"神枪沙"。在白天，他不大谈武艺与往事；他的世界已被狂风吹了走。

在他手下创练起来的少年们还时常来找他。他们大多数是没落子的，都有点武艺，可是没地方去用。有的在庙会上去卖艺：踢两趟腿，练套家伙，翻几个跟头，附带着卖点大力丸，混个三吊两吊的。有的实在闲不起了，去弄筐果子，或挑些毛豆角，赶早儿在街上论斤吆喝出去。那时候，米贱肉贱，肯卖膀子力气本来可以混个肚儿圆；他们可是不成：肚量既大，而且得吃口管事儿的；干饽饽辣饼子咽不下去。况且他们还时常去走会：五虎棍，开路，太狮少狮……虽然算不了什么——比起走镖来——可是到底有个机会活动活动，露露脸。是的，走会捧场是买脸的事，他们打扮的得像个样儿，至少得有条青洋绉裤子，新漂白细市布的小褂，和一双鱼鳞洒鞋——顶好是青缎子抓地虎靴子。他们是神枪沙子龙的徒弟——虽然沙子龙并不承认——得到处露脸，走会得赔上俩钱，说不定还得打场架。没钱，上沙老师那里去求。沙老师不含糊，多少不拘，不让他们空着手儿走。可是，为打架或献技去讨教一个招数，或是请给说个"对子"——什么空手夺刀，或虎头钩进枪——沙老师有时说句笑话，马虎过去："教什么？拿开水浇吧！"有时直接把他们赶出去。他们不大明白沙老师是怎么了，心中也有点不乐意。

可是，他们到处为沙老师吹腾，一来是愿意使人知道他们的武艺有真传授，受过高人的指教；二来是为激动沙老师：万一有人不服气而找上老师来，老师难道还不露一两手真的么？所以：沙老师一拳就砸倒了个牛！沙老师一脚把人踢到房上去，并没使多大的劲！他们谁也没见过这种事，但是说着说着，他们相信这是真的了，有年月，有地方，千真万确，敢起誓！

王三胜——沙子龙的大伙计——在土地庙拉开了场子，摆好了家伙。抹了一鼻子茶叶末色的鼻烟，他抡了几下竹节钢鞭，把场子打大一些。放下鞭，没向四围作揖，叉着腰念了两句："脚踢天下好汉，拳打五路英雄！"向四围扫了一眼："乡亲们，王三胜不是卖艺的；玩艺儿会几套，西北路上走过镖，会过绿林中的朋友。现在闲着没事，拉个场子陪诸位玩玩。有爱练的尽管下来，王三胜以武会友，有赏脸的，我陪着。神枪沙子龙是我的师傅：玩艺地道！诸位，有愿下来的没有？"他看着，准知道没人敢下来，他的话硬，可是那条钢鞭更硬，十八斤重。

王三胜，大个子，一脸横肉，努着对大黑眼珠，看着四围。大家不出声。他脱了小褂，紧了紧深月白色的"腰里硬"，把肚子杀进去。给手心一口吐沫，抄起大刀来：

"诸位，王三胜先练趟瞧瞧。不白练，练完了，带着的扔几个；没钱，给喊个好，助助威。这儿没生意口。好，上眼！"

大刀靠了身，眼珠努出多高，脸上绷紧，胸脯子鼓出，像两块老桦木根子。一跺脚，刀横起，大红缨子在肩前摆动。削砍劈拨，蹲越闪转，手起风生，忽忽直响。忽然刀在右手心上旋转，身弯下去，四围鸦雀无声，只有缨铃轻叫。刀顺过来，猛的一个"跺泥"，身子直挺，比众人高着一头，黑塔似的。收了势："诸位！"一手持刀，一手叉腰，看着四围。稀稀的扔下几个铜钱，他点点头。"诸位！"他等着，等着，地上依旧是那几个亮而削薄的铜钱，外层的人偷偷散去。他咽了口气："没人懂！"他低声的说，可是大家全听见了。

"有功夫！"西北角上一个黄胡子老头儿答了话。

"啊？"王三胜好似没听明白。

"我说：你——有——功——夫！"老头子的语气很不得人心。

放下大刀，王三胜随着大家的头往西北看。谁也没看重这个老人：小干巴个儿，披着件粗蓝布大衫，脸上窝窝瘪瘪，眼陷进去很深，嘴上几根细黄胡，肩上扛着条小黄草辫子，有筷子那么细，而绝对不像筷子那么直顺。王三胜可是看出这老家伙有功夫，脑门亮，眼睛亮——眼眶虽深，眼珠可黑得像两口小井，深深的闪着黑光。王三胜不怕：他看得出别人有功夫没有，可更相信自己的本事，他是沙子龙手下的大将。

"下来玩玩，大叔！"王三胜说得很得体。

点点头，老头儿往里走。这一走，四外全笑了。他的胳臂不大动；左脚往前迈，右脚随着拉上来，一步步的往前拉扯，身子整着，像是患过瘫痪病。蹭到场中，把大衫扔在地上，一点没理会四围怎样笑他。

"神枪沙子龙的徒弟，你说？好，让你使枪吧；我呢？"老头子非常干脆，很像久想动手。

人们全回来了，邻场耍狗熊的无论怎么敲锣也不中用了。

"三截棍进枪吧？"王三胜要看老头子一手，三截棍不是随便就拿得起来的家伙。

老头子又点点头，拾起家伙来。

王三胜努着眼，抖着枪，脸上十分难看。

老头子的黑眼珠更深更小了，像两个香火头，随着面前的枪尖儿转，王三胜忽然觉得不舒服，那俩黑眼珠似乎要把枪尖吸进去！四外已围得风雨不透，大家都觉出老头子确是有威。为躲那对眼睛，王三胜要了个枪花。老头子的黄胡子一动："请！"王三胜一扣枪，向前躬步，枪尖奔了老头子的喉头去，枪缨打了一个红旋。老人的身子忽然活展了，将身微偏，让过枪尖，前把一挂，后把撩王三胜的手。拍，拍，两响，王三胜的枪撒了手。场外叫了好。王三胜连脸带胸口全紫了，抄起枪来；一个花子，连枪带人滚了过来，枪尖奔了老人的中部。老头子的眼亮得发着黑光；腿轻轻一屈，下把掩裆，上把打着刚要抽回的枪杆；拍，枪又落在地上。

场外又是一片彩声。王三胜流了汗，不再去拾枪，努着眼，木在那里。老头子扔下家伙，拾起大衫，还是拉拉着腿，可是走得很快了。大衫搭在臂上，他过来拍了王三胜一下："还得练哪，伙计！"

"别走！"王三胜擦着汗："你不离，姓王的服了！可有一样，你敢会会沙老师？"

"就是为会他才来的！"老头子的干巴脸上皱起点来，似乎是笑呢。"走，收了吧，晚饭我请！"

王三胜把兵器拢在一处，寄放在变戏法二麻子那里，陪着老头子往庙外走。后面跟着不少人，他把他们骂散了。

"你老贵姓？"他问。

"姓孙哪，"老头子的话与人一样，都那么干巴。"爱练，久想会会沙子龙。"

沙子龙不把你打扁了！王三胜心里说。他脚底下加了劲，可是没把孙老头落下。他看出来，老头子的腿是老走着查拳门中的连跳步；交起手来，必定很快。但是，无论他怎么快，沙子龙是没对手的。准知道孙老头要吃亏，他心中痛快了些，放慢了些脚步。

"孙大叔贵处？"

"河间的，小地方。"孙老者也和气了些："月棍年刀一辈子枪，不容易见功夫！说真的，你那两手就不坏！"

王三胜头上的汗又回来了，没言语。

到了客栈，他心中直跳，唯恐沙老师不在家，他急于报仇。他知道老师不爱管这种事，师弟们已碰过不少回钉子，可是他相信这回必定行，他是大伙计，不比那些毛孩子；再说，人家在庙会上点名叫阵，沙老师还能丢这个脸么？

"三胜，"沙子龙正在床上看着本《封神榜》，"有事吗？"

三胜的脸又紫了，嘴唇动着，说不出话来。

沙子龙坐起来，"怎么了，三胜？"

"栽了跟头！"

只打了个不甚长的哈欠，沙老师没别的表示。

王三胜心中不平，但是不敢发作；他得激动老师："姓孙的一个老头儿，门外等着老师呢；把我的枪，枪，打掉了两次！"他知道"枪"字在老师心中有多大分量。没等吩咐，他慌忙跑出去。

客人进来，沙子龙在外间屋等着呢。彼此拱手坐下，他叫三胜去泡茶。三胜希望两个老人立刻交了手，可是不能不沏茶去。孙老者没话讲，用深藏着的眼睛打量沙子龙。沙很客气：

"要是三胜得罪了你，不用理他，年纪还轻。"

孙老者有些失望，可也看出沙子龙的精明。他不知怎样好了，不能拿一个人的精明断定他的武艺。"我来领教领教枪法！"他不由地说出来。

沙子龙没接碴儿。王三胜提着茶壶走进来——急于看二人动手，他没管水开了没有，就沏在壶中。

"三胜，"沙子龙拿起个茶碗来，"去找小顺们去，天汇见，陪孙老者吃饭。"

"什么！"王三胜的眼珠几乎掉出来。看了看沙老师的脸，他敢怒而不敢言地说了声"是啦！"走出去，撅着大嘴。

"教徒弟不易！"孙老者说。

"我没收过徒弟。走吧，这个水不开！茶馆去喝，喝饿了就吃。"沙子龙从桌子上拿起缎子褡裢，一头装着鼻烟壶，一头装着点钱，挂在腰带上。

"不，我还不饿！"孙老者很坚决，两个"不"字把小辫从肩上抡到后边去。

"说会子话儿。"

"我来为领教领教枪法。"

"功夫早搁下了，"沙子龙指着身上，"已经放了肉！"

"这么办也行，"孙老者深深的看了沙老师一眼："不比武，教给我那趟五虎断魂枪。"

"五虎断魂枪？"沙子龙笑了："早忘干净了！早忘干净了！告诉你，在我这儿住几天，咱们各处逛逛，临走，多少送点盘缠。""我不逛，也用不着钱，我来学艺！"孙老者立起来，"我练趟给你看看，看够得上学艺不够！"一屈腰已到了院中，把楼鸽都吓飞起去。拉开架子，他打了趟查拳：腿快，手飘洒，一个飞脚起去，小辫儿飘在空中，像从天上落下来一个风筝；快之中，每个架子都摆得稳、准、利落；来回六趟，把院子满都打到，走得圆，接得紧，身子在一处，而精神贯串到四面八方。抱拳收势，身儿缩紧，好似满院乱飞的燕子忽然归了巢。

"好！好！"沙子龙在台阶上点着头喊。

"教给我那趟枪！"孙老者抱了抱拳。

沙子龙下了台阶，也抱着拳："孙老者，说真的吧；那条枪和那套枪都跟我入棺材，一齐入棺材！"

"不传？"

"不传！"

孙老者的胡子嘴动了半天，没说出什么来。到屋里抄起蓝布大衫，拉拉着腿："打搅了，再会！"

"吃过饭走！"沙子龙说。

孙老者没言语。

沙子龙把客人送到小门，然后回到屋中，对着墙角立着的大枪点了点头。

他独自上了天汇，怕是王三胜们在那里等着。他们都没有去。

王三胜和小顺们都不敢再到土地庙去卖艺，大家谁也不再为沙子龙吹胜；反之，他们说沙子龙栽了跟头，不敢和个老头儿动手；那个老头子一脚能踢死个牛。不要说王三胜输给他，沙子龙也不是他的对手。不过呢，王三胜到底和老头子见了个高低，而沙子龙连句硬话也没敢说。"神枪沙子龙"慢慢似乎被人们忘了。

夜静人稀，沙子龙关好了小门，一气把六十四枪刺下来；而后，挂着枪，望着天上的群星，想起当年在野店荒林的威风。叹一口气，用手指慢慢摸着凉滑的枪身，又微微一笑："不传！不传！"

【作者档案】

老舍（1899—1966），原名舒庆春，字舍予。北京人，满族。1924年赴英国。在伦敦大学亚非学院执教期间，开始创作长篇小说《老张的哲学》，以讽刺的笔调描写市民生活。1930年回国，历任齐鲁大学、山东大学等校教授。1936年发表《骆驼祥子》，表现被侮辱被损害者的奋斗与挣扎，为现代文学的杰作之一。抗战胜利后赴美国讲学，中华人民共和国成立后回国。1950年创作话剧《龙须沟》，获北京市人民政府授予"人民艺术家"称号。1957年写作《茶馆》，为中华人民共和国成立后杰出话剧作品之一。1966年因受迫害而自杀。主要作品还有小说《猫城记》《离婚》《牛天赐传》《四世同堂》《正红旗下》等，剧本《方珍珠》《春华秋实》《女店员》等。有《老舍全集》行世。

老舍的作品大多取材于北京市民生活，带有浓郁的北京民俗风情，展现了北京古老的风土特色。他在作品中提炼北京方言，形成了俗白、凝练、纯净、生动而又风趣幽默的语言风格，具有鲜明的地域文化色彩。老舍的作品塑造了各式各样的中下层市民形象，如车夫、艺人、暗娼、巡警、教员等，生动地展现了"老中国的儿女"的生活状态。他还善于从文化角度审视和批判市民阶层的思想与性格，探讨其性格变化的时代原因，从而深化了对旧社会制度与伦理道德的批判。

【含英咀华】

《断魂枪》是1935年老舍创作的一部短篇小说，通过拳师沙子龙的命运，反映了晚清民初社会转型时期传统文化的衰落。小说以沙子龙从镖局老板到客栈老板的身份转变为主线，串联了王三胜卖艺、孙老者与王三胜比武、孙老者献技等情节，展现了民族传统文化在现代化冲击下的尴尬处境。沙子龙的命运不仅体现了作者对传统文化的深刻反思，也表达了作者对时代变迁的无奈与感慨。

小说塑造了三个典型的人物形象：孤傲落寞、精明识时务却又抱残守缺的沙子龙，执着于武艺、性格刚直的孙老者，以及争强好胜、性格外露的王三胜。通过对比与烘托的手法，老舍突出了沙子龙对时代潮流的清醒认识以及他处事周全、宽容大度的性格。同时，小说通过王三胜等人对沙子龙前后态度的变化，进一步凸显了沙子龙复杂的内心世界。

在艺术表现上，小说语言简洁生动，极富表现力。老舍通过具有武林特色的行话和细腻的细节描写，增强了文本的真实感和艺术魅力。此外，小说运用了对比、烘托和白描等手法，成功塑造了鲜明的人物形象。例如，王三胜的争强好胜与沙子龙的深藏不露形成鲜明对比，孙老者的刚直进取则与沙子龙的消极冷漠相映衬。这些手法不仅构成了人物性格冲突的基础，也强化了小说的批判主题。

【思考与练习】

一、作者塑造"沙子龙"这一人物形象，主旨何在？

二、作者没有直接表现出"五虎断魂枪"的神采，却描绘了两位陪衬人物的武艺，这样写是为了什么？

三、这篇小说在艺术表现上的突出特点是什么？

四、结合时代特征，谈一谈这篇小说想要表达的核心思想。

【拓展阅读】

舒济、舒乙编《老舍小说全集》，长江文艺出版社

老舍著《月牙儿　断魂枪》，人民文学出版社

（孟成华　卫宇珂）

绳 子

〔法〕莫泊桑

在戈德镇四周的大路上，乡村中的男男女女都向镇上走过来，因为那一天正是赶集的日子。男的提起安静的步儿向前走，每次他们的长腿动作一下，他们的身子就向前一俯，那些腿都是扭转的，变形的，缘由呢，正由于种种艰苦的工作，由于那种同时使得肩头耸上来脊梁偏向一边的犁头的压力，由于那种逼得两膝分开去保持重心的割麦的姿势，由于田地里的迟缓而困苦的日常勤劳。他们的蓝布罩衫浆得挺硬又亮得像是擦了一层漆，领口和袖口都绣着白花，在他们瘦得露骨的胴部①四周鼓起来活像预备起飞的气球，头和四肢分别从中伸到外面。

有几个男人用一根索子牵着一条母牛，一条牛仔。他们的女人却在牲口后面，用一枝绿叶未脱的树枝儿打着教它快点儿走。她们的胳膊上都挽着一些露出了鸡头或者鸭头的大篮子。她们的步儿比她们的汉子们的快一点却又短一点；她们的身躯，干瘦而挺直的，裹在一幅用别针别在平坦胸部上的窄围巾里；她们的脑袋用白布贴着头发包好并且又加上一顶便帽。

随后，一辆列着长凳的两轮篷车，被一匹小马颠簸地拖过去了，使得那两个靠着坐下的男人和一个坐在车尾而攀着车边借减震动的妇人，都异样地摇晃个不住。

戈德镇的广场，简直是一大堆乱哄哄的，一大堆的人和畜的杂拌儿。牛角、乡下土财主的长毛绒的高帽子和女人的头巾之类，同时都在这会场的人堆儿的头顶上浮动。种种尖锐刺耳的叫唤组成了一阵不断的和野蛮的喧嚷，有时候，一个快活的乡下人的强壮胸膛里忽然吐出一道爆发的大声音，或者一条系在墙边的母牛忽然长号一次，那些喧嚷就被盖住了。

这一切的味儿像是牛栏、牛乳和牛粪、牛草和人汗，腾出了酸恶难闻、人畜混杂而且是庄稼汉所特有的味儿。

布略戴村的霍时可仑老板一到了戈德镇就朝广场走，这时他瞧见地上有一段绳子。这位道地诺曼底式的节俭大家霍时可仑老板，想起什么拾起了总是有用的，于是很吃力地俯下了身躯——因为他有点患风湿症。从地上拾起了那段细绳子，他于是细心把它团着，这时，他看见了那个卖鞍辔的马朗丹老板正坐在自己的门限边瞧着他。从前，他们俩为着一副马笼头，彼此闹过意见，而这两个人又是爱含怨的，所以彼此一直互相仇视。霍时可仑老板因为被他的敌人窥见自己在兽粪中寻觅一段绳子，不免感到了一点惭愧。于是他匆匆地把他这点儿拾得的东西藏在自己的布罩衫里了，随后又放在自己的裤子的口袋里了；随后他再假装在地上寻觅一点儿找不着的东西，末了他才向前伸着头，并且因筋骨疼痛就弯着身体向赶集的市场里去了。

他立刻羼入那个大声叫唤的和行动迟缓的人堆儿里了，这个人堆儿正因为不断地讨价还价搞得乱哄哄的。乡下人考查那些出卖的母牛，疑惑不定地去了又回来，始终害怕上当，永远不敢下个决心，却反而窥探卖主们的眼色，无止境地搜索人的诡诈和牲口的

---

①胴（dòng）部：指躯体。

毛病。

乡下女人们把那些大篮子放在自己的脚边以后，就从篮子里取出好些鸡搁在泥地上，这些鸡的脚都是缚住的，眼睛显得慌慌张张，冠子全是红得异样的。

她们静听着顾客们还的价钱，摆出干脆的神情和自若的面目，坚持自己所讨的原价，或者也突然一下子决定依从那种还出来的贱价，就高声向着那个慢慢走开的顾客喊道：

"这算是说定了，昂丁老板。我卖给您。"

随后，渐渐地广场上的人数稀少起来了，接着教堂的钟声报告已经正午了，于是那些住得过远的人都分散在各家客店里了。

在茹尔丹客店里，大厅子坐满了好些等候午餐的人，那个很宽阔的天井同样停满了各种车辆——这些车辆，各式俱备，有两轮敞货车，有两轮皮篷客车，有两轮长凳篷车，有两轮英式敞客车，有说不出名称的马车，都是一些被马粪搞黄而又变了样子打了补疤的旧家伙，它们的两支辕子，或者像两只胳膊一般朝天空冲起，或者扑在地上车尾朝天。

大厅里那座火光熊熊的壁炉，紧靠着那些已经入座的顾客，对着右边那行人的脊梁射出了一种强烈的热气。三把叉着鸡、鸽子和羊肉的铁叉在火上翻动着，一阵烤肉的和那在半熟的肉皮上面流着的油汁的香味从炉膛里散布出来，使大众都是欣喜非常和馋涎欲滴的。

全部犁头贵族都在茹尔丹的店里吃饭了，茹尔丹是一个既开客店又做马贩子而且有钱的狡猾的人。

食品一盘一盘地跟着来了，空得和黄色苹果酒的大罐子一样快。各人说起自己的生意，买进和卖出。他们听取年成的种种新闻。天气对于青苗是不坏的，但是对于小麦未免潮湿一点。

忽然，一阵鼓声在这客店门前的天井里响起来了。除了几个不关心的人以外，全体站起了，接着都嘴里含着食物手里带着饭巾很快地跑到了门口，或者跑到了窗子边去看。

鼓声停止以后，镇上的公共报告人发出了一种短促的声音，不合节奏地报告着：

"请戈德镇的一切居民和一切赶集的人注意，今天早上九点至十点钟之间，有人在白兹镇大路上，丢了一个装着五百金法郎和买卖单据的黑皮夹子。拾得者请立刻送到本镇区政府或者蛮恩镇的胡拔来格老板家里，可以得二十金法郎的酬谢。"

随后，这人去了。他们又听见了远处有一阵轻轻的鼓声和报告者的微弱的叫唤。

这时候，他们开始谈起这件意外了，一面列举胡拔来格老板可以找得到或者找不到他的皮夹子的各种运气。

后来，这顿饭结束了。

等到保安警察的巡长在这客店的门限前出现的时候，他们已经喝过咖啡了。

他问：

"布略戴村的霍时可仑老板可在这儿？"

霍时可仑老板正坐在餐桌的那一头，便答道：

"我在这儿。"

巡长接着说：

"霍时可仑老板，您愿意跟我到区政府去一趟吗？区长要和您谈话。"

这乡下人吃惊了，不自在了，一下干了他的酒盅就站起来了。他这时身体比早上弯得更厉害，因为每次休息后的头几步总是特别困难的。他开始走动了，一面连续地说：

"我在这儿，我在这儿。"

于是他跟着巡长走了。

区长坐在一把围椅上等着他。他就是当地的会计师，一个庄重而长于言辞的胖子。

"霍时可仑老板，"他说，"有人看见您今天早晨在白兹镇大路上，拾了蛮恩镇的胡拔来格老板丢了的那个皮夹子。"

发呆的乡下人望着区长出神了，他被这个莫名其妙地牵到他身上的嫌疑吓昏了。

"我，我，我拾了那个皮夹子？"

"对呀，您本人。"

"说句正经话，这件事我以前一点也不知道。"

"有人看见了您。"

"有人看见了我？究竟是谁看见了我呢？"

"马朗丹先生，鞍辔店的老板。"

于是，这老头儿回忆到了，明白了，并且因生气而脸红了：

"哈！他看见了我，这个坏蛋！他看见我拾起了那段绳子，请您瞧，区长。"

于是在自己的口袋里摸索，他取出了那段绳子。

但是区长不肯相信，只管摇头：

"霍时可仑老板，大家知道马朗丹先生是一个有信用的人，您不能教我相信他会把这绳子看成一个皮夹子。"

那乡下人愤不可遏了，举着手，向旁边吐了一口唾沫去证明他自己的正直，一面重复地说：

"然而这是上帝看见的真事，神圣不可侵犯的真事，区长。在这件事情上面，我拿我的灵魂和我的幸福发誓。我再说一遍。"

区长接着说：

"在拾起了那件东西之后，您并且在烂泥里面找了好些时，去看是否还有些零钱从皮夹子里漏在那里面。"

这个老头儿因为生气和害怕而竟不能呼吸了。

"一个人是不是可以说！……一个人是不是可以说……这样的假话，来诬赖一个正直的人！一个人是不是可以说！……"

他徒然费了辩白的功夫，旁人却不相信。

他和马朗丹先生对质了，这一个口口声声坚持有那么一回事。他们互相咒骂了个把钟头。由于霍时可仑老板自动的请求，便有人到他身上来搜查了。但是在他身上什么也没有找着。

末了，区长很疑惑了，便放了他，一面却通知他，说要去报告检察官并且请示办法。

新闻已经传播出去了。在区政府门口，这个老年人被人围住了，被许多带着一种真正的或者侮弄式的好奇心的人询问了，但是没有一个人抱不平。他开始说起绳子的经过。大家不相信这件事。大家笑着。

他走开了，谁都过来拉着他询问这件事，他本身也抓住自己的朋友们，重新无休止地开始他的叙述和抗议，为了表明他什么也没有，把自己所有的口袋翻转来给大家看。

有人对他说：

"老滑头，够了！"

于是他生气了，很生气了，因为不见信于人而忧愁愤激，竟不知道要怎样办才好，并且一直叙述自己的经过。

天色快黑了。他应当走了。他同着三个邻居一齐动身，把那个拾起绳子的地点指给他们看，并且一路上，他始终谈着他这件意外。

晚上，他在布略戴村里走了一个圈子，去向大家说明这件事。但是他所撞见的只是一些不肯相信的人。

他因此整整地病了一夜。

第二天午后一点钟光景，伊木镇的农家白勒东老板的长年工人波美尔，把那个皮夹子和其中所装的物件，交还了蛮恩镇的胡拔来格老板。

这汉子声称他确实是在那大路上拾得了这东西，但是他是不识字的，于是带了它回来并且交给了他的老板。

新闻在附近各处传遍了。霍时可仑老板因此也知道了这消息。于是他立刻又走了个圈子，并且开始叙述这个有了结局的完整的故事。他得胜了。

"以前使我伤心的事，"他说，"并不是问题本身，您明白吗，而是那种诬赖。世上教人受伤的事，再没有比这种因为诬赖而受诋毁更厉害的。"

他整日谈论他这件意外事，在大路上谈给过往的人听，在酒店里谈给喝酒的人听，到第二个星期日，他还站在那教堂门口邀着好些陌生的人谈着。现在，他已经不生气了，然而却有一点儿东西教他感到了不安，不过他没有确切知道究竟是什么。因为听着他谈起这件事情，大家总有一种玩笑的神气，仿佛像是对他不信服。他觉得他的背后有许多议论了。

另一个星期的星期二，他仅仅由于受了说明这件事的需要所驱使，又到戈德镇去赶集了。

马朗丹站在自己的门前，看见了他走过去就开始大笑了。为什么呢？

他遇见了克里克托的一个田庄的老板就走上前去和他谈论了，这一个不等他说完，就在他的肚子上拍了一下，劈面对他高声说："大滑头，够了！"随后就转身走开了。

霍时可仑老板搞得目瞪口呆，他愈来愈不自安了。为什么旁人叫他"大滑头"呢？

他在茹尔丹客店里的餐桌边坐下时，又开始来说明这件事了。

有一个从蒙蒂维利耶来的马贩子向他高声说：

"好了，好了，老江湖，我认识它，你的绳子！"

霍时可仑吃着嘴说：

"既然有人找着了它，那只皮夹子！那么还有什么可说的！"

但是这一个接着又说：

"不要说了吧，老头儿，有一个找着了这东西的人，又有一个送了它回去的人，事情就不用多说了。"

这乡下人气得不能说话了。他毕竟明白了。大家指摘他在事后教一个同谋的送了那皮夹子回去。

他想辩白了。全桌的人都笑起来。

他不能吃完他的午餐，就在纷至沓来的讥诮声里走开了。

他羞愤交集地回到家里，因此连嗓子都噎住了，仗着他的诺曼底式的小聪明，他本可以去做旁人栽诬他的那件事，并且自夸手段高明，现在他本人并没有做，而受的压迫却同做了一样多。他的清白，在他看来仿佛是无从说明的了，因为他的恶作剧是被人公认的。他觉得他的心受到了那个嫌疑的不公道的打击。

这一来，他又再行开始叙述这意外了，每日必加长他这种叙述，每次必添出好些新的理由，好些较为有力的抗辩，一些由他想象、经他在寂寥的时间预备下的更为冠冕的誓词，他的头脑完全被这绳子的故事占住了。不过他的抗辩来得越复杂和他的议论来得越不可捉摸，旁人就越不相信他了。

"这，简直是说谎者的理由。"大家在他的背后说。

他也觉得有这句话，只得含泪吞声，竟在这些枉费气力之中憔悴了。

他看着日见颓丧了。

那些爱玩笑的人，现在，教他口述"绳子"这故事给他们取乐，如同我们教一个士兵口述他所身历的那场战斗似的。他那个深受刺激的头脑也渐渐自行衰弱起来。

在十二月底，他卧倒在床上了。

他是在一月初旬死的，并且，他在临危时的神志昏乱之中，为了证明他的清白曾经连续地说道：

"一段细小的绳子……一段细小的绳子……请您瞧，就在这里，区长。"

【作者档案】

莫泊桑（1850—1893），法国杰出的批判现实主义作家，出身于诺曼底一个没落贵族家庭，小时候在农村生活。青年时参加了普法战争，战争结束后曾在海军部和教育部当了十几年小职员，同时从事文学创作。1880 年，莫泊桑以短篇小说《羊脂球》而轰动法国文坛，从此一举成名。此后，他离职专门从事文学创作，并拜师福楼拜。莫泊桑的创作生涯仅 10 年，却硕果累累，短篇小说约 300 篇，长篇小说 6 部，游记 3 部，另外还有许多关于文学和时政的评论文章。长篇有《一生》《漂亮朋友》（一译《俊友》）等，中短篇有《羊脂球》《菲菲小姐》《项链》《我的叔叔于勒》《米龙老爹》等。

莫泊桑是当之无愧的"世界短篇小说巨匠"，他与享誉世界文坛的美国小说家欧·亨利、俄国小说家契诃夫并称为"世界三大短篇小说之王"。他的小说描绘了一幅幅法国 19 世纪后半叶的社会生活的广阔画卷，反映了那个时代的矛盾性和多重性。他憎恨资产阶级的卑鄙与虚伪，怜悯被侮辱与被损害的小人物，无情地揭露了资产阶级社会的黑暗与不平。他擅长选取富有典型意义的生活断面，以小见大，由点及面，概括出生活的真实。题材丰富多样，风格朴实优美，语言简洁明快、通俗易懂。

【含英咀华】

《绳子》发表于 1883 年。法国经过普法战争以后，资本主义关系恶性演变，社会急剧腐败，人们对于钩心斗角、尔虞我诈习以为常；对于猜忌防范、暗箭伤人司空见惯，把诚实、善良视为反常。小说讲述一个勤俭诚实的农民霍时可仑在赶集的路上捡了一小段绳子，不幸被冤家诬陷而又不能取信于世人，并遭世人奚落，以致忧郁而死的遭遇，反映出当时法国社会只相信尔虞我诈的变态心理。小说深刻揭示了 19 世纪后期法国社会道德观念的荒唐和习惯势力的可怕。纯朴善良的农民霍时可仑就毁灭在这种荒唐的道德观和可怕的习惯势力所形成的包围圈中。

作者不仅善于通过细节描写富有特征的外貌、动作，通过语言描写来刻画人物的性格，而且在艺术构思上独具匠心：一是小说叙事详略得当，巧妙地处理了"赶集"这样一个特定环境中的群众场面和主要人物的关系，使主要人物形象鲜明、个性突出；二是构思新颖别致，让人物在顺逆两境中交替经历，感受生活的喜乐悲哀，不仅使情节波澜起伏、引人入胜，而且更突出了人物命运的悲剧性，具有强烈的艺术效果；三是作者的爱憎、褒贬寄托在情节中，体现出对人物的深深同情，充满浓烈的悲剧色彩；四是小说充分发挥了反衬的作用——事实越证明主人公受诬陷，世人越不相信他的清白，充分显示出当时法国社会道德的荒唐和丑恶。

【思考与练习】

一、体会这篇小说出乎意料的情节安排。

二、这篇小说是怎样塑造农民霍时可仑形象的？作者对主人公的情感如何？

三、这篇小说的反衬作用是怎样表现的？

四、这篇小说中置主人公于死地的力量是什么？

【拓展阅读】

李青崖译《莫泊桑中短篇小说选集》，上海译文出版社

（吕建军）

单元知识：小说的特点与鉴赏

一、小说的文体特征

小说是一种叙事性的文学体裁。成熟的小说必须具备三大要素：人物、情节、环境。小说一般用散文化的语言，运用形象思维的方法，以塑造人物形象为中心，通过完整的故事情节的叙述和具体环境的描写，多方面地展示人物的思想感情和性格特征，广泛而深刻地反映社会生活，表现主题思想。小说中的故事情节和人物与通讯、报告文学不同，通讯、报告文学所写的必须是真人真事，不允许虚构；而小说恰恰相反，它不仅允许虚构，而且虚构的成分越大，作品的艺术效果可能越好。

"小说"这个词在中国最早见于《庄子·外物》。东汉的班固在《汉书·艺文志》中说，"小说"就是指"出于稗官"的"街谈巷语，道听途说"。直到近代，小说才被明确为以叙述故事、塑造人物形象为主的文学样式。当前，小说这种文学样式还在不断地发展与演化，其形式也更加多元化。但无论如何变化，小说的基本特征却是大体一致的，主要有以下几点。

（一）塑造典型人物

人物形象是小说的灵魂。无论是传统小说，还是现代小说，人物形象都是其构成的最重要因素。可以说，没有鲜明的人物形象，小说就失去了存在的价值。因此，优秀的小说家，总是以刻画人物形象为第一要务；优秀的小说作品，也总是能刻画出性格鲜明，又具有典型意义的人物，并通过这种典型形象来反映社会生活，表现主题思想。

小说在人物形象塑造上有自身的优势，它可以突破时空的界限，笔意纵横，天马行空，多维度地展现人物。小说能以更多的表现手法来细致入微地刻画人物，既能正面描绘人物的外貌，以形传神，又能通过人物语言、动作、神态等的描写来表现其性格特点；既能以微妙的心理活动来展现人物性格，又能通过环境描写、细节描写来凸显人物个性。而小说叙述方式的自由，也使人物形象的塑造更为从容。全知叙述、自传体叙述、第二人称叙述等叙事方式可以穿梭于不同时空，人物性格及其变化由此得到充分的展现。

（二）叙述典型情节

小说中人物的性格，总是以某个故事为依托，在故事情节的发展过程中逐步展现出来的。因此，有人说：情节是性格的历史。小说之所以受读者欢迎，之所以让人入迷甚至废寝忘食，就因为它有扣人心弦、引人入胜的故事情节来吸引人、感动人。没有生动丰富的情节，光靠心理描写、神态描写、肖像描写等是不能吸引读者的。因此，小说作品必须构建并叙述一个丰富生动又曲折多变的故事情节，以此来吸引读者，并完成对人物形象的塑造。情节犹如绳索一般串联起小说的各个部分，建构起小说的基本框架。即使是侧重于展示人物心灵轨迹的小说，也必须具备基本的情节要素。小说情节往往头绪纷繁，错综复杂，跌宕起伏。中国古代的章回小说在这方面表现突出，它的特点是分回标目，每回故事相对独立，但又前后相接，使全书构成了统一的整体。

在有的小说中，情节的发展看似断开，但始终保持内在的逻辑性和完整性。如鲁迅的《伤逝》，通过对涓生似断实续的十多个感情片段的回顾和追忆，将一出动人的爱情悲剧展现出来。而情节的巧妙安排，又将人物的性格特点和盘托出。如《红楼梦》中"宝玉挨打"的片段，全篇叙述了挨打的原因、挨打的经过、挨打之后众人探望的全过程，将笔墨重点放在了宝玉挨打后周围人物的言行上，贾政的"爱子之深，责子之切"、王夫人的偏袒、贾母的威严、贾环的卑琐等，无不从该事件中凸显出来。

（三）描绘典型环境

人物和故事，总是处在一个时间和空间的背景之下。环境就是人物活动的时空背景。一般而言，典型环境包括人物所处的社会环境、时代氛围及人物活动的特定环境。优秀的小说作品，通常以典型环境的描绘来展开情节、塑造人物，反映社会生活的广阔风貌。

人物的活动离不开一定的环境，人物性格的形成与变化也与环境密切相关。鲁迅的《伤逝》作于 1925 年，当时已是五四运动退潮时期。五四运动虽然打击了封建势力，但毒害国人几千年的腐朽思想依然非常顽固。小说中的主人公涓生和子君深受五四时代"个性解放""爱情至上""婚姻自主"新思潮的影响，他们勇敢地冲出了封建牢笼，最终却不得不在冷酷的现实面前分手。小说由此表明，封建旧势力的压迫是悲剧产生的社会根源，自由恋爱和婚姻自主是不能见容于那个封建势力占统治地位的旧时代的。在有的小说中，特定的场景描写为故事情节的发展提供了典型环境。如莫泊桑的《绳子》的开头部分："在戈德镇四周的大路上，乡村中的男男女女都向镇上走过来，因为那一天正是赶集的日子。男的提起安静的步儿向前走，每次他们的长腿动作一下，他们的身子就向前一俯，那些腿都是扭转的，变形的，……他们的蓝布罩衫浆得挺硬又亮得像是擦了一层漆，领口和袖口都绣着白花，在他们瘦得露骨的胴部四周鼓起来活像预备起飞的气球，头和四肢分别从中伸到外面。"它以翔实的语言将乡村集市杂乱、喧闹而又鲜活的画面展现在读者面前，这一人多嘴杂的集市氛围正是《绳子》展开的典型环境，也为主人公的出场做了铺垫。

小说这个三方面的基本特征，并不是孤立的，而是密切联系的。丰富而细致地刻画人物，必须借助于情节的充分展开；具体而独特的环境描写，则为人物活动、情节展开创造了特定的氛围。这三者相辅相成，共同构成了小说的世界。

二、小说的鉴赏

掌握了小说的基本特点，在具体阅读小说作品时，该如何进行审美鉴赏呢？

首先，注意把握小说中的人物形象。一部极具感染力的小说作品通常在于它塑造了一系列性格各异而又复杂真实的人物形象。如白行简的《李娃传》，其中塑造最为成功的当属李娃这一女性形象。李娃是一位身份低贱的妓女，她以美艳的姿容轻易地吸引了荥阳郑生，但她深知自己与郑生身份悬殊，难以匹配，故与鸨母一起设计将郑生逐出妓院。然而，李娃内心对郑生却深藏爱意，所以当她眼见郑生"枯瘠疥疬，殆非人状"时，毅然与鸨母决绝，全力照顾并支持郑生，使其最终功成名就。可就在此时，李娃却主动提出离开郑生，一位清醒、理智、坚强的女性跃然纸上，人物性格表现得丰富而又真实。在唐代传奇小说的诸多女性形象中，李娃无疑是独具魅力的。

此外，在把握人物形象时应关注小说塑造人物形象的表现手法。小说在描摹人物时，常以人物语言、动作、神态及细节描写来凸显人物个性，或是透过其微妙的心理活动来展现人物形象。例如，《金玉奴棒打薄情郎》是冯梦龙"三言"中表现爱情、婚姻主题的作品里较优秀的一篇。作者善于从人物内心世界展现其性格的变化发展，人物形象跃然纸上。如对莫稽的描摹，起初邻翁向其提媒时，有一段细腻曲折的心理描写，将其贪恋财色之心暴露无遗。正因如此，才会有其后狠心推妻入江之举。而当许公设计骗他复娶金玉奴时，他心中是"如登九霄云里，欢喜不可形容"，一个忘恩负义、贪图名利之徒的形象跃然纸上，作者对这一人物的刻画可谓入木三分。在《宝玉挨打》中，宝钗与黛玉二人听到宝玉挨打后的言行举止的描绘堪称绝妙之笔。宝钗是"手里托着一丸药"并交代袭人如何敷用，见宝玉睁开眼说话，"便点头叹道：'早听人一句话，也不至今日。别说老太太太太心疼，就是我们看着，心里也疼。'刚说了半句，又忙咽住，自悔说的话急速了，不觉红了脸，低下头来"。宝钗的心思缜密及对宝玉感情的无意流露见于笔间，少女特有的柔情与娇羞令人不禁莞尔。黛玉则是"两个眼睛肿的桃儿一般，满面泪光"，"虽不是嚎啕大哭，然越是这等无声之泣，气噎喉堵，更觉利害。……半日方抽抽噎噎的说道：'你从此可都改了罢。'"寥寥数语，却饱含着对宝玉的担忧与深情，与宝钗相比，黛玉更为真率。类似于这样细腻的描摹，在作品中比比皆是。也正因为此，我们在阅读《红楼梦》的同时，也是在与书中的人物实现心灵的相识、相知，体尝人生的种种况味。

其次，注意理清小说中的情节线索。我们在阅读小说时，不能仅仅满足于搜奇猎异，停留在对故事情节的了解，而应该更多地思考并理清小说的情节线索，这样才能更好地把握作者的创作意旨和小说的主题思想。如列夫·托尔斯泰的《舞会以后》，作品不以故事情节的复杂曲折取胜，也无跌宕起伏之势，它通过主人公伊万回忆过往，用自述的方式将整个故事娓娓道来，朴实而自然。小说前半部的舞会场面盛大、热烈，此时的上校温文尔雅、风度翩翩、雍容华贵。过了两三个小时，一幅残酷地毒打士兵的场面出现了，而那个惨无人道的凶手竟是舞会上的上校，情境之悲惨、血腥，与舞会形成强烈反差。在鲜明的对比中，有力地抨击了俄国沙皇制度的虚伪与野蛮。全篇结构严密，首尾呼应，中间埋有伏笔，尤显层次分明。而莫泊桑的短篇小说更是长于安排情节，以小见大。其名作《绳子》视角独到，将一段绳子与一位小人物的命运相连，揭示出人物命运悲剧背后深刻的社会根源。小说故事简单，但情节一波三折。一位老实的农民霍时可仑因为勤俭，将地上的一小段绳子捡起来，却没想到惹祸上身，遭到冤家对头马朗丹的诬告（被诬陷捡了皮夹子）及周围人的不信任。后来，事情发生转折，皮夹子有人捡到归还，到此风波本可平息了，读者也松了口气，可哪里料到波澜又起，霍时可仑陷入了流言蜚语的深渊中，最后含冤死去。故事情节的跌宕起伏与人物情感的波澜起伏相对应，构思新颖巧妙，具有强烈的艺术感染力。

最后，注意体会小说中的环境描写。此处的环境即之前所述的典型环境，它包括人物所处的社会环境、时代氛围及人物活动的特定环境。环境描写通常是为了更好地塑造人物形象、表现作品的主题内容，所以我们在阅读时绝不能粗粗略过，而应细致地体会其中的文意。蒲松龄的《青凤》的开篇有这样一段描写："太原耿氏，故大家，第宅弘阔。后凌夷，楼舍连亘，半旷废之，因生怪异，堂门辄自开掩，家人恒中夜骇哗。耿患之，移居别墅，留老翁门焉。由此荒落益甚，或闻笑语歌吹声。"以省俭的文字描绘了一幅旷废第宅，诡异幽深的场景，看似闲笔，却大有深意。它渲染了一种神秘的氛围，为人物的出场铺开了背景，埋下了伏笔。又如鲁迅的《伤逝》中写道："一天是阴沉的上午，太阳还不能从云里面挣扎出来，连空气都疲乏着。"天气的阴沉、空气的疲乏正是男主人公涓生此时内心疲惫的真实写照。作者以自然景物（人物活动的特定环境）的描写，细腻地刻画出人物内心的苦闷、挣扎与虚空，将听闻子君死讯后"只坐卧在广大的空虚里"的涓生展现在读者面前。

总之，阅读和欣赏小说，应当根据小说的审美特点把握故事情节，分析人物形象，品味环境描写的作用。此外，还要把握不同作家的语言风格和特殊表现手法，最大限度地提高审美能力，以求在享受阅读愉悦的同时，在提高审美能力、道德情操等方面也能获得最大的收益。

（苏　静　刘洪仁）

下编　应用写作

第一章 应用写作概述

第一节 应用文的含义、发展历史与意义

一、应用文的含义

关于应用文的含义，《现代汉语词典》（第 7 版）解释为："指日常生活或工作中经常应用的文体，如公文、书信、广告、收据等。"这个定义指出了应用文的使用范围、文体特点和应用文的主要种类。根据 2012 年 4 月中共中央办公厅、国务院办公厅颁发的《党政机关公文处理工作条例》中对公文的界定，应用文的定义应为：应用文是机关团体、企事业单位以及人民群众在日常工作、生产和生活中办理公务以及个人事务时，进行交流和沟通信息，具有直接实用价值和惯用格式的一种书面交际工具。这个定义规定了应用文的本质特征，使它明显区别于其他文体。

从广义角度来讲，所有的文章都是为了应用的，如果不能应用，也就失去了存在的价值。一切文章，如果按用途划分，大致可以分为应用类和文学类。应用类文体的基本特点就体现在"应用"二字上。这类文章是我们在日常生活中办理各种公、私事务的工具。大到党政机关的命令、指示、意见、通知，小到个人的借条、领条、请假条、申请书等，都属于应用文的范畴。应用文具有很强的实用性，因此也被称为实用文。

应用写作是写作学科的一个重要分支，它以应用文为学习和研究对象，以实用为写作目的。

二、应用文的发展历史

在我国，应用文的使用已经有 3000 多年的历史，可以说伴随着文字的产生，就有了应用文的使用。殷墟出土的甲骨卜辞，商周时期的钟鼎文，《周易》中的卦、爻辞等都是应用文的原始形态。

应用文在文种上有明显的分类始于西周，周天子与诸侯王使用的命令性文件，分为"诰""誓""命令"。秦汉时期是应用文文种分类制度正式确立的时期，第一次确立了下行文与上行文的区别与各自的文种。下行文有制、诏、策、戒四种，均属于指令性的，只有皇帝才能使用。上行文有章、表、奏、议四种，是大臣给皇帝上书用的。公文的"一文一事"制度在秦汉时期已有雏形，唐宋时期进一步规范化。

在我国应用文长期的写作实践中，曾经产生了不少优秀作品，如李斯的《谏逐客书》、司马迁的《报任安书》、晁错的《论贵粟书》、贾谊的《论积贮疏》、诸葛亮的《出师表》、魏徵的《谏太宗十思疏》等，都是千古名篇。

辛亥革命后，南京临时政府颁布了公文格式条例，专门规定公文名称和使用范围，废除了几千年封建王朝使用的制、诏、诰、敕、疏、表等名目，这是公文制度上的一次重大改革。1928 年，中华民国国民政府对公文程式又作了一些新规定，其中比较重要的一点是规定公文写作要用白话文，使用新式标点符号。

中华人民共和国成立后，中国共产党和中央人民政府对公文工作十分重视，进行了一系列改革和健全工作，1951年中央人民政府政务院颁布了《公文处理暂行办法》。其后经过1955年、1957年、1981年、1987年、1993年、2000年、2012年的历次修订，现在执行的是2012年7月1日起施行的《党政机关公文处理工作条例》。这个新条例使文种数目更简约，性质更清楚，格式更规范。

三、学习应用写作的意义

我们先来看一则故事。

孙中山先生青年时代曾去拜访湖广总督张之洞，名帖上写"学者孙文求见之洞兄"。张之洞看了名帖，便知这个"孙文"不过是一个名不见经传的小小儒生，便叫门人送上一张纸条，上写：

持三字帖，见一品官，儒生妄想称兄弟

孙中山看完此条，当即在纸上写下下联：

行千里路，读万卷书，布衣亦可傲王侯

张之洞看到此帖，顿时肃然起敬，赶紧开门相迎。

在人们的印象中，应用文因为强调"应用"，一定是单调枯燥、索然寡味的。上面这则故事中的名帖和对联，都属于应用文范畴。但从中我们却不难看出它所蕴含的学力、智慧和人格的魅力。

叶圣陶先生说："大学毕业生不一定要能写小说诗歌，但是一定要能写工作和学习中实用的文章，而且非写得既通顺又扎实不可。"在我们今天的生活中，应用文不仅使用范围广，而且使用频率高。美国著名未来学家阿尔文·托夫勒指出，信息时代家庭工作的任务是编制电脑程序、写作、远距离监测生产过程。信息时代社会家庭化，作为家庭三项工作任务之一的写作，自然不是文学创作，而是一般文章的写作，具体地讲就是应用写作。在现代经济活动中，一封能张扬个性的求职信、一个富有创意的广告策划、一篇别具慧眼的市场调查报告、一份颇有启迪的产品说明书，乃至一张别开生面的贺卡或名片、一则匠心独运的启事或告示等，无不体现着一个人的才华和能力。有时，它还可以给你带来很大的晋升机会或发展空间。

应用写作在我们的日常生活、社会科学领域的重要作用已毋庸置疑，它在自然科学领域的作用同样不可小觑。在自然科学领域，因为语文没有学好，尤其是应用写作技能没有掌握好而吃亏的人不在少数。例如，英国科学家法拉第研究电磁现象30年，最后发表了他的研究成果，并把他做过的实验整理成《电学实验研究》一书。可是由于他的文字表达"模糊不堪"，其观点在提出几十年后，仍然受到非议，得不到学界的认可。英国物理学家、数学家麦克斯韦在中学时参加数学和诗歌比赛都获得过优异的成绩。他有着极强的阅读能力和理解能力，第一次读到法拉第的《电学实验研究》时，就看出了其见解的新颖与合理，只是法拉第的表述存在问题。于是麦克斯韦发表了论文，把法拉第的思想准确地表述了出来。由于其出色的表达，论文发表后立即得到了科学界的一致认可。一项伟大的科研成果，由于表述不清而使人类社会晚受益了几十年；而年轻的麦克斯韦却因其良好的读写能力而一鸣惊人，既为科学作出了贡献，也为自己开辟了广阔的发展空间。

看到这些事例，我们能说应用写作不重要吗？我们还有理由不重视应用写作，不掌握应用写作的基本技能吗？

（孟成华　刘洪仁）

第二节　应用文的特点与种类

一、应用文的特点

与其他文体相比较，应用文一般具有如下主要特点。

（一）实用性

应用写作在于解决现实生活与工作中的实际问题，现实需要是应用写作最重要的存在价值。"实用"是应用文区别于其他文体的最本质属性。实用的重要性体现在：一要一文一事，每写一篇应用文着重解决一个问题；二要讲究时效，提高解决问题的效率。

（二）规范性

与其他文体相比，应用文的格式相对固定，尤其是公务文书。信函类应用文要有称谓，正文（应包含问候语、开篇、主体、祝颂语），落款。部署类应用文要有标题、发文字号、主送、正文、落款、主题词等。诉讼类应用文要有标题，正文（应包含首部、主体、尾部），落款等。

（三）时效性

应用文是据理办事的，一般要求在规定的时间内行文并有效运转（解决问题），具有较强的时效性。否则时过境迁，应用文也就失去了解决问题的作用。应用文的时效性一般表现在快写、快发、快办三个方面，有些应用文是以发文日期来表示其生效期限或者执行起始日期，有的应用文还要明确规定有效期限。

（四）真实性

真实是应用文的生命，也是它的显著特点。应用文无论是处理公务还是私事，都要杜绝弄虚作假、虚构编造，内容必须真实可靠，写事必须有根据，议论必须有分寸，数据必须准确无误。应用写作要如实反映客观事物的本来面目，语言要简洁，表达要真切，做到"有什么说什么，有多少说多少"，不能"少一字"，也不能"多一言"。应用写作中所涉及的人和事必须绝对真实，包括情节、数字、细节，决不允许有半点虚构和夸张。

（五）针对性

应用文是为处理和解决社会生活中的实际问题而写的，具有明确的目的性、特定的接收对象以及强烈的针对性。从文种选择、格式安排到语词的运用，都要针对写作目的与读者对象而有所选择与取舍，特别是某些行政公文，对阅读对象的要求很明确。

二、应用文的作用

作为实用性很强的文体之一，应用文的社会作用非常广泛，主要体现在以下几个方面。

（一）指导规范作用

公务文书中有一部分是部署性、规章性、发布性公文，这部分公文具有法定的权威性和现实的指导性。这类文件的制发，对于建立科学、有序、有效的管理体制和运行机制，保证政令、法令畅通，具有很重要的意义。尤其是应用文中的下行文，大都具有行政领导和行政管理的作用，这不仅因为应用文是党政机关实施领导、管理、指导、指挥各部门的有力工具，而且也是党和政府方针、政策具体化的书面形式。

（二）沟通商洽作用

大到一个国家，小到一个单位或部门，为了有效地开展工作和搞好各项活动，需要经常、及时地进行沟通与商洽，应用文便是促进社会组织之间、社会成员之间联系和协调的重要工具。应用文是沟通与协调的桥梁，它把上下左右联系在一起，使之形成一个统一的整体，并推动各项工作有序、顺利地进行，如不同单位之间的告知函、不同公司之间关于贸易变更情况的通知等。

（三）宣传教育作用

与其他文体相比，应用文的宣传教育作用更为直接、突出，也更具权威性。它可以运用各种不同的方式发挥其宣传教育作用——推广新技术、介绍好经验、表彰先进、鞭策落后等。如一些地区通过各种渠道展示本地区人文风情的宣传稿就起到了这一作用。

（四）依据凭证作用

无论公务联系，还是私人往来，常常需要书面凭证，以备日后核查，应用文具有明显的依据凭证作用。应用文既是指导、监督、保证各项工作顺利开展的工具，也是解决实际问题的依据、凭证。

三、应用文的种类

在使用过程中，人们通常按照应用文的使用功能将其分为通用和专用两大类。

通用类应用文是指人们在办公或办事中普遍使用的文书。它又可分为行政公文、通用事务文书、个人事务文书三类：

（1）行政公文，指的是《党政机关公文处理工作条例》中规定的文种，包括决议、决定、命令、公报、公告、通告、意见、通知、通报、报告、请示、批复、议案、函和纪要等；

（2）通用事务文书，包括调查报告、工作总结、述职报告、简报、计划、规章制度等；

（3）个人事务文书，包括信函、启事、条据、祝词、悼词、楹联等。

专用类应用文是指某种特定行业使用的专业性较强的文书，主要包括：

（1）科技类文书，如学术论文、实验报告等；

（2）财经类文书，如市场预测报告、经济合同、审计报告等；

（3）司法类文书，如诉状、辩护词、公证书、判决书等；

（4）传播类文书，如消息、通讯、广告等。

（孟成华）

第三节 应用文的表达方式及语言特点

一、应用文的表达方式

应用文常用的表达方式只有叙述、说明、议论三种，描写、抒情一般在广告、调查报告、经济新闻等文体中偶尔使用。因此，我们重点介绍叙述、说明、议论这三种表达方式在应用文中的使用。

（一）叙述

叙述是应用写作中常用的一种表达方式。有的应用文以叙述事实作为立论的依据，如通报、总结等；有的应用文以叙述事实为依据进行决策和预测，如经济活动分析报告、调查报告等；有的应用文对事实作如实反映和记载，如会议纪要、合同、诉讼文书等。应用写作中的叙述有如下几个特点。

1. 以记事为主

应用写作要反映现实，解决问题。与记叙文以写人为主不同，应用文多以记事为主，如反映经济活动状况、市场情况、经济信息，介绍典型经验，阐述事情原委，总结工作等，通常采用叙述的方式来记事。

2. 叙述客观真实

文学作品的叙述可作艺术加工，所述事件不必完全是客观存在的事实，但应用文绝不允许这样做。应用文中所叙述的事实必须真实可靠，不允许夸大或缩小，更不能歪曲事实或主观臆造，否则就会导致决策失误，使经济活动陷入混乱。

3. 以概括叙述为主

文学作品需通过描写细节来塑造人物形象，展开故事情节。而应用文则是通过简要的叙述为下文提供相应的依据。如通报的叙述，就是为后面判定事实的性质、作出号召学习或给予批评处分的决定而奠定基础的。叙述本身不是全文的核心（主题）所在，因而应用文中的叙述大多采用简明扼要的概括性叙述。

4. 多用顺叙

为使应用文条理清晰，让读者掌握、理解所述的客观事实，在应用文中常常使用顺叙的写作方式。在叙述时有的按照时间顺序，有的按事件发展的顺序，有的按人们认识事物的客观过程来叙述。这样叙述能使较复杂的事情变得眉目清晰、一目了然。

5. 语言较平实

应用文的语言要求平实质朴，较少使用修饰性词语、描写性语言和比喻、比拟、夸张、象征等修辞手法，笔法较朴实。应用文的实用性决定了其语言的简洁朴实。

（二）说明

说明这一表达方式在应用文中是与叙述相结合的，起到对客观事物进行真实介绍说明的作用。很多文种都依赖这一表达方式，如说明书、报告、请示、经济活动分析、合同、自荐书等，都离不开说明。说明在应用写作中表现出以下特征。

1. 说明客观、科学

通过说明，真实客观地反映事物的本来面貌、本质特征。这就要求说明客观、科学、严肃。

2. 多用数字进行说明

说明不但要客观真实，而且要做到准确无误，用数字进行说明就能起到这样的作用。因此，在应用写作中就少不了用数字进行说明，在需要反映量的变化时，数字的作用就显得尤为突出。

3. 综合使用多种说明方式

在使用说明的过程中，常常是将多种方式结合起来同时使用。如将数字说明和比较说明、定义说明和分类说明等说明方式结合运用，可以把事物说明得更具体、准确。

（三）议论

应用写作常用议论的方式进行评论、分析，探寻事物发展的规律，阐述主题。应用文的议论有以下几个特点。

1. 重数据、重材料

与议论文的议论不同，应用文中的议论不是靠雄辩，而是以无可辩驳的事实和数据为依据。例如，在一篇《三季度物价水平》的经济活动报告中，对该季度的物价水平下降的情况分析是这样议论的："三季度，居民消费价格总水平同比上涨 0.8％，涨幅比二季度缩小 0.8％，其中 9 月份已转为下降，同比下降 0.1％；社会商品零售价格总水平同比下降 0.9％，已连续 4 个月处于下降之中，并且降幅在不断增大；工业品出厂价格指标同比下降 1.7％，降幅比二季度扩大 1.4％。各种物价总水平再次全面转降，在很大程度上是外生性涨价因素所致，但这也清晰地表明困扰我国经济的紧缩和总需求不足问题并未真正消除，而只是被外生性涨价因素掩盖起来了。一旦政策支持力度减弱，经济就会再次下降。"这段文字在议论时采用了大量的数据，材料充分，议论切合实际，得出的结论很有说服力。

2. 常与说明、叙述等方式结合使用

夹叙夹议、叙议结合，是应用文中的议论特点。应用写作往往不单独进行完整的议论，议论依赖于所叙述的事实和说明的现象，是在事实和现象的基础上进行议论。如在《靠名牌赢得市场》的调查报告中是这样写的："20 世纪 90 年代初，瑞士、日本各种品牌的钟表开始大规模进入中国市场。面对严峻的市场形势，公司决策层认真研究了数量和质量的辩证关系，决定借鉴国外钟表工业发展的成功经验，走'少而精'的道路，即以提高'单位面积'的产出取胜，生产高技术含量、高附加值的产品，在工艺上精益求精，把人、财、物集中用到刀刃上，争取在最短的时间里后来居上。"这段文字采用夹叙夹议的方法，材料具体，剖析深入，语言生动活泼。

二、应用文的语言特点

应用文的语言与文学作品的语言有较大的差别，其特点主要表现在以下几个方面。

（一）程式化

程式化的语言是写作实践的产物，是应用写作实践中常用的习惯用语，这种语言已经约定俗成，得到广泛的认可。根据功用不同，程式化的语言可大致分为：

（1）称谓语，如本人、我、你、贵、该等；

（2）起始用语，如兹因、据核实、关于、鉴于、为了等；

（3）结尾用语，如为荷、为盼等；

（4）表态用语，如照办、可行、同意等；

（5）谦敬用语，如请、承蒙、惠示、惠允等；

（6）时限用语，如当即、立即、从速等；

（7）期望用语，如务希、务请、如蒙、勿误等；

（8）列举概括用语，如各类、多起、数事、上项、如下等；

（9）特殊含义的用语，如签发、核查、归口、缺口、责成、任命、复议等。

（二）书面化

应用写作的性质决定了其语言风格为简明、规范、严肃，而书面语能较好地达到这一要求，因而应用文的语言大多采用典雅的书面语，而较少运用口语。

（三）常用数字

在分析问题、说明问题时，运用数字，可以比较明确地表达事物的状态，从而加深对该事物的认识，因而应用写作常用数字来说明问题。如邓小平同志在《关于科学和教育工作的几点意见》中讲到我国科研人员少、队伍小的时候用了三个数字："美国科研队伍有120万人，苏联前年的资料是90万人，现在又增加了。我们是20多万人。"这三个数字勾勒出三个国家科研队伍的基本状况，十分清晰地说明了我国科研人员少、队伍小的现状。

三、应用文语言运用的要求

（一）叙述语言需简洁、概括

应用写作在进行叙述时要用最简短的语言陈述事实，只陈述事实的梗概，而不纠缠于耗时费事的具体情节之中，做到文约事丰、简要明了。

（二）语言表达要严谨且有分寸

应用文的语言表达是否严谨有分寸，关系到对问题的判断、处理是否合理、准确。如一份处理决定这样写道："李××在2024年9月间收受×××工程公司的500万元的巨款。案发后李××还和×××工程公司经理及会计订立攻守同盟，妄图掩盖其过错。"文中"过错"一词有失严谨，表述与事实不符，李××的行为不是过错而是严重犯罪，故可将"过错"改为"所犯罪行"。

（三）数据语言书写要规范、清晰、准确

按照中华人民共和国国家标准《出版物上数字用法》（GB/T 15835—2011）的规定，应用文中数据语言的运用要做到以下几点。

（1）在同一篇文章中序数数字的体例要统一，不能体例混杂。如"农历初一至初7放假"一句，前后数字体例书写不规范，需统一书写。同时，分数与小数的体例也必须统一。如"该县企业所得税收入完成95.6万元，比去年增长百分之十三"，出现了混写错误。

（2）表示公元的世纪、年代、年、月、日、时刻均需使用阿拉伯数字，而星期则用汉字。如"21世纪""90年代""星期五"等。

（3）邻近两个数字并列表示概数时，应该用汉字书写，数字与数字之间不能用顿号隔开。如"3、4天"应写成"三四天"，"七、八种"的"七"和"八"之间不用顿号隔开。

（四）朴实、简洁

应用文的语言要求准确明了、朴实无华、简洁有力，提倡朴素美和简洁美，不像文学作品可以用华丽多彩的语言去描摹事物。如有一篇公文是这样写的："2019 年某天深夜，乌云密布，雷声隆隆，大雨倾盆而下，刹那间，美丽富饶的鱼米之乡被一片汪洋吞没。接连几天如注的暴雨，淹没了田野，冲毁了村庄和工厂，交通、电力、通信一度中断。这百年不遇的特大洪涝灾害，给我乡造成了不可估量的损失。……"这段话运用了形象化的描写，带有较浓厚的文学色彩，不符合应用文语言朴实、简洁的要求。

【思考与练习】

一、以学习小组的形式进行一次校内调查，看看学校内使用的应用文有哪些，并形成小组调查报告。

二、指出下面语段中语言运用的问题，并予以改正。

1. ×××收受包工头的贿赂几十万元，造成国家直接或间接经济损失二千多万元。

2. ×××自 2019 年以来用五年的时间，先后完成了省部级的科研成果十多项，多次获得国家省部级的奖励。

三、比较分析下面两则材料，说明其存在的问题或成功的原因。

（一）

某造纸厂有一位厂长，嗜好麻将，常乐此不疲，人称"麻将厂长"。一日，他在全厂职工的年终总结大会上即兴演讲道：

"同志们好！不平凡的 2024 年业已过去，新的一年还是一张'白板'，但是，'东南西北中'，发财靠职工；只要我们群策群力，我们的产品会'清一色'地占领市场。

新的 2025 年，各车间要力争比去年多生产纸张三百六十九万'筒'；多提合理化建议二百五十八'条'；多创新一百四十七'万'元；后方单位再也不要弄成'十三不搭'，要积极主动地搞好协同作战，检查部门要做到'卡住下家''盯死对家''注意上家'。

好，到此为止。谢谢大家。"

（二）

北伐战争开始前夕，国民革命军总司令部在广州请瞿秋白先生给全军政工人员作演讲。与会者对瞿秋白先生早有耳闻，都把这当成是一次难得的学习机会，做好了详细记录的准备。然而，出人意料的是，瞿秋白先生走上讲台只说了一句话："宣传关键是一个'要'字，鲁智深三拳打死镇关西，拳拳打在要害上。"

一句话，26 个字，当他走下讲台时，全场愕然。安静了几秒钟后，全场爆发出雷鸣般的掌声。这 26 个字的演讲，有着巨大的鼓动性和号召力，有着宏伟的气势和犀利的词锋，算得上是演讲中的经典之作。

四、分析下面两段文字在主旨、表达及文种、标点上存在的问题。

1.

通　知

全体职工：

总公司反腐倡廉小组本次年底大检查中，发现各单位年底宴请频繁，名目繁多的请客送礼，导致了很大的浪费，广大职工对这种腐败现象极为不满。各单位要加强廉政建设，刹住歪风邪气，维护企业利益，所以总公司办公会议研究决定，各单位必须成立纪检小组，加强自检，并在一个月内，将自检报告上报给总公司。

　　特此通知。

××市工业总公司

202×年×月×日

2.

关于202×年招生计划的申报

市教育委员会：

　　我们对教委文件《关于申报202×年招生专业计划的通知》进行了认真学习，大家一致表示要落实教委的意见，积极发展高等职业教育，办好社会所需要的各种新型专业。经我校各院系研究，决定202×年申报25个专业，招收本专科学生共3000名。特申报给你们。

××大学

202×年×月×日

（孟成华　刘洪仁）

第二章　党政机关公文写作

第一节　党政机关公文概述

一、公文与党政机关公文的概念

公文是所有公务活动中所形成和使用的文字材料，是方针、政策、法规、政令和信息、情况的表现者、运载者，是机关实施管理的基本手段和重要工具，发挥着上令下达、下情上报和信息沟通的重要作用。公文贯穿机关管理工作的始终，与每一个机关工作人员息息相关。因此，具备较强的公文写作能力是每一个机关工作人员的基本素质要求。

根据中共中央办公厅、国务院办公厅 2012 年 4 月 16 日联合颁发的《党政机关公文处理工作条例》的界定，党政机关公文是指党政机关实施领导、履行职能、处理公务的具有法定效力和规范格式的文书，是传达贯彻党和国家的方针政策，公布法规和规章，指导、布置和商洽工作，请示和答复问题，报告、通报和交流情况的重要工具。本书所涉及的党政机关公文，均以此版本的《党政机关公文处理工作条例》为标准。

二、党政机关公文的分类

我们可以从不同的角度对党政机关公文进行分类。

（1）按照行文方向，党政机关公文可以分为以下几种。

① 上行文：下级机关向上级机关报送的公文，如报告、请示等。

② 平行文：同级机关或不相隶属的机关之间相互递送的公文，如函等。

③ 下行文：上级机关向下级机关发送的公文，如通知、通报、批复等。

（2）按照公文的涉密程度，党政机关公文可以分为绝密公文、机密公文、秘密公文和普通公文。我们在起草或者管理公文时必须按照该公文的秘密等级来处理，涉及秘密内容的，不能泄密。

（3）按照紧急程度的不同，党政机关公文可以分为紧急公文和普通公文。紧急公文可进一步分为特急和加急。

（4）按照适用范围，《党政机关公文处理工作条例》规定的党政机关公文主要有 15 种：决议、决定、命令（令）、公报、公告、通告、意见、通知、通报、报告、请示、批复、议案、函、纪要。

三、党政机关公文的一般格式

《党政机关公文处理工作条例》第九条规定："公文一般由份号、密级和保密期限、紧急程度、发文机关标志、发文字号、签发人、标题、主送机关、正文、附件说明、发文机关署名、成文日期、印章、附注、附件、抄送机关、印发机关和印发日期、页码等组成。"公文特定的、惯用的格式，是其权威性和约束力在形式上的具体表现。

依据中共中央办公厅、国务院办公厅《关于印发〈党政机关公文处理工作条例〉的通知》和中华人民共和国《党政机关公文格式》（GB/T 9704—2012）规定，公文的结构包括公文的外部形式和公文的内部组织两个部分：公文的外部形式即格式，指国家标准规定的固定格式；公文的内部组织即内容，指公文的主体部分。公文的书面格式实际上是公文全部书面内容的结构，包括版头、主体、版记三个部分。

（一）版头部分

版头部分又称眉首，包括份号、密级和保密期限、紧急程度、发文机关标志、发文字号、签发人等内容。版头与主体之间由一条红色分隔线分开。

1. 份号

份号是指某一份公文在该公文印刷总份数中的顺序号。特别重要的公文需要标注份号。份号一般用 6 位 3 号阿拉伯数字表示，如"000015"。其位置在版心的左上角第一行顶格。

2. 密级和保密期限

如需标注密级和保密期限，一般用 3 号黑体字，顶格编排在版心左上角第二行。密级和保密期限之间用★隔开，如"绝密★30 年""机密★20 年""秘密★10 年"等。

3. 紧急程度

紧急程度一般用 3 号黑体字标注，顶格编排在版心左上角第三行，密级和保密期限下方。紧急公文可标注"特急""加急"，紧急电报分别标明"特提""特急""加急""平急"。

4. 发文机关标志

发文机关标志也就是文件名称，由发文机关全称或者规范化简称加"文件"二字组成，也可以使用发文机关全称或者规范化简称。发文机关标志居中排布，上边缘至版心上边缘为 35mm，推荐使用小标宋体字，颜色为红色，以醒目、美观、庄重为原则。联合行文时，如需同时标注联署发文机关名称，一般应当将主办机关名称排列在前；如有"文件"二字，应当置于发文机关名称右侧，以联署发文机关名称为准上下居中排布。

5. 发文字号

发文字号是指发文机关某年度所发公文的顺序号，如国务院办公厅 2025 年所发的第一号文件，即为"国办函〔2025〕1 号"。发文字号由发文机关代字、发文年份和顺序号组成，编排在发文机关标志下空二行居中位置或左下方（上行文时居左空一字编排）。文字采用 3 号仿宋体，发文年份、发文顺序号用阿拉伯数字标注，发文年份用六角括号"〔 〕"括起。注意：年份一定要用阿拉伯数字将四位数字写齐，不能略写；顺序号只标实数位，虚数位不标 0，发文顺序号前不用"第"。如"国办函〔2025〕1 号"不能写成"国办函〔25〕01 号"或"国办函〔2025〕第 1 号"等。

6. 签发人

上行文应在发文字号右侧标注签发人（居右空一字编排）。"签发人"三字用 3 号仿宋体字，后面加全角冒号和签发人姓名，姓名用 3 号楷体字。联合上报的公文，应同时标注各联署机关的签发人。

7. 版头中的分隔线

发文字号之下 4 mm 处居中印一条与版心等宽的红色分隔线。

（二）主体部分

公文的主体是公文最主要的部分，包括标题、主送机关、正文、附件说明、发文机关署名、成文日期、印章、附注和附件等要素。

1. 标题

公文的标题一般由"发文机关名称＋事由＋文种"三要素组成，位于红色分隔线下空二行的位置。发文机关名称一般用全称，也可以用规范化简称。标题字体一般用 2 号小标宋体字，排列分行合理、美观、醒目。多行标题排列应使用梯形或菱形，不采用上下长度一样的长方形和上下长、中间短的沙漏形。多个发文机关名称之间用空格分开，不加顿号。

2. 主送机关

公文的主送机关是指公文的主要受理机关。主送机关名称应用全称，或规范化简称，或同类型机关的统称；向下普发的公文主送机关名称应规范、稳定。主送机关编排于标题下空一行位置，居左顶格，回行时仍顶格。有多个主送机关的，各机关名称之间用顿号隔开，最后一个主送机关名称后标全角冒号。

3. 正文

正文是公文的主体，用来表述公文的内容，一般用 3 号仿宋体字，编排于主送机关名称下一行。

正文中的结构层次序数一般依次用"一""（一）""1""（1）"等标注，不得逆向使用。

4. 附件说明

如有附件，在正文下空一行左空二字编排"附件"二字，后标全角冒号和附件全称。如有两个或两个以上附件，应用阿拉伯数字标注附件顺序号，一个附件单独占一行，每行附件名称和序数对齐。如：

附件：1.《×××××××》（×份）

2.《×××××××》（×份）

5. 发文机关署名

发文机关署名也称落款，应用全称或规范化简称，位于正文的右下方（与正文或附件说明空一行），一般在成文日期之上，以成文日期为准居中编排。若是两个或两个以上机关联合发文，一般将各发文机关署名按照发文机关顺序整齐排列在相应位置。

6. 成文日期

成文日期一般署会议通过日期或领导同志签发日期。两位以上领导人审签，署最后一位领导的签发日期；联合行文，署最后签发机关领导同志的签发日期。成文日期的数字用阿拉伯数字将年、月、日标全，年份应标全称，月、日不编虚位，如 2 月不写成 02 月。成文日期位于发文机关署名右下方，一般右空四字编排。

7. 印章

除会议纪要和印有版头的向下普发的公文外，公文应加盖发文机关印章。用印页（发文机关署名页）至少应有二行正文，当公文排版后所剩空白处不能容下印章或签发人签名章、成文日期时，可以采取调整行距、字距的措施解决。

印章应端正、居中下压发文机关署名和成文日期，使发文机关署名和成文日期居印章中心偏下位置，印章顶端应当上距正文（或附件说明）一行之内。联合行文时，最后一个印章端正、居中下压发文机关署名和成文日期，印章之间排列整齐、互不相交或相切，每排印章两端不得超出版心，首排印章顶端应当上距正文（或附件说明）一行之内。

8. 附注

附注是指需要说明的其他事项，一般用于向下普发的公文，对印发、传达范围作说明，用 3 号仿宋体字居左空二字加圆括号标注于成文日期下一行。

9. 附件

附件应当另面编排，并在版记之前与公文正文一起装订。"附件"二字及附件顺序号用3号黑体字顶格编排在版心左上角第一行。附件标题居中编排在版心第三行。附件顺序号和附件标题应当与附件说明的表述一致。附件格式要求同正文。如附件与正文不能一起装订，应当在附件左上角第一行顶格编排公文的发文字号，并在其后标注"附件"二字及附件顺序号。

（三）版记部分

版记部分包括版记中的分隔线、抄送机关、印发机关和印发日期、页码等内容。下面介绍一下抄送机关、印发机关和印发日期。

1. 抄送机关

抄送机关是指除主送机关外需要执行或者知晓公文内容的其他机关。抄送机关一般用4号仿宋体字，在印发机关和印发日期的上一行、左右各空一字编排。"抄送"二字后加全角冒号和抄送机关名称，回行时与冒号后的首字对齐，最后一个抄送机关名称后标句号。

2. 印发机关和印发日期

印发机关和印发日期一般用4号仿宋体字，编排在末条分隔线之上，印发机关左空一字，印发日期右空一字，用阿拉伯数字将年、月、日标全，年份应标全称，月、日不编虚位（即1不编为01），后加"印发"二字。

版记中如有其他要素，应当将其与印发机关和印发日期用一条细分隔线隔开。

下面为党政机关公文的参考书面格式：

000001

机密★1年

特急

×××××文件

×××〔2025〕××号　　（签发人：×××）

×××××关于×××××的通知

×××××（主送机关）：

（正文）××××××××××××××××××××××

××××××××××××××××××××。

— 1 —

党政机关公文首页格式（样本）

　　×××××××××××××××××××××
×××××××××××××××××××××
×××××××××××××××××。
　　××××××××××××××××××××
×××××××××。
　　××××××××××××××××××××
××××××。

　　　　附件：1. ××××××××××××
　　　　　　　2. ××××××××××××

　　　　　　　　　　××××××（印章）
　　　　　　　　　　2025 年×月×日
　　（附注：××××××××××）

────────────────────────────

抄送：×××××××，×××××××，×××××××，×
×，××××××××××。

────────────────────────────

×××××××（印发机关）　　　　2025 年×月×日印发

— 2 —

党政机关公文末页格式（样本）（续）

【思考与练习】

一、单项选择题。

1. 上行文以（　　）行文为主，除在特殊情况下才可越级行文。

　　A. 多级　　　　　　B. 逐级　　　　　　C. 同级　　　　　　D. 直达

2. 下列发文字号，格式正确的是（　　）。

　　A. 晋工商［2025］第 24 号　　　　　　B. 川教委（2025）5 号

　　C. 国办函〔2025〕9 号　　　　　　　　D. 广培［25 年］17 号

3. 签发人标注在发文字号右侧，只在（　　）公文中使用。

A. 上行文　　　　　　　　　　B. 法规性公文

C. 紧急公文　　　　　　　　　D. 知照性公文

4. 公文中联合行文的成文日期为（　　）。

A. 讨论出台日期　　　　　　　B. 最后签发机关领导人的签发日期

C. 通过日期　　　　　　　　　D. 批准日期

5. 公文一般都要加盖印章，除（　　）例外。

A. 报告　　　　B. 函　　　　C. 纪要　　　　D. 意见

6. 以下关于抄送机关的描述，正确的是（　　）。

A. 任何机关认为自己需要了解该公文的内容，都可成为抄送机关

B. 可用不规范简称

C. 除主送机关外需要执行或知晓公文内容的其他机关

D. 应标注在主题词之下左侧空两格处

二、判断题（正确的在题后括号内画"√"，错误的画"×"，并简述理由）。

1. 公文代表国家的行政职权，集中体现国家和人民的根本利益。（　　）

2. 公文文面格式可分为文头部分和行文部分。（　　）

3. 公文都应有发文机关、紧急程度、发文字号、签发人。（　　）

4. 公文都必须有签发人签署才能生效。（　　）

5. 公文份号是指该年度发文的顺序号。（　　）

6. 公文的主送机关一般都是一个，但有的公文可以没有主送机关。（　　）

7. 公文的成文日期以领导签发时间或印制完成时间为准，其位置一律在正文后面。（　　）

8. 公文都应有附件，否则文面格式不完整。（　　）

三、根据以下材料，拟写公文标题。

1. ××市农业局拟行文告知公众依法退耕还林诸项事宜。

2. ××县粮食局发布周知性公文，内容为秋季粮食收购价上浮。

3. ××市工商银行××支行从原址拆迁，与邻近××支行合并，需告知公众去新支行办理一切业务。

四、指出下面这篇公文格式上的问题。

××市人民政府文件

×× （25） 07 号

关于××××××的请示报告

×××：

×××。

附件一份

中共××市委员会（印章）
2025 年××月××日

（孟成华　刘洪仁）

第二节 几种常用党政机关公文的写作

《党政机关公文处理工作条例》中列出了15种常用的行政公文，其中几组公文在公文性质、适用范围等方面近似之处颇多，对近似文种需要先做辨析，明确其异同。

决议与决定：主要区别为是否经过会议集体讨论并表决通过。

决定与命令（令）：使用权限和表达上有区别。

公告与公报：公告多用于宣布重大消息，内容简要；公报则较具体。

公告与通告：使用者、发布内容、公布范围上有区别。

通知与通告：主要是适用对象有区别。

通知与通报：内容的侧重点不同。

意见与报告：行文方向和内容有区别。

意见与请示：行文方向和内容有区别。

请示与报告：上级要求、行文时间、文种性质和行文目的有区别。

请示与函：行文时间、方向、功能、结果有区别。

纪要与决定：适用对象、表达等方面有区别。

决定、命令（令）与通报：适用范围和程度不同。

依据15种行政公文使用范围和使用频率的不同，本书择要介绍公告、通告、通知、通报、报告、请示、批复、函、纪要9种常用公文的写作要领。

一、公告与通告

（一）公告的定义及特点

公告是用于向国内外宣布重要事项或者法定事项的公文。公告具有庄严性和权威性，其主要特点有：

1. 周知性

一般的公文只是在国内一定范围内发布，公告可向国外宣布，也常授权新华社和其他新闻媒体发布，范围广泛，周知性强。

2. 庄严性

公告发文机关的级别较高，一般由国家权力机关或国家管理机关发布，体现出庄严性。

3. 缜密性

周知性和庄严性的特点要求公告的用语谨慎、周密，态度郑重严肃，体现了缜密性。

（二）公告的分类

根据发布机关及涉及事项的性质，公告大致可以分为以下三类。

1. 知照性公告

知照性公告是向国内外告知重要事项或法定事项。例如，宣布国家领导人出访及外交活动、发布国家重大科研成果、告知大规模的军事演习等，也可以是颁布法律、法规、规章，公布选举结果等。

2. 祈使性公告

祈使性公告是在向国内外告知某一事项或宣布某一法规、规章的同时，还要求被公告对象遵守并执行有关规定的公告。例如，新华社受权公告《我国将向太平洋发射运载火箭》中，不仅告知了我国将在何年何月何日何时向太平洋发射运载火箭，同时还对有关政府的通过船只进行了要求和约束。

3. 法院公告

这是专门针对司法部门具体事务情况而张贴的公告。如开庭公告、强制执行公告、宣告死亡或失踪公告、财产认领公告、通知权利人登记公告等。这类公告应根据《中华人民共和国民事诉讼法》的规定进行发布。

（三）公告的结构和写法

公告通常由标题、正文和落款三个部分组成。下面介绍一下公告的标题和正文。

1. 标题

公告的标题有四种写法：第一种是标准的公文式标题，由发文机关、事由和文种三部分组成，如《国家税务总局关于修改〈境外旅客购物离境退税管理办法（试行）〉的公告》；第二种是省略事由，由发文机关和文种构成，如《中国证券监督管理委员会公告》；第三种是只有事由和文种，如《关于在上海银行开展定期定额申购业务的公告》；第四种是标题只保留文种，即仅以《公告》为标题。

2. 正文

公告的正文部分一般由公告背景、缘由、公告事项和结尾组成。有的公告也可以省略背景、缘由的说明，开门见山地写出公告事项。公告的结尾一般以"特此公告"或"此告"等惯用语作结。

（四）通告的定义及分类

通告是指在一定范围内公布应当遵守或者周知事项的公文。通告是机关单位广泛使用的公文，各级机关、社会团体和企事业单位都可以使用通告，其使用频率较高。

通告根据内容，可分为规定性通告和知照性通告两类。

1. 规定性通告

规定性通告是指政府部门为确保某一重要事项的执行而公布的、突出规定性的通告，如《××市公安局关于收缴非法枪支的通告》。

2. 知照性通告

知照性通告是指在一定范围内告知相关人员或有关方面需要知晓或遵守或办理的具体事项的通告，如《腾讯公司关于××业务调整的通告》《××市公安局关于换发残疾人专用车牌照的通告》等。

（五）通告的特点

1. 广泛性

各级行政机关和企事业单位均可使用通告，其使用面很广；通告可用以宣布行政措施，也可用以告知社会生活中的一些具体事项，内容涉及范围广；通告可以采取张贴、登报或广播等方式公开告知一定范围内的群众，阅读对象广。

2. 规定性

通告大多用于针对某些事项作出规定或限制，要求告知对象支持、协助或遵照执行，所以具有一定的规定性和约束力。

3. 专业性

通告的内容多涉及公安、交通、邮电、税务、市政建设、工商管理等方面的公务活动，带有专业性质，故行文中常常使用一些行业术语。

（六）通告的结构和写法

1. 标题

通告通常使用发文机关、事由、文种三项要素齐全的标题，根据需要，前两个要素也可以省去其中一项，或者两项都省略，只标明文种。

2. 正文

通告的正文一般由缘由、事项和结尾三部分构成。缘由部分阐明发布原因、目的和依据，要力求简练。事项部分要做到具体明了、含义准确、通俗易懂，便于群众理解和执行。内容较复杂的通告可分条列项地写。专业性强的通告使用行业术语时要注意适度，不宜过多过滥。结尾可以提出希望和要求，也可使用"特此通告"等惯用语，还可以不写结语而自然结束，可根据行文具体情况酌定。

（七）公告与通告的区别

1. 发布单位不同

公告的制发机关级别较高，一般由较高级别的国家行政机关和权力机关制发，一般的单位不能制发公告。而通告的制发机关通常没有限制，机关、团体、企事业单位均可制发。

2. 发布范围不同

公告用于向国内外发布重要事项和法定事项，范围广泛。而通告则有一个相对确定的较小的范围，只面向有关单位或人员发布。

3. 发布形式不同

公告一般通过新闻媒体发布，如电视、报刊等。通告可以由新闻媒体发布，也可通过张贴等形式发布。

从实际行文情况看，两者的混用主要表现在该用通告而误用公告。如某县因公路改建，要求过往车辆绕道行驶，本应发"通告"，而县交警大队却使用了"公告"。

4. 权威性不同

公告具有法定的权威性，其内容有较强的法律效力或行政约束力。规定性通告具有一定的约束力，知照性通告则注重告知性。

（八）公告、通告与启事的区别

（1）公告、通告属于党政机关公文，启事属于事务文书。

（2）公告、通告由法定机关单位制发，启事的制发者可以是机关单位，也可以是个人。

（3）公告、通告有严格的制作程序，启事的制作相对自由。

（4）公告、通告具有权威性和一定的强制性，启事一般只有祈求性或告知性，没有强制约束作用。这是公告、通告与启事的根本区别。

【例文 2-1】

中华人民共和国最高人民法院开庭公告

本院定于 2025 年 1 月 10 日上午 9 时在本院第二法庭公开开庭审理×××等十一人与××电力有限责任公司劳动争议纠纷一案。

特此公告。

中华人民共和国最高人民法院（印章）

2024 年 12 月 24 日

【例文 2-2】

关于 20××年度第九批二级建造师初始注册、增项注册人员名单的通告

根据《注册建造师管理规定》（建设部令第×××号）、《四川省建设厅关于印发〈四川省二级建造师注册管理暂行规定〉的通知》（川建发〔20××〕55 号）规定，经审核，申请初始注册二级建造师的李×等 124 人符合二级建造师初始注册条件，申请增项注册二级建造师的李×等 269 人符合二级建造师增项注册条件，准予注册。

特此通告。

四川省住房和城乡建设厅（印章）

20××年 7 月 3 日

二、通知

（一）通知的概念

通知是指用于发布、传达要求下级机关执行和有关单位周知或执行的事项的公文，是公文中使用范围最广、使用频率最高的文种。

（二）通知的特点

（1）知照性。通知的主要功能在于告知受文单位相关事项并希望其遵照办理。

（2）广泛性。通知的广泛性表现在用途多样，可用于传达上级机关的指示、向下级机关布置工作、转发或批转公文、任免或聘用干部等，使用范围十分广泛。

（3）时效性。通知事项一般都是针对现实工作的具体需要而制发的，一般要求受文机关按时处理、执行或者知晓，收文对象在处理的过程中应及时，不能延误。

（三）通知的分类

根据内容的不同，通知大体可以分为以下五类。

1. 指示性通知

上级机关对下级机关就某项工作有所指示和安排，根据公文内容不宜用命令、决定等文种，就采用指示性通知。这类通知使用起来比较灵活、自由，有较强的权威性和指挥性。

2. 批转、转发、发布性通知

此类通知用于转发上级机关、同级机关、不相隶属机关的公文和批转下级机关的公

文，也适用于制发机关颁布行政法规、规章和决定等。这类通知又可分为"批转""转发""发布"三个类型：批转性通知适用于上级机关批转下级机关的文件；转发性通知既可以是下级机关转发上级文件，也可以是平级或不相隶属的机关之间转发文件；发布性通知用于发布行政规章或印发有关文件、资料，一般此类通知发布的对象是比较重要的规章或条例。

3. 事务性通知

事务性通知用于安排和知照机关某些事项，可以布置工作，也可以提出要求，对布置的工作和提出的要求，收文单位应遵照执行。

4. 会议通知

会议通知用于告知各种会议召开的时间、地点及参会人员等信息。

5. 任免通知

任免通知用于任命和免除干部。

（四）通知的结构和写法

通知的写作形式多样、方法灵活，不同类型的通知使用不同的写作方法。通知的结构包括标题、主送机关、正文、落款等几个部分。

（1）标题。通知的标题由发文机关、事由、文种组成，也可以使用发文机关或事由加文种构成，还可以直接使用"通知"作为标题。特殊情况下可在"通知"前加上说明性词语，如"紧急通知""补充通知"等。批转、转发性通知为了避免出现"××通知的通知"之类冗长的赘语，必须将本文件的文种（"的通知"）省略，事由中的介词"关于"也随之省略，在"批转（转发）"后直接写上被批转（转发）文件的标题即可，如《××省人民政府办公厅转发××市发改委关于地震灾后恢复重建工作的通知》。

（2）主送机关。通知的主送机关即通知的告知对象。根据发文机关的职权和通知的行文目的确定主送机关是一个还是多个。一般来说，普发性通知有多个主送机关，可以采用泛称形式。周知性的或单位内部一般事务性的通知可以省略主送机关。

（3）正文。通知的正文一般由缘由、主体、结尾等构成。不同类型的通知，其正文主体部分的写法也有所区别。

指示性通知的正文主要写对某项工作的指示意见、安排决定或措施、办法，并要求下级机关贯彻执行。

批转、转发、发布性通知正文先写发文缘由、依据，然后评价批转、转发或发布的文件并提出执行文件的要求。

事务性通知的正文写法与指示性通知大同小异，只是内容相对更加单一。

会议通知要求将会议的名称、议题、主办单位、起止时间、地址、参加人员、准备材料等事项一一交代清楚。

任免通知的正文一般先写任免依据，再写任免的具体职务。

（4）落款。落款应写明发文机关、成文日期，并加盖公章。

（五）通知写作的注意事项

（1）内容要准确，措施要具体。

（2）要讲求实效和时效。

（3）语言简洁明了。

【例文 2-3】（指示性通知）

关于做好支持防汛抗旱救灾工作的紧急通知

财农便〔20××〕345 号

各省（自治区、直辖市、计划单列市）财政厅（局）农业处：

目前，全国已进入主汛期，防汛抗洪工作已进入关键时期和紧要关头，全国防汛抗洪形势十分严峻，抗灾救灾工作任务十分艰巨。各地各级财政部门要采取有力措施，进一步做好支持防汛抗旱救灾工作。现将有关事项通知如下：

一、建立顺畅的信息沟通机制。从 7 月 23 日起，在国家防总启动防汛应急 II 级响应及以上应急响应级别时，农业司水利处建立应急值班制度。有关省（自治区、直辖市）财政厅（局）农业处要及时了解掌握灾情发展变化，保持与水利处工作的联系，加强最新汛情灾情的沟通，认真做好上传下达工作，随时报告和反映防汛抗洪救灾工作相关信息。

二、加大防汛抗旱救灾资金投入力度。中央财政将根据各地灾情，及时安排拨付特大防汛抗旱资金。……

三、优先调度及时拨付防汛抗旱救灾资金。要采取切实有效措施，加快防汛抗旱救灾资金预算支出执行进度，提高资金使用的有效性和时效性。……

四、及时反馈防汛抗旱救灾资金使用管理情况。2012 年中央财政安排拨付的特大防汛抗旱补助费、应急度汛资金、山洪灾害非工程措施补助资金，各省（自治区、直辖市）财政厅（局）农业处要在 2012 年 11 月 30 日将使用管理情况报财政部农业司（水利处）。

财政部农业司（印章）

2012 年 7 月 24 日

【例文 2-4】（批转、转发、发布性通知）

××省人民政府办公厅转发教育厅等部门关于
进一步加强学校体育工作的意见的通知

×办发〔20××〕6 号

各市（州）、县（市、区）人民政府，省政府各部门、各直属机构：

教育厅、省发展改革委、财政厅、省体育局《关于进一步加强学校体育工作的意见》已经省政府同意，现转发给你们，请认真贯彻执行。

附件：《关于进一步加强学校体育工作的意见》（1 份）

××省人民政府办公厅（印章）

20××年 1 月 18 日

【例文 2-5】（事务性通知）

××省人民政府关于公布第八批省级文物保护单位名单的通知

×府函〔20××〕149 号

各市（州）、县（市、区）人民政府，省政府各部门、各直属机构：

省政府核定××省第八批省级文物保护单位（共计 484 处），现予公布。

各地、各部门要认真贯彻落实《中华人民共和国文物保护法》等相关法律法规，按照"保护为主、抢救第一、合理利用、加强管理"的工作方针，正确处理文物保护与合理利用的关系，切实做好文物保护单位的保护、管理工作。

××省人民政府（印章）

20××年×月×日

【例文 2-6】（任免通知）

关于××同志的任职通知

×府函〔20××〕×× 号

四川省××集团有限责任公司：

四川省人民政府第 113 次常务会议决定：

任命××为四川省××集团有限责任公司总经理。

请按有关规定办理。

特此通知。

四川省人民政府（印章）

20××年×月×日

三、通报

（一）通报的概念及分类

通报是适用于表彰先进、批评错误、传达重要精神和告知重要情况的公文文种。

通报的应用比较广泛，可以用于表扬好人好事、新风尚；也可以用于批评错误，总结教训，告诫人们警惕类似问题的发生；还可以用来互通情况，传达重要精神，沟通交流信息，指导推动工作。

按照通报的不同作用，可以将通报分为以下三类。

1. 表彰性通报

表彰性通报用于在一定范围内表彰先进单位或个人，介绍先进事迹，推广典型，树立榜样，鼓励学习。

2. 批评性通报

批评性通报用于批评在工作中发生、出现的重大事故、重大失误等，目的是引以为戒，防止类似错误再度发生。

3. 情况通报

情况通报用于传达重要精神或沟通重要情况。其正文部分主要是叙述情况和传递信息，内容通常较多，写作时应主次分明、叙述清晰。

（二）通报的特点

1. 典型性

通报的人和事总是具备一定的典型性，能够反映、揭示事物的本质规律，具有广泛的代表性和鲜明的个性。这样的通报发出后，才能使人受到启迪，得到教益。

2. 引导性

无论是表扬性通报、批评性通报还是情况通报，其目的都在于通过典型的人和事引导人们辨别是非，总结经验，吸取教训，弘扬正气，树立新风。

3. 严肃性

通报的内容和形式都是严肃的。由于通报是正式公文，是领导机关为了指导工作，针对真人真事和真实情况制发的，无论是表扬、批评还是通报情况，都代表着一级组织的意见，具有表彰、鼓励或惩戒、警示的作用，因而其使用十分慎重、严肃。

4. 时效性

通报是针对当前工作中出现的情况和问题而发。它的典型性、引导性都是就特定的社会背景而言的。随着客观情况的变化，一件在当时看来具有典型意义的事实，时过境迁，未必仍具有典型性。因此，通报作用的发挥与抓住时机适时通报是分不开的。

（三）通报的结构和写法

1. 标题

通报标题大多采用公文的常规写法，可以是发文机关、事由、文种三要素齐全的三项式标题，也可以省略发文机关，如果是张贴的通报可只写文种。

2. 正文

通报正文一般包括以下三部分内容。

（1）主要事实。表彰性通报要突出主要先进事迹，包括时间、地点、人物，发生了什么事，怎么做，有何结果；批评性通报要抓住主要错误事实，即将事故或错误发生的时间、地点及经过、后果等交代清楚；情况通报叙述基本事实，阐明发布通报的根据、目的、原因等。

（2）简要评析事件。表彰性通报，要指出其典型意义，或概括其主要经验；批评性通报要分析错误的性质、原因，指出其危害及应吸取的主要教训等；情况通报要叙述有关情况，并对情况作必要的阐述、评价，有时还可针对具体问题提出一些指导性的意见。

（3）希望与要求。表彰性通报和批评性通报，一般写明组织结论与予以表彰或处理的决定（有的把这一内容写在评析事件部分），同时提出对表彰或批评对象与读者的希望、要求；情况通报，在明确情况的基础上，对受文机关提出一些希望和要求。

（四）通报写作的注意事项

（1）选材要典型，要具有普遍意义。

（2）内容要真实、准确。

（3）语言平实、严谨。

【例文 2-7】（表彰性通报）：

××市教育体育局关于对 2024 年度安全工作的表彰通报

各乡镇区办中心学校、局直各学校：

2024 年，在市委、市政府的正确领导下，我市各级各类学校坚持"安全第一，预防为主，综合治理"的方针，以深入开展"安全生产年"活动为契机，牢固树立"学生安全，重于泰山"的意识，强化责任，健全制度，加强管理，深化对中小学幼儿园安全知识的普及和培训，进一步提高广大师生的安全意识，加大对学校安全隐患的专项排查治理力度，认真开展安全生产"三项行动"，按照"316"安全监管机制的要求，从健全完善学校安全长效机制入手，严格落实学校安全目标责任、安全月报、安全台账、检查通报等一系列规章制度，加强中小学幼儿园安全防范，积极开展创建"和谐平安校园"活动，为平安××建设作出了积极的贡献，确保了全市学校的财产安全和广大师生的生命安全。为树立典型，表彰先进，推动学校安全工作再上新台阶，根据《××市 2024 年学校安全工作实施意见》（×教〔2024〕9 号）及《××市教育体育局关于开展 2024 年"和谐平安校园"评选和对已获得"和谐平安校园"学校进行复验工作的通知》（×教通〔2024〕3 号）的精神和年终考核结果，经研究决定，对××市第一高级中学等 29 所中小学幼儿园命名为"××市 2024 年度'和谐平安校园'"，对×××等 60 个先进个人（附后）给予表彰奖励。

希望受表彰的单位和个人戒骄戒躁、再接再厉。同时，希望全市各学校继续坚持安全第一的思想不动摇，认真落实"一岗双责"制，抓好学校安全目标责任制，完善学校安全工作长效机制，进一步强化组织领导，加大督查力度，落实整改措施，全力消除一切学校安全隐患，确保学校师生员工的生命与财产安全，维护校园和社会稳定，为创办让人民满意的教育作出新的贡献。

附件：1. ××市 2024 年度"和谐平安校园"名单
　　　2. ××市 2024 年度学校安全工作先进个人名单

2025 年××月××日（印章）

【例文 2-8】（批评性通报）

××市卫生局关于医生张×滥用麻醉药品造成医疗事故的通报

各区县、各乡镇医疗卫生单位：

20××年 6 月 5 日晚 7 时 25 分，××县××镇××村农民李×× 因下腹部疼痛，被送到××镇卫生院治疗。该院夜班医生张×以"腹痛待诊"处理，为病人开了阿托品、安定等解痛镇静药，肌肉注射哌替啶 10 毫克。6 月 6 日下午 5 时许，该病人因腹痛加剧，再次到该卫生院治疗，医生刘××诊断为"急性阑尾炎穿孔，伴腹膜炎"，急转市第二人民医院治疗，于当晚 7 时施行阑尾切除手术。手术过程中，发现李××阑尾端部穿孔糜烂，腹腔脓液弥漫。经过积极治疗，输血 300 毫升，病人才脱离危险，但身心受到了严重的损害。

急性阑尾炎是一种常见的外科急腹症，诊断并不困难。××镇卫生院张×工作马虎，处理草率，在没有明确诊断以前，滥用麻醉剂哌替啶，掩盖了临床症状，延误了病人的治疗时机，造成了较为严重的医疗事故。这种对人民生命财产极不负责任的做法是错误的。为了教育张×本人，经卫生局研究，决定给予张×行政记过处分，扣发全年奖金，并在全市范围内通报批评。

各单位要从这次医疗事故中吸取教训，加强对职工的思想教育，增强职工的责任感，以对人民高度负责的精神，端正服务态度，提高服务质量。同时，要加强对麻醉药品的管理，认真执行××省卫生厅《关于严格控制麻醉药品使用范围的规定》，严禁滥用麻醉药品。今后如发现违反规定者，要首先追究单位领导的责任。

20××年7月25日（印章）

【例文2-9】（情况通报）

国家版权局关于2023年全国著作权登记情况的通报

国版发函〔2024〕5号

各省、自治区、直辖市版权局：

2023年，各地区著作权主管部门和各著作权登记机构坚持以习近平新时代中国特色社会主义思想为指导，全面贯彻落实党的二十大精神，深入学习贯彻习近平文化思想，扎实有序做好著作权登记工作，为推进中国式现代化建设提供了有力的版权支撑。现将2023年全国著作权登记情况通报如下。

一、总体情况

2023年全国著作权登记总量达8923901件，同比增长40.46％。

二、作品著作权登记情况

根据各省、自治区、直辖市版权局和中国版权保护中心作品登记信息统计，2023年全国共完成作品著作权登记6428277件，同比增长42.30％。

全国作品著作权登记量总体呈现大幅增长趋势，登记量较多的分别是：北京市1101072件，占登记总量的17.13％；山东省873826件，占登记总量的13.59％；福建省710648件，占登记总量的11.06％；中国版权保护中心493070件，占登记总量的7.67％；上海市412660件，占登记总量的6.42％。以上登记量占全国登记总量的55.87％。相较于2022年，河南、西藏、山东、福建、河北、江西、云南、青海的作品著作权登记量增长率超过100％；新疆、湖南、广西、内蒙古、辽宁、天津、吉林的作品著作权登记量增长率超过50％。

……

三、计算机软件著作权登记情况

……

四、著作权质权登记情况

……

国家版权局

2024年2月7日

四、报告

（一）报告的概念

报告是向上级机关汇报工作、反映情况，回复上级机关询问的公文。报告属上行文，一般产生于事中和事后。报告是机关、团体和企事业单位使用较多的汇报性公文，其目的是让上级机关了解下情。报告是一种使用范围广、频率高的文种，以说明、叙述为主，其基本内容就是反映情况或答复询问。

（二）报告的种类

报告的种类繁多，但根据《党政机关公文处理工作条例》规定，实验报告、学术报告、调查报告和可行性报告等不在党政机关公文之列。党政机关公文中的报告，我们可以从不同角度对其进行分类。

根据内容和性质划分，可将报告分为工作报告、情况报告、答复报告、建议报告和报送报告。

1. 工作报告

工作报告用于向上级机关汇报工作情况。它包括说明工作做法、进程，反映取得的成绩和存在的问题，总结工作中的经验教训等。

2. 情况报告

情况报告用于向上级机关反映情况。它包括及时汇报本地区、本部门发生的重要情况或临时状况等，目的是让上级机关及时知晓下情。

3. 答复报告

答复报告用于答复上级机关的询问。

4. 建议报告

建议报告用于向上级机关提出工作建议或具体措施。

5. 报送报告

报送报告是下级机关向上级机关报送物件或文件时，随物件或文件一起发送的报告。

根据内容范围划分，可将报告分为综合报告和专题报告。

1. 综合报告

综合报告用于向上级汇报一定阶段、一定范围内的全面或多方面的工作情况。它在内容上具有综合性、广泛性，其写作难度较大，要求较高。

2. 专题报告

专题报告是指针对某项工作、某一问题、某一事件或某一活动写成的报告，在内容上具有专一性。

（三）报告的结构和写法

1. 标题

报告的标题大多采用公文的常规写法，既可以是由"发文机关＋事由＋文种"构成的完整标题，如《××学院关于招生情况的报告》，又可以由"事由＋文种"构成，如《关于粮食政策性财务挂账停息的报告》。

2. 主送机关

报告的主送机关一般是直接上级机关，通常只有一个。

3. 正文

报告的正文因报告种类的不同而略有区别，在实际写作中应因文而异。一般来说，报告的正文由报告缘由、报告事项和结束语三部分组成。

（1）报告缘由。报告缘由用于交代报告的起因或说明报告的目的、主旨、意义。缘由要能概括说明全文主旨，开门见山，开宗明义。一般用"现将有关情况报告如下"承启下文。

（2）报告事项。报告事项是正文的核心，应将工作的主要情况、措施与结果、成效与存在的问题等分段加以表述，要以数据和材料说话，内容力求既翔实又概括。

不同类型的报告，内容上各有侧重点。

工作报告一般以成绩、做法、经验、体会、打算、安排为主，在叙述基本情况的同时，有所分析、归纳，找出规律性认识。这类报告相对篇幅较长，一般可标出序数，分条分项陈述。

情况报告一般以"情况＋原因＋教训＋措施"的结构来写，即先将情况叙述清楚，然后分析情况产生的原因，接着总结经验教训，最后提出下一步的行动措施。

答复报告一般写答复的意见或处理结果，要依据上级要求回答的问题进行写作，要写得周全而有针对性。这种报告内容针对性最强，上级询问什么，就答复什么，只答其所问，不要节外生枝。

（3）结束语。报告的结束语应另起一行，空两字书写。根据报告种类的不同，报告的结束语一般都有不同的程式化用语，工作报告和情况报告的结束语常用"特此报告""请审阅""以上报告，请审查"；答复报告多用"专此报告"。因报告是呈报性公文，所以类似"以上报告当否，请批示"的结束语是不妥当的。

（四）报告写作的注意事项

1. 要正确使用文种

对于报告，受文机关不用答复，因此，报告与请示不能混用。报告中不得夹带请示事项，否则会因报告不需批复而影响请示事项的处理和解决。

2. 要突出重点

报告的内容要根据主题的要求来安排，分清主次轻重，不要面面俱到。要注意处理好点和面的关系，既要有典型的事例，又要有面上的综合性的情况，条理清楚，逻辑严密。

3. 材料要真实

向上级机关汇报工作应该本着实事求是的原则，如实汇报，不能夸大和虚构成绩或情况，欺骗上级。所以，起草报告的人员应该在调查研究、全面掌握本单位情况的基础上撰写。

【例文 2-10】

关于全市党校工作创新座谈会会议精神贯彻落实情况的报告

××市委：

在××市委党校召开的全市党校工作创新座谈会后，我们按照会议的要求，即刻向校委成员传达了会议精神，并认真学习了××市委党校的先进经验，特别着重学习了××部长的讲话精神，结合我们××市委党校的实际，对照××市委党校进行了认真的反思，查找了总体工作存在的差距，对目前的状况进行了重新定位，提出了承认差距，迎头赶上，更新观念，发挥作用，强化措施，全面创新的总体工作思路。现将具体情况报告如下：

一、提高认识，正视差距

在向校委成员传达会议精神之后，我们又将会议精神向全体教职员工进行了层层传达，并在全体教职员工中开展了一次"对照××市委党校的先进经验，结合××市委党校的实际，再创工作新局面"的大讨论。通过讨论，大家一致认识到，面对同样的大环境，与××市委党校相比，我们各个方面都存在着差距，无论是师资队伍建设，还是教学与科研工作，无论是后勤保障能力，还是机关建设等，我们还有很多不尽如人意的地方，部门的职能作用没有充分发挥出来，自身的优势没有完全显现出来。这些问题的存在，归结起来，还是人的问题，还是思想观念的问题。对此，我们必须有个清醒的认识，要对我们的总体工作进行重新定位，正视存在的问题与差距，决不能仍像过去那样抱残守缺、故步自封，不如人家还自我满足，甚至沾沾自喜。我们要按照公主岭会议精神的要求，从努力适应新形势与任务的需要出发，从切实发挥职能作用，为经济建设服务出发，理清整体工作思路，立足于创新发展，实现党校各项工作的整体推进。

二、强化措施，努力创新

按照××市会议精神特别是××部长的讲话精神要求，结合我们××市委党校的实际，我们将以这次会议为契机，利用和争取各种有利条件，加大改革力度，树立创新理念，不断开创党校工作的新局面。

1. 建立教学及科研工作考核评价体系，全面促进教学和科研工作。……

2. 建立社会实践基地，促进教学及科研工作与实践的紧密结合。……

3. 深入贯彻"八字"方针，全面提高教师队伍的整体素质。……

4. 强化行政改革与管理，切实提高后勤保障能力。……

5. 建立激励约束机制，以人为本，共同开创党校工作的新局面。……

三、明确责任，强化领导

对于党校创新工作，要从领导班子做起，在高度重视的前提下，必须全面加强领导，这是因为各项工作都是在现有基础上的突破，都是一种新的尝试，为此，从领导干部做起，从校委成员做起，真正担负起对各项工作的有效领导，要做到人人有任务，人人有目标，人人有责任，齐抓共管，形成合力，共同开创党校工作的新局面。

中共××市委党校

××××年5月6日

五、请示与批复

（一）请示的概念与特点

请示是指下级机关向上级机关请求指示、批示或批准事项所使用的呈批性公文。根据内容、性质的不同，请示大致可分为请求指示性请示、请求批准性请示和请求批转性请示三种。各种请示都具有如下特点。

1. 针对性

只有本机关单位权限范围内无法决定的重大事项，如机构设置、人事安排、重要决定、重大决策、项目安排等问题，以及在工作中遇到新问题、新情况或克服不了的困难，才可以用"请示"行文，请示上级机关给予指示、决断或答复、批准。所以，请示的行文具有很强的针对性。

2. 呈批性

请示是有针对性的上行文，上级机关对呈报的请示事项，无论同意与否，都必须给予明确的答复，并用"批复"行文。

3. 单一性

请示应一文一事，一般只写一个主送机关，即使需要同时送其他机关，也只能用抄送的形式。

4. 时效性

请示是针对本单位当前工作中出现的情况和问题，求上级机关指示、批准的公文，需要及时发出，以使问题得到及时解决。

（二）报告与请示的区别

1. 行文目的不同

报告的行文目的是让上级机关知晓、掌握某部门、某时期的情况，一般不需要批复。请示则旨在向上级机关请求批准和指示，需要上级机关给予明确的答复。

2. 涉及内容不同

报告的内容多是反映情况、提出建议或答复询问，报告中不能写入请示事项。请示的内容具体单一，多是在下级机关无权或无力解决时向上级机关请求帮助、请求批准而作。

3. 行文时间不同

报告一般是事后行文。请示则必须是事前行文，等待上级批复后才能遵照指示执行或开展工作。

（三）请示的结构与写法

1. 标题

请示的标题大多采用公文的常规写法，既可以是由"发文机关＋事由＋文种"构成的完整标题，如《××学院关于拨款建立计算机中心的请示》，又可以省略发文机关，由"事由＋文种"构成，如《关于调整远程教育学员培训费标准的请示》。

2. 主送机关

请示的主送机关一般只能有一个，一般为本机关的直接上级机关，不得随意越级请示。除上级机关负责人直接交办的事情外，其他情况下，不得擅自以本机关名义直接向上级机关领导个人呈送相关文件。受双重领导的机关在行文时，应根据办理情况主送一个领导机关，抄送另一个领导机关。

3. 正文

请示的正文一般由请示缘由、请示事项和请示要求三部分组成。

请示缘由一般是写请示问题或事项的原因、背景、理由。这部分要求事实清楚，理由充足，因为它是上级机关批准的依据，只有把缘由讲清楚，再写请示的事项，这样才有说服力。

请示事项是请示的核心，要将请示上级机关给予指示、批准或批转的具体问题及事情说清楚，请求上级机关作出答复。提出请示事项要详细，阐述说明道理要充分。如需要上级机关审核、批准的事项，要进行具体细致的分析，还可提出处理意见和倾向性意见，供领导参考。提出的请示要符合有关方针、政策，切实可行。

请示要求是请示的结尾部分，为了使请示的事项得到答复，发文机关应明确提出解决问题的方法或途径。请示的结语语气要谦恭，常用的结语有"是否妥当，请批示""以上请求，请批复""特此请求""以上请求，请审批"或"以上意见如无不妥，请批转××执行"等。结语一般另起一行空两字书写。

（四）请示写作的注意事项

1. 坚持一事一文

写请示必须一事一文，不能一文数事，以免上级机关不好批文而贻误工作。

2. 避免多头请示

请示应只主送一个机关，切忌多头主送，以免出现单位之间互相推诿的情况，延误工作。

3. 不可越级请示

在一般情况下不得越级请示，应根据隶属关系和职权范围逐级进行请示。如果因情况特殊或事项紧急必须越级请示时，要同时抄送被越过的上级机关。

4. 不可将请示和报告混用

把"……的请示"写成"……请示报告"或"……报告"都是错误的。

5. 请示不得抄送下级机关

请示是上行文，不得同时抄送下级机关，更不能要求下级机关执行上级机关未批准的事项。

6. 语言要谦恭

请示的语气必须谦恭，要尊重上级，不要有要挟、命令、催促的口吻。在写请示事项时，应用"我们拟"怎么办，不应用"我们决定"怎么办。

（五）批复的概念及特点

批复是指上级机关对下级机关来文所提出的请示而表明态度或作出明确回答的公文，是一种下行文。

批复是用于答复下级机关请示事项的回复性公文，其制作和应用一般以下级的"请示"为前提。上级机关应该用"批复"予以答复的常见情形如下：当下级机关的工作涉及方针、政策等方面的重大问题，报请上级机关审核批准时；当下级机关在工作中遇到新情况、新问题，无章可循，报请上级机关给予明确指示时；当下级机关遇到无法解决的具体困难，报请上级机关给予指导帮助时；当下级机关对现行方针政策、法规等有疑问，报请上级机关予以解答时；当下级机关因重大问题有意见分歧，报请上级机关裁决时；等等。除此之外，有时"批复"还被用来授权政府职能部门发布或修改行政法规和规章。

（六）批复的结构和写法

1. 标题

批复的标题一般由"发文机关＋事由＋文种"三部分组成，如《国务院关于〈深圳市国土空间总体规划（2021—2025）〉的批复》。有的批复在标题中直接表明对下级请示事项的态度，如《济南市人民政府关于同意明珠园地名命名的批复》。批复的标题有时也可省略发文机关，但不能省略事由。

2. 主送机关

批复的主送机关即请示机关。批复随请示产生，主送机关应专指，若是具有普遍指导意义的批复，可用抄送形式或另外行文。

3. 正文

批复的正文一般由批复引语、批复事项和批复结语三部分组成。

批复引语要说明来文名称，表明批复依据，点出批复对象。一般的写法是引述来文的标题及文号，如"你市《关于划定××市××自来水厂天池湖水源地保护区范围的请示》（××府〔20××〕36号）收悉"，以"现批复如下"作为过渡，引出下文。

批复事项是批复的核心内容，它针对请示中提出的问题给予答复或指示。如果同意请示事项，就直接给出肯定性答复；如不同意，在写明不同意或不批准时还要写明原因和依据；如果是"基本上同意"或"原则上同意"，就一定要写明修正意见或补充处理办法。值得注意的是，批复态度一定要明确、鲜明，不能含糊不清、模棱两可。

批复结语一般用"此复""特此批复"或"专此批复"等惯用语。

【例文 2-11】

关于申请增加办公设备的请示

××市财政局：

随着业务拓展和工作任务增加，我单位现有办公设备老化且数量不足，严重影响工作效率和质量。为保障工作顺利开展，现申请增加部分办公设备，具体如下：

一、现有情况

我单位现有办公电脑20台、打印机5台、复印机2台、传真机1台，多为2016年购置，使用年限已达9年，老化严重，故障频发，无法满足多人同时办公和复杂业务需求。

二、申请增加设备及预算

办公电脑：申请增加10台，单价约5000元，预算50000元。

打印机：申请增加5台（彩色2台、黑白3台），彩色打印机单价约为3000元，黑白打印机单价约为1500元，预算为12000元。

复印机：申请增加2台，单价约10000元，预算20000元。

网络设备：申请增加4台交换机、2台路由器，交换机单价约为1500元，路由器单价约为800元，预算为8600元。

其他设备：申请增加2台扫描仪、3台碎纸机，扫描仪单价约为1200元，碎纸机单价约为800元，预算为5200元。

总预算为96800元。

三、采购计划

拟采用公开招标方式采购，计划于202×年8月启动，202×年10月完成并投入使用。

增加办公设备对提升工作效率、保障工作质量、适应业务发展至关重要，恳请上级单位批准并给予资金支持。

以上请示妥否，请批示。

××市××区市场监督管理局

202×年6月21日

【例文 2-12】

关于 20××年地方政府债券转贷资金建设项目的请示

××省财政厅：

根据财政部《关于做好发行 20××年地方政府债券有关工作的通知》（财预〔20××〕29 号）和省财政厅《关于做好 20××年地方政府债券转贷资金管理工作的通知》（×财预〔20××〕39 号），核定我市 20××年地方政府债券转贷规模为 4100 万元，其中 3 年期债券 2050 万元，5 年期债券 2050 万元。

我市拟将 20××年地方政府债券转贷资金安排为：××市 20××年公共租赁房建设项目，配套资金 4100 万元。

妥否，请批示。

附件：××市 20××年地方政府债券资金项目安排情况表（略）

××市人民政府（印章）

20××年 7 月 2 日

六、函

（一）函的概念及特点

函作为公文中唯一的平行文种，其适用范围相当广泛。在行文方向上，函不仅可以用于平行机关之间行文，而且可以用于不相隶属的机关之间行文，也可以用于向上级机关或下级机关行文。它除了主要用于不相隶属机关相互商洽工作、询问和答复问题外，也可以向有关主管部门请求批准事项，向上级机关询问具体事项；还可以用于上级机关答复下级机关的询问或请求批准事项，以及上级机关催办下级机关有关事宜。此外，函有时还可用于上级机关对某件原发文件作较小的补充或更正等。

函具有如下几个特点。

1. 沟通性

函对于不相隶属机关之间相互商洽工作、询问和答复问题，起着沟通作用，充分显示平行文种的功能，这是其他公文所不具备的特点。

2. 灵活性

函的灵活性表现在两个方面：一是行文关系灵活。函是平行公文，但是它除了平行行文外，还可以向上行文或向下行文，没有像其他文种那样严格的行文关系限制。二是格式灵活，除了国家高级机关的公函必须按照公文的格式、行文要求行文外，其他一般便函比较灵活自由，可以不按照公文的格式及行文要求办：可以有版头，也可以没有版头；可以不编发文字号，甚至可以不拟标题。

3. 单一性

函的主体内容应该具备单一性的特点，一份函只宜写一件事情。

（二）函的分类

函可以从不同角度进行分类。

（1）按性质划分，函可以分为公函和便函。公函用于机关单位正式的公务活动往来，便函则用于日常事务性工作的处理。便函不属于正式公文，没有公文格式要求，甚至可以不要标题，不用发文字号，只需要在尾部署上机关单位名称、成文时间并加盖公章即可。

（2）按发文目的划分，函可以分为发函和复函。发函也叫去函，是主动发出的函。复函则是为回复对方来函而发出的函。

（3）按内容和用途划分，函可以分为商洽函、询问答复函和请求批准函。

① 商洽函。商洽函多用于平行机关和不相隶属机关之间商洽工作或联系相关事项。

② 询问答复函。询问答复函多用于机关或部门之间相互询问、答复问题。

③ 请求批准函。请求批准函用于向平级机关、无隶属关系的业务主管部门请求批准涉及其职权范围内的相关事项。

应当注意请示和请求批准函的区别：请示是向有隶属关系的上级机关行文，在行文关系上属于上行文；请求批准函则是向没有隶属关系的有关主管部门或职能单位行文，从行文关系上看多数为平行文。受文机关收到"请示"要用"批复"回复，收到"请求批准函"则用"复函"回复。

此外，还有通知事宜函、催办事宜函、邀请函、转办函、催办函、报送材料函等。

（三）函的结构和写法

1. 标题

函的标题可由"发文机关＋事由＋文种"构成，也可由"事由＋文种"构成，如《关于毕业生分配问题的函》。函的文种与其他公文稍微有些差异，如果是去函，文种只写"函"，如《××市劳动局关于工伤确认等问题的函》；如果是复函，则文种要写"复函"，如《劳动部办公厅关于工伤确认等问题的复函》。复函的标题除了"发文机关＋事由＋文种"的形式外，还可在文种前写明复函的对象，如《国务院办公厅关于悬挂国徽等问题给××省人民政府办公厅的复函》。公函标题下方应有发文字号。

2. 正文

函的正文一般由缘由、主体、结语三部分组成。

发函的缘由一般概括交代商洽、请求、询问或告知事项的目的、依据、背景、原因等；复函的缘由一般首先引述来函的日期、发文字号、标题等，如"你单位××××年×月×日××〔2025〕×号函收悉"或"××××年×月×日《关于……的函》收悉"，接着简要复述对方提出的问题和要求，然后用"现将有关问题说明如下"，或"现将有关事项函复如下"等过渡语转入下文。

发函的主体部分一般要写清楚商洽、请求、询问或告知事项的主要内容，并向对方提出希望或要求，或希望对方协助解决某一问题，或希望对方给予合作支持，或请求对方给予批准等；复函的主体部分要有针对性地写明答复事项，针对发函所提出的请求、询问等问题作出具体明确的答复。

函的结束语的用词和语气要谦和诚恳、平实得体，但不要用客套话和寒暄语。发函，按是否要回复的要求用不同的惯用语，如要对方回复，一般用"特此函询，请函复""即请函复""敬请大力支持为盼"；如无须对方回复，一般用"特此函达""特此函告"等。复函的结束语一般用"此复""特此函复"等。

【例文 2-13】

国家发展改革委等部门关于同意长三角地区启动建设全国一体化算力网络国家枢纽节点的复函

发改高技〔2022〕211 号

上海市、江苏省、浙江省、安徽省发展改革委、网信办、工业和信息化主管部门、通信管理局、能源局：

转来《关于报送〈全国一体化算力网络长三角国家枢纽节点建设方案〉的请示》（沪发改高技〔2021〕151 号）收悉。经研究，现函复如下：

一、同意在长三角地区启动建设全国一体化算力网络国家枢纽节点（以下简称"长三角枢纽"）。

二、长三角枢纽要充分发挥本区域在市场、技术、人才、资金等方面的优势，发展高密度、高能效、低碳数据中心集群，……

三、长三角枢纽规划设立长三角生态绿色一体化发展示范区数据中心集群和芜湖数据中心集群。……

四、长三角生态绿色一体化发展示范区、芜湖数据中心集群应符合新型数据中心发展要求，尽快启动起步区建设，逐步落地重点建设项目。……

五、长三角生态绿色一体化发展示范区、芜湖数据中心集群应抓紧完成起步区建设目标：数据中心平均上架率不低于 65%。……

六、长三角枢纽要统筹好区域内在建和拟建数据中心项目，设置合理过渡期，确保平稳有序发展。自 2022 年 3 月起，有关进展情况于每季度末报国家发展改革委、中央网信办、工业和信息化部、国家能源局。

国家发展改革委

中央网信办

工业和信息化部

国家能源局

2022 年 2 月 7 日

（四）例文评析

下面以【例文 2-14】的公函为例，分析其不当之处，请对照检查。

【例文 2-14】

公　函

××大学校长：

首先，我们以××省财经学院的名义，向贵校致以亲切的问候。我们以崇敬和迫切的心情，冒昧地请求贵校帮助解决我校当前面临的一个难题。

事情是这样的：最近，我们经与××学院磋商，决定派 10 位老师到该院进修学习。只因该院正在大兴土木改造扩建，以致本院职工的住房和学生的宿舍及教室破旧拥挤。我校 10 位进修教师的住宿问题，虽几经协商，仍得不到解决。然而举国上下，与时俱进，培养人才，时不我待，我校 10 位教师出省进修学习机会难得，时间紧迫，任务繁重，要使他们有效地学习，则住宿问题是亟待解决的。

为此，我们在进退维谷的情况下，情急生智，深晓贵校府高庭阔、物实人齐，且具有宽大为怀、救人之危的美德。于是，我们抱着一线希望，与贵校商洽，能否为我校进修教师的住宿问题提供方便条件。但不知贵校是否有其他困难，如有另外的要求和条件，我校则尽力相助。若贵校对于住宿一事能够解决，我校进修教师在住宿期间可为贵校的教学事务做些义务工作，如辅导学生和批改作业等，这样可以从中相得益彰。我们以校方的名义向贵校表示深深的感谢。

以上区区小事，本不值得惊扰贵校，实为无奈，望谅解。并希望尽快得到贵校的答复。

××省财经学院（印章）

2025 年 04 月 08 日

评析：

（1）标题不对，应为"关于×××××××××的函"，并在标题下标上发文字号。

（2）主送机关不当。公文不能写给领导个人，应是"××大学"。

（3）正文写作表述啰唆，用语不得体，请求不合理。① 未能开门见山地直陈此函的目的，却在客套寒暄；② 请求帮助要在合情合理的情况下才能提出，此函以帮助辅导学生和批改作业作为交换条件，而该财经学院的教师其实并没有辅导对方学生和批改作业的资格；③ 语言分寸失当，有献媚之嫌，如"为此……救人之危的美德""我们以校方的名义向贵校表示深深的感谢"等；④ 语言不够严谨、简洁，如"事情是这样的……则住宿问题是亟待解决的""以上区区小事……希望尽快得到贵校的答复"等。

（4）成文日期不规范，应写成"2025 年 4 月 8 日"。

七、纪要

（一）纪要的概念与特点

纪要适用于记载会议主要情况和议定事项。纪要是指根据会议情况、会议记录和会议有关资料，经过整理形成的概括性文件，可以上报、下达，也可以作存档之用。任何类型的会议都可印发纪要，尚待决议的或者有不同意见的问题，也可以写入纪要中。

纪要有以下几个特点。

1. 内容的纪实性

纪要必须是会议宗旨、基本精神和所议定事项的概要纪实，不能随意增减和更改内容，任何不真实的材料都不得写进会议纪要。

2. 表述的纪要性

纪要必须精其髓、概其要，以极为简洁精练的文字高度概括会议的内容和结论，既要反映与会者的一致意见，又可兼顾个别同志有价值的看法。有的纪要还要有一定的分析说理。

3. 作用的限定性

纪要下发给有关单位，要求有关单位及人员认真领会会议精神，贯彻执行会议议定事项，这种作用是限定性的。

4. 称谓的特殊性

纪要一般采用第三人称写法。由于纪要反映的是与会人员的集体意志和意向，所以常以"会议"作为表述主体，常用"会议认为""会议指出""会议决定""会议要求""会议号召"等来引出主要内容。

（二）会议记录与纪要的区别

1. 性质不同

会议记录是讨论发言的实录，属事务文书。纪要则是对会议情况和会议精神准确、精练的综合性概括，是党政机关公文。

2. 功能不同

会议记录主要用于"记载"，一般不公开，无须传达或传阅，只作资料存档。纪要则通常要在一定范围内上传和下达，且有一定的约束力，要求贯彻执行。

（三）纪要的结构和写法

纪要在结构上与其他公文有所不同，有的纪要可以省略版头、主送机关、落款及印章。

1. 标题

纪要的标题常见的有几种：一是由"会议名称＋文种"组成，如《开发区经济工作研讨会纪要》；二是由"召开会议的机关＋内容＋文种"，如《××市2024年重大项目推进工作领导小组第一次会议纪要》，也可省略召开会议的单位，如《关于企业改制问题的会议纪要》；三是双标题，正标题表明会议主旨，副标题交代会议名称、范围、文种，如《抓住机遇，扩大开放——沿江五市对外开放研讨会纪要》。

2. 正文

纪要的正文一般由开头、主体和结尾三部分组成。

（1）开头。纪要的开头一般介绍会议概况，包括会议的名称、目的、时间、地点、届次、参加人数、参会单位、主持人、议程、进展情况、主要成果以及对会议的总体评价等。这部分表述完毕后，可用"会议纪要如下"或"会议确定了如下事项"等惯用语为过渡，转入主体部分。

（2）主体。主体是纪要的核心部分，要根据会议的中心议题，按主次、有重点地写出会议的内容和成果。主体一般包括会议的主要精神、会议议定的事项、会议上达成的共识、对今后工作的安排、会议的各种主要观点及争鸣情况等。主体常用的写法一般有以下三种。

一是条文式，就是把会议的主要内容分成几个大的问题，然后加上标号或小标题，分项来写。这种写法适用于大中型会议或议题较多的会议。

二是综述式，就是把讨论研究的主要问题、与会人员的共识、议定的有关事项，进行整体的阐述和说明。多用"会议认为""会议指出""会议提出"等惯用语作为各层意思的开头语，以体现内容的层次感。这种写法适用于小型会议，讨论的问题比较集中且单一。

三是记录式，就是按照会上发言顺序或不同内容的有关发言顺序，把与会人员的发言要点记录下来。一些重要的座谈会纪要常用这种写法。

（3）结尾。结尾通常用来强调会议的意义，提出希望和要求，发出号召等，也可省略结尾。

（四）纪要写作的注意事项

（1）要准确反映会议的真实情况和基本精神。没有取得一致意见的，一般不写入纪要。对少数人意见中的合理部分，也要注意吸收。

（2）要对会议材料作出高度概括。例会和办公会议、常务会议的纪要，重点要将会议所研究的问题和决定事项逐条归纳，做到条理清楚、简明扼要。

【例文 2-15】

××新区管委会第一次全体会议纪要

（2024 年 10 月 31 日）

10 月 20 日，省政府召开××新区管委会第一次全体会议，贯彻落实中央和省委省政府决策部署，研究部署××新区规划建设发展工作。有关部门负责同志参加会议。会议听取了××新区获批两年来规划建设及××新区"十三五"发展规划基本思路和总体规划评估完善等情况汇报，审议了××新区管委会及办公室工作规则，对下一步工作作了安排。

会议指出，国务院批复设立××新区两年来，各相关地方和省直部门认真贯彻落实中央和省委省政府决策部署，履职尽责、主动作为，大力推进××新区各项建设，新区基础设施逐步完善、产业集聚效应初显、区域开发有序推进、双创活力不断激发，具备了全面加速、提升发展的基础条件。……

会议要求，全省各条战线、各个方面要加强协调配合，为××新区建设发展提供有力保障。××新区管委会要强化组织领导，发挥牵头抓总作用。……

会议议定以下事项：

一、原则同意××新区管委会及办公室工作规则。××新区办要根据会议意见对规则进行修改完善，强调工作效率，突出责任担当，明晰管委会及办公室职责，征求各方意见后按程序报审实施。

二、做好××新区总体规划新一轮修编。……

三、开展××新区发展规划研究编制。……

【思考与练习】

一、在下列公文标题的横线上填上合适的文种

1. A 市公安局关于查禁赌博的_____

2. 国务院关于批转节能减排统计监测及考核实施方案的_____

3. B 市××区教育局 2025 年工作_____

4. 省医药公司关于急需防疫救灾药品收购资金的_____

5. 国务院办公厅关于成都皮影博物馆冠名问题的_____

二、单项选择题

1. 因道路整修，需改变两条公交汽车行驶路线，拟行文将此事告知市民，应使用的文种是（　　）。

A. 报告　　　　　B. 通告　　　　　C. 公告　　　　　D. 通知

2. ××厂拟向市工业局汇报地震中本厂损失的情况，形成公文用的文种是（　　）。

　　A. 报告　　　　　　B. 请示　　　　　　C. 通报　　　　　　D. 简报

3. 下列标题中，使用文种错误的是（　　）。

　　A.《中华人民共和国全国人民代表大会公告》

　　B.《××省公安厅关于好民警×××先进事迹的通报》

　　C.《湖南省人民政府关于大力开展农田水利建设的公告》

　　D.《××市人民政府关于承办202×年世界鲜花博览会的有关决定》

4. ××县农业局拟行文请求市农业局邀请一些农业专家到县里进行农业知识培训讲座，应使用的文种是（　　）。

　　A. 请示　　　　　　B. 报告　　　　　　C. 通告　　　　　　D. 申请

5. 下列通知的标题中，正确的是（　　）。

　　A.《××市人民政府批转省卫生厅关于做好防治血吸虫病的通知》

　　B.《××市国土局转发〈省国土局转发［财政部关于报送来信来访工作统计的通知］的通知〉的通知》

　　C.《××县人民政府转发×财政〔2025〕4号文的通知》

　　D.《××大学关于应届毕业生户籍迁移问题的通知》

三、判断题（正确的在题后的括号内画"√"，错误的画"×"，并简述理由）

1. 公告体现了庄重性、严肃性，用语应谨慎、周密。（　　）

2. 公告的事项具有较强的法律效力或行政效力。（　　）

3. 任何党政机关、团体、企事业单位都可以发布公告。（　　）

4. 通知适用于批转下级机关的公文，转发上级机关和不相隶属机关的公文，传达要求下级机关办理和需要有关单位周知或者执行的事项。（　　）

5. 转发性通知的主要任务在于"转发"，只要附上被转发的文件全文即可。（　　）

6. 通报适用于表彰先进、批评错误、传达上级重要精神或情况。（　　）

7. 报告是用于向上级机关汇报工作、反映情况、答复询问的一种上行公文。（　　）

8. 凡是下级机关无权或无力解决，以及按规定应由上级机关决断的问题，都应该向上级机关行文请示。（　　）

9. 批复总是针对下级机关的请示被动行文，其内容也是针对下级机关来文的请示事项作出答复，不能答非所问，节外生枝。（　　）

10. 请求批准函是向上级机关请求批准的一种公文。（　　）

11. 纪要既可以上报，也可以下达，还可以用于和其他有关单位互通情报，相互交流。（　　）

12. 纪要主要作为资料存档，一般不公开。（　　）

四、简答题

1. 简述请示与报告的区别。

2. 某乡的广播电视站在一次泥石流灾害中遭到严重破坏，灾后无法正常工作。为尽快修复广播设施，正常开展工作，该站拟撰文请求上级拨款重建广播电视站。李某认为，为了争取各级领导的支持，应该写成请示，主送县广播电视局、县财政局、县政府、地区广播电视局和省广播电视厅等部门。而刘某则认为，主要是反映受灾情况，因此应该写成情况报告，而且县广播电视局也拨不出经费，所以只需要主送到县政府就行了。这些说法对不对？你认为应该怎么办？请说明理由。

3. ××县希望小学请求县政府拨款 100 万元新建学生宿舍，该县副县长对校领导说："打个报告给我，我批给你们。"这种说法、做法对不对？为什么？

五、阅读分析题

1. 阅读下文，指出文中的错误。

通　告

我厂因铺设煤气管道，需挖断厂门外 308 国道公路，过往车辆需绕道而行，否则一切后果自负。

××车辆厂（印章）

2025 年 3 月 13 日

2. 阅读下文，指出文中内容、格式和语言上存在的问题。

×县财政局文件

×财政（2024）31 号　　　　　　签发人：孙××

关于同意拨款修复县文化活动中心的通知

在 2024 年×月×日，我县文化活动中心因意外火灾被烧毁。现已收到县文化局《关于请求拨款修复文化活动中心的请示》，完全同意《请示》意见，并已将所要求款项拨至文化局，请尽快开展修复重建工作。

特此同意。

县财政局（印章）

2024 年×月×日

六、写作题

1. 根据以下材料，拟写一份转发性通知。

××××年×月×日，教育部向各省教育厅发布了教专字〔××××〕×号《关于执行〈中等职业学校学生学籍的暂行规定〉的通知》。请你以 S 省教育厅的名义，向隶属的各地市教育局转发该文件。

2. 自己拟定发文机关、被通知对象及内容，拟写一份会议通知。

3. 结合学校近期开展的某项活动拟写一篇通报，可以通报批评，也可以通报表彰，或者通报某一具体情况。

4. 根据班内最近一次主题班会的内容，形成一份纪要。

（孟成华　刘洪仁）

第三章　事务文书写作

第一节　概　述

一、事务文书的性质及作用

事务文书是党政机关、社会团体、企事业单位以及个人处理日常事务的一种具有特定格式的应用文体。事务文书通常具有沟通信息、宣传教育、安排工作、总结经验、研究问题和推介自我的作用。事务文书是应用写作的重要组成部分，在日常工作和生活中使用极为普遍和广泛。

二、事务文书的特点及种类

（一）事务文书的特点

1. 指导性

事务文书用于推动实际工作，解决实际问题，针对现实生活中的情况或工作中存在的问题进行报道、总结、研究，因此具有一定的指导性。

2. 实用性

事务文书在日常生活和工作中可以传达信息、交换意见、沟通情况、商洽事务，具有很强的实用性。

3. 真实性

事务文书要反映实际工作中的新情况、新经验、新问题，具有真实性的特点。

4. 灵活性

较之公务文书，事务文书的体例格式更加灵活自由。在表达方法上，它也更加多样化，常常是叙述、议论、说明综合运用，有些文体的语言也可生动活泼，而不像公务文书那样严谨刻板。

（二）事务文书的种类

事务文书的种类很多，依据其性质与作用的不同，可分为如下几类：

（1）计划总结类，如计划、总结、述职报告等。

（2）宣传报道类，如简报、调查报告等。

（3）规章制度类，如章程、制度、规则等。

（4）会议文稿类，如开（闭）幕词、讲话稿、提案等。

（5）专用书信类，如感谢信、祝贺信、申请书等。

此外，事务文书根据适用对象还可以分为个人类事务文书和公务类事务文书。

本章主要介绍计划、总结、述职报告、简报、调查报告、专用书信和自荐书的写作。

三、事务文书的写作要求

个人类事务文书（如个人简历、自荐书等），必须以真实客观为基础，如实地进行表述，才能达到写作者的目的。

公务类事务文书，处理的日常事务是公务，也属于广义的公文范畴。它与狭义的公文（15 种常用的党政机关公文）的区别在于：一是没有统一规定的文本格式；二是不能单独作为文件发文，需要时只能作为公文的附件行文；三是必要时它可公开面向社会，或提供新闻线索（如简报），或通过媒体宣传（如经验性总结、调查报告等）。

事务文书的撰写必须以法律规定为依据，不能与现行政策和法规相抵触；要了解实际情况，进行深入细致的调查研究，尽可能多地收集、积累材料；要具有科学的可行性，能解决工作或生活中的实际问题。

事务文书的格式虽然不像行政公文那样程式化，但许多文种的格式也有约定俗成的特点。在结构方面，事务文书要求开门见山，突出重点，层次分明；在语言方面，要求用语准确恰当，尤其是公务类事务文书，要讲究遣词造句，不能出现歧义，表述不能模糊。

（高　睿）

第二节　计划、总结、述职报告

一、计划

（一）计划的性质和特点

1. 计划的性质

计划是指机关、单位、团体和个人对未来一定时期内要完成的任务，提出明确目标，规定具体要求，制定相应措施，作出切实安排的一种文书。日常生活中的"方案""要点""安排""打算""规划""设想"等都属于计划的范畴。

2. 计划的特点

（1）预见性。计划是事先对活动所做的安排与打算，而任何事物在其发展过程中都可能会发生一定的变化，为实现预定目标，必然要对活动过程中可能出现的情况进行分析与估计，并对可能出现的困难、问题等提出切实有效的措施和方案。这样才能确保计划顺利进行，并达到预定目标。

（2）可行性。一份完善的计划必须有为实现具体目标而制定的可行措施、办法和要求，而且各项措施、办法和要求必须具体明确、切实可行、符合实际。

（二）计划的种类

计划的种类很多，按照不同的标准，可以分为以下几种。

（1）按性质分，计划可分为综合性计划和专题性计划。综合性计划又称总体计划，是对某一单位或部门在一定时期内的所有工作作出的全面安排和计划。专题性计划又称单项计划，是对某一方面的工作作出的安排和计划。

（2）按范围分，计划可分为国家计划、地区计划、系统计划、单位计划、个人计划等。

（3）按时间分，计划可分为长期计划、中期计划、短期计划。

（4）按形式分，计划可分为条文式计划、表格式计划、条文加表格式计划等。

（三）计划的结构与写法

计划没有固定不变的格式，可以写成一篇叙述的文字，也可以分条分项列出，还可以采用表格的形式，或者把几种方法综合运用。总之，应根据实际情况而定。一般来说，计划应包括以下三个部分。

1. 标题

计划的标题一般包括制订计划的单位、适用期限、事由和文种。如《成都师范学院 60 周年校庆实施方案》，这个标题各要素俱全，专题性计划的标题常采用这种写法。也有些计划的标题有所省略，如《××市税务局 2025 年第三季度工作要点》，标题没有涉及计划的内容，这是综合性计划标题的一般写法。如果制订的计划还不够成熟，需试行一段时间，待征求意见后再进行修改定稿，或者还未经过法定的会议讨论通过，可在标题后或下方加上"初稿""草案"等字样，并加括号。

2. 正文

正文是计划的主体部分。这部分通常包括前言、目标和任务、步骤和措施、结语等几个部分。

（1）前言。前言应根据需要撰写，做到简明扼要。一般写制订计划的指导思想，当前形势要求，本单位、部门的基本情况，计划的总任务、目的、要求，等等。

（2）目标和任务。计划要明确地写明在一定期限内必须完成哪些任务，实现什么目标，做哪些事，数量上和质量上有什么要求等，使计划执行者一看便知道准备做什么、做多少、什么时间完成、由哪个部门负责执行等。

（3）步骤和措施。明确任务后，计划要根据主客观条件，设计必要的步骤和措施，以保证任务的完成。步骤是指工作的程序和时间安排。措施主要是指达到既定目标需要采取什么方法，动员哪些力量，创造哪些条件，排除哪些困难等。

总之，计划的正文要按照"做什么—怎么做—做到怎样"的顺序来安排结构内容，只有这样才能简明、全面、清楚地制订好计划。

（4）结语。正文的末尾提出希望和号召。有的也可不写结语，事项写完后自然结束。

3. 署名和日期

正文之后要写上制订计划的单位名称与制订计划的日期。如果标题中已标明单位名称，则可省略制订计划的单位，写明制订计划的日期即可。与计划相关的一些材料，可以以附件的形式附在正文后。

（四）计划写作的注意事项

1. 调查研究，实事求是

制订计划前，必须深入实际，认真调查研究，分析主客观条件，尽可能预测计划执行过程中的困难和问题。制订计划时要从实际出发，任务和指标应是经过各方面的努力可以达到的理想指标，既不要过高，也不能过低。过高，难以实现和完成；过低，起不到指导和激励的作用。遇到特殊情况可及时作出调整，采取相应措施，以保证计划顺利完成。

2. 内容具体明确，语言简明扼要

计划是为未来的工作作出的安排和规划，为了收到良好的效果，计划的整体设想要明晰，并将实现目标的途径和办法分条罗列出来。计划切忌语言含糊、职责不清，使之无法落实和检查。计划的内容一般要分条列项来写，叙述要平直，说明要简洁。如内容较多，可增设小标题加以区分。

3. 要有针对性和灵活性

计划的内容既要全面，又要有针对性，重点要突出。在制订计划时，要针对本单位、本部门的工作重点，保证计划能够反映出当前要解决的主要问题。计划是根据客观情况制订的，但客观情况常常发生变化，所以制订计划还要有灵活性，应留有一定的余地，当某种未预见的因素发生时，计划能及时调整、完善和补充。

【例文 3-1】

××公司××××年流动资金定额的工作计划

根据上级关于核定流动资金定额通知的精神，结合本公司的实际情况，提出本公司核定××××年度流动资金定额工作的计划如下：

一、目的和要求

在去年核资的基础上，结合增产节约活动中暴露的问题，发动群众挖掘资金潜力，按照正常生产最低需要的原则和加速资金周转的要求，从紧核定资金金额。通过核资，认真建立健全制度，进一步提高公司管理水平。

二、时间、方法、步骤

（一）时间为一个月，自即日起至×月底止。

（二）本次核资采取分级归口、自查自核、专业部分协助的方法进行。具体做法是：……

（三）核资工作分三步进行。……

三、具体安排

……

××××年×月×日

二、总 结

（一）总结的性质和特点

总结是指对某一阶段的学习、生产、工作或思想情况进行回顾、检查、分析和研究，从理论认识的高度概括经验教训的书面材料。总结的目的是肯定成绩，找出问题和不足，揭示事物的本质和规律，以指导今后的工作。

总结具有如下几个特点。

1. 自我性

总结是对自身社会实践进行回顾的产物，它以自身工作实践为材料，采用第一人称写法，其中的成绩、做法、经验、教训等都有自指性特征。

2. 客观性

总结是对前段工作和学习进行全面回顾、检查，因而要尊重客观事实，以事实为依据，所列举的事例和数据都必须完全可靠，确凿无误。不得移花接木、张冠李戴，也不允许随意虚构、主观臆造。

3. 理论性

总结不能停留在事实的表层作一般的陈述，必须按照"实践是检验真理的唯一标准"的原则，正确地反映客观事物的本来面目，认真地评论得失，对事实材料进行科学分析，就事论理，从理论的高度概括经验教训，得出客观事物带有规律性的结论。

4. 目的性

成绩、经验、教训等都已成为过去，总结的根本目的在于发扬成绩，增强信心，吸取教训，做好下一段的工作。总结是指导未来，回答"怎么做"的问题，体现了其目的性。

（二）总结的种类

按性质分，总结可分为综合性总结、专题性总结等。

按范围分，总结可分为个人总结、单位总结、地区总结等。

按时间分，总结可分为月总结、季度总结、年度总结等。

按内容分，总结可分为工作总结、学习总结、思想总结等。

在实践中，这些分类只是相对的，实际写作中它们之间往往相互交叉、彼此兼容。

（三）总结的结构和写法

由于总结的种类不同，因此其具体写法也多种多样，但是基本内容不外乎情况回顾、经验教训、存在的问题和今后的打算等几个部分。其具体结构一般如下。

1. 标题

总结的标题大多由单位名称、时间界限、内容和文种四个要素构成，如《××市××学院 2025 年上学期工作总结》；也可以不写单位名称，如《2024 年工作总结》，如果采用这种标题，则要在落款处署上单位名称。

2. 正文

这部分是总结的重点，其内容一般包括以下几个方面。

（1）基本情况。简要交代总结的缘由、依据，所涉及的时间、地点、事情的概况及有关的条件等。

（2）主要经验教训。主要说明在什么思想指导下，采取了哪些措施，取得了哪些成绩和经验，有哪些教训，并要求把这些经验和教训从感性认识上升到理性认识，找出规律，以指导今后的工作。

在叙述中，既要谈看法、认识，还要注意列举典型事例和具体的数据来证明，使之更有说服力。在写教训时，应当分析其原因，引以为戒。工作中，取得成绩的原因是多方面的，经验也不止一条，因此在总结归纳时可分条列项地写。

（3）指明今后的努力方向。这部分内容通常在总结经验教训的基础上提出今后的打算，制定新的措施，明确努力方向，表明今后的决心。

3. 署名和日期

跟计划一样，总结的正文之后要写上总结单位的名称与总结日期。如果标题中已标明单位名称，则可省略单位署名，写明总结日期即可。总结的日期常常被人们忽视。实际上，不管标题中有没有标明时间，为了日后查阅方便，都要写明日期。

（四）总结写作的注意事项

（1）明确目的，突出重点。总结切忌写成"流水账"，胡子眉毛一把抓。应突出重点及核心，详细、具体地写那些既能显示本地区、本单位特点，又有一定普遍性的材料，并找出工作中带有规律性的东西、具有指导性的经验，以指导今后的工作。

（2）深入调查研究，实事求是。总结不可凭空虚构，要一切从实际出发，这是总结写作的基本原则。只有总结中的材料真实，在此基础上得出的成绩、经验、教训才真实，得出的结论才可靠，归纳出的规律才可信。在总结写作实践中，夸大成绩、文过饰非、弄虚作假、浮夸邀功的坏作风，对个人、单位、国家都没有任何益处，必须坚决杜绝。

（3）要注意记叙和议论的关系。记叙和议论是写总结最常用的方法，记叙的事实是说理议论的根据，说理议论又是所叙事实的升华。总结常常采用夹叙夹议的写法，语言要简明扼要、准确肯定，不能模棱两可、含糊其辞。

【例文 3-2】

××学院 2023—2024 学年度工会工作总结

2024 年 7 月，我院召开了第二十二届工会会员代表大会。一年来，由于学校党委和上级工会加强领导，学院行政重视，全院教职工热情支持，我院工会工作有了新的进展。在开展多种教学竞赛，提高职工素质，加强民主管理，积极参政议政，动员组织职工开展体育竞赛和关心职工生活等方面取得了较好的成绩。

一、开展多种教学竞赛，提高职工素质。……

二、加强民主管理，积极参政议政。……

三、开展体育竞赛，增强教师体质。……

四、关心职工生活，维护职工权益。……

以上是我院 2023—2024 学年度工会工作的简要回顾。一年来，我们虽然取得了一定的成绩，但是还有不足之处。主要表现在对职工面临新情况在思想上产生的新问题，还了解得不够深入细致，在群众生活方面关心不够。今后我们一定发扬成绩，克服缺点，努力把工作做好，为把我国建设成为富强、民主、文明的社会主义国家而努力奋斗。

××学院工会

2024 年 9 月 15 日

三、述职报告

（一）述职报告的性质及作用

述职报告是指党政机关、社会团体、企事业单位的领导干部或个人向上级、主管部门和下属群众陈述任职情况，就履行的岗位职责、任职期间的工作成绩、工作中出现的问题以及对今后工作的设想进行自我回顾、评估、鉴定的书面报告。

述职报告常用于业务部门陈述其主要业绩业务，有利于人事部门或上级主管领导或本单位的领导、群众比较全面地对任职干部或个人在某一阶段内的思想认识、工作概况、业务能力以及工作成效等方面进行考察；有利于客观评价领导干部和完善干部管理制度；有利于被考核者明确职责，吸取教训，提高素质，改进工作，在工作中形成良好的民主监督风气。

（二）述职报告的种类及特点

1. 述职报告的种类

述职报告可以从不同角度进行分类：

（1）按时间划分，述职报告可分为年度述职报告、任期述职报告、临时性述职报告、不定期述职报告等。

（2）按内容划分，述职报告可分为综合述职报告、专题述职报告等。

（3）按报告主体划分，述职报告可分为干部述职报告、个人述职报告等。

（4）按表达形式划分，述职报告可分为书面述职报告、口头述职报告等。

2. 述职报告的特点

（1）自评性。述职报告用第一人称写法，以自述的方式，从德、能、勤、绩、廉几个方面陈述并评价自己履行职责的情况。

（2）客观性。述职报告中所涉及的有关思想、工作、能力、成效等几个方面的情况，要实事求是地进行汇报，客观地评价自己的成绩，恰当地分析工作中的教训和失误。

（3）唯一性。述职报告是担任一定职务的人向特定对象陈述自己履行岗位职责的情况，叙述主体具有唯一性。

（4）时效性。述职报告是被考核对象对某阶段工作的总结，因此，述职内容应强调时效性，这样才能保证考核的科学性、准确性。

（三）述职报告的结构与写法

述职报告由标题、称谓、正文、落款四个部分组成。

1. 标题

述职报告的标题通常有以下两种形式。

（1）公文式标题，即由单位名称、所任职务、任职期限和文种组成，如《××市××局局长 2024 年度述职报告》；也可只标示文种名称，直接用"述职报告"四个字做标题，这是最常用的一种形式。

（2）文章式标题，通常由正、副标题构成，正标题用简练、精要的语言概括出述职报告的主旨或核心内容，副标题标明单位名称、职务、时限和文种，如《务实高效　开拓创新——××学院院长 2024 年度述职报告》。

2. 称谓

称谓是对报告对象的称呼，在标题下方顶格写。述职者应根据报告对象的不同而采用不同的称呼，如"各位代表""各位委员""各位同志""同志们"等。

3. 正文

述职报告的正文一般由开头、主体、结语三个部分组成。

（1）开头。开头又称前言，应概述述职者的任职时间、分管工作、主要职责、履职概况等基本情况，并对自己任职期间进行总体评价，然后一般用"现将我任职期间履行职责的情况报告如下"提领下文。

（2）主体。主体是述职报告的核心，它是考核及评议的主要依据，应着重写清任职期间的指导思想、主要工作实绩，包括自己的思想认识水平、政治学习表现、工作效益、经验体会、存在的问题及教训、今后工作的努力方向等。这部分要写得具体、充实、条理清楚，可采用由主到次、由表及里、层层推进的逻辑顺序来安排结构。

（3）结语。结语应提出今后的工作打算并表明决心，请求领导和述职对象审查评议，对领导和述职对象的批评和帮助表示感谢。一般用"以上报告请批评指正"或"以上报告，请予审查"之类的固定性语句作结，也可省略不写，做到言尽即止。

4. 落款

在正文的右下方，分两行写明述职者姓名和述职日期。有的述职报告将述职日期置于标题下方，如此则落款只署述职者姓名。

（四）述职报告写作的注意事项

1. 实事求是

述职报告所反映的是述职者在任职期间工作的真实面貌，因此，一定要恪守实事求是的原则，不能把集体政绩与个人实绩等同起来，既不夸大自己的工作业绩，也不缩小工作中的失误，有喜报喜，有忧报忧。坚持实事求是的原则，是述职报告写作之魂。

2. 突出重点

要抓住任职期间自己职责范围内的重点工作进行陈述，突出主要的成绩和教训，绝不能事无巨细、面面俱到。在材料的安排上，要做到主次分明、详略得当。

【例文3-3】

202×年度述职报告

尊敬的各位领导、同事：

根据公司年度考核要求，我将围绕202×年岗位职责完成情况、存在问题及改进方向进行述职汇报，请予评议。

一、岗位职责履行情况

作为分公司人力资源部负责人，我在202×年主要承担以下工作：

1. 统筹人力资源规划，推进组织架构优化与岗位配置。

2. 策划并实施员工招聘、培训与绩效考核。

3. 完善劳动关系管理体系，保障员工权益。

4. 落实集团HR政策在分公司的本地化执行。

二、主要工作成绩

（一）人才队伍建设成效显著

1. 全年完成47个岗位招聘，核心岗位到岗率98.5%，招聘周期同比缩短32%。

2. 搭建"双阶梯人才发展通道"，管理序列与技术序列并重，研发团队骨干离职率下降22%。

3. 组织24场技能培训，一线员工技能认证通过率提升至95%，培训满意度达4.7分（5分制）。

（二）劳动关系管理平稳推进

1. 建立员工心理援助（EAP）机制，全年调解劳动争议6次，员工投诉率下降45%。

2. 主导薪酬体系优化方案，实现绩效奖金与市场指标动态挂钩，重点部门人均产能提升18%。

（三）坚实的人事支撑

1. 完成员工档案数字化系统上线，人事审批效率提升 40%；

2. 统筹年度社保、公积金申报，数据准确率保持 100%，获集团"标准化建设示范单位"称号。

三、存在问题与不足

1. 管理前瞻性有待加强：对 AI 技术对岗位冲击的预判不足，智能化岗位规划未及时落地。

2. 细节把控需提升：基层员工考勤异常处理偶有滞后（全年延误 3 次）。

3. 跨部门协作力有限：与市场部项目制用工对接不充分，导致 2 次临时用工紧急调配。

四、下一步改进方向

……

202×年的成绩离不开公司领导的信任与团队协作的支持。202×年，我将以"聚焦业务价值、提升人才效能"为目标持续改进，恳请各位监督指导！

述职人：张××
202×年 1 月 10 日

【思考与练习】

一、计划具有哪些特点？

二、总结按性质可分为哪些类别？总结的正文必须写清哪些内容？

三、针对学习应用写作课程制订一份学习计划，然后认真执行，到期末对照检查；再写一份学习总结，看看哪些目标落实了，哪些目标没有实现，原因何在。

四、简述述职报告与总结的异同。

五、指出下面这篇工作计划存在的问题，并予以修改。

四季度工作计划

今年的工作十分繁忙，尤其是四季度的工作，如何把工作做好，做下列计划。

1. 抽出时间认真计划、安排学习有关基建改革的文件。

2. 深入了解工作量完成情况和资金使用情况，为年终决算审查打基础。

3. 了解建设单位明年的安排和完成情况，以便做好明年的信贷工作计划。

4. 认真与建设单位对清基建计划，避免超计划支出。

和平支行

（高　睿　付晓丽）

第三节　简　报

一、简报的性质和作用

简报，即简明的信息报道，是指某一机关、团体、企事业单位编发的用以传达信息、反映情况、交流经验的文书。通过简报，可使本行业人员了解信息、掌握动态、取长补短、改进工作。因此，简报在许多机关、单位使用频率很高，其作用具体体现在以下三个方面。

1. 汇报作用

简报不是公文，下级可灵活地向上级汇报本单位工作的重要动态，以便上级了解并及时作出决策和指导。

2. 指导作用

上级机关可用简报向下级部门宣传有关方针政策，表彰先进，批评错误等，用以指导下级更好地工作。

3. 交流作用

平级部门间可通过简报互通情况、交流经验、合作共赢。

二、简报的特点和种类

（一）简报的特点

1. 新颖性

简报的内容要选择有价值的新情况、新问题。

2. 简明性

简报字数少、篇幅短，编写时要注意选材，要求文字简洁，能概括地反映事物。

3. 及时性

编写、印发简报都应该尽可能及时、快捷，重要情况要在第一时间上报，要充分利用新媒体信息技术加快上报。

4. 真实性

简报反映的材料必须真实可靠，夸大或缩小事实都是错误的。

（二）简报的种类

简报作为应用文书的一种，适用范围广，编写形式活，常见的"简讯""信息""动态""快报""参考"等，均属于简报的范畴。

按照性质和用途，简报一般可分为工作简报和会议简报两大类。

1. 工作简报

工作简报是日常工作中编发的简报，这种简报涉及面广，名目繁多，常是各主管单位为沟通情况、交流经验、传达信息而定期编发的内部刊物，如"出版简讯""销售动态""教育通讯""工会交流""科技信息"等。

2. 会议简报

会议简报是会议期间编发的简报。这种简报涉及面小，一般是比较重要、规模较大的会议才使用。会议简报主要反映会议的进展、领导讲话、代表发言以及会议期间一些有意义的花絮等，要求快速编印。会议结束，会议简报也就宣告结束。

三、简报的结构和写法

简报的结构一般包括报头、报文、报尾三部分。

1. 报头

一般的简报均需在封页的上部显要位置套红印刷报头。简报的报头一般包括以下项目。

（1）简报名称。简报名称应根据简报的行业性质或内容作用等确定。如"市场信息""高教通讯""文化动态""××会议简报"等。

（2）期数。简报应标明期数，印在简报名称的正下方。期数一般以年为时限，年初至岁末依次排序，如有增刊，可另编期号。会议简报的期数则以一次会议始终为时限依次编号。有些规模较大、耗时较长的工程、活动等也可编简报，期数也是以其起讫为序。如"第十二期""增刊第三期"等。

（3）编印单位。编印单位即编发简报的部门或机构，一般印在简报名称的左下位置，如"××局办公室编""××会议秘书处编"等。

（4）编写时间。编写时间一般印在简报名称的右下方，与编印单位相对应。样式为"20××年×月×日"。

（5）密级。密级一般分为绝密、机密、秘密三级，应视简报内容而定，印在简报名称右上方空白处。一般性简报可不注密级。

（6）编号。编号是印制本期简报的份数，以数码形式另行打印在密级上面，如"编号010"等，以便查核回收。非密级简报一般不用编号。

报头与下边简报正文之间常用一道红色粗线隔开。

2. 报文

报文，即简报内容，也就是该期简报编载的全部信息。有些简报一期只集中登载一篇，而更多的做法则是把几篇内容相关的信息合编在一期简报之中，这样就要在报头下印出本期信息的分条目录，包括题目、页码及作者。应从第二页开始编排页码，登载简报信息内容。每则信息均应有标题和正文两部分。

（1）标题。标题是文章的眼睛，应让人一看便知道该文的内容。要求做到简短、明晰、新颖、引人注目。标题常用陈述句或主谓短语概括内容，这与新闻的题目相似。

（2）正文。正文是简报的主要部分。一般应遵循"总—分—总"的结构模式，要把时间、地点、做法、效果、意义或教训等写清楚。多采用叙述性语言，忌用描写、抒情的表达方式。如果是转发其他单位的文件和简报内容时，可以在开头加"编者按"，对被转发文件作些说明和评论。

正文写完后，可在后面用括号注出本篇内容的来源或作者等，如"××中学××供稿""转引自《市场动态》"等。

3. 报尾

简报内容登载结束，还需在最后印上报尾。报尾通常是画两道分开的粗平行线，中间分两至三行依次注出"报""送""发"，并写出有关单位或个人的名称。参考格式如下：

报：×××　×××　（上级单位名称或领导人姓名）

送：×××　×××　（平级或相隶属的单位）

发：×××　×××　（下级单位名称）

【例文 3-4】

××简报

第二期（总第××期）

××××厂主办

《××简报》编辑部编印　　　　　　　　　　　　20××年 8 月 20 日

提高素质，优化结构——我厂调整一批中层领导干部

为适应企业转换经营机制和工厂承包经营形势，推动工厂民品发展再上新台阶，春节前后，我厂对中层领导干部进行了调整。共免去 7 名中层干部的领导职务，8 名党政中层领导由副职提为正职；2 名中层干部被任命为厂长助理；还选拔了 7 名年轻干部担任中层领导职务，他们平均年龄 37.7 岁，文化程度都在大学本科以上。这次中层以上干部调整的特点是：

1. 一批老干部退居二线，但不"一刀切"。目前，我厂正处于艰苦创业时期，虽然新的形势给工厂经济好转带来了机遇，但工厂仍面临着更多的困难：资金严重不足；企业严重亏损；企业走向市场，产品开发任务艰巨；领导工作的难度更大。为使中层干部队伍更好地适应形势，肩负起开发民品的重任，我厂调整了一部分年龄较大的干部退出领导岗位，同时选拔了一批年富力强的中青年干部充实干部队伍。能力强、积极性高，工作岗位又确实需要的老干部，继续留岗工作。

2. 重实绩，一批年轻干部被大胆起用，有的走上了重要的领导岗位。我厂要想在市场竞争中取得显著效益，就需要精力充沛、头脑清醒、思想解放、敢闯敢干、有能力的同志做带头人。这次新提拔和副职提正职的干部，均具有这些特点，他们在过去一年的工作中作出了突出的成绩，得到厂领导和职工群众的公认，我厂注意发现并给这些同志提供了发挥才干的机会，给他们展现能力的舞台，期待他们为工厂作出贡献。

3. 大胆尝试，逐步增加党政担子一肩挑的干部。加快适应经济发展的新形势，要求企业政工干部必须熟悉生产经营，生产经营中的思想政治工作也需要由党政干部共同去做好，党政干部都应成为生产经营和思想政治工作的内行。党政担子一肩挑，有利于企业领导干部真正成为"内行"，有利于企业生产经营和思想政治工作的开展，促进工厂经济发展。

经过这次干部调整，我厂中层领导干部的结构渐趋合理，整体素质有所提升，为我厂的经济发展提供了更加有力的组织保证。

报：（略）

送：（略）

发：（略）

【思考与练习】

一、简报写作有哪些注意事项？

二、简报的报头部分包括哪些内容？

三、试以所在班级的集体活动或班会内容为材料，编写一份简报。

（高　睿）

第四节　调查报告

一、调查报告的性质及作用

调查报告是指对某一客观情况、经验、问题或事件进行调查研究后，系统真实地整理出的具有结论性的书面报告。它通过揭露某方面的问题、批评丑恶现象、澄清事实真相或介绍某事物的发展过程，为相关单位制定或修改战略方针、政策提供依据，为上级领导机关的科学决策提供参考，为新生事物生存发展营造舆论环境，为改进工作方法提供典型经验等。它是国家机关工作中的常用文体，应用十分广泛。

二、调查报告的特点及分类

（一）调查报告的特点

1. 真实性

尊重事实是调查报告的关键，只有以确凿的事实、数据做支撑，才能得出科学、真实的结论，为相关工作决策提供有价值的参考。

2. 针对性

调查报告是应实际需要产生的，其目的是解决人们关注的相关问题。只有在事实基础上，针对问题有目的地进行调查研究，才能深入问题的根本，从而科学地得出解决问题的方案。

3. 典型性

调查报告应能通过对局部的调查研究，反映出具有典型性的内容，以小见大地指导全局工作。调查报告的针对性、典型性越强，指导作用就越大。

4. 规律性

调查报告分析研究的过程就是对理论、规律进行论证的过程。因此，调查报告需立足于大量的事实材料，总结出能揭示事物本质、反映客观事实、概括事物发展并具有普遍性意义的规律，才能最大限度地发挥其指导价值。

5. 时效性

调查报告反映的是当前情况、新出现的事物和现实社会中亟待解决的问题，要发挥其指导意义，必须强调时间的紧迫性。

（二）调查报告的种类

根据不同内容和指导意义，调查报告可分为以下几种。

1. 基本情况调查报告

基本情况调查报告是指针对某一地区、某一行业、某一单位或某一方面的历史、现状和发展变化等情况，进行比较系统周密的调查研究之后写出的调查报告。这类调查报告涉及政治、经济、军事、文化、生活等诸多方面的内容，篇幅较长，内容详尽，全面反映某方面的全貌，分析研究出普遍性规律，为正确制定某一时期的方针政策提供依据。

2. 典型经验调查报告

典型经验调查报告是指针对某一地区、某一行业、某一单位或某一部门具有典型性的成功做法进行调查，并从理论的高度予以分析，所写出的具有代表性、科学性、规律性、政策性的经验报告。这类调查报告有利于推广经验，对工作有极大的启发和指导意义。

3. 新生事物调查报告

新生事物调查报告是指针对现实社会中涌现出来的新生事物进行深入细致的调查研究，完整全面地揭示其产生、发展、成长规律的报告。这类调查报告能够反映出新生事物的背景、情况和特点，有利于促进同类事物的迅速发展。

4. 揭露问题调查报告

揭露问题调查报告是指弄清事实真相后写成的调查报告，重在收集大量的事实材料揭露事物实质，探究问题的原因及危害，以达到教育群众的目的。这类调查报告不仅揭露问题，还为解决问题提供思路和方法。

三、调查报告的结构与写法

调查报告的内容结构一般由标题、正文、结尾三个部分组成。

（一）标题

调查报告的标题有单标题和双标题两种，具体有以下四种形式。

（1）文章式标题：写法灵活，一般由调查报告内容或中心思想组成标题，如《大学生课外阅读情况》；或者直接表明作者的观点，如《坚持改革是提高企业经济效益的必由之路》。

（2）公文式标题：由调查对象、内容、文种三个要素组成，如《关于建设领域解决拖欠工程款和农民工工资问题的调查报告》。

（3）提问式标题：用问题作标题，如《孩子在网吧里干什么》《小诊所为何青睐假药》。

（4）复合式标题：由正、副标题组成，正标题揭示调查报告的主旨，副标题点明调查的地点、对象、内容或范围，如《适应市场求发展　与时俱进写新篇——××管理学校办学情况的调查》。

（二）正文

（1）开头。调查报告的开头又称前言，一般是对调查对象的简单介绍或者对调查时间、地点、范围、方式等的简要说明，起到"导读"的作用，以提高阅读效率。常见的写法有以下两种：

① 介绍式。开篇概括介绍调查对象的基本情况，或概述调查研究和调查报告写作过程的基本情况，让读者对调查对象或调查的时间、地点、范围、目的以及经过与方法等有一个初步了解，如《农业农村部春季农资打假调查报告》的开头即如此。

② 问题式。即在开头开门见山地提出问题，以引起读者的思考和兴趣。如《孩子在网吧里干什么》一文的开头："网民里有相当数量的孩子，他们的成长注定会深深打上网络的烙印——这已是不争的事实。那么，孩子在网吧里做什么？网络是如何主宰着他们生活的？"

（2）主体。主体是调查报告的核心部分，该部分的内容直接决定调查报告的价值。这部分内容主要有两个方面：一是叙述调查得到的实际情况；二是对客观事实进行理性的分析和判断，提炼出具有普遍性和规律性的认识。

主体部分的结构形式主要有纵式、横式和综合式三种。

① 纵式结构：按照事物发生、发展和变化的过程或时间的先后顺序来组织材料，将事物发生、发展和变化的过程依时间划分为几个阶段，一个阶段即为一个层次。这种结构方式，有助于读者全面了解事实的来龙去脉和结论的前因后果。

② 横式结构：按照事物的性质或内在规律将主体分成几个部分，每一部分采用小标题的形式，依事物内在联系的逻辑顺序进行阐述，使各小标题之间呈现并列关系。这种结构方式，可以将复杂的事物条分缕析地表达出来，是常用的结构形式。

③ 综合式结构：把纵式结构和横式结构穿插结合在一起，或先按问题的性质进行分类，再依事物的发展顺序来表述，或在整体安排上依事物发展的先后顺序，具体叙述、议论时按性质、类别安排材料。

（三）结尾

调查报告结尾的写法多种多样，可以总结全文，得出结论；也可以针对问题，提出建议；还可以提出问题，启发思考。无论采用哪一种方法，都应该做到自然简明、意尽言止。

四、调查报告的写作要求与技巧

1. 深入调查，占有材料

撰写调查报告，在选好题目后，首先要深入实际，实地调查。调查是先决条件，深入调查、分析、研究选取对象，掌握大量第一手材料，再对材料进行去粗取精、去伪存真的整理和筛选，充分运用典型、真实的材料说明观点，反映事物的本质和规律。只有这样，才能提出有建设性的结论，确保调查报告的指导性。

2. 分析研究，找出规律

调查报告忌讳堆砌材料，要灵活运用材料，深入地对材料进行分析研究，抓住事物的本质特征及其主要矛盾和矛盾的主要方面，侧重于对事物内部联系的研究，将事实材料上升到理论层面。在此基础上得出的结论及提炼出来的主旨，必然是新鲜的，具有时代特色和实际的指导意义。

3. 精心布局，观念与材料统一

调查报告是在事实的基础上反映事物发生、发展和变化的过程，并深入分析，找出规律，用以指导工作的开展。因此，在报告的结构上势必要精心布局，在对事实进行叙述的基础上，层层递进地阐明事理，揭示规律，表明作者的观点。观点要紧扣材料，材料要能够说明和支撑观点；观点从事实材料中来，材料为观点服务，观点和材料要达到高度统一。

【例文 3-5】

××大学学生消费情况调查报告

一、调查背景

在当前的消费市场中，大学生作为一个特殊的消费群体正受到社会越来越多的关注。

随着经济的发展和科技的进步，大学生群体的消费支出逐年增加，并且增幅越来越大，大学生早已成为当今社会不容忽视的特殊消费群体。由于大学生年龄尚小，他们有着特殊的消费心理和消费行为。一方面，他们有着旺盛的消费需求；另一方面，他们尚未获得经济上的独立，消费受到父母的约束。他们的消费观念与其消费能力不成正比，这对他们的消费有很大影响。大学生群体有自己的特点，同时难免存在一些消费上的问题。

二、调查目的

本次调查主要是了解目前我校在校大学生的消费状况及消费心理等相关情况，分析其消费心理构成和消费观念。

三、调查对象

××大学在校大学生。

四、调查时间

2025 年 5 月。

五、调查内容

学生收支情况、消费情况、每月消费的主要项目、恋爱中的花费占生活费的比重、月生活费是否有剩余、剩余生活费作何处理、消费超出计划支出将从哪些方面进行削减、是否有过冲动消费、冲动消费后如何填补窟窿、消费观念等。

六、调查方法

采用问卷调查形式，针对我校在校大学生可能出现的消费问题进行网络问卷调查。

七、调查结果

1. 月消费总额有一定的差距。目前我校在校大学生大多来自农村，城市学生所占比重稍小，大学生总体的月消费金额主要集中在 1500～2500 元这一区域，高于 4000 元的比较少。

2. 饮食方面开销大。饮食开支在消费总额中占了绝大部分，这是符合健康消费构成的。调查发现，我校大学生中还兴起一股外出聚餐和请同学吃饭的现象，这方面的开支虽然不算大，但也是造成我校大学生消费高的一个原因，这说明大学生已经逐渐有了社会交际方面的消费。

3. 处于恋爱期的男生月消费金额普遍高于女生。

4. 只有少数大学生的月生活费会有所剩余。其中，有 44％的人将当月剩余的生活费转入下个月继续使用，有 38％的人将钱存入银行或购买理财产品，有 12％的人会马上花光，有 4％的人会用于投资，有 2％的人会用于购买书籍或提高学习技能。

5. 若消费超出计划支出，有 42％的大学生选择省吃俭用填补窟窿；12％的大学生想要维持现状，得过且过；有 34％的大学生想打工赚钱；有 12％的大学生选择向父母伸手。

6. 绝大部分大学生都有过冲动消费。

八、结果分析

调查发现，目前我校大学生的消费情况呈现出以下特征。第一，大学生的消费观念由家庭收入的多少决定，大学生的消费构成与社会消费逐渐接轨。从调查中可知，大学生用于外出聚餐、请朋友吃饭、外出旅游、网络通信方面的费用较多，显然大学生圈子成了一个小型社会，大学生也意识到了要提早接触社会上的一些新的生活方式和消费方式，希望能尽快融入社会。微信、支付宝等支付方式已充分得到认可和接受。可见，大学生作为社会上一个活跃的群体，虽然在经济实力上未能跟上社会，但在消费意识上却早已和社会发展同步，或者说消费观念已经与社会人相同了。第二，大学生消费呈现向多元化发展的趋势。他们在实现温饱的同时，也在服饰装扮方面消费较多，在穿着方面更注重时尚。而作为学生，他们也会不忘逛逛学习用品店和书店，为取得各类证书的学习班也成了大学生的一个消费热点。他们的理财和储蓄观念仍十分淡薄，毕竟大学生的主要经济来源是其父母。调查发现，极少数大学生有规划自己消费结构的意识。他们大多数人在不知不觉中追随校园中的消费大潮，而缺乏一定的规划。调查中还发现，大多数大学生都感觉钱不够花，说明他们在购物方面很有潜力，只有少数大学生能够有一定的积蓄，多数都是"月光族"。

九、对策和建议

针对我校大学生中存在的不合理消费现象，我们提出如下建议：对自己的生活作出合理规划，对自己每个月的零花钱作出适当的安排，不要没过几天就口袋空空如也。同时注意不要与人攀比，正视自身消费现状，把握消费时机。理性消费意识是大学生需要增强的，学会合理利用支付宝、微信、银行卡、现金等支付方式，限制盲目消费。不要不切实际地追求所谓的"高品位"，这会引起高消费，不适合学生的实际消费条件，要根据自己的消费水平对自己的消费作出相应的计划。

【思考与练习】

一、下面是一篇调查报告的前言部分，试辨析其存在的问题，并予以修改。

南边水泥厂是如何起飞的

我们学校暑期布置每个学生要进行社会调查研究，交一篇调查报告。我认为这一活动非常有意义，它可以使大学生走出校门，接触社会，了解社会，增长知识，增长才干，获得课本上学不到的东西，可以锻炼写作能力，真是一举多得。

于是，我利用假期休息时间，到颇有名气的××县南边水泥厂进行社会调查。这是一间建厂只有三年多的乡镇企业。那天，烈日当空，骄阳似火，远远就听到隆隆的机器声，到了水泥厂，首先进入眼帘的是烟囱高耸，浓烟如黑龙直上云霄，地面岩石一堆堆，煤炭像山冈，车来人往，尘土漫天飞扬，河岸上工人们扛着一袋袋水泥，快步急走，往船上搬运，他们汗流浃背，干得热火朝天。目睹此情此景，我不禁要大声赞美那忘我劳动的工人们！

二、写作训练。

1. 大学校园里，一部分同学家境困难，为了完成学业，他们精打细算，把消费控制在最低水平；另一部分同学则出手大方，追求享受，频繁购买各种"奢侈品"，尽显"土豪"本色。请你对本校或你所熟悉的大学的学生消费情况进行详细调查，并写出调查报告。

2. 请你以调查者的身份，以座谈会的方式，并结合QQ、微信等软件，与你周围的同学进行交流，了解他们对学校教学管理、学生管理、食堂管理等方面的意见，做好调查记录，形成调查报告。

（付晓丽）

第五节　专用书信

一、专用书信概述

书信是人们在日常生活、工作和学习中交流感情、传递信息的一种重要工具，其主要特点是内容的广泛性和使用的普遍性。一般书信是指日常生活中个人间互相联系问候所使用的信件（如家书等），而专用书信则是指用于某种专门用途的，与一般书信相对而言的一种信件（如本节介绍的感谢信、祝贺信、申请书、倡议书等），在日常生活中使用的范围非常广泛，多用于个人与单位、单位与单位之间的事务往来。专用书信要求文字贴切简洁，内容完整；格式规范美观、用语礼貌。

二、感谢信

（一）感谢信概述

感谢信是指在得到对方的帮助、支持或关心后进行答谢的书信，是表示感谢的一种基本礼仪。根据收信对象，感谢信通常可分为写给集体的感谢信和写给个人的感谢信；根据存在的形式，感谢信可分为公开张贴的（包含在媒体上公开发布的）感谢信和寄送给集体、单位或个人的感谢信。

（二）感谢信的结构和写法

感谢信一般由标题、称谓、正文、结语、署名与日期五个部分构成。

1. 标题

标题通常只写"感谢信"三字；也可以加上感谢对象，如"致××老师的感谢信""致××公司的感谢信"；还可以再加上感谢者，如"张三全家致××单位的感谢信"。

2. 称谓

称谓写感谢对象的单位名称或个人姓名，如"××总经理""×××同志"。称谓在标题之下，顶格书写，切不可空两格写。称谓之后用冒号。

3. 正文

正文主要写两层意思：一是写感谢对方的理由，即"为什么感谢"；二是直接表达感谢之意。

（1）感谢的理由。首先准确、具体、生动地叙述对方的帮助，交代清楚人物、时间、地点、事迹、过程、结果等基本情况；然后在叙事的基础上对对方的帮助作出恰当、诚恳的评价，以揭示其精神实质，肯定对方的行为。在叙述和评价的字里行间，要自然渗透感激之情。

（2）表达谢意。在叙事和评论的基础上直接对对方表达感谢之意，根据情况也可在表达谢意之后表示以实际行动向对方学习的态度。

4. 结语

结语一般用"此致敬礼"或"再次表示诚挚的感谢"之类的话，也可自然结束正文，不写结语。

5. 署名与日期

此处写感谢者的单位名称或个人姓名和写信的时间。

（三）感谢信写作的注意事项

1. 内容要真实

感谢信的内容必须真实，确有其事，不可夸大溢美。感谢信以感谢为主，兼有表扬，所以表达谢意要真诚，赞誉对方要恰当，不拔高，避免让人感觉失真不实。

2. 用语要适度

感谢信的内容以主要事迹为主，详略得当，篇幅不能太长，话不在多，点到为止。感谢信的用语要求精练、简洁，遣词造句要把握好一个度，不可过分雕饰，否则会给人一种虚情假意的感觉。

【例文 3-6】

感谢信

尊敬的全所职工：

1 月 15 日，我院党委常务副书记×××带领院创新文化建设工作专家评估组一行 7 人，顺利完成了对我所 20×× 年度创新文化建设工作的评估检查。

在这次评估活动中，我所职工积极向上的精神面貌、高度严明的组织纪律、团结协作的良好氛围以及干净整洁的科研环境和创新文化建设的各项工作给院评估专家留下了深刻的印象。

取得这些成绩，首先应该归功于全所同志一年来对创新文化建设工作的真诚理解、鼎力支持和共同参与。不少同志为创新文化建设工作建言献策、与我们共同奋斗，这种主动为研究所的建设与发展贡献自己的一份力量、奉献自己聪明才智的责任心深深地感染着我们，也为我们做好工作提供了动力、增强了信心。正是全所职工中孕育着的这种"我以所为荣、所以我为傲"的主人翁精神和崇高的思想境界，使全所同志心往一处想、劲往一处使，以扎实的工作、创新的实践为研究所赢得了荣誉，也初步树立了我所全新的外在形象。在此，我们对全所职工表示最诚挚的谢意！

我们热切希望并愿意与全所职工一起，以顺利完成创新文化评估为契机，在新的一年里，继续团结协作，更加振奋精神，用全新的理念、务实的态度、扎实的工作为创新文化建设取得更大的成绩，为实践我所新时期的使命而不懈努力！

工程热物理研究所创新文化建设

领导小组和工作小组全体成员

20××年 1 月 16 日

三、祝贺信

（一）祝贺信概述

祝贺信简称贺信，是表示庆祝的书信的总称。它是从古代祝词中演变而来的。祝贺信是指党政机关、企事业单位、社会团体或个人向其他集体单位或个人表示祝贺的一种专用书信。它是日常应用写作的重要文体之一。如今，祝贺信已成为表彰、赞扬、庆贺对方在某个方面所做贡献的一种常用文体，还兼有慰问和表扬的功能。表示祝贺的文章如果是致贺者亲临现场宣读，则称为贺词或祝词。

（二）祝贺信的结构和写法

祝贺信一般由标题、称谓、正文、结尾和落款五部分构成。

1. 标题

祝贺信的标题通常由文种名构成，在第一行正中书写"祝贺信"或"贺信"。有的还在"贺信"或"贺电"的前面加上谁写给谁等内容，或者写明祝贺事由等。个人之间的贺信、贺电可以不写标题。

2. 称谓

顶格写明被祝贺单位或个人的名称或姓名。写给个人的祝贺信，要在姓名后加上相应的礼仪称谓，如"先生/女士"。称谓之后用冒号。

3. 正文

祝贺信的正文要交代清楚以下几项内容：

（1）结合当前的形势状况说明对方取得成绩的大背景，或者某个重要会议召开的历史条件。

（2）概括说明对方都在哪些方面取得了成绩，分析其成功的主客观原因。这一部分是祝贺信的中心部分，一定要交代清楚祝贺的原因。

（3）表示热烈的祝贺。要写出自己祝贺的心情，由衷地表达自己真诚的慰问和祝福。此外，如果是上级对下级的祝贺，还要表达出鼓励的意思，提出希望和共同理想。

4. 结尾

结尾要写上祝愿的话，如"祝取得更好的成绩""祝您健康长寿"等。

5. 落款

落款写明发文的单位名称或个人的姓名，并署上成文日期。

（三）祝贺信写作的注意事项

（1）祝贺信也是书信的一种，可按一般书信的格式写。

（2）写祝贺信时，要写清向谁祝贺、祝贺什么、为什么要祝贺等。有时还要向被祝贺者提出新的要求和希望，并写上表示祝贺的话。

（3）祝贺信的用语要有鲜明的感情色彩，要使人感到温暖和愉快，受到激励和鼓舞。

【例文 3-7】

校庆祝贺信

尊敬的四中母校各位领导、全体教师：

你们好！值此母校建校四十周年之际，我们怀着与你们同样激动兴奋的心情，向你们表示衷心的祝贺与问候！

时光荏苒，岁月如梭，转眼间我们已离校十五载。如今，我们都已为人父母，并在各自的工作岗位上取得了一定的成绩。十多年来，每每回想起自己的人生轨迹，母校的学生生活情景就会清晰地浮现在眼前，一股深深的感念之情油然而生。我们今天所取得的一切，虽然与自己的勤奋努力分不开，但更离不开母校的辛勤培养：是你们的精心教学给我们打下了扎实的知识基础，帮助我们考入我们的梦校——北京大学，享受到了最好的教育。母校良好的学习气氛使我们养成了受益终身的学习习惯，这种对科学的热爱和对知识的渴求成了我们一生中永远奋进的原动力，丰富多彩的学生工作也锻炼了我们的社会活动能力，培养了我们认真负责的工作习惯……这些都为我们走向社会、适应工作打下了基础。

衷心地感谢母校！特别感谢在校时期的张××副校长、陈××主任，认真负责的班主任房××老师和其他任课老师，祝各位老师身体健康、生活幸福！作为普普通通的国家公务员、大学教师，我们无以回报，唯有更加努力地工作，作出更加出色的成绩为母校争光，才是对母校的最大回报。

最后，衷心祝愿母校在未来更加激烈的教育竞争中拥有更强大的师资力量和管理队伍，赢得更大的发展空间，为社会培养更多、更好的人才！

此致

敬礼

××××届学生×××　×××　×××

20××年8月11日

四、申请书

（一）申请书概述

申请书是指个人或集体向组织、机关、企事业单位或社会团体表述愿望、提出请求时使用的一种文书。申请书要求一事一文，内容要单纯。不同的对象有不同的申请书，常见的有入团申请书、入党申请书等。

（二）申请书的格式和写法

1. 标题

申请书的标题有两种写法：一种是直接写"申请书"三字；另一种是在"申请书"前面加上申请内容，如"入党申请书""转学申请书"等。

2. 称谓

申请书的称谓部分应顶格写明接受申请书的单位、组织或有关领导。

3. 正文

正文部分是申请书的主体，应首先提出要求，其次说明理由。理由要写得客观、充分，事项要写得清楚、简洁。

4. 结尾

申请书的结尾常用一些惯用语，如"特此申请""恳请领导帮助解决""希望领导研究批准"等，也可用"此致""敬礼"之类的祝颂语。

5. 落款

个人申请要署申请者姓名，单位申请署单位名称并加盖公章，最后写明成文日期。

（三）申请书写作的注意事项

（1）申请的事项要写清楚、具体，涉及的数据要准确无误。

（2）理由要充分、合理，实事求是，不能虚夸和杜撰，否则难以得到上级领导的批准。

（3）语言要准确、简洁，态度要诚恳、朴实。

【例文 3-8】

贫困生学费减免申请书

尊敬的校领导：

您好！

我是心理学院 2024 级 1 班的×××，现因家庭经济困难，特向学校申请学费减免，希望得到学校的理解与支持。

我家位于四川省××县，地处偏远山区，家庭的经济状况依然较为困难，家庭收入来源有限，主要依靠父母的微薄打工收入维持生计。

家中有六口人，包括年迈且体弱多病的爷爷奶奶、辛勤劳作的父母、正在读书的弟弟和我。父亲是家中唯一的劳动力，母亲身体欠佳，无法从事重体力劳动，仅靠父亲外出务工维持家庭开支。目前，弟弟也即将踏入大学校园，家庭经济压力进一步增大。家中土地稀缺，仅靠种地难以维持生活，交通不便也限制了经济收入的增加。

我深知国家和学校对家庭经济困难学生的关怀与支持，也了解到学校有完善的资助体系，包括学费减免、助学金等。我承诺会珍惜学习机会，努力提升自己，以优异的成绩回报学校和社会的关爱。

希望学校能考虑我的实际情况，批准我的学费减免申请，让我能顺利完成学业。

感谢您在百忙之中审阅我的申请！

附：村委会证明书（略）

申请人：×××

××××年××月××日

五、倡议书

（一）倡议书概述

倡议书是指为倡议、发起某项活动而写的具有号召性和公开提议性的专用书信。它通常是由某一组织或社团拟定，就某事向社会提出建议或提议社会成员共同去做某事的书面文章。倡议书作为日常应用写作中的一种常用文体，在现实生活中应用极为广泛。

（二）倡议书的格式和写法

倡议书一般由标题、称呼、正文、结尾、落款五部分组成。

1. 标题

倡议书的标题一般由文种名单独组成，即在第一行正中用大号字体写"倡议书"三个字；另外，标题还可以由倡议内容和文种名共同组成，如"垃圾分类，让生活更美好倡议书"等。

2. 称谓

倡议书的称谓在标题下方顶格书写并加冒号。可依据倡议对象而选用适当的称谓，如"广大的青少年朋友们""广大的妇女同胞们"等。有的倡议书也可不写称谓而在正文中指出。

3. 正文

倡议书的正文需包括以下内容。

（1）写明倡议书的背景和目的。倡议书的发出贵在引起广泛的响应，只有交代清楚倡议活动的原因以及当时的各种背景事实，并申明发布倡议的目的，人们才会理解和信服，才会自觉行动。如果对这些因素交代不清，就会使人觉得莫名其妙，难以作出响应。

（2）写明倡议的具体内容和要求。这是正文的重点部分。倡议的内容一定要具体化，如开展怎样的活动，都做哪些事情，具体要求是什么，它的价值和意义都有哪些，等等，均需一一写明。倡议的具体内容一般是分条列项的，这样写显得清晰明确、一目了然。

4. 结尾

结尾要表示倡议者的决心和希望，或者提出某种建议。倡议书一般不在结尾写表示敬意或祝愿的话。

5. 落款

在正文右下方写明倡议者单位、集体的名称或个人姓名，并署上成文日期。

（三）倡议书写作的注意事项

（1）倡议的内容应具体真实，要切实可行。

（2）倡议的目的要明确，理由要充分。

（3）语言要富有鼓动性，要融入真挚的感情。

【例文 3-9】

学校戒烟倡议书

尊敬的老师、亲爱的同学们：

"吸烟有害健康"是全人类的共识。科学家们经过深入研究发现，长期吸烟者的肺癌发病率比不吸烟者高 20 倍，喉癌发病率高 10 倍，气管炎发病率高 8 倍。被动吸烟的危害更大，每天平均 1 小时的被动吸烟就足以破坏我们的动脉血管。

老师们、同学们，社会在发展，观念在更新，革除吸烟的陋习，开展控烟、戒烟工作已成为大多数人的共识。从 1989 年起，"世界无烟日"定在每年国际儿童节的前一天，即 5 月 31 日，以便提醒人们注意烟草对儿童的危害。

老师们、同学们，为了提高校园文明程度，保障我们的身体健康，养成良好的生活卫生习惯，最大限度地减少吸烟造成的危害，校团委特向全校教职工及同学们发出戒烟倡议：

1. 积极响应国家戒烟控烟的号召，积极宣传公共场所禁烟的规定，宣传吸烟有害健康的卫生常识，教育子女及亲朋好友不吸烟，为学生及周围的人做戒烟表率。

2. 不在教室、会场抽烟，在工作及各类公务活动和社会活动中不吸烟、不敬烟。

3. 加强体育锻炼，培养健康的身体和健全的人格，提高自身素质。

4. 不在校园吸烟，树立良好的形象，保持文明、洁净、优美的校园环境。

让我们一起携手抵制烟草，远离吸烟，形成良好的生活、学习风气，共同建设我们整洁、文明的绿色和谐校园。

附：戒烟的益处（略）

××学校团委

20××年××月××日

【思考与练习】

一、专用书信和一般书信有哪些相同和不同之处？你在学习和生活中用到过哪些专用书信？是否能熟练写作这些专用书信？

二、写作训练。

1. 你的母校要举行建校 60 周年庆祝活动，你因工作繁忙不能回母校参加，请以个人名义写一封"庆祝母校建校 60 周年"的祝贺信。

2. 教师节快到了，请你以××学院学生会的名义给本院教师写一封感谢信。要求内容充实，感情真挚，格式正确，语句简练，以 1000 字左右为宜。

3. 按照申请书的要求，结合自身情况写一份入党申请书。

4. 根据你所处的社会环境状况，拟写一份爱护环境的倡议书。

（高　睿）

第六节　自荐书

一、自荐书的性质及作用

自荐书又称自荐信、求职信，是求职者推销自己，希望得到某个职位或工作机会的专用书信。因为这种专用书信对面临就业难题的在校大学生尤为重要，所以单列一节详细讲述并重点训练。常言道："酒香不怕巷子深。"但现代社会竞争激烈，青年学子不仅要善于把握机会，还要主动出击赢得机会，学会毛遂自荐，适时、适度、艺术地推销自我。一份优秀的自荐书能让自己在众多的求职者中脱颖而出，获得宝贵的面试机会。

就大学生而言，自荐书主要分为两类。一类是校内参与学生活动竞争的自荐书，如担任系学生会主席的自荐书、担任校文学社团干事的自荐书等。另一类是校外参与职场竞争的自荐书。后者是学生踏入社会之初递出的第一张名片，是与用人单位的第一次接触，因此，这类自荐书是最为重要的，下面也将重点介绍此类自荐书的结构与写法。

二、自荐书的结构与写法

自荐书一般由标题、称谓、问候语、正文、结语、署名与日期、附件七个部分构成。

（一）标题

自荐书的标题用"自荐书"或"求职信"即可。

（二）称谓

自荐书的称谓一般写用人单位有关负责人，如"尊敬的人事部负责同志""尊敬的××经理"等。注意称谓要另起一行顶格书写。

（三）问候语

自荐书的问候语一般用"你好""您好"即可。问候语不需太多，但必不可少，不能忽略。

（四）正文

自荐书的正文一般由开头、自我介绍、求职愿望等组成。

1. 开头

自荐书的开头应简要介绍自己的姓名、性别、毕业学校、所学专业等基本情况，给对方一个初步印象。然后简要说明求职原因，如"想为贵公司的事业添砖加瓦""想在贵公司寻找实现自己人生价值的机会""想为自己的家乡作出贡献"等，或是说明获得职业信息的来源，如"从××求职网上了解到贵公司想招聘计算机专业的工作人员，非常欣喜"。

2. 自我介绍

这是自荐书的核心部分，主要介绍自己的学习情况、工作能力及思想素质等，包括自己学习的主要课程及成绩、社会实践情况、工作能力、专业操作技能、兴趣爱好、思想品质、性格特点、所获奖项、自我评价等。如果是已经工作的求职者，则应重点介绍自己的工作经历和工作成绩等。对于不同的用人单位，特长简介要有针对性。如应聘幼儿园教师，就应突出绘画、音乐等特长。介绍自己时要不卑不亢，谦虚谨慎的态度更能获得用人单位的好感。通过自我介绍要让用人单位感到你个人的学习能力强或进步空间大。

3. 求职愿望

用人单位更倾心那种热爱该工作、有强烈求职愿望的应聘者。在此可简要介绍对该单位的认识（如建设的历史、取得的成绩等），这样容易拉近与用人单位的距离，显示自己的能力适合并能胜任此项工作。如"我深知贵公司一贯秉持'锐意进取，追求卓越'的理念，如有幸获得公司的接纳，我定将为公司的发展竭尽所能"。

（五）结语

自荐书可用"祝贵公司兴旺发达"或"此致，敬礼"之类的祝颂语作为结语。

（六）署名与日期

自荐书的末尾写明求职人姓名和求职时间。

（七）附件

准备翔实的个人材料，包括个人简历、在校学习成绩表、学校毕业生推荐信、在校期间获得的相关等级证书和荣誉证书、联系方式等。

三、自荐书写作的注意事项

（一）目的明确，有的放矢

自荐书是推销自己的工具，因此，个人的专长、能力、兴趣、爱好一定要写得明确、具体，特别是与应聘职位相关的专长、学历、能力要突出表现，做到量体裁衣，切忌下笔千言，离题万里。

（二）内容真实，以情动人

每个人都期待能在众多应聘者中脱颖而出。因此，在自荐书中要充分展示个人能力和学习成果，但切忌夸夸其谈、弄虚作假。要充分认识到自荐书只能获得面试机会，并不能直接获得一个职位，一旦用人单位发现求职者对个人描述言过其实或证书、荣誉造假，这个人必定会失去想谋求的职位。

（三）态度谦和，不卑不亢

公司的领导或人力资源部门主管大多是选才用人的专家，求职信能多方面地反映出求职者的各项素质，假如给人的印象是狂妄自傲，必然会影响求职愿望的实现；但是过分谦恭谨慎，又会给人以信心不足的感觉。因此，求职者应根据自身的情况，实事求是，以充满自信、谦逊礼貌、不卑不亢的态度展示自己的才能。

（四）扬长避短，突出特色

书写漂亮者可以手写自荐书，字迹潦草者则可以打印自荐书，但落款要有个人的手写签名。语言优美、善于表达的可适量增加自荐书篇幅，不善文辞的则尽量缩短篇幅。但无论如何，篇幅都是以七八百字为宜，不宜超过 1000 字。

（五）层次分明，注意细节

层次分明既便于阅读，又易给人头脑清醒、做事干练的感觉。同时要注意检查自荐书中有没有错别字和标点错误，排版是否美观，有没有留下联系方式等。相关的资料应做备份，以防万一。

【例文 3-10】

自荐书

尊敬的领导：

您好！

我是一名即将于××××年毕业的××大学计算机专业的学生。在大学四年的学习生活中，我始终保持着刻苦钻研的态度，成绩优异，并多次获得奖学金。在师友的悉心指导和个人的不懈努力下，我不仅积累了扎实的专业基础知识，还培养了较强的实践能力和综合素质。

在软件开发领域，我系统掌握了 C 语言、数据结构、数据库原理、软件工程等核心课程，并熟练运用这些知识进行项目开发。此外，我还对面向对象编程语言如 Delphi 和 VC++ 有深入的了解，并具备一定的 Windows 平台编程能力。在课余时间，我通过自学掌握了 VB、VF 编程、ASP 动态网页开发以及 SQL Server 网络数据库编程技术，能够独立设计和开发专业的数据库管理系统，具备较强的软件开发和项目实施能力。

在硬件方面，我通过参与单片机设计、收音机组装、网络工程规划与管理等实践活动，深入理解了计算机的工作原理和计算机网络技术。这些实践经验不仅提升了我的动手能力，还让我对计算机系统的整体架构有了更全面的认识。

为了全面提升个人综合素质，我充分利用业余时间积极参与各类社会实践活动。在校期间，我曾在信息学院计算机实验室担任助理，负责实验室的日常管理与技术支持工作。这段经历不仅让我在专业技能上得到了进一步提升，还锻炼了我的管理和组织能力，得到了领导和老师的一致认可。同时，我积极参与各类科技学术创新比赛，多次获奖。这些经历不仅让我深刻认识到团队合作和知识创新的重要性，还让我在社交能力、沟通技巧和项目管理等方面有了显著提升，为我未来的职业发展积累了宝贵的经验。

我深知，计算机行业是一个快速发展的领域，需要不断学习和创新。因此，我始终保持对新技术的敏感度和学习热情，努力提升自己的专业素养。若有幸加入贵公司，我将全力以赴，致力于软件开发或其他相关工作，为公司的发展贡献自己的力量。我将以严谨的工作态度、创新的思维和扎实的专业技能，迎接每一个挑战，努力实现个人价值与公司发展的双赢。

"顺兮，逆兮，无阻我飞扬"是我的座右铭，它激励我在任何环境中都能保持积极进取的心态；"如临深渊，如履薄冰"是我对待工作的态度，我会以高度的责任心和敬业精神完成每一项任务；"真诚，守信"是我为人处世的最大特点，我始终相信诚信是合作与发展的基石；开阔的胸襟让我结识了许多志同道合的朋友，也让我具备了良好的团队协作能力。我相信，凭借我的聪明才智、创新思维、坚韧不拔的精神和纯熟的专业技能，我将成为贵公司的理想人选。

感谢您在百忙之中抽出时间阅读我的自荐书。我期待能有机会加入贵公司，为公司的发展添砖加瓦。如需进一步了解我的详细情况，请随时与我联系。

此致

敬礼

附件：（略）

自荐人：×××

20××年10月25日

【思考与练习】

一、求职信中不切实际的"过度包装"真能为自己赢得一席职位吗？请谈谈你的看法。

二、问题诊断：阅读下面这篇求职信，回答后面的问题。

××服装厂：

前天接到我的旧同学×××的来信，说贵厂公开招聘生产管理员。我是××学院企业管理专业的毕业生，在校读书时，学习成绩优秀，爱好体育运动，是学校篮球队的成员。贵厂就设在我的家乡，我想，调回家乡工作正合我的心意，而且生产管理员的职务也和我所学的专业对口。不知贵厂是否同意，请立即给我回信。

此致

敬礼

×××谨上

20××年8月10日

1. 这篇求职信的格式是否符合要求？应该怎么修改？

2. 这篇求职信的用语是否妥当得体？如不合适，请予修改。

3. 这篇求职信在结构上欠缺了什么？应该怎么补上？哪些内容是多余的？

三、写作训练：请你结合自身的情况，写一篇求职自荐书。

四、活动策划：求职面试时的提问五花八门，问题包罗万象。请设计并搜集一些面试问题，列成表格，然后以寝室或小组为单位模拟招聘方和应聘方进行面试练习。

（陈　远）

第四章　毕业论文写作

第一节　毕业论文的含义和特点

毕业论文是指大学生综合运用专业知识研究相关课题，对课题研究过程、研究成果进行理论性总结的文章。

毕业论文是一项理论联系实际的创造性工作，是对大学生综合运用专业知识解决问题能力的重要检验。对于本科生来说，完成毕业论文并通过答辩，也是获得学士学位的基本条件。

毕业论文是学术论文的一种，但又不同于一般的学术论文，它有以下三个基本特点。

一、专业性

专业性是指毕业论文的选题、内容、知识及语言的运用等都要围绕自己所学的专业范围来写，具有本专业的特点。毕业论文应反映出作者能够准确地掌握大学阶段所学的专业基础知识，基本学会综合运用所学知识进行科学研究的方法，对所研究的题目有一定的心得体会。

二、规定性

规定性是指凡是高等院校的本科毕业生都必须完成毕业论文，否则无法毕业。在教学计划中，毕业论文是必修科目之一，因而具有学业的规定性。

三、理论性和创见性

毕业论文不是简单地描述某种现象、某种属性或某种发现，而是要具有理论的、学术的价值。毕业论文是高等学校应届毕业生总结性的独立作业，是学生在校学习期间学习成果的综合性总结。毕业论文和学术论文一样，要具有创见性。它要求作者对选定的论题要有自己的独特发现或独到的见解，不能人云亦云。尽管不能提出新的见解或新的理论，但起码要求学生能够运用有关的专业知识、原理，科学地剖析客观事物的现状、历史、前因后果等，从而揭示事物的本质及其发展的客观规律。

第二节　毕业论文的写法

毕业论文的写作是一个较为长期的过程，包括前期思考、确定选题、收集材料、撰写提纲、撰写开题报告、撰写初稿、修改定稿等环节。

一、前期思考

前期思考是论文选题前的一个重要环节，主要是指在阅读学术论文和开展实践的过程中产生的一些不成系统的想法和感悟，这些想法和感悟是后面开展选题的基础。

二、确定选题

选题在毕业论文写作过程当中具有非常重要的意义，选题质量的高低与毕业论文的质量息息相关，好的选题就是论文成功的一半。确定论文选题要坚持如下原则。

（1）题目宜小不宜大。论文题目太大容易导致论文没有深度，面面俱到，难以创新。

（2）论文选题要尽量选择自己熟悉的领域，最好有一定的前期思考作为研究的支撑，这样的论文选题才不是空想得来。

（3）要选择有价值的题目。要优先选择那些对当前建设有重要意义、密切联系实际、易于发挥效用的课题。除了考虑直接的实用价值，还要考虑学术价值，不要忽视那些表面上看来没有多少现实意义和实用价值，但对理论研究和专业建设的发展有较高学术价值的选题。

三、收集材料

材料是文章论点的支撑，是文章的血和肉。论文是否饱满充实、观点能否站得住脚，需要依靠材料来保证。材料选取的途径有两种。第一种，来自实际的考察调研。考察调研当中的数据、事件、图片等都是第一手的材料。第二种，来自论文、报刊等文献资料，如理论专著、学术论文、各类年鉴、统计报告等文献资料。现在的文献数据大都以电子数据的形式存在，各类数据库是材料的重要来源，比较常用的有中国知网、万方数据库、超星数字图书馆等。熟练使用电子数据是论文写作的必备技能之一。

四、撰写提纲

提纲是论文的骨架，也就是所谓的论文的"干货"。提纲要明确论文有几个部分，以及这几个部分之间的逻辑关系。毕业论文提纲主要包括以下几个部分。

（1）标题：这是提纲的第一个部分，明确了论文的研究领域和研究范围。

（2）论文的主要论点：所研究的领域和对象，通过研究得出的结论。

（3）论文的主要内容：要表现出论文的主要框架，论文的章、节和更小的分论点都要呈现出来。

五、撰写开题报告

毕业论文写作之前要经过开题这个环节，并撰写开题报告。开题报告一般包括：论文题目，选题的缘由、目的和意义，选题的研究背景（包括课题研究的历史、现状及相关课题的研究情况），课题研究的方法、措施与步骤（研究角度与理论方法、资料搜集的范围和方式等），论文提纲，进度安排，等等。

六、撰写初稿

毕业论文撰写过程中要遵循逻辑严密、材料严谨、文字简洁、结构清晰的原则。毕业论文作为一个逻辑推理过程的文字表述，在逻辑上一定要严密，防止出现前后观点不一的现象。在材料的选取上，尽量选取第一手材料，尽量避免层层转引的材料，防止因为材料的疏漏而出现"硬伤"。在文字表述上，要做到客观，避免带有感情色彩的描述性语句。结构上，要做到层次清晰、一目了然。毕业论文的结构一般采用三段式的结构方式。学术型毕业论文的结构一般分为绪论、本论、结论三个部分。调研型毕业论文一般是按照情况叙述、原因分析、对策建议的结构方式撰写。

七、修改定稿

在撰写的初稿中难免会有一些疏漏，因此修改定稿的过程显得格外重要。一般来说，修改定稿阶段要做好以下工作：第一，检查论文初稿中的中心论点、分论点是否恰当、准确；第二，检查材料的选取是否合理、准确，是否还需要进一步充实材料或删除一些过多的材料；第三，仔细推敲论文的字词用语，做到全文风格一致，语言准确，避免出现错别字和常识性错误；第四，核对引文、数据的准确性，尤其要特别注意支撑论点的关键性引文，防止出现引文错误；第五，检查是否严格按照毕业论文规定的格式写作，如引文的注释、参考文献的格式等。

第三节　毕业论文的写作格式

根据 2023 年 7 月 1 日实施的国家标准《学术论文编写规则》（GB/T 7713.2—2022）的规定，学术论文应当包括前置部分（题名、作者信息、摘要、关键词和其他项目）、正文部分（引言、主体、结论、致谢、参考文献）和附录部分。

一、题名

题名又称标题，是文章的一个重要组成部分，通常是对学术过程或成果的直接阐述，也是论文内容、主题的高度概括，语言要求贴切、准确、鲜明，避免歧义，也可以用副标题补充说明。为便于交流和利用，题名应简明，一般不宜超过 25 字。

二、作者信息

对论文有实际贡献的责任者应列为作者，包括参与选定研究课题和制订研究方案、直接参加全部或主要部分研究工作并作出相应贡献，以及参加论文撰写并能对内容负责的个人或单位。

三、摘要

摘要是对论文的内容不加注释和评论的简短陈述，应具有独立性和自明性，即不阅读全文就可以获得必要的信息。中文摘要的字数，应与论文中的成果多少相适应，在一般情况下，报道性摘要以 400 字左右、报道/指示性摘要以 300 字左右、指示性摘要以 150 字左右为宜。

四、关键词

关键词是为便于文献检索而从题名、摘要或正文部分选取出来的用以表示论文主题内容的词或词组。关键词要有检索意义，不应使用太泛指的词，可从《汉语主题词表》或专业词表中选取。

五、其他项目

论文前置部分要求、建议或允许标注的其他项目。

六、引言

引言内容通常包含研究的背景、目的、理由、预期结果及其意义和价值。引言的编写宜做到：切合主题，言简意赅，突出重点、创新点，客观评价前人的研究，如实介绍作者自己的成果。

七、主体

主体部分是论文的核心，论文的论点、论据和论证均在此部分阐述或展示。主体部分应完整描述研究工作的理论、方法、假设、技术、工艺、程序、参数选择等，清晰说明使用的关键设备装置、仪器仪表、材料原料，或者涉及的研究对象等，以便本专业领域的读者可依据这些描述重复研究过程；应详细陈述研究工作的过程、步骤及结果，提供必要的插图、表格、计算公式、数据资料等信息，并对其进行适当的说明和讨论。

八、结论

结论是对研究结果和论点的提炼与概括，不是摘要或主体部分中各章节小结的简单重复，宜做到客观、准确、精练、完整。如果推导不出结论，也可没有"结论"而写作"结束语"，进行必要的讨论，在讨论中提出建议或待研究解决的问题等。

九、致谢

致谢是作者对论文的生成做过贡献的组织或个人予以感谢的文字记录，内容应客观、真实，语言宜诚恳、真挚、恰当。

十、参考文献

论文中应引用与研究主题密切相关的参考文献。参考文献的著录项目、著录符号、著录格式以及参考文献在正文中的标注法，应符合《信息与文献 参考文献著录规则》（GB/T 7714—2015）的规定。

十一、附录部分

论文一般不设附录，但那些编入正文部分会影响编排的条理性和逻辑性、有碍论文结构的紧凑性、对突出主题有较大价值的材料，以及某些重要的原始数据、数学推导、计算程序、设备、技术等的详细描述，可作为附录编排于论文的末尾。

（杨　昱）

【附录】

毕业论文答辩

毕业论文答辩是高等院校通过举办论文答辩会议对毕业论文进行审查的一种形式。毕业论文答辩主要由论文答辩委员会成员与毕业论文撰写人之间开展面对面的问、答和辩。答辩评委提出问题，答辩人回答或进行辩解。

通过毕业论文答辩，对答辩人的理论思维、组织学术语言的能力等学术素养进行进一步的考察，需要答辩人慎重应对。

（一）答辩前的准备工作

1. 全面熟悉自己所撰写的毕业论文

毕业论文是答辩人通过自己的研究、论证撰写而成的，要对自己论文的主要观点、分论点、主要材料以及论证结构有清晰把握，做到胸有成竹。答辩人对自己论文的创新之处要有较为深入的认识，这是论文的价值所在，也是答辩评委较为关注的地方。同时对于自己论文中论述较为薄弱的环节也应该有思考，这也是答辩评委经常提问的地方。

2. 认真撰写答辩提要

在答辩之前，需要撰写好答辩提要。答辩提要的主要内容包括论文的题目、选题的意义、论文的主要论点、主要论证过程以及论文的创新之处及价值。

3. 认真掌握与本论文相关的研究材料

答辩前有很多方面的问题需要答辩人进行充分的准备，以免因为准备不充分而导致答辩时发挥不佳甚至无言以对，影响答辩评分。例如，所研究论题的研究现状，相关的代表性论文和著作，引文的版本选择，论证材料的选取范围是否符合论文论证的要求，论文相对薄弱的环节，等等。

（二）毕业论文答辩的主要程序

1. 会前准备

答辩人一般需要在论文答辩会举行之前半个月，提交经指导老师签名的毕业论文给答辩委员会，具体份数视答辩委员人数而定。答辩委员提前阅读论文，并草拟要提问的问题。

2. 答辩会议

（1）答辩人自我陈述。时间大概在 10～15 分钟，概述论文的主要内容、意义及主要创新点等。

（2）答辩评委提问。自我陈述结束后，答辩评委每人会提 1～3 个问题，请答辩人回答。根据会议的安排，一种形式是自我陈述结束后，答辩评委提问，然后马上要求答辩人回答；另一种形式是答辩评委提问后，让答辩人准备 10～15 分钟后再来回答。在答辩过程中，答辩评委可能会随时打断答辩人的回答，进一步追问。

（3）答辩评委集体评分。所有答辩人完成答辩后退场，答辩评委集体根据论文质量和答辩情况，商定答辩结果，决定其通过还是不通过，并评定答辩成绩和评语。

（4）宣布答辩结果。召回答辩人，由答辩主席对答辩情况进行小结，并当面向答辩人宣布答辩结果。

（5）答辩会议结束，提交相关材料。在答辩结束后，需要答辩人提交一系列答辩材料。

（三）毕业论文答辩的注意事项

（1）准备相关资料。参加毕业论文答辩应准备毕业论文及论文写作相关材料，并带好纸笔。

（2）以良好的心态认真应对答辩。答辩过程中要充满自信，对自己的论文要有充分的信心，沉着冷静地面对答辩评委的提问。

（3）认真记录答辩评委所提的问题，仔细思考后作答。对于答辩评委提出的问题，根据自己掌握的知识认真思考。在笔记本上列出回答的要点，在回答时要做到思路清晰、层次分明、声音洪亮。

（4）对于暂时回答不出的问题，如实告之自己还没思考成熟，不要不懂装懂。答辩评委作为相关领域的研究专家，对于某些问题的认识较答辩人更为深入，因此，如果答辩人对答辩评委所提出的问题不甚了解而无法作答，就需要答辩人客观承认对于这个问题的认识还不够深入，需要进一步学习研究，不能强行作答。

（5）态度谦虚恭敬，保持文明礼貌。毕业论文答辩是思想的交流和碰撞，在学术观点上存在一些争议和分歧，这种情况非常正常。答辩评委都是相关领域的专家学者，因此答辩人应当在答辩中保持谦虚恭敬的态度，充分尊重答辩评委，在答辩中做到态度大方、举止得体、不卑不亢。

【思考与练习】

一、毕业论文的选题应遵循哪些原则？

二、下列标题是否符合毕业论文的要求？为什么？

1.《现代化不是西方化》

2.《我国核能的发展道路》

3.《现代科学技术与精神文明》

4.《一个新的思路》

5.《对农村合理的人畜机动力组合的探讨》

6.《全民经商造成通货膨胀生产萎缩》

7.《突破"常规思维"》

8.《奔向生产时代——浅谈生物技术》

9.《光、声、像——充满活力的新世界》

10.《一个发人深思的秘密》

三、尝试使用中国知网，选择一个专业术语进行文件检索，掌握数据库检索的使用。

（杨　昱）

第五章　申论写作

第一节　申论概述

一、申论的概念

申论是指针对给定话题而引申开来、展开议论的一种文体，它是随着公务员录用考试制度而出现、推行的。在公务员录用考试中，通过对给定资料的阅读，回答有关问题，考查应试者的阅读理解能力、分析判断能力、提出和解决问题能力、语言表达能力、文体写作能力、时事政治运用能力、行政管理能力。

二、申论考试的特点

申论考试要求应试者准确把握一定的客观事实，作出必要的说明、陈述，然后在此基础上发表中肯的见解，提出方略，进行论证。申论考试既不同于古代选拔贤良的策论，也不同于当今大学入学的作文考试，它具有自身的特点。

（一）材料的普遍性、基础性

申论考试，要求应试者具有比较丰富的常识，但不会对某种专业知识特别倾斜。由于应试者来自各个领域，所学专业不同，所以申论考试中让应试者处理加工的材料大都具有普遍性、非专业性。申论写作所给材料一般是涉及现实社会政治、经济、法律、文化以及民生等方面具有普遍性的现象问题，或者是在国际国内产生重大影响的事件或问题，或者是与自己所报考的公务员行业相关的事件或问题。

（二）针对性

申论考试所给的材料可能涉及面很广，但试题具有较强的针对性、合理性，也就是说，问题的解决方案一般是具有可行性的，要求应试者从一大堆反映日常问题的材料中发现并解决问题，从而全面考查应试者搜集和处理各类日常信息的能力，充分体现了信息时代的特征，也适应当今国家公务员实际工作的需要。

（三）多层性和综合性

申论写作的多层性表现为整篇申论由内容相同、表达要求不同的两项或三项写作组成。其综合性体现为在两项或三项写作中，或主题贯穿、逻辑贯穿，构成写作链和结构整体，或几项写作巧妙地融于一项之中。

（四）行文角色的假定性

申论考试的目的是为国家机关选拔人才，实际上可以看作是公务员处理公务的一次预演。因此，申论试卷一般明确要求以某种公务员身份提出对策、方案，阐述问题。某些试卷即使未加明确，应试者也应明白要以某种公务员的身份写作。因此，应试者的身份总是虚拟的，他应站在国家公务员的角度思考问题、分析问题、处理问题，紧扣社会现实、工作和生活实际。

（五）答案的不确定性

申论测试没有也不可能有一个确切、固定、唯一的标准答案。从资料背景来看，都是有关当前政治、经济、法律、教育等社会问题，有的已有定论，有的尚未定论，完全要应试者自己来解决。从这个角度来看，无论是提出对策还是对对策进行论证，都不会有一个标准答案。

三、申论试题的结构

（一）提出"注意事项"

"注意事项"每年的变化不大，主要内容是告知考生试卷结构、考试时间、阅读给定资料的参考时间、作答的参考时间和其他规定。

以下为某年国家公务员考试申论（副省级）的考试的"注意事项"：

1. 本题本由给定资料与作答要求两部分构成。考试时限为 180 分钟。其中，阅读给定资料参考时限为 60 分钟，作答参考时限为 120 分钟。满分 100 分。

2. 监考人员宣布考试开始时，考生才可以开始答题。

3. 请在题本、答题卡指定位置填写自己的姓名，填涂准考证号。

4. 所有题目一律使用现代汉语作答在答题卡指定位置。未按要求作答的，不得分。

5. 监考人员宣布考试结束时，考生应立即停止作答，将题本、答题卡和草稿纸都翻过来留在桌上，待监考人员确认数量无误、允许离开后，方可离开。

（二）给定文字资料

这一部分的字数越来越多，近些年来，国家机关公务员申论考试的资料基本上在 6500～8000 字之间，其内容涉及政治、经济、法律、教育等社会问题。这些资料大多是经过初步加工的"半成品"，是带有新闻性质的现实材料，反映的多是社会现实生活中的某一热点问题，基本不会涉及专业性极强的内容。

（三）提出"作答要求"

"作答要求"是要求应试者在弄清给定资料的基础上完成若干题目。

申论考试形式既严格又灵活，要求考生摒弃闲话、套话，分析、论证，解决问题要透彻、全面、清晰，同时又保证考生能充分发挥自己的潜力，施展自己的真才实学。

申论考试在体式上没有严格限定，考什么、怎么考、定什么题目等方面都不再实行"一刀切"，而是模拟公务员日常工作内容和工作方法，充分考虑用人的实际需要，以求更准确地测试出应试者的综合行政能力。

在近几年的申论考试中，"作答要求"中一般会出现五种题型，即归纳概括题、言语阐述题、综合分析题、应用文写作题和大作文，在本章第二节"申论考试的测评要素和常见题型"中会进行具体介绍。

第二节　申论考试的测评要素和常见题型

一、申论考试的测评要素

申论考试所要考查的能力是多角度、多层次、全方位的，包括阅读材料、概括主题、提出方案、辨识对策和论证问题等多方面的能力。

（一）阅读理解能力

申论考试要求的阅读理解能力，在很大程度上是对一些不够准确、不够清晰的"半成品"材料的加工能力。不是简单的就事论事，要善于从材料中把握事物之间的联系，区分问题的类别、性质、主次、轻重、缓急，发现同中之异，捕捉异中之同。根据题目的意思和要求，对给定的材料进行阅读、审视、分析、理解，确定材料反映的主要内容、主要观点、主要问题，从而为下一步回答问题做好准备。

（二）概括分析能力

概括是根据申论要求，对给定材料的主题、内容、观点以及反映的主要问题进行归纳总结的过程。概括要点是一个承上启下的重要环节。概括要点的目的在于准确把握给定的材料，以便进一步着手解决问题。

（三）决策方案能力

决策方案能力就是提出和解决问题的能力。申论考试考查应试者针对材料所给的信息进行分析理解、综合概括出主要问题，并提出解决方案的能力。这是申论考试的关键环节。重点考查应试者思维的开阔程度、创新意识、应变能力和解决问题的能力。申论写作不仅要找到问题的"病根"，而且还要根据病情开出解决问题的"药方"。针对问题能够提出行之有效的措施、方法和方案。

（四）论证表达能力

论证是申论考试的最后一个环节，它要求应试者充分利用给定材料，切中主要问题，全面阐明、论证自己对给定材料所反映的主要问题的基本看法以及解决问题的方案。论证部分的写作应该在深入思考、运筹帷幄的基础上进行，最好事先列一个扼要的提纲，做到胸有成竹，这样才能行文流畅；并要注意论题鲜明、重点突出、线索清晰、详略得当。

二、申论考试的常见题型

（一）归纳概括题

归纳概括题主要考查考生从复杂材料中提取关键信息、进行有效整合，并准确概括主要内容的能力。在写作时，考生需要仔细阅读材料，识别出核心观点和重要细节，然后按照逻辑顺序进行整理。

写作注意事项：逐句逐段分析，理解材料的意图；在理解材料的基础上，提炼关键信息；简洁明了，避免赘述。

（二）言语阐述题

言语阐述题通常要求考生针对某一观点或现象进行阐述和论证。这类题目考查考生的表达能力和逻辑思维。写作时，考生需要明确自己的立场，运用恰当的论据和例证来支撑观点，同时注意论证的严密性。

写作注意事项：确认阐述对象，就近寻找提示；论点明确，论据充分；语言表达准确、流畅；结构合理，有说服力。简单来说，就是"讲清是什么—说明为什么—谈谈怎么办"。

（三）综合分析题

综合分析题要求考生对给定材料中的信息进行全面分析，并提出自己的见解。这种题型考查考生的综合处理信息的能力和解决问题的能力。在写作过程中，考生需要对材料进行深入分析，挖掘问题的根本原因，并提出切实可行的解决方案。

要做好综合分析题，关键在于"分析"，要把给定资料中的事物、现象、概念区分开来，再找出这些部分的本质属性和彼此之间的关系。其中，尤其要注意删除和答案主题关联度比较弱、个性化比较强、信息量比较少的内容，不能像归纳概括题那样大篇幅借用给定材料的原文。

写作注意事项：全面理解材料内容，分析深入；提出的观点要有创新性，解决方案要具有可操作性；逻辑性强，论证充分。

（四）应用文写作题

应用文写作题要求考生根据特定情境写一篇应用文，如简报、报告、提案、倡议书等。这类题目考查考生的实务操作能力和格式规范性。写作时，考生需要严格按照应用文的格式要求，明确写作目的，合理安排结构，注意语言的正式性和准确性。如发言、汇报、报告类的应用文写作，第一部分就要对基本情况加以介绍，第二部分阐述主观努力有哪些方面，第三部分再说明客观成效等。

写作注意事项：格式规范，内容完整；语言得体，符合应用文的特点；条理清晰，信息传达准确无误。

（五）大作文

大作文是申论考试中分值较高的题目，通常要求考生就某一社会热点问题或哲理性话题发表自己的见解。这种题型考查考生的思维深度和语言表达能力。写作时，考生需要从多角度审视问题，展现自己的思考深度和广度。要写好大作文，尤其要注意文章的"四个导向"：

（1）政治导向：始终不偏离党的政治目标和政治任务。

（2）民本导向：文中要体现"把人民对美好生活的向往作为奋斗目标"。

（3）问题导向：要结合申论资料和知识积累，善于发现问题、提出问题、解决问题。

（4）行动导向：这是解决问题的根本。

写作注意事项：立意新颖，有独到见解；论证充分，逻辑性强；文采斐然，语言优美。

第三节　申论考试的注意事项

一、身份的"虚拟性"

应试者在答题时，他的身份不是一个学生，而是以政府公务员甚至是政府公务员中领导的身份去答题。因此，在申论考试中，应试者要注意身份的"虚拟性"，符合背景材料中为应试者设定的虚拟身份。如 2020 年国家公务员考试申论（副省级）的考试中，就要求考生以 S 省省委人才发展局工作人员的身份，撰写一份宣讲会上的推介讲话稿。

二、紧扣给定资料

申论考试无论是概括主要问题、陈述看法，还是提出对策、方案并进行阐述和论证等，都限于试卷的给定资料。所以，应试者一定要认真仔细地阅读给定资料，充分利用给定资料。切忌脱离给定资料，随意联想和发挥。

三、题好文一半

许多申论试题都提出了"参考材料""联系实际""自选角度""自拟题目"等要求，这就需要应试者尽力拟一个很好的题目。即使没有好的构思，也要尽力避免使用俗套的题目。

四、合理分配时间

申论考试一般阅读材料的时间为 50～60 分钟，答题的时间是 120～130 分钟。使用 50～60 分钟阅读材料实际上并不多，因为应试者需要通过阅读材料找出材料里反映的主要问题、中心议题，以及各方面材料都说明了什么问题。俗话说"磨刀不误砍柴工"，因此，不要吝啬在阅读材料上所花的时间。当然，还要看清题目的要求，这样才能有针对性地阅读材料。

五、注意表述方式

申论的表述方式应以说明、叙述、议论等为主，以求充分展现自己概括、分析的能力和提出问题、解决问题的能力，文风力求质朴。不能抛却"材料"和题目要求将论证性的议论文写成抒情散文或者记叙文。

因此，申论写作的遣词造句应当准确、简明、规范，戒除一切套话、空话。时间、地点、人物、范围、性质、程度等必须表达明确；用语肯定，避免歧义；使用的词语符合身份，语出有据，做到庄重得体；语句、段落和篇章结构都要体现合理的逻辑关系。

【思考与练习】

一、申论考试的测评要素有哪些？
二、申论考试有哪些常见题型？
三、写作训练。根据给定材料，按照要求完成申论写作。

材料 1

在中国特色社会主义进入新时代、决胜全面建成小康社会、开启现代化新征程的大背景下，把各方面优秀人才团结凝聚到党和国家的事业中来，显得比以往任何时候都更加重要和紧迫。习近平总书记明确要求"在知识分子和广大人才中大力弘扬爱国奉献精神，激励他们的爱国之情、报国之志。要加强对人才的政治引领，做好各类人才教育培训、国情研修等工作，增强他们的政治认同感和向心力，实现增人数和得人心有机统一"。

L 省是经济大省、人才大省、开放大省，遇到的矛盾问题更早更多。面对一系列难题，L 省以习近平新时代中国特色社会主义思想和习近平总书记关于人才工作重要论述为指导，紧紧围绕"实现增人数和得人心有机统一"的总目标，探索出了一条对人才的政治引领实效化的新路径。

L 省始终坚持党管人才这一根本原则，着力构建权责明确、务实管用的组织架构。坚持一把手抓、抓一把手，省委书记批示要求"认真落实党的知识分子政策，加强政治引领"，各级党委（党组）都把加强对人才的政治引领作为"书记项目"。2018 年，L 省调整了机构布局，进一步整合了人才工作的相关力量，明确了对人才的政治引领职能职责。

L省把习近平总书记关于人才工作重要论述作为人才培训的第一课，引导广大人才同党中央保持高度一致。通过实施"爱国、奋斗、奉献"精神教育三年行动计划，引导广大人才增强"四个意识"、坚定"四个自信"、做到"两个维护"；通过常态化组织人才赴井冈山、遵义等红色教育基地学习，让广大人才在切身感受中提高对世情国情党情的认识，坚定理想信念。

此外，全省集中举办高层次人才"爱国、奋斗、奉献"精神主题学习会，邀请省委讲师团专家作报告。学习会上，为高层次人才颁发证书、授予奖牌，增强其荣誉感和成就感。会后，制作主题学习会视频，放大典型示范效应。同时，开展"身边的榜样——知识分子群像群塑"活动，分层分级分类别，评选出一批可看可知、可比可学的先进典型，通过榜样的力量感召广大人才投身全省建设。

L省积极响应"一带一路"、脱贫攻坚等国家战略和重点工作，动员人才开展对口帮扶、对口支援。仅2018年，全省就选派各类人才3109名到对口帮扶地区服务锻炼，并依托博士服务团计划，选派经济金融、医疗卫生等领域博士教授16批140余人次，到西部地区和革命老区援助帮扶，让人才在祖国最需要的地方绽放青春、追逐梦想。

感情亲近，思想才能贴近。L省建立健全专家联系制度，各级班子成员、部门党委（党组）书记分别结对联系一批专家教授、名医大师、技术骨干，形成横向到边、纵向到底的工作机制。各级党组织坚持"四必访两必到"，在重要节日、专家取得重大成就时、逢十生日、罹患重大疾病时领导干部必访，逢年过节、逢有喜事时问候祝福短信必到。注重"关键小事"，以周到贴心的服务把专家人才紧密团结凝聚起来。

材料2

M农场成立于2015年，是一家将生态稻田和人工智能相结合的高新技术企业。它所研制的"胚芽米"，是一种在稻谷加工过程中保留其胚芽部分的精制米，比普通大米含有更加丰富的维生素B族和微量元素。创始人小李的初衷就是希望越来越多的老百姓能吃到更有品质的大米。

创立之初，M农场就将人工智能引入水稻种植阶段。小李说："传统农业，往往包含着最苦、最累、最费人工的劳作过程，我们希望通过高科技为传统农业增效。"他算了一笔"人工账"：以人工巡田、除草为例，传统农业中，高质量的巡田速度为每人每天50亩到80亩，一季稻田需巡田130天；每人每天人工除草约1.5亩到2亩，一季稻田需除草3至4轮。小李表示，这样的方式费时费力，即便给每亩稻田提供1000元人工费，也还是没有人愿意干。为了改变这一困境，M农场使用田间机器鸭代替人来巡田、除草，效率提高300％，成本降低50％。

此外，M农场还使用物联网技术及田间智能机器对生态水稻数据进行全方位监测和采集，由专家团队进行建模及大数据分析，进行人工智能海量数据训练，深度挖掘水稻生长全过程数据，进行图像识别，建立水稻最佳生长模型，实时生成稻田长势及病虫害的可视化智能管理界面，提供病虫害防治指导、作物保护方案，实现了生态农业无人化、智能化管理。

M农场在种植全过程中不使用任何化学农药、化肥、除草剂，而采用生物制剂、有机肥，以确保大米的食用安全和营养价值。以生态稻田为基础，M农场引入旅游、文化、艺术等多元化产业。小李说："我们打造共享农场、田园综合体，吸引游客来体验田园生活。

我们还挖掘稻米文化，通过自然课堂为孩子们讲述'一粒米的旅行'。农场美丽的田园景色，吸引着一批又一批的人来到这里摄影、绘画、写生。"如今，"稻田上的艺术节""稻田上的自然课堂""稻田上的露营节"，种种衍生产品，不一而足，给 M 农场带来更多的发展机遇。

小李表示，当下的农业，正逐步走出传统模式，已不再是单纯的第一产业。在 M 农场，"一产"实现种植标准化、人工智能化等有机生态种植，"二产"实现胚芽米、胚芽米食、乡村手工艺等与胚芽米生产有关的加工，"三产"实现休闲观光、户外活动、宜居养生、精品民宿、乡村艺术等稻田上的系列自然体验。M 农场以生态水稻种植为基础，实现"一二三产业"高度融合发展，力图打造新型全产业链模式。

目前，M 农场拥有 60 多位员工，平均年龄只有 27 岁，他们是农场培养的一批知识型、技术型"新型农民"，是创业生力军。M 农场也成为青年人发展新型农业、改变乡村的青春舞台。"70 后怕种田，80 后不愿种田，90 后不提种田"是网友的调侃，也是部分事实。小李坦言，农业的形象一直是劳作辛苦而收入低，很难吸引年轻人，而一个没有年轻人加入的行业是没有未来的。"让农民成为令人羡慕的职业"是 M 农场努力的目标之一。在 M 农场的示范和带动下，如今更多农民和返乡青年愿意扎根农村，做新型农民，发展新型农业。

今年年初，小李被评为省级杰出创业青年。颁奖礼上，小李说："乡村振兴，是农业强、农村美、农民富的全面实现。M 农场是乡村振兴战略的实践者和受益者。新时代的创业者，一定要有社会担当，要做些对国家和社会发展有意义的事情。"

材料 3

2019 年 3 月，G 省启动"专家助力脱贫攻坚服务团"第三期工作。本期由 4 名成员组成脱贫攻坚队，驻帮扶对象 W 县一年，全面助攻脱贫攻坚。脱贫攻坚队成员如下：

队长小陈，男，31 岁，G 省就业管理局工作人员；王老师，男，28 岁，Z 大学教育学院教师；马医生，女，29 岁，G 省第一人民医院医生；张主任，男，30 岁，田地农业科技有限责任公司技术专家。

驻县的第一周，小陈带领 3 名队员深入方方面面走访调查，以下是他的调查日志内容。

2019 年 3 月 11 日周一

今天是驻县的第一天。上午，我们与李县长会面，他介绍了 W 县的基本情况：W 县地处 G 省中部，县域面积 2065 平方公里，总人口 34.5 万人，其中农业人口 32.2 万人，共辖 12 镇 4 乡 217 个行政村。该县共有贫困户 1.73 万户，贫困人口 7.45 万人，贫困面 21.59%，是 G 省深度贫困县之一，脱贫攻坚任务十分艰巨。

下午，我召集队员开了碰头会，让大家谈谈各自想法。王老师想重点关注教育问题，他说："扶贫先扶智，让孩子们接受良好教育，是阻断贫困代际传递的重要途径。"马医生想重点关注医疗问题，她准备先从县医院着手了解情况。张主任是农业技术专家，他告诉我们，W 县素有"中国马铃薯良种之乡"之称，他想重点关注农产品种植及深加工方面的问题。而我想重点关注一下县里的就业问题，"授人以渔"才能真正帮助贫困户过上好日子。

2019 年 3 月 12 日周二

上午，我们一起去了北寨镇。W 县真是个神奇的地方！奇特的地形地貌和特殊的气候条件造就了如画般的自然景观。有高山，有森林，还有水系，自然风光非常美丽。把绿水青山变成金山银山，将丰富多彩的自然风光与脱贫攻坚工作结合起来，对县里的脱贫工作乃至未来的长远发展都会起到很大作用。

下午，我和马医生去了县医院。县医院的门诊大楼刚翻新，就医环境看起来还不错，但进一步走访发现，医疗设备陈旧老化，像 B 超机、核磁、CT 这类设备已多年没有更换过。比起设备，人才短缺、技术落后是更大的问题。医院乔院长说："两年来只招到两个人，上个月还走了一个，去了省里的大医院。招不到人便没有办法提升技术。无法提升技术，便没人来看病，更留不住人才。"但我们了解到，该院新招的医务人员，每月工资有六七千元，对于一个贫困县来说，这样的工资并不算低。可为什么留不住人呢？乔院长告诉我们，这与医生自身职业发展的特点有关。医生技术的进步需要不断地学习，只有接触更多的患者，见识更多的病例，才能让自身医术不断提高，解决更多疑难病例。而只有大医院才能给予这样的成长机会和平台。

从县医院出来，我们去了贫困户老杨家。"别人拿钱供孩子读书，我是拿钱供孩子看病。"这是老杨对我说的第一句话。原来，老杨大儿子患有重度糖尿病，大部分时间在病床上度过。"在县医院治疗效果不怎么好，可又没钱带他去大医院看，只有先吃药维持吧，"老杨说，"今年我种了不少香菇和羊肚菌，等多攒些钱就带儿子去外地看病。"

2019 年 3 月 13 日周三

今天，我和王老师与县教育局刘局长一起去县城的育红中学考察。去的路上，刘局长告诉我们，专任教师数量不足、整体素质不高是当前的大难题。

育红中学算是 W 县教学条件比较好的学校了，但是学校除了购置必需的教学、办公用品来维持正常的教学工作外，已无能力添置电教设备、教学挂图、投影仪等教辅设备，学校连一个图书室都没有。教师们的知识结构老化、教学方式陈旧。面对课改的新要求，他们明显力不从心，更谈不上运用现代化教学手段了。由于经费紧张，教师们也没有参加业务培训和到外地听课学习的机会。育红中学黄校长说："教学条件差、待遇低，难以吸引优秀人才来任教。没有人才，就难以提高教学水平，这是个恶性循环。"

2019 年 3 月 14 日周四

这几天，张主任跑了好几个镇，走访了几家企业，深入了解 W 县产业发展的状况。张主任告诉我们，马铃薯、中医药、食用菌是县里三大优势产业，已形成主导产业雏形，但产业布局零星分散，基础设施建设严重滞后，没有形成区域发展、规模发展，产业集中度不高。全县产业发展的科技支撑体系还不健全，特别缺乏科研技术人员。

下午，我和张主任一起去了马铃薯种植基地。基地负责人说，现有产品仍以初级产品为主，缺乏深加工增值，没有形成品牌效应，导致市场竞争力弱，盈利能力不强。由于缺乏技术专家指导，村民在种植过程中遇到的问题经常得不到及时解决。

2019 年 3 月 15 日周五

一大早，我和张主任去了一家食用菌生产企业，就是收购贫困户老杨种植的香菇和羊肚菌的那家。这家企业的吴经理告诉我，县政府去年就想把三家食用菌生产企业整合起来，打造一个食用菌产业园区，可迟迟没有落地。人手不足是一大难题，很多种植农户都外出务工了，留在家的又缺乏种植技术。回来的路上，我琢磨着，要是能将无法外出务工的贫困人员吸引到食用菌产业园区中来，让村民"不出村、有活干、把钱赚"就好了。

下午，队员们聚在一起，商讨如何利用自身优势，开展后续扶贫工作。经过一周的走访调查，大家更加坚定了打赢脱贫攻坚战的信念与决心。

材料 4

为了促进快递配送从业青年的职业发展和社会融入，共青团 H 省委邀请了部分省人大代表、省政协委员，走进快递企业开展调研，并与企业代表、从业青年代表等进行座谈交流。以下是座谈时所收集到的部分资料。

共青团 H 省委权益部部长：习近平总书记明确要求共青团主动关注、积极联系、有效覆盖快递小哥等新兴青年群体。为了解并解决快递配送从业青年在职业发展和社会融入方面面临的一些问题，今年年初，我们面向这一群体开展了一次问卷调查。

结果显示，受访者中，每天工作时间超过 8 小时的占 88.32%，其中工作 8～10 小时的占 31.79%，工作 10～12 小时的占 27.66%，工作 12 小时以上的占 28.87%；每月休息时间不超过 4 天的占 94.84%，一天都没休息的占 25.09%。

有受访者表示，当前大部分快递公司制定了完善的用工制度，但仍有一小部分快递公司存在规避劳动法、不与员工签订劳动合同等问题。受访者中，没有与公司签订劳动合同的占 6.74%，与公司签订劳动合同期限为 1 年的占 60.52%，签 2 年的占 22.33%，签 3 年及以上的占 10.41%；从事快递工作的时间不足 1 年的占 48.0%，工作 1～3 年的占 32.6%，工作 3 年以上的熟练工仅占 19.4%。

关于职业发展，有 47.15% 的受访者表示所在快递公司职业发展通道设置不合理，而在这些受访者中，有 60.5% 的人表示不愿意在公司继续工作，有"跳槽"意愿；在社会融入方面，20.79% 的受访者表示城市归属感差，身在城市却无法融入城市。

解决快递配送从业青年面临的问题，需要社会各方的关心支持，需要各位人大代表、政协委员的建言献策。

快递人员代表：我今年 22 岁，来公司有一年了，每天都处于"抢时间"的状态。上个月在派送中和一辆面包车发生了擦碰，幸好人没事，可是误点导致客户投诉，公司扣了绩效，结果一天就白干了。这种事，在同事身上也常有发生。借着这次机会，我想建议公司确定更加合理的配送量、送达时间和薪酬标准，不能"以罚代管"。我喜欢我工作的这座城市，想留下来和这个城市的青年们一样，努力奋斗，创造美好生活。可是，每天"累得下班就想睡觉"的工作压力，让我没精力参与正常的社会交往，体验这座城市的美好。我感觉，我始终像一个过路人。

某快递企业负责人：公众对快递人员的辛苦和安全风险缺乏了解，对他们不够尊重、理解与认可。有些地方，甚至存在客户辱骂、敲诈快递从业人员的问题。这些都导致快递人员离职率很高，我们的用工成本也随之提高。

省人大代表 A：经过这次调研，我们对快递人员的劳动保障、安全风险和权益保护等问题有了更深入的了解。我们会建议相关部门统一快递人员的职业准入和培训标准，对快递人员的业务水平、职业素养等加以提高。快递企业也要给快递人员提供发展通道和晋升平台，让他们有盼头。

省政协委员 B：大多数快递小哥缺乏应有的保障，要想办法减轻他们的生活压力。还要提升公众对快递小哥的理解和尊重，让他们工作得有尊严、更体面。我们会呼吁全社会进一步关注快递小哥面临的诸多问题。

材料 5

2019 年 4 月，S 省省委人才发展局在外省某高校举办引进高层次人才政策宣讲会。宣讲会吸引了来自全国各地的 1000 多人参加。

刚从国外归来的医学博士小田就是此次参会者之一。S省优美的环境、清新的空气、便利的交通、广阔的前景都吸引着她，使她对宣讲会充满着期待。

小田一早便来到会场，在入口处，她收到了工作人员发放的一本《S省引才政策选编》。小册子的首页写着：栽下梧桐树，引得凤凰来。入座后，小田翻开小册子，仔细阅读起来：

S省坚持把人才作为第一资源，以习近平总书记关于人才工作重要论述为指导，加强全省人才工作顶层设计和制度安排。以制定实施《百万人才进S省行动计划（2018—2025年)》（以下简称《行动计划》）为主要抓手，不断创新人才引进培养机制，实行更加积极、开放、有效的人才政策，向国内外优秀人才敞开最热情的怀抱。《行动计划》明确，从2018年至2025年，S省将引进各类人才100万人，并从四个方面提出30条含金量十足的政策，不断完善人才引进、管理、评价、流动、激励、保障等领域的制度体系，为广大人才来S省干事创业提供有力的制度保障。

《行动计划》出台后，S省全面梳理现有人才政策，制定了一批急需政策，调整了一批过时政策，逐步建立健全人才制度体系。特别是在人才服务方面，制定出台了《关于引进人才住房保障的指导意见》《S省高层次人才子女入学实施办法》《关于引进高层次人才配偶就业安置实施办法》等制度，基本形成覆盖人才落户、安居、购房、购车、子女入学、配偶就业、医疗保障、出入境、居（停）留等全方位的人才服务保障政策体系，着力解除人才来S省就业创业的后顾之忧。

以新一轮党政机构改革为契机，S省成立省委人才工作委员会，加强对全省人才工作的宏观指导、科学决策、统筹协调和督促落实，着力提升人才工作地位；组建省委人才发展局，并加挂省委人才工作委员会办公室牌子，进一步整合人才工作相关力量，统筹全省人才政策、项目、资金、力量等资源，建立起统一高效的党管人才领导体制，用前所未有的力度推进招才引智工作。

翻看完小册子，小田注意到了会场左侧的展板。她走到展板前，看到展板上列出了S省针对高层次人才制定的重点项目——大师级人才、杰出人才引进计划。该计划聚焦航天领域重大科技创新基地、国家深海基地南方中心、国家南繁科研育种基地、国家热带农业科学中心、全球动植物种质资源引进中转基地五大平台，以及教育、医疗、科技、文化等重点领域，积极推动高校、医院、科研院所、企业等用人单位引进大师级人才、杰出人才。人才来省后可以直接纳入省委联系服务重点专家范围，享受免租金、可拎包入住的人才公寓；在薪酬待遇、科研资助等方面，采用"一人一策、一事一议"的方式给予支持。同时，鼓励用人单位采用年薪制、协议工资制的方式提供报酬，并配备工作助手。对于大师级人才、杰出人才领衔的团队式引进，S省将集中政策和财力给予重点支持。

正看着展板上的内容，一阵优美的旋律吸引了小田的注意。此时，会场前方的屏幕开始播放宣传片。"改革的动力、创新的活力，正让我省穿山越水一路向前，让每一个梦想都有生长的土壤，让每一种奋斗都有驰骋的天空。你的舞台就在眼前，在这里，你的未来更加精彩！"时长8分钟的宣传片让在场的所有参会者充分感受到了S省的魅力。

宣传片播放结束后，宣讲会正式开始，S省省委人才发展局有关负责人发表了热情洋溢的推介讲话，向广大优秀人才发出诚挚邀请。

作答要求：

（一）根据"给定材料1"，请你概括L省在人才的政治引领方面的主要举措。（10分）

要求：全面、准确、有条理。不超过 200 字。

（二）"给定材料 2"中，M 农场的案例为新时代青年创业提供了哪些启示？（15 分）

要求：分析全面，条理清晰。不超过 300 字。

（三）假设你是队长小陈，请根据"给定材料 3"提供的调查日志内容，拟定脱贫攻坚队下一步工作的主要任务及措施。（20 分）

要求：要点完整，措施具体，条理清晰。不超过 500 字。

（四）调研结束后，共青团 H 省委拟起草一份关于促进快递配送从业青年职业发展和社会融入的调研报告。假设你是该调研组成员，请根据"给定材料 4"，撰写调研报告中"问题"与"建议"这两部分内容的提纲。（25 分）

要求：（1）问题梳理全面、准确；

（2）所提建议有针对性、切实可行；

（3）不超过 500 字。

（五）假设你是 S 省省委人才发展局的工作人员，请根据"给定材料 5"，以"海纳百川聚四方之才"为题，为 S 省省委人才发展局有关负责人撰写宣讲会上的推介讲话稿。（30 分）

要求：（1）角色定位准确；

（2）内容切合主题；

（3）语言流畅，有感染力；

（4）字数 800~1000 字。

（吕建军）

参考文献

[1] 杨琳，焦垣生. 大学语文 [M]. 2 版. 西安：西安交通大学出版社，2008.

[2] 肖绪才，余国政，夏恩德. 大学语文教程 [M]. 北京：高等教育出版社，2004.

[3] 徐中玉，陶型传. 大学语文 [M]. 北京：北京大学出版社，2018.

[4] 周金声，左怀建. 大学人文语文 [M]. 3 版. 北京：人民出版社，2011.

[5] 邢福义. 大学语文 [M]. 2 版. 北京：中国人民大学出版社，2012.

[6] 李菀，刘洪仁. 实用大学语文 [M]. 北京：北京师范大学出版社，2009.

[7] 张子泉，黄维. 文学欣赏 [M]. 北京：清华大学出版社，2006.

[8] 姜亮夫，夏传才，赵逵夫，等. 先秦诗鉴赏辞典 [M]. 上海：上海辞书出版社，1998.

[9] 吴小如，王运熙，章培恒，等. 汉魏六朝诗鉴赏辞典 [M]. 上海：上海辞书出版社，1992.

[10] 萧涤非，程千帆，马茂元，等. 唐诗鉴赏辞典 [M]. 上海：上海辞书出版社，1983.

[11] 蒋星煜. 元曲鉴赏辞典 [M]. 上海：上海辞书出版社，1990.

[12] 公木. 新诗鉴赏辞典 [M]. 上海：上海辞书出版社，2002.

[13] 陈振鹏，章培恒. 古文鉴赏辞典 [M]. 上海：上海辞书出版社，2014.

[14] 贾植芳. 现代散文鉴赏辞典 [M]. 上海：上海辞书出版社，2003.

[15] 岳海翔. 公文写作教程 [M]. 3 版. 北京：高等教育出版社，2021.

[16] 张建. 应用写作 [M]. 3 版. 北京：高等教育出版社，2015.

[17] 阮航. 应用写作 [M]. 5 版. 成都：西南交通大学出版社，2017.